세상에서 가장 짧은 영국사

세상에서 가장 짧은
영국사

제임스 호즈 지음 | 박상진 옮김

진성북스
JINSUNGBOOKS

차례

서문

1944년. 크리클우드에 살던 어머니는 학교에 가고 있었다. 갑자기 머리 위에서 독일군의 비행 폭탄(V-1)이 날아오다가 엔진이 멈추는 소리가 들렸다. 어머니는 본능적으로 도로 위에 납작 엎드렸다. 어머니는 나치 독일군의 자이로스코프(회전의)를 바라보며 곧 유리 파편과 돌무더기가 비처럼 쏟아지리라 생각했다. 하지만 살아남아 이때의 이야기를 후에 들려줄 수 있을 것 같은 예감이 왠지 들었다고 한다.

예감대로 어머니는 무사히 살아남았고 세월이 흘러 할머니가 되어 내 아들들에게 그때의 이야기를 들려주었다. 운이 좋다면 2094년쯤 내 아들 중 한 명이 손자에게 독일군의 비행 폭탄에 관한 이야기를 들려줄지도 모른다. 그러면 그 손자는 1944년 런던에서 증조할머니가 독일군의 비행 폭탄을 피해 몸을 엎드렸을 때 어떤 기분이었을지 떠올려볼 것이다.

어느 가족의 이야기가 한 세기 반이라는 시간을 초월한다. 여러분도 집안 대대로 내려오는 역사적인 이야기를 통해 시간을 초월해 보시라. 7대라는 긴 세대가 영원으로 향하는 탑승 수속 절차 앞에서 짧은 줄을 선다. 노인과 어린 손주들이 손을 맞잡고 이제 우리는 헤이스팅스 전투(1066년, 노르만 왕조 시작)라는 과거의 시간으로 거슬러 올라간다.

개인의 의지와 상관없이 과거는 우리의 귀에 조용히 속삭이며 우리를 지금의 우리로 만들어 간다. 따라서 현재 영국의 상태를 감안하면 우리 자신을 좀 더 알아가는 게 좋을 듯하다. 그렇다면 어디서부터 시작해야 할까? 우리는 영국이 언제 고고학의 영역을 벗어나 역사 속으로 발을 들여놓았는지 대부분 알고 있다.

기원전 55년 8월 27일 새벽, 그러니까 지금으로부터 약 15세대 전. 켄트^{Kent}에 위치한 에브스플리트^{Ebbsfleet} 앞바다에 그 유명한 율리우스 카이사르를 태운 함대가 나타났다.

1부
카이사르(로마)에서 노르만 정복까지
기원전 55년~서기 1087년

아직은 영국인이 주인이 아니었던 영국

기원전 55년경 오랫동안 로마 사람들은 유럽 저 너머에 있는 어느 신비한 땅을 막연하게만 알고 있었다. 그리스 사람들은 그 섬을 '프레타니키Pretaniki' 혹은 '브레타니키Bretaniki'라고 불렀는데 그 섬은 주석 생산지로 유명했다. 주석은 구리를 놋쇠나 청동으로 바꿀 때 필수적인 금속이었다. 하지만 수익성이 높은 주석 무역은 페니키아 상인들이 장악하고 있었으며 이들은 사업에 대한 정보를 자기들끼리만 공유했다. 그래서 로마의 장군이자 정치가인 카이사르가 새로 정복한 갈리아(프랑스 지역)에서 이 섬을 침략했을 때 다음과 같은 세 가지 사실을 처음 알게 되었다. 브리타니안들이 갈리아인과 거래하고 있었다는 사실, 섬에 주석이 존재한다는 사실, 그리고 섬에서 가장 가까운 지역이 '칸티온Kantion'이라고 불린다는 사실이었다. 그 이상의 정보는 없었다.

카이사르는 곳곳에서 상인들을 불러들였으나 이 섬의 정확한 크기를 비롯해 얼마나 많은 국가가 있는지, 어떤 전쟁 시스템과 관습을 따르는지 전혀 알아낼 수 없었다.

율리우스 카이사르, 『갈리아 전쟁』

카이사르의 함대는 단 하룻밤 만에 해협을 건넜으나 적당한 정박지를 찾지 못했다. 함대를 이끈 그는 에브스플리트에 상륙하려고 했으나 맹렬한 저항으로 인해 해변에 내릴 수 없었다. 결국 카이사르는 침략을 다음 해로 미룰 수밖에 없었다. 이번에 템스 계곡까지 도달한 그는 '브리타니키[Britannici](브리타니아 사람들)’는 단일 민족이 아니라는 사실을 어느 정도 알게 되었다.

내륙 지방에는 오랫동안 터를 잡고 살아온 주민들이 있었으나 해안가(즉, 동남부 해안 지역)에는 ‘벨가이[Belgae]’라는 지역에서 침략해 온 사람들이 새로 정착해 있었다. 실제로 벨가에족 지도자는 당시 브리타니아[Britannia, 고대 로마인들이 부르던 명칭]에 대한 지배권을 주장했다. 현대 고고학자들은 이 시기 브리타니아 동남부에 독특한 아일스퍼드-스왈링 문화와 아트레바틱 문화가 생겼으며 이 문화가 벨가이 갈리아인과 밀접한 관련이있다고 보고 있다.

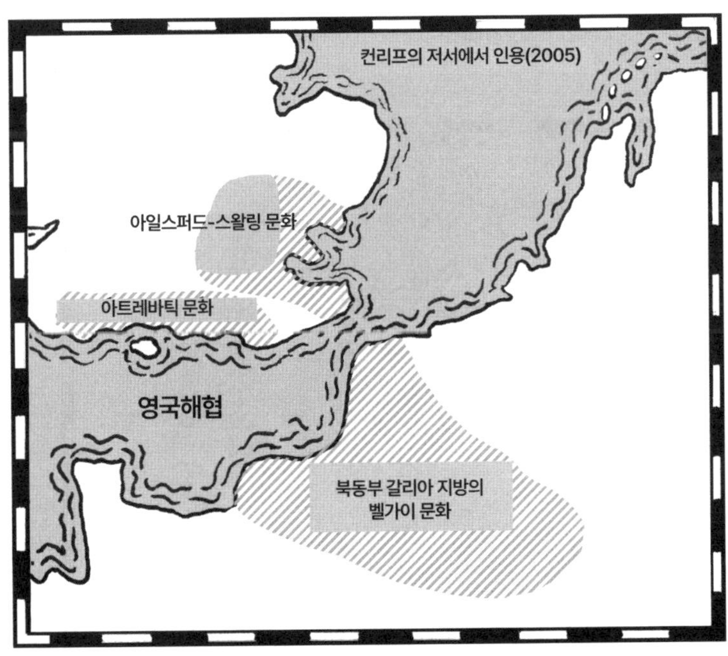

동남부는 이미 기원전 54년부터 달랐다. 카이사르 시대의 벨가이 해협 문화

1부 카이사르(로마)에서 노르만 정복까지 - 기원전 55년~서기 1087년

비록 카이사르와 그의 군대는 섬을 떠났으나 브리타니아의 엘리트층은 여전히 그들을 두려워했다. 그로부터 약 30년 후 그리스 작가 스트라보^{Strabo}는 브리타니아의 지도자들이 로마의 유피테르 신전에 제물을 바치러 왔던 이야기를 언급하며 브리타니아가 사실상 로마의 땅이었다고 묘사했다.

서기 43년경 클라우디우스 황제는 침략을 통해 차지한 브리타니아가 이제는 세금을 부과해도 될 정도로 충분히 발전했다고 생각했다. 실제로 클라우디우스는 동전을 만들어 사용할 수 있을 정도로 문명화된 민족들에게만 관심을 보였다. 따라서 브리타니아의 영토 경계선은 우연의 산물이 아니었다. 한편, 그 경계선은 쥐라기 경계선^{The Jurassic Divide}이기도 한데 경계선을 기점으로 신생 사암, 점토, 백악질과 석회질 토양이 오래된 혈암과 화성암으로 바뀐다.

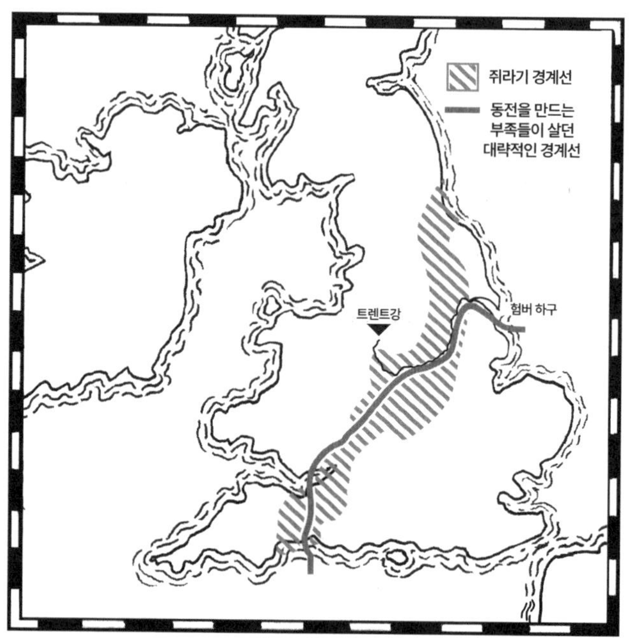

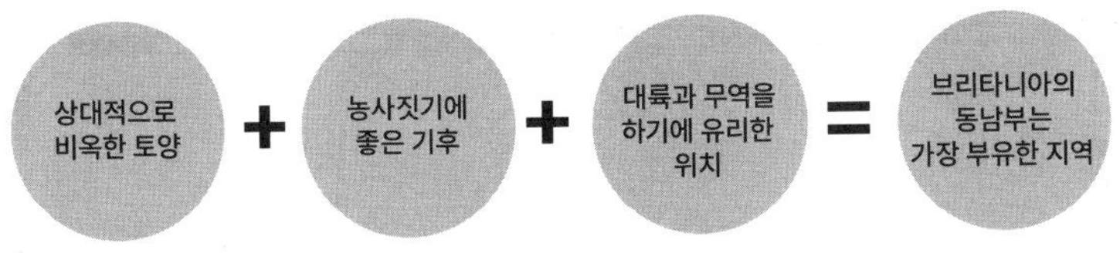

지질, 지리, 기후는 시대를 초월해 동남부에 유리하게 작용한다.

서기 100년경 로마에 속한 브리타니아 동남부는 평화롭고 번영을 누리는 식민지였다. 역사가 타키투스Tacitus는 이곳에 살던 브리타니아의 주민들이 갈리아인과 관련 있다고 썼다. 그에 따르면, 북부 너머에 사는 주민들은 분명히 게르만족 출신이었고 서쪽에 사는 주민들은 이베리아인들과 비슷했다. 당시 로마인들은 브리타니아에서 가장 부유한 부분을 지배했기 때문에 브리타니아의 다른 민족들도 통치해야 한다고 생각했다. 후대의 동남부 통치자 대부분도 이와 비슷한 생각을 했다.

하지만 로마인들의 브리타니아 정복 시도는 실패로 돌아갔다. 오늘날 스코틀랜드로 알려진 지역 거주민들의 저항으로 인해 로마인들은 (지금도 볼 수 있는) 방어벽 아래로 후퇴했다. 이러한 스코틀랜드의 저항으로 웨일스와 잉글랜드 북부지역은 무력으로 관리하면서 세금을 받았다. 로마 문명은 사실상 브리타니아에서도 오늘날 영국의 남부 지역만 지배한 것이다. 브리타니아에서 진정한 로마화가 이루어졌다고 할 수 있는 또 다른 지역은 큰길을 따라 요크의 북부 요새로 연결되는 곳, 그리고 칼레온과 체스터의 주요 요새를 연결하는 곳이었다. 이 길을 잇는 선은 여전히 잉글랜드의 서쪽 국경이다. 브리타니아 남동쪽 지역이 지닌 특별한 가치를 알아본 로마인들은 이 지역을 더욱 차별화시켰다.

로마화된 브리타니아 인 주민들은 주로 브리타니아 남동쪽에 모여 사유지를 경작하며 평화롭게 살았다. 이곳은 과일이 풍성하게 열리는 비옥한 평야였다. 로마식 도시와 저택이 많았던 그 일대에는 로마 문명이 매력을 뽐내며 영향력을 과시했다.

영국 역사학자 트리벨리언[Trevelyan]

영국 해협은 브리타니아를 제국의 나머지 지역과 단절시키기는커녕 오히려 중요한 연결고리 역할을 했다. 로마의 역사가 암미아누스와 타키투스에 따르면 브리튼은 약 8시간 만에 건널 수 있는 매우 좁은 바다의 해협을 가로질러 갈리아가 보이는 곳에 있었다. 실제로 서기 359년에 라인란트가 식량 부족에 시달릴 당시 훗날 황제가 되는 율리아누스^{Julian}는 이웃 나라인 갈리아에서 육로로 곡물을 운반하려는 시도조차 하지 않았다. 로마 교황이었던 성 조시무스^{Zosimus}는 카이사르가 육로를 이용하는 대신 800척의 배를 만들어 브리타니아로 보냈다고 했다. 이처럼 영국 해협의 항해 거리가 짧아 그는 사람들에게 곡물을 풍부하게 공급할 수 있었다.

이 바닷길은 서기 3세기 말 무렵 훗날 '잉글랜드인'이라고 불릴 후손들로부터 위협을 받게 된다.

색슨(작센)족의 진입

서기 286년 역사가 에우트로피우스^{Eutropius}에 따르면 '프랑크족과 색슨족^{Franci et Saxones}'이 영국 해협에 자주 출몰했다고 하는데 이는 색슨족이 최초로 언급된 문서 기록의 내용이라고 할 수 있다. 마르쿠스 아우렐리우스 카라우시우스라는 뛰어난 장군이 색슨족을 치리하라는 명령을 받고 브리타니아로 파견되었다. 그러나 얼마 지나지 않아 카라우시우스는 오히려 자신을 브리타니아의 황제로 선언하고 프랑크족과 색슨족을 물리치라는 명령을 거역하고 이들의 도움을 받아 해협을 사이에 둔 왕국을 건설하게 된다. 남동 해안을 따라 지금도 볼 수 있는 로마 요새는 그 당시에 세워진 것으로 추정된다. 그는 얼마 가지 못하고 293년 부하에게 암살당했다. 서기 367년 색슨족은 픽트족^{Picts}, 스코틀랜드족, 프랑크족과 함께 야만족들의 거대한 음모, 즉 로마령 브리타니아^{Roman Britain}를 완전히

카라우시우스의 초상이 새겨진 동전

파괴할 수도 있었던 음모에 가담했다. 그 후 잠시 제국의 통치가 복구되었으나 서기 383~384년 로마에 내전이 일어나자 로마 군대는 참전을 위해 브리타니아를 떠났다. 하지만 로마의 마지막 위대한 장군으로 통하던 스틸리코^{Stilicho}는 군대를 브리타니아로 다시 이끌고 와서 서기 399년 어느 정도 질서를 회복할 수 있었다.

이 시기를 객관적으로 설명할 기록은 매우 부족하지만 흥미로운 자료가 하나 있다. 바로 로마 제국의 군사와 행정에 관한 명령을 목록으로 나열한 '노티티아 디그니타툼$^{Notitia\ Dignitatum}$'이다. 여기에 나열된 명령 중 하나가 바로 브리타니아 남동부의 요새화된 해안에 관한 것이다. 이 해안은 작센(색슨) 해안가의 백작(라틴어로는 Comes litoris Saxonici)이 관할했다고 적혀있다. 노티티아 디그니타툼은 작센(색슨) 해안이 유일하게 언급된 자료다. 하지만 작센 해안이 무엇을 의미하는지 정확히 아는 사람은 아무도 없다. 노티티아는 시간이 흐른 후 사본으로만 남았으며 라틴어는 점점 사용하지 않는 언어가 되었기 때문이다. 그리고 노티티아에 기록된 나머지 다른 다른 지휘관 명칭이 잠재적인 적들의 이름이

잉글랜드 최초의 동상이라고 알려진 이 동상은 영국 동남부에 있던 고대 이스트앵글리아 왕국 East Anglia의 스폰 Spong에서 출토되었다. 고고학자들은 이 동상을 만든 것이 게르만족이라고 확신한다. '매장 연대는 아무리 빨라도 서기 400년에서 420년경으로 추정되는' 묘지에서 나온 동상이다.

아니라 그 지역의 실제 거주 집단을 기준으로 붙혀졌다. 일찍이 서기 400년경부터 해협의 해안에 로마군에 복무하는 색슨족의 원군과 그 가족들이 실제로 정착했음을 유력하게 추측할 수 있는 대목이다. 이러한 가설을 뒷받침할 증거도 고고학에 존재한다.

이러한 기록은 초기에 브리튼에 정착한 사람들의 존재가 왜 브리타니아의 다른 주민들로부터 '색슨족(새서내크 sassenach, 새서네그 saseneg)'이라고 불렸고 왜 여전히 이렇게 불리고 있는지 그 이유를 설명해 줄 수 있을지도 모른다. 물론 얼마 지나지 않아 색슨족에 이어 다른 부족들이 브리타니아에 정착했다. 그렇다면 이들은 어떻게 불러야 할까?

이들을 가리키는 '앵글로색슨'이라는 이름은 약 450년이 더 지난 후 (앨프레드 대왕의 통치 아래에서) 처음으로 등장했고 그 땅은 10세기 초에 가서야 '앵글라론데 Englalonde'라고 불렸다. 언젠가 자신을 '잉글랜드인'이라고 불렀던 부족 사람들은 사실 앵글로색슨족이겠지만 현 시점에서 '앵글로색슨'이라는 명칭을 사용하기에는 아직 이르다. 그래서 우리는 브리타니아에 정착한 게르만족을 가리켜 그냥 '잉글랜드인'이라는 용어를 사용하려고 한다. 이는 역사 기록을 기반으로 한 용어는 아니다. 정말 중요한 것은 용어보다 이 부족들이 무슨 이유로 이 땅에 왔는가다.

침략인가, 초대인가?

로마 군대는 마침내 서기 407년 브리튼을 떠났고 본토에서 끝없는 내전을 치렀다. 남부 브리튼인들은 이제 세금을 내도 로마로부터 보호받지 못한다는 사실을 깨달았다. 더 이상 로마법에 따라 살 필요가 없다고 생각한 이들은 로마 제국에 반기를 들며 반란을 일으켰다(조시무스의 역사서). 그 후에 일어난 일을 기록한 유일한 원본 자료는 로마령 브리타니아 수도승 길다스^{Gildas}가 쓴 『브리튼의 파멸$^{The\ Ruin\ of\ Britain}$』(서기 540년경)이다. 길다스는 라틴어로 쓴 이 자료에서 백성들이 제국과 성급하게 결별한 것을 후회했고 450년경 로마의 도움을 요청하는 유명한 마지막 탄원서를 작성했다고 기록했다. 이 탄원서는 '브리타니아들의 통곡 소리$^{The\ Groans\ of\ Britons}$'라고 알려져 있다.

> 야만인들은 우리를 바다로 끌고 간다. 그리고 바다는 우리를 야만인들에게 데려간다. 죽음을 부르는 야만인들과 바다 사이에서 우리는 살해 당하거나 익사 당하고 만다.

하지만 여기에 언급되는 야만인들은 색슨족이 아니었다. 이 시기에 길다스는 게르만 부족을 전혀 언급하지 않았다. 브리튼의 문명을 위협하는 치명적인 적은 북서쪽에서 온 스코틀랜드인(아일랜드인)과 북부에서 온 픽트족이었다. 이들은 '코라클Coracle'이라는 동그랗고 작은 배를 타고 왔다. 로마로부터 더 이상 도움을 받을 수 없게 된 로마령 브리타니아는 다른 유럽인에게 눈을 돌렸다.

> 서기 443년, 브리타니아인들은 로마로 사람을 보내 픽트족과의 전투에 도움을 달라고 요청했다. 하지만 로마군은 훈족의 왕 아틸라Attila와 싸우는 상황이었기 때문에 브리튼에게 아무 도움도 줄 수 없었다. 이에 브리튼 사람들은 결국 앵글족과 그 친족 귀족들에게 구원을 청하게 되었다.
>
> 『앵글로색슨 연대기 1 Anglo-Saxon Chronicle 1』[1]

앵글로색슨인들의 파견은 침략이라고 볼 수 없었다. 오히려 이들은 브리튼에서 침입자인 야만인들로부터 로마 브리타니아 문명을 지켜달라는 부탁을 받고 유럽에서 초청받았다고 할 수 있다. 앵글로색슨인들은 브리타니아에 도움을 주었고 그 대가로 섬에서 가장 비옥한 지역의 토지를 받았다.

1　앵글로색슨 연대기. 이후에는 그냥 '연대기'라고 한다. 앵글로색슨 연대기는 실제로 현존하는 모든 역사를 하나로 모으려는 노력으로 앨프레드 대왕 시대에 시작된 다수의 연대기다(대부분의 학자들이 동의하는 내용). 400년 전 일어난 사건들이 얼마나 정확히 기록되어 있는지 검증할 방법은 없지만 현재 우리가 가진 자료는 이것뿐이다.

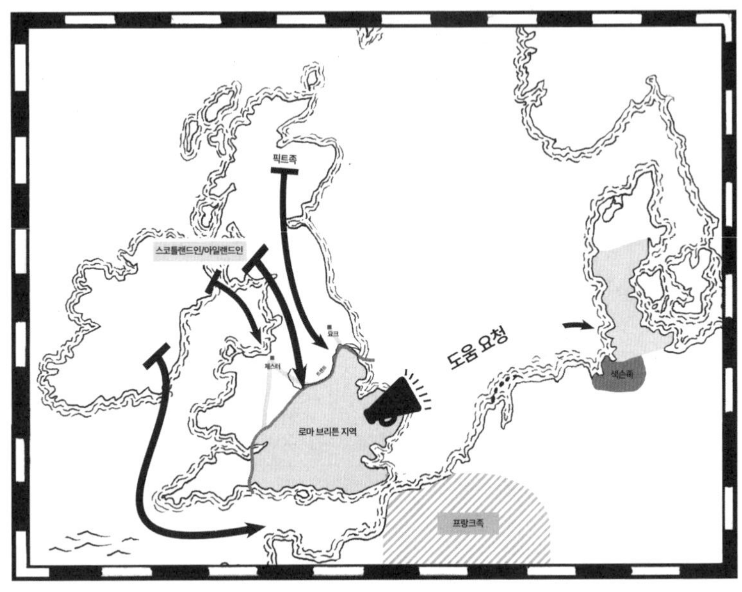

> 보르티게른^{Vortigern} 왕은 앵글로색슨인들에게 남동쪽 땅을 주었다. 그 대신 앵글로색슨인들은 국왕이 내건 조건에 따라 픽트족과 전투를 치러야 했다. 그들은 픽트족과 전투를 벌였고 매번 승리를 거두었다.
>
> 『연대기^{Chronicle}』

하지만 얼마 지나지 않아 앵글로색슨족은 거주하기로 합의한 영역에서 벗어나기 시작했다. 이것이 크게 문제 될 일은 아니었다. 5세기 이후 서유럽 전역에서 후기 로마의 군대를 대부분 담당했던 게르만 전사들이 계속 이동하고 있었기 때문이다(게르만족의 대이동). 앵글로색슨족이 그 영역에서 벗어난 것은 게르만족의 이동이라는 흐름에 따른 것이었다. 하지만, 브리타니아 남동부에서 범상치 않은 일이 일어났다.

독특한 건국

브리타니아뿐만 아니라 유럽의 다른 모든 곳에 게르만족 침략자들이 찾아왔다. 이 게르만족은 회유되거나 정복하면서 결국 그곳에 동화되어 갔다. 반면, 잉글랜드에서는 기존 원주민들이 스스로 쌓아온 문화가 완전히 게르만족의 문화로 대체되었다. 이러한 일이 일어난 곳은 오직 잉글랜드뿐이었다. 이러한 이유로 잉글랜드의 건국은 독특하다고 할 수 있다. 이 때문에 현대의 잉글랜드인들은 가까운 이웃 언어인 웨일스어를 아주 낯설게 느끼면서도 850년경의 독일어 욕설을 거의 알아 들을 수 있다. 예를 들어, 'hundes ars in tino naso'는 사냥개의 엉덩이가 네 코 속에 있기를'이라는 의미로 이해한다.

그렇다면 왜 게르만족 이주민들은 잉글랜드에서 동화되지 않고 게르만족으로 살았을까? 부분적인 이유로는 이미 쇠퇴하여 몰락한 브리타니아가 지역 군벌들이 지배하는 영토로 전락했기 때문일 것이다. 새로 도착한 앵글로색슨인이 마주한 것은 폐허뿐이었다. 모든 잉글랜드 문화는 사라졌고 굳이 잉글랜드 문화를 채택할 필요가 없다는 것을 알게 된 게르만족은 자신들의 고유의 문화를 고스란히 이어갔다. 게다가 게르만족은 '바다'라는 결정적 요인 덕분에 고유의 문화를 지켜갈 수 있었다.

해협은 브리타니아를 보호해 주지 않았다. 오히려 해협 때문에 브리타니아는 완전히 정복되었다. 유럽의 다른 곳에서도 정복자였던 게르만족은 마치 남성으로만 이루어진 군대 같았다. 노인, 임산부, 어린 아이

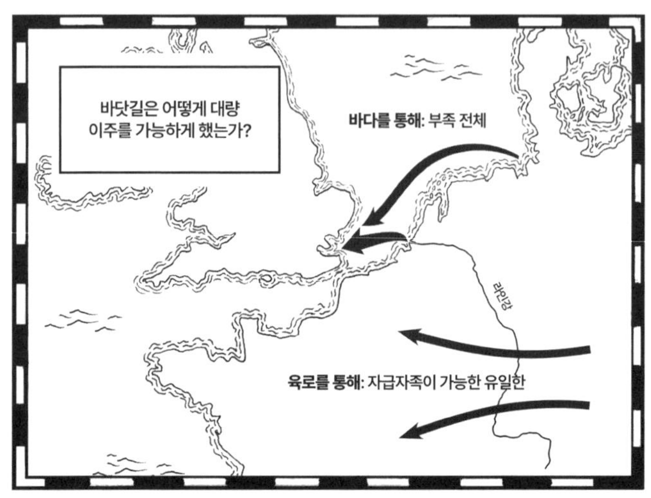

등 부족의 구성원들은 위험하고 적대적인 분위기가 가득한 영토를 통과하는 기나긴 육로 이동에서 살아남을 수 없었다. 그러나 앵글로색슨인들은 하루 이틀 만에 부족 전체를 색슨 해안으로 보낼 수 있었고 잘 정비되고 오래된 로마식 항구에 상륙할 수 있었다.

이들이 이룩한 성공과 나라의 번영, 그리고 브리튼 섬사람들의 나약함에 대한 이야기가 이들이 사는 땅에 전해졌을 때... 위에서 언급한 민족들의 무리가 브리튼 섬으로 찾아왔다.

비드[Bede],
『잉글랜드인 교회의 역사[Historia Ecclesiastica Gentis Anglorum]』(서기 731년 경)

게르만족에게 정복당한 유럽의 다른 나라에서는 미혼이던 게르만족 남성 전사들이 현지 여성들과 결혼했다. 이렇게 해 라틴어와 기독교가 유지되었다. 하지만 잉글랜드에 정착한 게르만족은 현지 여성이 아닌 동족들을 데려왔기 때문에 고유한 언어를 사용하는 앵글로색슨인이자 이교도로 오롯이 남을 수 있었다.

언어 소멸의 기이한 사례

앵글로색슨족의 정복은 너무나 완전하게 이루어져서, 오늘날 잉글랜드에는 로만브리튼 언어의 흔적이 거의 남아 있지 않다.. 그나마 로마의 영향을 받은 영어는 영국 북부에서 양을 세는 옌-탄-테라yan-tan-tethera(켈트어로 '하나 둘 셋' 세는 말. 영어의 one-two-three에 해당) 방식이나 히코리-디커리-독hickory-dickory-dock(영어의 '여덟 아홉 열' 세는 eight-nine-ten에 해당)과 같은 몽환적인 느낌의 언어뿐이다.

　무자비하고 인종차별적인 식민지 지배라는 개념에 익숙한 빅토리아 시대 사람들은 이것이 무엇을 의미하는지 확실히 알 수 있었다.

> 우리 조상들과 맞서 싸운 사람들은 죽음을 맞았고 순종을 선택한 사람들은 노예가 되었다. 어쩌면 현대에 사는 여러분은 우리 조상들이 잔인하고 사악한 사람들이었다고 말할지도 모르겠다... 그러나 어쨌든 결국 상황은 훨씬 나아졌다.
>
> 『어린이를 위한 옛 잉글랜드의 역사Old English History for Children』,
> 에드워드 프리먼Edward Freeman, 1869

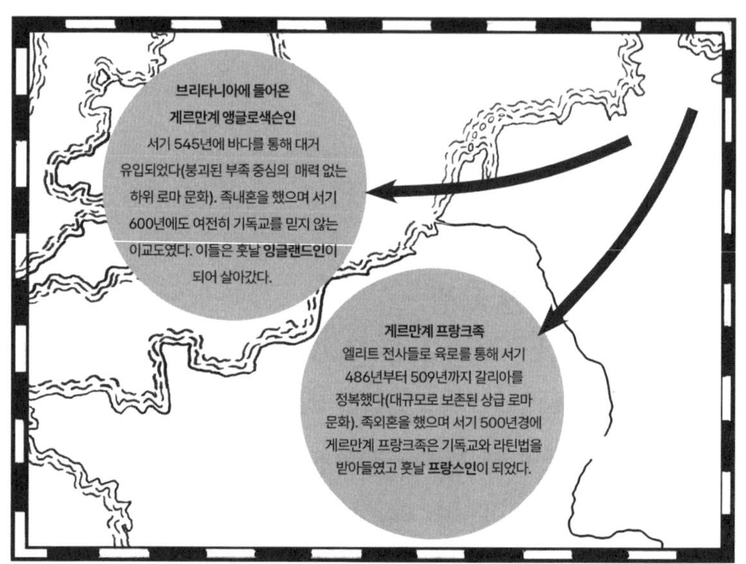

하지만 현대 잉글랜드인 대부분은 로마 브리튼인의 DNA를 물려받았다. 이는 현대 과학 기술로 밝혀진 사실이다.

잉글랜드의 동부지방, 중부지방, 남부지방에 사는 사람들 대다수는 비교적 동질적인 유전자 집단(즉, 로마 브리튼인)으로 구성되어 있다. 여기에는 앵글로색슨족의 이주(전체 조상의 10~40%)가 큰 역할을 했다. 앵글로색슨족이 기존 현지 주민들을 대체한 것이 아니라 현지 주민들과 결혼해 살았다는 사실이 증명되면서 역사적 논란이 마무리되었다.

'영국 인구의 미세한 규모의 유전자 구조The Fine-Scale Genetic Structure of the British Population', 《네이처Nature》, 2015

당시 잉글랜드에서 살아남은 로마령 브리타니아들은 시간이 흐르면서 언어를 바꾸는 일이 많아졌다. 웨일스, 스코틀랜드, 아일랜드에서도 같은 현상이 일어났다.

웨식스 거래

길다스는 어느 켈트인의 지휘로 현지 주민들의 저항이 성공을 거둔 이야기를 들려주었다. 암브로시우스 아우렐리아누스Ambrosius Aurelianus라는 이름의 로마령 브리타니아인은 훗날 작가들을 통해 '아서 왕King Arthur'으로 불리게 된다. 오늘날의 고고학 지식과 상식으로 보면 앵글로색슨인들이 동남부로 진출하면서 심각한 저항에 부딪혔음을 추측할 수 있다. 어쨌든 브리튼인들의 후예는 오늘날까지도 언어와 풍습을 지키며 잉글랜드에서 멀리 떨어진 서부에서 웨일스인으로 살아간다. 초기 잉글랜드인들은 브리튼인들을 '웨얼리스waelisce' 혹은 '웨얼라waehla'라고 불렀다(웨얼리스와 웨얼라는 '로마화된 사람들'을 뜻하는 독일어 단어에서 유래했다. 로마화된 사람들은 왈룬과 왈라키아에서도 볼 수 있다).

웨식스의 고위층 로마 브리튼인들은 거센 저항 끝에 앵글로색슨인과의 교류를 분명히 완전히 끊었다. 웨식스 왕가 계보에는 켈트어로 된 이름, 예를 들어 세르딕Cerdic, 캐드월러Caedwalla, 센왈Cenwahl, 케일린Caelin 등이 있다. 최초의 위대한 영국 역사가 가경자 비드(베다)Venerable Bede(서기 735년경)는 케일린(서기 577년 바스Bath 근처 디럼Dyrham에서 부족을 이끌며 현재의 스코틀랜드를 이룬 게일족 군벌과 같은 세력을 무찔러 큰 승리를 거둔 인물)이 같은 민족의 연설 즉, 원주민인 웨얼리스의 연설에서 체울

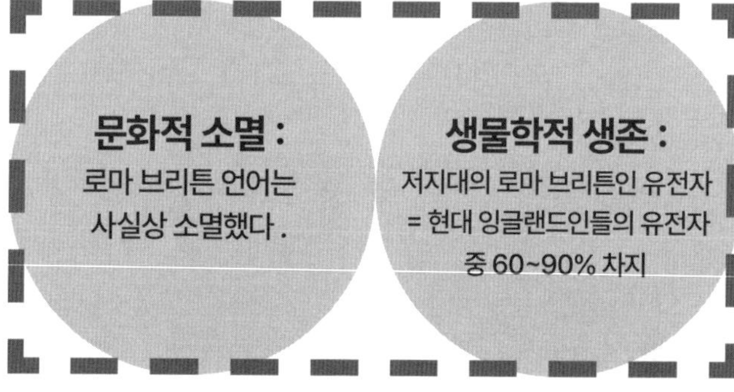

린^{Ceaulin}으로 알려졌다고 설명한다. 이처럼 켈트 문화와 웨얼리스 사이에는 문화적 연관성이 있었다. 그래서 놀랍게도 웨식스의 이네^{Ine} 국왕(서기 700년)이 만든 법은 살아남았다. 이를 통해 이네 국왕이 두 문화권을 통치했음을 알 수 있다.

일반적으로 웨얼리스는 2류 시민이었지만 여전히 법의 보호를 받았다. 중요한 토지를 소유한 일부 웨얼리스는 토지를 소유한 앵글로색슨 자유민들보다 상위 계급으로 분류되었다(실제로 토지를 소유한 앵글로색슨인들은 5~10%에 불과했다). 무엇보다 놀라운 점은 웨식스의 이네 국왕이 '시닝스 홀스웰$^{Cyninges\ horswealh}$'이라고 불리는 엘리트층을 다스릴 수 있었다는 사실이다. '시닝스 홀스웰'은 간단히 '왕의 말을 담당하는 웨일즈인$^{The\ King's\ Welsh\ Horse}$'이라고 번역된다.

웨어햄^{Wareham}에 있는 성모 마리아 교회$^{Lady\ Mary\ Church}$에는 부유한 로마령 브리타니아인들이 이 땅에 살았음을 보여주는 증거가 남아 있다. 바로 다섯 개의 기념비다. 초기 켈트 문자가 선명하게 새겨져 있는 이 다섯 개의 기념비는 앵글로색슨인들이 정복을 시작한 지 350년이 흐른 후 만들어진 것이다.

브리튼 저지대의 로마 브리튼인들은 죽음을 맞이하지도 쫓겨나지도

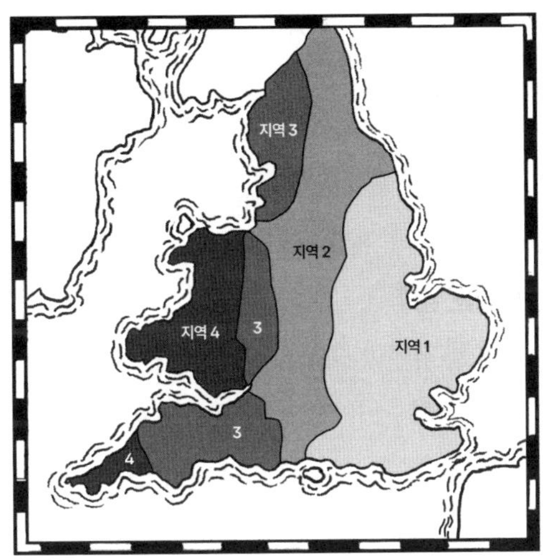

케네스 헐스톤 잭슨^{Kenneth Hurlstone Jackson}, 《강 이름 지도^{Map of River-Names}》
지역 1은 기원전 500년경에 정복되어 완전히 앵글로색슨화되었다. 지역 2는 600년경에 정복되었다. 이곳의 많은 강은 여전히 켈트족의 이름으로 불리고 있다. 지역 3은 700년이 되어서야 정복되었다. 심지어 작은 강들도 여전히 이전 앵글로색슨식 이전의 이름으로 불리고 있어 이곳에 살던 종족 구성이 거의 변하지 않았음을 보여준다. 지역 4는 앵글로색슨의 지배에 계속 저항했고(영국 남서부의 주 콘월^{Cornwall}) 현대에도 여전히 저항하고 있다(웨일스).

않았다. 그 대신 로마 브리튼의 엘리트층은 앵글로색슨 방식을 앞장서서 받아들였고 이는 하위 계급의 로마 브리타니아들에게까지 영향을 미쳤다. 언어로는 영어가 도입되었다고 추측할 수 있다. 거의 처음부터 잉글랜드의 정체성은 인종적 운명이 아니라 정치적 선택이었다. 어려운 일이었지만 분명히 하나의 선택이었다.[2]

서기 600년이 지나자 이 선택은 정복된 선주민들에게 그리 대수롭지

---

2 이 장면을 그리기 위해서는 역사적 상상력이 그리 많이 필요하지 않다. 그냥 고지대, 아일랜드 혹은 웨일스에 사는 사람들과 이야기만 해봐도 충분하다. 이들의 부모는 잉글랜드의 언어인 영어가 유창하지 않으면 자녀들이 심한 불이익을 받을 것으로 생각해 일부러 (이 지역들의 엘리트층이 오랫동안 채택해 온 방식대로) 지방의 고유 언어를 물려주지 않았다.

않은 의미로 남았다. '정체성 그 자체'가 이교도인 게르만족의 세계에서 빠르게 빠져나갔다. 로마가 교회라는 방식으로 돌아온 것이다.

성경과 법전(성문법)

잉글랜드의 종교사를 집필한 수도사 비드 이후 모든 잉글랜드의 성직자들은 590년경 교황 그레고리[Gregory]가 로마의 노예 시장에서 본 소년들의 이야기를 즐겨 들었다. 노예 시장의 소년들이 앵글족[Angles]이었다는 말을 들은 그레고리 교황이 이런 농담을 건넸다고 한다. "천사 같은 얼굴을 한 소년들에게 '앵글[Angle](영어로 '천사'라는 의미인 엔젤[angel]과 앵글이 비슷한 단어라는 점을 이용한 말장난)'이라는 이름은 참 잘 어울리는군."

그 무렵 이탈리아 주교 아우구스티누스[Augustine]는 앵글족 소년들을 개종시키라는 임무를 받고 잉글랜드에 파견되었다. 그가 이 임무를 해낼 수 있었던 것은 이미 한 세기 동안 기독교인으로 살았던 프랑크인들 덕분이었다. 프랑크족 국왕의 딸 베르타[Bertha]가 켄트의 국왕 에설버트[Ethelbert of Kent]와 결혼한 지 얼마 되지 않은 때였다. 에설버트는 처음에는 개종을 거부했지만 아내 베르타가 아우구스티누스를 위해 캔터베리에 로마 영묘를 최초로 영어 예배를 보는 교회로 만드는 것을 허용했다. 서기 601년 에설버트는 기독교로 개종했다. 아우구스티누스, 프랑크족, 혹은 아내의 뜻에 따른 것이다. 그 후 에설버트는 자신이 다스리는 영토의 법률을 문서로 작성했다. 이 법은 사회에서 교회의 특권적인 위치를 강조하고 있으며 강간과 폭력에 대한 벌금을 매우 상세히 규정하고 있다(귀를 자르면 12실링, 눈을 때리면 50실링, 귀족의 하녀를 범하면 12실링, 평민의 하녀를 범하면

6실링 같은 식이었다). 드디어 문명이 들어오기 시작한 것이다.

법은 영어로 작성되었다. 대륙 내 게르만족의 모든 나라가 각국의 법을 라틴어로 우선해 작성한 것을 볼 때 매우 이례적인 일이었다. 잉글랜드에서 라틴어를 사용하는 사람은 거의 없었다. 따라서 기록은 특별히 일상에서 사용되는 언어로 이루어졌다. 영어로 쓰인 글의 첫 등장이었다. 노르만 정복 이전까지 서유럽에서 앵글로색슨인들은 자체 언어인 영어로 통치받았다.

에설버트는 '브레트왈다Bretwalda(초기 앵글로색슨 시대의 잉글랜드 국왕의 명칭으로 왕중왕paramount king을 뜻한다)'이었기 때문에 그가 보여준 모범은 중요한 의미가 있었다. 다음 브리튼 왕이 된 이스트앵글리아East Anglia의 래드왈드Readwald는 개종하지 않고 이교도로 남았으나 자신이 관리하는 신전에 기독교 성소를 두는 것을 허락했다.

오늘날 대중에게는 서턴 후Sutton Hoo에 있는 거대한 선박묘(장례용 배)에 묻혀있는 인물이 래드왈드라고 알려져 있다. 그곳에는 값을 매길 수 없는 귀한 보물들과 현지 이교도들의 작품, 수입된 기독교 관련 물건과 고급 물건이 함께 매장되어 있다.

전진하는 기독교 병사들

로마 교회는 잉글랜드의 이교도를 퇴치하려고 애썼다. 하지만 서기 655년경 마지막 이교도 국왕인 머시아의 펜다Penda of Mercia가 사망한 이후부터는 어느 기독교 분파가 승리할 것인가의 문제로 변질되었다. 켈트족과 일부 북부 앵글로색슨인들은 로마로부터 독립을 원하며 고유의 풍습을 고집스럽게 지켜갔고 잉글랜드 주교 대부분은 유럽 대륙 쪽에 줄서고 싶어 했다. 663~664년 휘트비 종교회의^{Synod of Whitby}에서 윌프레드^{Wilfred} 주교는 "누가 천국의 열쇠를 쥐고 있는가?"라는 질문을 던지며 기독교 분파 경쟁에서 승리를 거머쥐었다. 천국의 열쇠를 쥔 사람이 로마 수장인^{Patron} 성 베드로임(정확히 교황을 의미)을 아무도 부인할 수 없었기 때문이다.

잉글랜드 주교들의 교두보를 확보한 로마의 다국적 기독교 군인들이 그리스인 타르수스의 테오도르^{Theodore of Tarsus}와 아프리카인 캔터베리의 아드리안^{Adrian of Canterbury}의 지휘를 받으며 몰려들었다. 이들은 보통 사람들이 깊이 간직한 신념이 단호한 성향의 새로운 엘리트를 통해 어떻게 바뀔 수 있는지를 보여주는 예시가 되었다. 사후세계를 믿게 된 앵글로색슨인들은 고대부터 죽은 사람들을 장례용품과 함께 무덤에 묻던 관습을 고작 한 세대 만에 버렸다.

> 구색을 갖춘 매장 풍습은 서기 670년대~680년대에 갑자기 끝나버렸다. 이러한 매장 의식의 종말은 타르수스의 테오도르가 수석 대주교가 되었던 시기와 정확히 일치한다. 대중들 사이에서 매장 관행이 생각보다 훨씬 더 급진적으로 변화한 셈이다.
>
> 『현재의 고고학^{Current Archaeology}』, 2013년 11월 6일 호

잉글랜드 기독교인들은 이교도들과 켈트 이단자들을 누르고 승리를 거둔 직후부터 자신들을 교황을 위해 싸우는 영웅적인 특공대로 여겼다. 현존하는 라틴어 성경 중 가장 오래된 것은 위대한 『코덱스 아미아티누

스^{Codex Amiatinus}』인데 이는 비드의 스승인 코엘프리드^{Coelfrid}(642~716년)가 교황에게 선물한 라틴어 성경이다. 이 성경을 만들기 위해 재로^{Jarrow}의 수도승들은 소를 2,000마리나 사들여 가죽을 벗겼다.

성 보니파키우스St.^{St Boniface}(서기 675~754년)는 말하자면 앵글로색슨의 고향이나 다름없는 독일 지역(헤센과 튀링겐)에서 기독교를 전파하고 교회를 조직화하는 활동을 이끌었다. 통역 없이도 독일인들과 대화할 수 있었던 성 보니파키우스는 나름 의미 깊은 진전을 이룬 후 754년 프리지아에서 순교했다. 요크의 앨퀸^{Alcuin of York}은 샤를마뉴(카를로스 마그누스)에게 가장 신뢰받는 정치적 조언자가 되었다. 놀랍게도 두 사람이 개인적으로 주고받은 서신집이 오늘날까지 남아 있다. 서기 800년 앨퀸이 로마 제국을 복구하던 위대한 프랑크족 국왕에게 어떻게 충고했는지는 바로 이 서신집을 통해 알 수 있다. 요크의 앨퀸은 그리스와 로마의 학문적 전통을 보존하고 문화적 부흥을 이끌었다. 또한, 기독교 신학과 고전철학을 융합하는 작업을 통해 샤를마뉴의 통치가 종교적 정당성을 강화하도록 도왔다.

대분열

8세기 말 무렵 잉글랜드인(앵글로색슨)들은 브리튼에서 세력을 확장하는 데 한계에 부딪혔다. 북부의 노섬벌랜드^{Northumberland}라는 강력한 왕국은 네크탄스미어^{Nechtansmere}(서기 685년)에서 픽트족에게 패배했다. 서부에서는 오파 국왕^{King Offa}이 이끄는 머시아인들^{Mercians}이 서기 778~784년 웨얼라를 정복하기 위해 많은 공을 들였지만 실패했다. 이후 소도둑들을 막고 국경을 표시하기 위해 거대한 제방을 건설해 기동 경비대와 함께 순찰하기 시작했다.

정복에 나서기 2세기 전, 잉글랜드인들과 이웃 민족들 사이에 그어진 국경은 기본적으로 오늘날과 같았다. 당시 사람들은 이미 잉글랜드인들 내부에서 남북 간 분열이 일어나고 있음을 눈치채고 있었다. 비드는 서기 731년경에 쓴 글에서 험버Humber 강을 9번이나 언급했는데 험버강 하구가 남색슨족과 북색슨족을 나눈다고 새로 생각하게 되었기 때문이다.

비드가 남북 경계선을 정확히 서쪽 어디쯤으로 잡았는지는 알 수 없다. 이 경계선이 현대의 랭커셔Lancashire, 체셔Cheshire, 슈롭셔Shropshire, 그리고 심지어 헤리퍼드셔Herefordshire까지인지는 웨일스 사람들에게 여전히 논쟁거리이기 때문이다. 그렇다고 해도 트렌트Trent강은 여전히 잉글랜드인들의 마음속에 국경과 같은 존재로 남아 있다.

교회는 비드^{Bede}가 살아 있을 당시 남북 사이에 분열이 있었음을 공식적으로 인정했다. 서기 733년에는 요크-캔터베리 연합 구조가 정착되었다. 이러한 쌍두체제는 계속 이어졌으며 법적으로도 그랬다. 서기 736년의 헌장에서 머시아인들을 대표하는 애설볼드^{Aethelbald}는 보편적으로 '남부 잉글랜드(라틴어로는 sutangli)'라고 불리던 모든 지방을 통치하던 국왕이다.

로마 이전과 로마 브리타니아를 나누었던 쥐라기 구분선도 앵글로색슨 정복 후 지역 구분선이 되었다. 얼마 지나지 않아 잉글랜드 내부에서 이 지역 간 문화적 분열은 매우 심화되었다.

홀로 살아남은 남부

바이킹들은 북서 유럽 전역을 약탈했는데 심지어 그 범주에 이탈리아 피사^{Pisa}까지 포함되어 있었다. 그에 비하면 사우샘프턴^{Southampton} 약탈(서기 840년)이나 런던 약탈(서기 842년)은 그리 특별한 일이 아니었다. 서기 865년 바이킹의 거대한 세력이 노섬브리아와 이스트앵글리아를 격파해 국왕들을 죽였고 머시아의 일부도 함락되었다. 이스트잉글랜드는 더 이상 습격받지 않았다. 다만 정복당했을 뿐이다. 878년 1월 6일 치퍼넘^{Chippenham}에서 일어난 매복 전투 이후 마지막 앵글로색슨계 국왕인 웨식스의 앨프레드^{Alfred of Wessex}는 도망자로 전락하고 말았다.

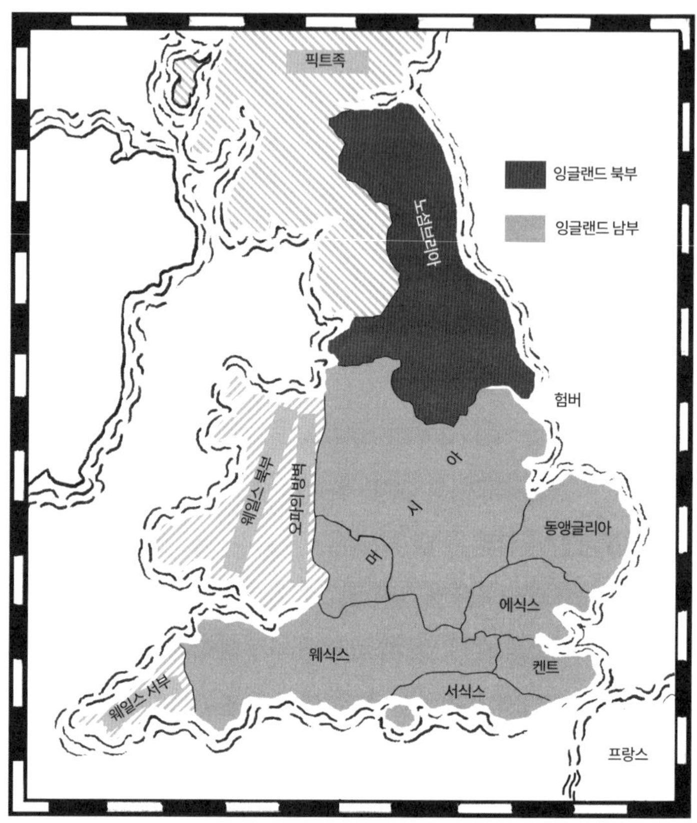

특이하게도 앨프레드의 웨식스는 남다른 회복력을 보여주었다. 이는 아마도 침략했던 앵글로색슨과 거주하고 있던 로마-브리타니아의 엘리트들이 거의 동등한 법률적 기반으로 융합한 덕분에 생긴 회복력 같다. 시골 사람들이 간직한 기억은 쉽게 몇 세기를 흘러갔다.[3]

3　저자는 1980년대에 아일랜드의 칼로Carlow에서 가장 깊은 곳에 있는 노르망디인의 작은 집을 조사하고 있었다. 그 집이 있던 땅에서 농부는 계곡 아래에 있는 훌륭한 집을 가리키며 진심으로 씁쓸한 듯이 말했다. "저 땅은 한때 우리 땅이었습니다. 다시 우리 땅이 될 겁니다. 저 집은 18세기 중반에 지어졌거든요."

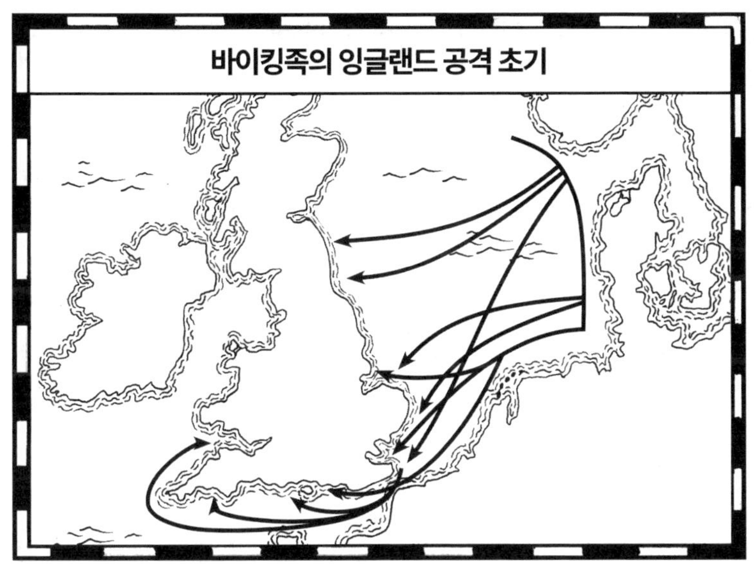

체르디치 왕가Cerdicingas의 앨프레드는 (웨식스 왕가의 양식대로) 다른 영국 국왕들과 달리 중요한 순간에 나이가 많고 충성심 깊은 시골 사람들을 지지 기반으로 삼을 수 있었던 것 같다.

어쨌든 앨프레드는 에딩턴 전투Battle of Eddington(878년)에서 군사를 재편성하고 잉글랜드 중부의 여러 주를 재집결해 데인족(덴마크인)을 물리쳤다. 데인족의 지도자 구스룸Guthrum은 세례를 받아들였고 앨프레드와 맺은 평화조약인 웨드모어 조약Treaty of Wedmore에 동의했다(878~880년).

잉글랜드의 통합

이제 앨프레드는 잉글랜드의 통합을 꿈꾸었다. 이는 색슨족, 앵글족 그리고 모든 종족의 통합을 의미했다. 앨프레드는 젊은 시절 아헨Aachen에

있는 카롤링거 프랑크족의 궁정을 두 번 방문한 적이 있었다. 그 왕정에는 (앨퀸의 조언을 받은) 샤를마뉴(카를루스 마그누스)를 통해 확립된 중세 교회-국가 통치의 큰 틀이 확고히 자리잡고 있었다. 앨프레드는 이러한 틀을 잉글랜드에 도입했다.

앨프레드의 근대화된 잉글랜드에서는 프랑크 왕국에서와 마찬가지로 대관식에서 의례적으로 수여되는 교회의 승인을 받아야만 국왕이 될 수 있었다. 정치에서도 프랑크의 관행이 도입되었는데 새로운 종류의 제국식 상급 귀족제가 생겨났다.

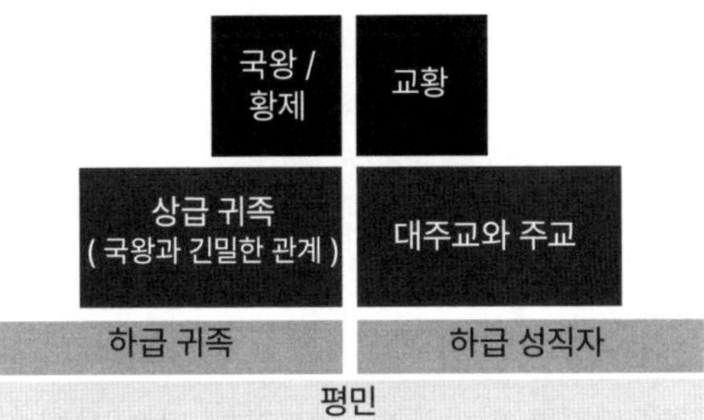

> 국왕을 향한 충성 맹세는 카를루스 왕조의 법률에서 직접 도입한 것이다.
>
> 크리스 위컴 Chris Wickham

하지만 앨프레드가 도입하지 않은 것이 하나 있었으니 바로 라틴어를 통한 통치였다. 사실 앨프레드로서는 라틴어를 통한 통치가 어려웠다. 험버강 양쪽에 (그가 밝힌 대로) 라틴어를 할 수 있는 사람들이 충분히 남아 있지 않았기 때문이다. 다만, 앵글로색슨(영어)의 법률로 통치하는 앨프레드의 독특한 전통은 영어를 읽을 수 있는 사람들이 여전히 있음을 의미했다.

> 잉글랜드 전역에서 라틴어 지식이 얼마나 쇠퇴했는지 깨달았지만 아직도 많은 사람이 영어를 읽을 수 있다는 사실이 떠올랐습니다.
>
> - 앨프레드가 우스터 주교에게 보낸 편지

앵글로색슨 연대기는 앨프레드의 명령에 따라 만들어진 것으로 보인다.

사람들 간 통합이 절실했던 시기, 앨프레드는 모든 잉글랜드인을 통합하려는 강한 의지를 보였다. 이러한 앨프레드의 남다른 추진력으로 잉글랜드는 고유한 특징을 유지할 수 있었다. 그 고유한 특징은 평민들의 언어, 즉 영어로 남아 있는 법과 역사였다.

앨프레드는 잉글랜드의 데인족에게도 눈을 돌렸다. 이는 영문학의 탄생과 관련된 미스터리를 설명하는 데 도움이 되는 사실이다. 앵글로색슨족의 잉글랜드가 배출한 위대한 국민 서사시인 〈베오울프Beowulf〉가 스칸디나비아를 배경으로 하는 이유는 무엇일까? 그 대답은 앨프레드가 열어가는 새로운 정치에 〈베오울프〉라는 작품이 완벽히 부합했기 때문이다. 스칸디나비아를 배경으로 스칸디나비아의 영웅들이 등장하며 영어로 기록되고 암송된 이교도의 영웅적인 이야기는 모두 웅장하고 오래된 앵글로-스칸디나비아의 유산을 공유하고 있다고 여기게 해주었다. 여기서 그들의 사회를 잇는 중요한 역할을 한 것은 국왕에 대한 엘리트들의 개인적 충성심이었다.

앨프레드의 웨식스-프랑크를 융합한 정치가 통했다. 886년 앨프레드는 데인족으로부터 런던을 되찾았고 '렉스 앙글로룸 색소눔Rex Anglorum Saxonum' 또는 '렉스 앙굴 삭소눔Rex Angul-Saxonum'이라는 새로운 칭호를 얻었다. 심지어 앨프레드가 '렉스 앙글로(잉글랜드인의 국왕)'임을 간단히 나타내 주는 동전들도 있다. 앨프레드는 최초의 잉글랜드 해군을 만들었는데 그는 다른 해양 세력, 특히 바이킹족의 배보다 거의 두 배나 길게 설계된 배를 타고 세 번이나 항해했다. 앨프레드는 프리슬란트나 데인족의 양식을 모방한 것과 다른 이 배야말로 최고라고 생각했다. (『연대기Chronicle』)

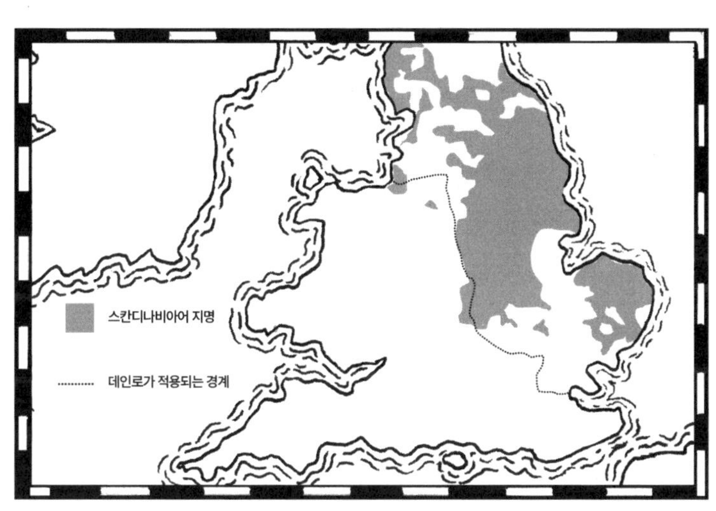

데인로가 적용되던 지역: 현재 잉글랜드에 남아 있는 스칸디나비아어 지명

앨프레드는 899년 사망할 때까지 유럽에서 가장 현대적인 정치 문화의 영어권 버전을 만들었고 데인족에게 지배받은 영토를 제외한 모든 앵글로킨Anglekin의 국왕이 되었다. 어쨌든 대단한 일이었다. 바이킹의 정착과 지배로 비드 시대 남부와 북부의 분열은 더 심해졌다. 북부의 문화는 템스 계곡까지 포함해 남부까지 영향을 미쳤고 이스트앵글리아는 이미 북부와 비슷했다 잉글랜드의 지명은 앨프레드가 사망할 당시의 정치적 경계를 알려주는 좋은 열쇠가 된다.

통합된 잉글랜드, 브리튼의 일부?

앨프레드의 후계자들이 통치하는 가운데 웨식스 왕조는 마침내 잉글랜드를 통일했다. 앨프레드의 아들인 에드워드 1세와 앨프레드의 딸이자 머시아 왕비인 애설플레드^{Athelflæd}는 이스트앵글리아와 5개 자치구를 되찾았다. 잉글랜드를 통합하려는 노력으로 마침내 서기 920년 트렌트강에 다리가 놓였다. 927년에는 에드워드의 아들 애설스탠^{Athelstan}이 노섬벌랜드를 완전히 점령했다. 브리튼 섬에 살던 모든 잉글랜드인과 데인족이 처음으로 한 명의 국왕에게 지배받게 되었다.

> 이처럼 행복한 결과를 가져다준 위대한 정복자 애설스탠은 영광스럽고 새로운 것을 창시한 인물로 추앙받았다. 그 나라에 살았던 사람들의 모국어로 '앵글라론데^{Englalonde}'라고 알려진 연합 왕국이 애설스탠의 발명품이었다.
>
> 톰 홀랜드^{Tom Holland}

이렇게 해 새로운 잉글랜드가 탄생했다. 그리고 곧바로 잉글랜드의 역사, 그리고 잉글랜드 나머지 지역의 영국 역사 사이에 중요한 난제가 발생했다. 이 문제는 우리가 살고 있는 현 시대까지 이어지고 있다.

정치적으로 통일된 잉글랜드는 브리튼 섬을 지배하는 세력이었다. 따라서 당연히 잉글랜드의 통치자는 브리튼 섬의 모든 곳을 지배했다. 서기 937년, 애설스탠은 200년이 지난 후에도 잉글랜드인들에게 기억될 정도로 위대한 전투에서 자신의 능력을 제대로 증명했다. 브루난부르흐^{Brunanburgh}에서 애설스탠은 스코틀랜드의 국왕 콘스탄틴^{Constantin}, 스트래스클라이드^{Strathclyde}의 국왕 오와인^{Owain}, 더블린의 바이킹 군벌 올라프 구트프리트손^{Olaf Guthfrithsson}을 물리쳤다. 『연대기』는 영웅적 서사시를 통해 이 전투를 영국 역사상 가장 피비린내가 진동하는 전투로 묘사했고 애설스탠의 초상이 새겨진 동전은 그를 브리튼 섬을 모두 지배하는 국왕으로 선포했다. 애설스탠의 이복 여동생 네 명이 대륙의 왕족과 결혼했고 939년 애설스탠이 세상을 떠났다. 이때 앵글라론데^{Englalonde} 왕국은 유럽에서 중요한 위치에 있었고 브리튼 섬 전역을 지배했다고 알려져 있다.

베네딕토회 시대

하지만 애설스탠이 죽은 직후 바이킹족은 요크를 탈환했고 노섬벌랜드를 거쳐 머시아의 다섯 개 자치구^{Five Boroughs}(더비, 레스터, 링컨, 노팅엄, 스탬퍼드)를 점령했다. 또 다른 15년간의 전쟁 이후 잉글랜드는 형제였던 국왕 에드위그^{Eadwig}(남부)와 에드거^{Edgar}(북부) 사이에서 다시 한번 나뉘

애설스탠의 모습이 새겨진 동전

었다. 그 후 959년 에드위그가 사망하면서 에드거는 평화를 얻기 위해 잉글랜드 최북단의 왕국인 로디언^{Lothian}을 스코틀랜드인들에게 넘겨주어야 했다. 이후 로디언은 두 번 다시 탈환되지 않았다.

에드거는 또 한 번 프랑크족을 개입시켜 통치를 공고히 했다. 베네딕토회 수도승들은 교회의 규칙을 다시 세우고 교회는 국왕들에게 절대적 후원을 받는 방향으로 가고 있었다. 973년에는 바스에서 던스턴^{Dunstan} 대주교가 에드거의 두 번째 대관식을 주관했다. 이는 오늘날 영국 대관식의 본이 되었다. 던스턴 대주교 밑에서 새로 일하게 된 베네딕토회 필경사들에 따르면 얼마 지나지 않아 웨일스의 국왕과 스코틀랜드의 국왕은 체스터^{Chester}에서 에드거에게 경의를 표했다.

사실 에드거는 잉글랜드 전역을 통치한 것도 아니었다. 따라서 에드거의 법률은 오직 잉글랜드인들에게만 적용되었다. 데인족 사이에서는 모든 사안이 데인족이 결정한 최선의 법을 따랐다. 일명 '데인법'으로 잉글랜드 영토에서 꽤 넓은 부분에 적용되었다. 데인로(데인법이 적용된 지역)는 고유의 언어와 법, 그리고 나름의 충성심으로 무장한 사람들이 자체적으로 계속 이끌어갔다. 이 데인로는 훗날 잉글랜드에 치명적인 역할을 하게 된다. 서기 975년, 에드거가 죽고 나서 한 세대도 지나지 않아 잉글랜드는 덴마크의 식민지로 전락했기 때문이었다.

앵글로색슨족 잉글랜드의 쇠퇴와 몰락

에드거는 각각 다른 여자에게서 두 명의 아들을 낳았는데 에드거의 사망 당시 이 둘은 미성년자였다. 에드거는 부와 권력을 처음에는 권력자들에게 넘겨주었고 나중에는 베네딕토회에 넘겼다. 이러한 행적은 문제를 일으키는 전형적인 공식과 같았다.

큰아들 에드워드^{Edward}가 왕위에 올랐다(976년). 하지만 978년 에드워드는 경솔하게도 코페^{Corfe}에 있는 계모 일프리스^{Aelfryth}를 찾아갔다가 마차에서 내리기도 전에 계모의 부하들에게 살해당했다. 그러고는 일프리스의 아들 애설레드가 에드워드의 자리를 대신해 애설레드 2세로 즉위했다. 하지만 그의 이름과 달리(Aethelred는 nobly advised라는 의미) '준비 안된 왕(왕으로서의 품위를 가질 수 있도록 제대로 조언을 받지 못해 정치적, 군사적으로 무능했다는 뜻)'이라는 별명으로 불렸던 애설레드^{Aethelred the Unready}는 일프리스의 섭정을 통해 나라를 다스려야 했다.

잉글랜드의 정치가 피비린내나는 혼란에 빠지면서 바이킹족은 새로운 문을 열었다. 덴마크왕, 스벤 트베스케그는 처음 잉글랜드로 수색대를 보냈음에도 잉글랜드의 반응이 시원치 않자 이내 집단 공격을 감행했다. 고대 영국의 시 〈말돈의 전투^{Battle of Maldon}〉(991)는 어느 영국 지휘관과 부하 장교들이 실제로 어떻게 행동했는지 생생히 묘사한다. 이들은 마치 〈베오울프〉 서사시에 나오는 등장인물처럼 바이킹족에게 정면으로 도전했고 주군을 배신하느니 죽음을 택할 각오로 필사적으로 싸웠다.

그러나 말돈이 잉글랜드인 음유시인들에게 예찬의 대상이 되었던 것은 매우 특별한 의미가 있었기 때문이다. 잉글랜드 북부와 동부 대부분은 웨식스 왕조보다 바이킹족에게 혈연적으로 더 친근함을 느꼈다. 이러한 이유로 당시는 국가적 차원에서 저항이 일어나기 힘들었다. 그 대신 바이킹족은 돈을 받고 물러섰다. 당연한 결과이지만 바이킹족은 곧 돌아와 더 많은 돈을 요구했다. 애설레드 2세는 총애하는 부하들을 세금 징수자로 고용했는데 이들은 세금 징수 일을 마음대로 좌지우지했다. 결과적으로 바이킹에게 돈을 주는 유화책은 잉글랜드 사회를 타락시키는 원인이 되었다. 더 이상의 증세도 감세도 없었다. 『연대기』는 이 시기에 몇 년 동안 데인족과 맞서려던 잉글랜드의 계획이 배신 때문에 반복적으로 실패한 사건을 안타까운 어조로 묘사했다. 그 정도로 잉글랜드 사회는 타락한 상태였다.

애설레드 2세는 전략적으로 대담하게 움직였다. 이는 영국적인 잉글랜드의 운명을 결정적으로 바꿀 바퀴를 움직이는 동기가 되었다. 데인족 침입자들은 노르망디 공작 리샤르가 소유한 항구를 종종 이용했다. 데인족의 바이킹 조상들은 노르망디에 정착한 지 겨우 90년밖에 되지 않았고 애설레드 2세는 노르망디인을 같은 편으로 만들기 위해 1002년 리샤르의 여동생인 노르망디의 엠마^{Emma of Normandy}와 결혼했다.

노르망디인 동맹을 확보한 애설레드 2세는 잉글랜드 내 데인족 문제를 해결하려고 노력했다. 1002년 11월, 애설레드 2세는 잉글랜드인들 사이에 섞여 살던 데인족 남성들을 전부 학살하라고 명령했다.[4]

다만, 이 과정에서 덴마크 국왕 스벤^{Sweyn}의 여동생이 사망했고 이는 심각한 역효과를 낳는 원인이 되었다. 잉글랜드 침공은 이제 덴마크의 공식적인 국가 정책이 되었고 데인세(10세기경 데인족에게 공물을 바치기 위해 혹은 데인족의 침입을 막는 데 필요했던 군비)는 급증했다.

---

4 앵글로색슨에게 바이킹은 여러 종류의 데인족 전체를 의미했다.

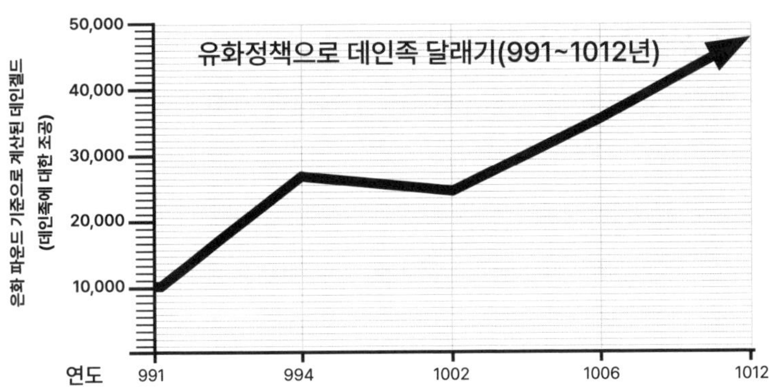

1013년 스벤이 직접 공격하면서 데인로는 진면목을 드러냈다. 잉글랜드에 정착한 데인족은 여전히 『연대기』의 저자들에게 단순히 '군대'로만 언급되었다.

우트레드[Uchtred] 백작과 모든 노섬브리아는 재빨리 그에게 절했고 린지 사람들과 다섯 개 자치구 사람들, 그리고 곧 모든 군대도 그에게 절했다.

『연대기』

애설레드 2세와 엠마, 그리고 두 사람의 자녀들은 엠마의 오빠(리샤르)가 있는 땅으로 도망쳤다. 잉글랜드 왕실은 이제 노르망디에서 망명자 신분이 되었다.

세상은 서둘러 끝을 향해 나아간다

이 소제목은 1014년 울프스턴 주교의 그 유명한 '늑대의 설교'에서 인용한 것이다. 실제로 잉글랜드인의 잉글랜드(앵글로색슨)는 종말을 맞이하고 있었다. 1014년 스벤이 죽자 데인로는 자연스럽게 아들 크누트^{Cnut}를 후계자로 선언했다. 남부에서는 잉글랜드의 자문협의회^{witenagemot}가 노르망디의 애설레드 2세에게 전갈을 보냈다. 애설레드 2세가 앞으로 더 올바른 방식으로 통치하겠다고 약속해야만 왕위를 돌려주겠다는 내용이었다.

그야말로 중요한 순간이었다. 자문협의회(위타나게모트)는 애설레드 2세가 누리는 왕조의 권리에 이의를 제기하지는 않았으나 애설레드 2세가 제대로 통치해야 한다고 주장했다. 이는 수 세기 후 의회의 선택을 받아야만 잉글랜드의 국왕이 될 수 있음을 내세우는 역사적 증거로 인용된다. 이후 애설레드 2세는 이에 동의했고 엠마와 함께 해협을 건너 잉글랜드로 (물론 잉글랜드의 남부에만 있었으나) 귀환했다. 이렇게 해 애설레드 2세는 다시 국왕이 될 수 있었다.

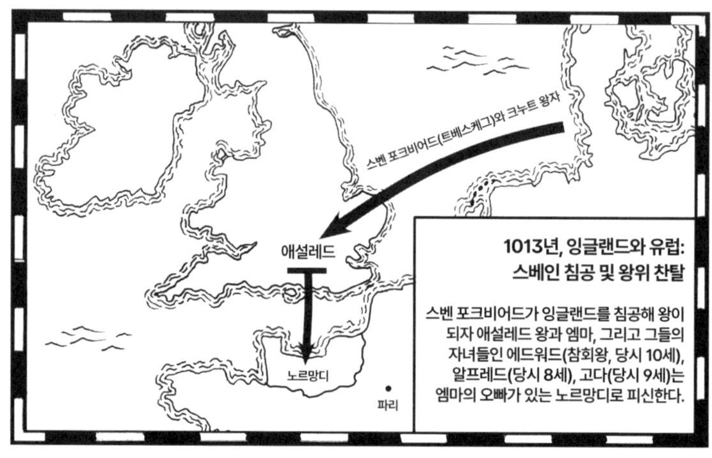

애설레드 2세는 크누트 국왕을 축출하기 위해 노르웨이의 올라프 국왕을 끌어들였다. 그 결과, 잉글랜드는 서로 경쟁하는 바이킹들의 전쟁터가 되었다. 노르웨이의 헤임스크링글라Heimskringla 전설saga에 따르면 올라프의 부하들은 런던 다리 주변에 닻줄을 감아 그것(런던 다리)을 붕괴시켰다. 크누트는 덴마크로 도망쳤고 잉글랜드의 국왕은 다시 잉글랜드인이 되었다. 하지만 그 국왕이 다시 애설레드 2세라는 점이 불행이었다. 애설레드 2세는 경쟁 관계인 귀족들을 심복들의 손을 빌려 제거하자마자 이전 방식으로 돌아갔다.

1016년 크누트의 새로운 침공으로 애설레드 2세는 결국 목숨을 잃었다. 이제 애설레드 2세에게 충성하던 잉글랜드의 남부는 크누트에 의해, 그리고 친덴마크 성향인 잉글랜드의 북부는 애설레드 2세의 아들 에드먼드 아이언사이드Edmund Ironside에게 파괴되었다. 몇 번의 치열한 싸움 끝에 크누트와 에드먼드는 잉글랜드를 서로 나누어 통치하기로 합의했다.

남북을 나누는 선은 자연스럽게 그어졌다. 에드먼드는 웨식스(런던 포함)를, 크누트는 북부를 얻었다. 에드먼드가 그해 말 세상을 떠나자 크누트는 잉글랜드 전체를 물려받았다. 이제 잉글랜드는 크누트가 다스리던 북해(스칸디나비아) 제국의 중심이 되었다.

잉글랜드를 통일한 크누트

크누트는 합법적으로 인정받는 통치자가 되려고 했다. 한편, 노르망디의 엠마(사망한 애설레드 2세의 아내)는 마땅히 자신의 것인 왕좌를 되찾고 싶어 했다. 그 결과, 엠마는 크누트와 결혼하게 되었다. 일종의 거래와 같은 혼인이었다. 엠마는 오빠인 노르망디 리샤르 공작에게 아들들의 보호를 맡기려고 했고 이에 따라 엠마의 아들들은 또 한 번 해협을 건넜다.

한편, 크누트는 잉글랜드인 고위급 귀족들을 무자비하게 숙청했다. 참수당한 수많은 귀족의 시신이 공개적으로 런던 성벽 위에 던져졌다. 참수당하지 않고 살아남은 귀족들의 자리는 덴마크인 백작이나 노르웨이인 귀족으로 대체되었다.

덴마크 출신의 정복자 크누트는 공식적으로 자신이 다스리는 영토를 '잉글랜드'라고 부른 최초의 국왕이 되었다. 크누트는 에드거의 법을 따르겠다고 약속했다. 그러나 법은 오직 잉글랜드인들에게 적용된다고 했던 에드거와 달리 크누트의 법은 잉글랜드인과 덴마크인 모두에게 적용된다고 선언했다. 이는 피나 힘이 아니라 정식 법을 통해 잉글랜드의 정당한 국왕이 되었음을 의미했다. 법이 왕을 만드는 것이지 그 반대는 아니라는 것이다.

처음에 크누트는 시워드 백작Earl Siward과 같은 덴마크 백작들을 통해 통치했다(이 일은 셰익스피어를 통해 『맥베스』로 그려진다). 하지만 그로부터 20년이 채 안 되었을 때 어느 잉글랜드인이 덴마크 출신인 크누트 국왕에게 자신의 충성심을 확실히 보여주었다. 웨식스의 고드윈 백작 가문을 만들게 된 그는 혼인을 통해 크누트 가문의 일원이 되었다. 덴마크 피가 섞인 그의 아들이자 후계자에게는 스칸디나비아식으로 해럴드 고드윈슨^{Harold Godwinson}이라는 이름이 붙여졌다.

애설스탠 국왕 시절처럼 잉글랜드의 통합을 지탱하는 것은 강력한 왕권뿐이었다. 크누트가 사망하자(1035년) 하르타크누트(크누트와 엠마 사이에서 태어난 아들)는 고드윈 백작과 웨식스의 원로들^{Seniormen}에게서 지지받았고 템스강 북부에 살던 대부분의 세인족^{thegn}들은 해럴드 헤어푸트^{Harold Harefoot}(크누트와 잉글랜드 출신의 첫 번째 아내 엘프기푸^{Aelfgifu} 사이에서 태어난 아들)를 지지했다. 이때는 해럴드 1세가 계승했지만 그는 1040년 사망했다. 엠마가 애설레드 2세와의 사이에서 낳은 두 아들 에드워드와 앨프레드는 노르망디에 있는 피난처에 안전하게 숨어 있었다.

1040년에 즉위한 하르타크누트가 1042년 램버스^{Lambeth}에서 벌어진 술자리에서 사망하자 '참회왕' 에드워드^{Edward 'the Confessor'}는 싸움 없이 왕위

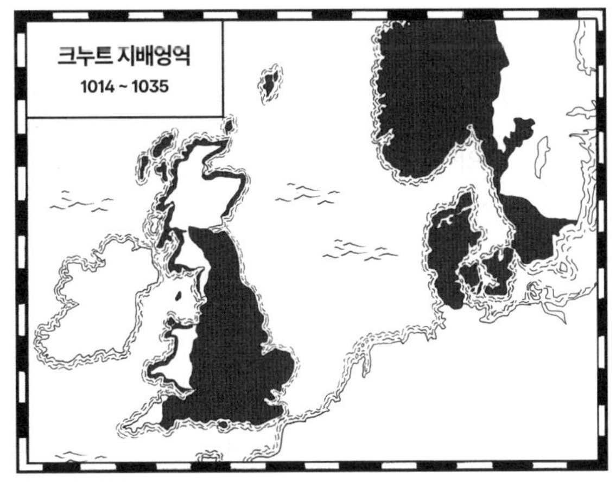

1부 카이사르(로마)에서 노르만 정복까지 – 기원전 55년~서기 1087년

에 올랐다. 데인족에게 통치받은 지 26년이 지나서야 잉글랜드는 잉글랜드인의 피가 섞인 국왕을 다시 세우게 되었다.

잉글랜드 최초의 프랑스어권 국왕

해협을 건너가 외가 쪽의 보호를 받던 에드워드는 거의 평생을 잉글랜드 바깥에서 보냈다. 에드워드는 노르망디의 문화에 심취했으며 모국어는 프랑스어였다.

에드워드에게 아이가 없는 것은 약점이었다. 하지만 아이가 없는 점은 에드워드에게 다음 왕위를 노리며 서로 경쟁하는 세력들을 적당히 가지고 놀 수 있는 유일한 힘이 되기도 했다.

우선 에드워드는 자신이 후계자 없이 죽으면 덴마크의 국왕이 영국을 다스리게 될 것이라고 약속해 덴마크의 침략을 미리 막았다. 그리고 에드워드는 남부에서 권력을 강화하기 위해 (비록 고드윈은 동생 앨프레드를 죽인 원수이지만) 고드윈 백작의 딸과 재빨리 결혼했다. 다음으로 에드워드는 외가 쪽 사람들을 불러들여 새로운 법률의 균형을 맞추어 갔다. 『연대기』에서는 이들을 결코 노르망디인이라고 부르지 않았다. 그들은 늘 '프랑스인'이라 불렀는데, 그들을 구분짓는 특징이 혈통이 아니라 언어였기 때문이다.

1050년경에는 런던의 고대 성벽 너머로 에드워드가 지은 웨스트민스터 사원 주변에 프랑스어를 사용하는 왕실의 권력 기반이 만들어지고 있었다. 웨스트민스터 사원은 외래 양식인 로마네스크 스타일을 최초로 도입한 잉글랜드식 건물이었고 노르망디인이 캔터베리 대주교가 되었

1014~1016년은 잉글랜드의 헌법을 둘러싸고 벌어진 이후 논쟁에서 자주 인용되는 기간이 된다.

다. 다른 프랑스인들은 잉글랜드에 유럽의 최신 군사기술을 가져왔다. 그것은 『연대기』의 서기관이 당황했을 정도로 낯선 것이었다.

> 거대한 흙더미 위에 세워진 높은 목조탑이 목조 울타리로 둘러싸여 있는 양식이다. 수도사는 기존과는 너무나 다르고 새로운 이 건축 양식을 어떻게 표현해야 할지 몰랐다. 결국 수도사는 외국인들이 사용하는 말을 빌려 이와 같은 건축 양식의 건물을 가리켜 '성castle'이라고 불렀다.
>
> 마크 모리스Marc Morris

왕좌의 게임

1051년 고드윈 백작 가문은 노르망디인 침략자들에 맞서 쿠데타를 준비했다. 이에 에드워드는 북에서 시워드 백작과 레오프릭 백작Earl Leofric, 그리고 많은 사람을 끌어들여 분열된 남부와 북부에서 게임을 벌였다. 국왕, 노르망디인, 웨일스인, 북부의 백작들로 구성된 임시 동맹이 영국에서 고드윈 가문을 몰아냈다. 노르망디의 기욤(윌리엄)이 이 시기에 에드워드를 직접 찾아와 왕위를 약속받았다는 이야기가 전해진다.

1052년 고드윈 백작은 다시 돌아왔고 에드워드에게 노르망디인 대부분을 추방하라고 강요했다. 그 후 10년 동안 고드윈 가문은 힘을 더욱 강하게 키웠다. 1064년경 이제 덴마크계인(해럴드의 어머니 기다Gydhasms는 바이킹 귀족 가문) 해럴드가 고드윈 가문의 수장이 되어 웨식스뿐만 아니라 해럴드의 동생 토스티그Tostig가 다스리는 북부도 지배했다. 하지만 당시 두 가지 사건으로 해럴드의 입지가 치명적으로 약해졌다. 첫 번째 사건은 해럴드가 프랑스에서 윌리엄(기욤) 공작의 '손님(나쁘게 말하면 포로)'이 된 것이다. 노르망디인들의 기록에 따르면 해럴드는 윌리엄이 에드워드의 뒤를 이어 왕이 될 수 있게 돕겠다고 맹세했다. 그 후 1064년 토스티그는 웨일스인과 북부 반란 세력 동맹이 트렌트 북부에서 일으킨 반란을 마주했다(1051년 남부 대 북부의 싸움이 일어났다). 그 여파로 에드워드 왕은 토스티그를 해임하고 고드윈 가문의 가장 큰 경쟁가문인 모카 백작$^{Earl Morcar}$을 대신 임명했다. 해럴드는 동생이 쫓겨난 후 항상 편이 되어주던 가족과의 끈이 끊어지면서 혼자 버틸 수밖에 없었다. 토스티그는 브뤼헤^{Bruges}로 망명을 떠났고 때가 되면 돌아올 준비를 했다.

마침내 에드워드가 세상을 떠나면서 왕좌를 두고 게임이 벌어졌다. 이 왕좌의 게임은 의자 빼앗기 게임 같았다(댄 스노우$^{Dan Snow}$). 해럴드는 혈통을 내세울 수 없는 입장이었지만, 자문협의회(위타나게모트)는 해럴드를 국왕으로 임명했다(의회가 통치자를 선택한다는 미래의 개념을 형성하는 데 크게 기여한 또 다른 사례다). 해럴드는 적대 세력을 진압하기 위해 즉시 북부로 가야 했다. 그때 핼리 혜성이 하늘에서 타올라 사람들이 몹시 당황했는데 그사이 해럴드는 노르망디의 윌리엄(기욤)이 곧 올 것을 알고 서둘러 남부로 돌아갔다.

이제 유럽의 권력 게임이 개입했다. 이탈리아인 교황 알렉산데르 2세는 독일 황제 하인리히 4세가 교황청을 지배하던 상황을 끝내려고 했다. 그의 뒤에는 윌리엄의 가까운 친척인 남부 이탈리아의 노르망디 출신 군벌들이 있었다. 남부 노르망디 군벌들의 압력으로 교황은 윌리엄의 침략을 축복할

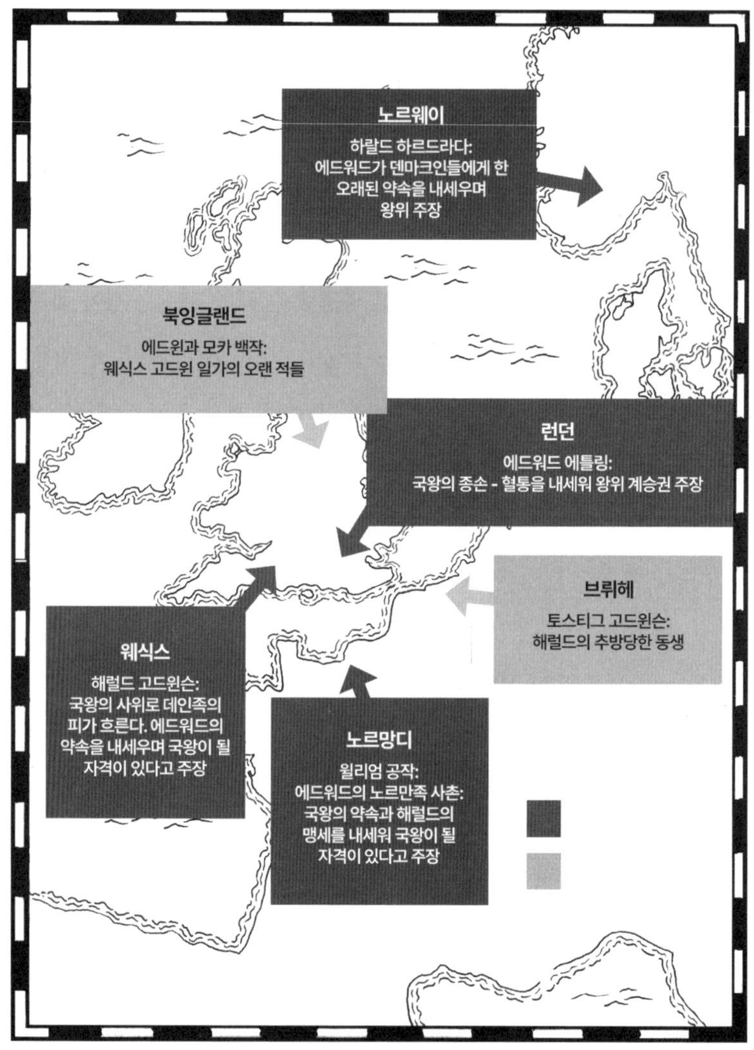

노르만인의 잉글랜드 정복 전야의 잉글랜드와 유럽

수밖에 없었다.

북유럽의 모든 무험가들도 데인족이 부를 차지했지만, 잉글랜드를 분열시켰다는 점을 생생히 기억했다. 오르데리쿠스 비탈리스[Ordericus Vitalis]에 따르면 이 모험가들은 잉글랜드를 정복하면서 얻을 전리품의 냄새를 맡으며 윌리엄을 잉글랜드 왕으로 지지하는 교황의 새 기치 아래 몰려들었다.

남북 분열이 잉글랜드의 운명을 결정지었다. 해럴드가 윌리엄의 침공에 대비하는 동안에도 노르웨이 국왕 하랄드 하르드라다[Harald Hardrada]와 부하 노르웨이인들은 타인[Tyne](혹은 스코틀랜드)에서 토스티그와 결탁해 남부를 공격했다. 고드윈 일가의 오랜 적이자 북부의 백작 형제인 모르카와 에드윈[Edwin]은 요크에서 모였으나 풀포드 게이트[Fulford Gate]에서 패배했다. 그러나 그해 여름 둘은 패배했음에도 뜻밖에 목숨은 건졌다. 따라서 두 사람의 저항은 위장에 불과했을 수도 있다. 그 후 요크는 포위전 없이 항복했고 영국 북부 전체가 노르웨이 국왕을 칭송했다.

해럴드는 윌리엄과 관계없이 북쪽의 노르웨이 침략군을 방어하기 위해 도버해협 해안에서 급히 떠나야 했다. 해럴드는 스탬퍼드 다리[Stamford Bridge] 전투에서 햇볕을 쬐던 노르웨이인들을 급습했다. 노르웨이인들의 쇠사슬 갑옷은 아직 그들의 배 안에 있었다. 결국 토스티그와 하드드라다 모두 목숨을 잃었다. 해럴드가 노르웨이군을 섬멸했지만, 3일 후 윌리엄은 서식스의 페븐시[Pevensey]에 무혈상륙했다.

잉글랜드의 전투

해럴드는 자문협의회(위타나게모트)를 통해 국왕으로 선택되었다. 해럴드가 이처럼 국왕으로 선출된 것은 잉글랜드 전역으로부터 지지를 받아서가 아니었다. 해럴드가 남부의 거대한 군벌이었기 때문이다. 북부 백작인 모르카와 에드윈은 자신들의 세력 기반 뒤에 숨어 해럴드와 연계되는 것을 거부했다. 윌리엄과 휘하의 노르망디인 군대는 웨식스 땅에 진을 치고 있었고 이 때문에 해럴드는 엄청난 충격을 받았다. 해럴드는 다른 대책도 없이 즉시 윌리엄에게 맞섰다.

잉글랜드-스칸디나비아 전쟁에는 전형적인 방패벽 보병대가 있어 유럽 대륙에서 일어난 여느 전쟁과 비슷한 듯했지만 헤이스팅스 전투에서 해럴드의 병사들은 새로운 전술에 맞서는 최초의 주요 군대가 되었다. 심지어 앞으로 수 세기 동안 유럽에서 일어나는 전쟁을 지배할 새로운 전술이었다. 바로 창을 들고 돌격하는 중기병^{Heavy Cavalry charge}의 전술이었다.

> 11세기 후반은 이 새로운 기병 전법이 발전하는 데 매우 중요한 시기였다... 바이외 태피스트리^{Bayeux Tapestry}에서 헤이스팅스 전투의 시작과 동시에 돌격을 준비하는 세 명의 기사가 다른 기사들보다 더 무거운 창을 들고 여기에 깃발도 들고 있었는데 창을 던질 때 방해가 될 것만 같았다.
>
> 모리스 킨^{Maurice Keen}, 『기사도^{Chivalry}』

노르망디인들이 극초기에 남긴 상세한 기록에 따르면 해럴드는 네 명의 노르망디 척살단의 표적이 되었다고 한다.

앵글로 노르망디인 윌리엄

바이외 태피스트리. 오른쪽에 있는 인물이 해럴드다. 눈에 맞은 화살을 뽑으려는 기사가 아니라,
방패를 뚫고 공격해 온 기병에게 찔린 인물이 해럴드일 가능성이 높다.

1부 카이사르(로마)에서 노르만 정복까지 - 기원전 55년~서기 1087년
·

윌리엄이 런던에 도착하는 데 6주가 넘는 시간이 걸렸다. 잉글랜드가 멀리 떨어진 곳까지 포함해 연합된 나라였다면 윌리엄에게 저항할 수 있었을 것이다. 하지만 그렇지 않았기 때문에 엘리트들은 자구책에 집중했다. 노르망디의 기사 윌리엄은 런던에서 월링퍼드Wallingford로 향했고 영국군 사령관이 위치한 중요한 템스강 건널목에 접근했다. 그때 영국에서 막강한 권력자에 속하던 위고드Wigod는 그곳을 윌리엄에게 넘겨주는 대신 그 자리에서 자신의 딸을 윌리엄과 결혼시켰다. 이에 윌리엄은 모든 사람이 위고드처럼 행동한다면 급격한 변화는 없을 것이라며 잉글랜드를 설득했다. 런던에 들어가기 전 윌리엄은 영어로 된 '윌리엄 헌장'을 발표했다.

윌리엄 국왕은 런던에서 모든 시민, 즉 프랑스인 시민과 잉글랜드인 시민들을 친절하게 맞이한다. 인사의 내용은 이렇다. "에드워드 국왕의 시대와 같이 법과 관습이 지켜지기를, 모든 아버지가 세상을 떠나면 그 아들이 후계자가 되기를, 이러한 바람이 저의 뜻과 같음을 알린다."

모르카 백작, 에드윈 백작, 발테오포 백작은 많은 돈을 지불해 자신들의 자리를 지킬 수 있었다. 윌리엄은 웨스트민스터 사원에서 열린 대관식에서 영국식 예식을 사용했다.

아일랜드에서 반격해 온 해럴드의 고드윈 일가는 거의 지지받지 못했다. 1067년 브리스톨의 평범한 시민들은 윌리엄을 위해 해럴드의 고드윈 일가에 맞서 싸워 도시를 지키려고 했다. 이듬해, 잉글랜드의 도시 엑

시터^{Exeter}가 해럴드의 고드윈 일가를 위해 반란을 일으켰지만, 윌리엄(윌리엄의 군대에는 잉글랜드인들이 있었다)이 직접 18일 동안 포위하자 이들은 도망쳤고 시민들은 현저히 문명화된 항복 조건을 받아들였다.

마치 모든 잉글랜드가 (얼마 전 잉글랜드-덴마크 영토처럼) 진정한 잉글랜드-노르만 땅이 될 수 있을 것처럼 보였다. 그러나 북부는 여전히 달랐다. 처음에 정복왕 윌리엄은 잉글랜드-덴마크 지배 가문을 통해 북부를 통치하려고 했다. 그러나 자신의 시도가 효과가 없자 그는 노르망디인 백작 한 명을 북부로 파견했다. 1064년 토스티그의 수행단을 학살했던 북부의 군대는 1069년에는 이 새로운 노르망디인 백작을 학살하기에 이르렀다. 이후 북부는 윌리엄 통치 기간 내내 그를 정말 두려움에 떨게 했던 데인족을 기꺼이 불러들였다. 『연대기』에 따르면 덴마크에서 온 이 기다란 데인족의 배들을 노섬브리아인들과 모든 사람이 기쁨으로 맞이했고 대규모 군대와 함께 요란한 행진을 했다고 한다.

마침내 윌리엄의 인내심은 바닥났다. 북부 침략은 많은 사람이 죽어나간 정복 정책이었다. 그로부터 20년 후 토지 대장인 '둠즈데이 북^{Domesday Book}'에 따르면 요크서 전체의 1/3이 황무지로 변했다.

잉글랜드를 저버린 잉글랜드 인 출신 엘리트

노섬벌랜드의 알테오포^{Waltheof} 백작은 실질적인 힘을 가진 마지막 잉글랜드인이라고 할 수 있었다. 1075년, 알테오포 백작은 윌리엄에 대항하는 노르만 내부 반란에 참여해달라는 제안을 받았다. 하지만 마지막 순간 알테오포 백작은 정복왕에게 사정을 솔직히 털어놓았고 반란은 토착 잉글랜드의 징발군의 도움으로 진압되었다. 알테오포는 자백했음에도 결국 1076년 처형당했다. 이 무렵 더 이상 흥정할 것이 없었던 잉글랜드의 엘리트 전사들은 윌리엄의 묵인 아래 국외로 도망쳤다. (235명 혹은 350명으로 다양하게 묘사된) 군함을 탄 이들은 비잔티움 동로마 제국을 위해 싸웠고 크림반도에 최초의 뉴잉글랜드를 세웠다.

> **최초의 뉴잉글랜드**
>
> 13세기 아이슬란드의 에드워드 사가는 이렇게 기록했다. '그들은 정착한 마을에 '런던'과 '요크', 그리고 잉글랜드의 기타 유명한 도시들의 이름을 붙였다.' 바랑인 친위대^{Varangian Guard}(비잔틴 바이킹으로 구성된 용병 부대)의 '모국어'는 14세기 중반까지 계속 영어였다.
>
> - 케이틀린 그린^{Caitlin Green}

잉글랜드인들의 위협이 사라지면서, 윌리엄은 성질 급한 부하들에게 보상을 안겨주는 일을 더 이상 지체할 이유가 없었다. 그 후 10년 이상 동안 합법적인 절차라는 미명 아래 토착 잉글랜드인들은 노르망디인이 운영하는 법정에서 권리를 박탈당했다. 토착 잉글랜드인들은 특정한 질문에만 대답할 수 있고 통역을 사용해야만 했다. 잉글랜드인들이 토지 대장을 가리키던 둠즈데이 북(1087년)에는 재판 날이 아니라면 더 이의를 제기할 기회가 없다는 점을 포함해 모든 내용이 담겨 있었다. 윌리엄이 사망할 때까지 잉글랜드인들이 관리하던 잉글랜드 땅은 겨우 5퍼센트 정도밖에 되지 않았다.

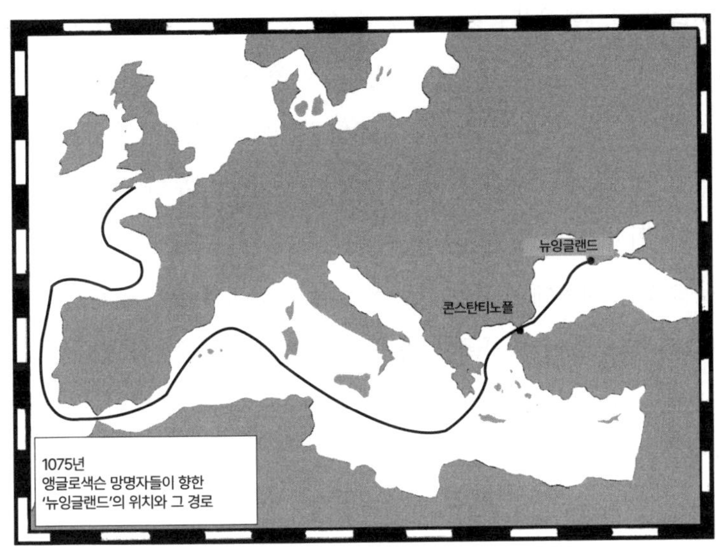

백성 다수가 이해하지 못하는 언어(프랑스어)를 구사하며 무장한 소규

모 세력이 실제로 모든 토지의 부를 좌지우지했다.

『옥스퍼드 잉글랜드 역사』 Oxford History of England

거대한 물음

잉글랜드인은 노르망디인보다 100배나 많다고 할 정도로 수에서 압도

적이었다. 그럼에도 잉글랜드인이 별로 강하게 저항하지 않자, 노르망

디인 침략자들은 당황했다. 잉글랜드인 어머니를 둔 초기 잉글랜드-노

르망디인 역사학자 두 명은 믿을 수 없다는 듯 고개를 저었다. 맘스베리Malmesbury의 윌리엄(약 1095~1143년)은 비참한 상황에 놓인 어느 지방에 대해 썼다… 지방 사람들은 자유를 지키기 위해 필사적으로 무기를 들었지만 이렇게 시도한 첫 번째 전투는 준비가 너무나 미비해 실패로 끝났다. 역사학자 오르데리쿠스 비탈리스(1075~1142년)는 잉글랜드인들을 가리켜 자유에는 전혀 신경 쓰지 않고 잔치와 술에만 관심 있었다고 묘사한다. 그러나 잉글랜드인들의 자존심을 위해 덧붙인다면 그들이 잔치와 술에만 관심을 보인 데는 그럴 만한 이유가 있었다. 그 이유는 다음과 같다.

1. 남부와 북부의 분열. 간단히 말해 애설스탠이 진정으로 전국의 힘을 동원할 수 있었던 것은 애설스탠 외에 제대로 된 지도자가 없었기 때문이다.

2. 요새 역할을 하는 자연환경의 부족. 잉글랜드 남부 대부분은 무적의 노르만 기병대가 침략하기에 거의 완벽한 곳이었다.

3. 제 기능을 하는 토착 잉글랜드인 엘리트가 없었다. 잉글랜드의 엘리트들은 애설레드 때문에 타락했고 크누트를 통해 덴마크화되었으며 헤이스팅스에서 학살당한 후 1076년 마침내 국외로 도망쳤다.

4. 중세의 따뜻한 기후. 1100년경 평범한 잉글랜드인들의 해골은 1000년의 해골보다 뚜렷이 더 컸다. 배가 부르고 곳간이 가득 차면 농민이 반군이 되는 경우는 없다.

5. 교회. 교회만으로 앵글로색슨 잉글랜드는 진정한 통합을 이루어냈다. 이제 앵글로색슨-잉글랜드 연합은 전적으로 노르망디인 편에 섰다.

6. 문명. 잉글랜드인들은 수십 년간 잉글랜드-덴마크의 유혈 정치를 겪으며 살아왔다. 노르망디인이 잉글랜드를 정복한 후에도 알테오포 백작은 자신의 경쟁자로 여겨지는 잉글랜드인들을 계속 암살했다. 별 생각 없이 저녁 식사에 초대받아 앉은 잉글랜드인들을 계속 암살했던 것이다. 『연대기』 자체는 윌리엄의 잔인함과 탐욕을 열거하고 있지만 동시에 윌리엄이 이 땅에 평화를 가져온 긍정적인 성과는 잊지 말아야 함을 영국 독자들에게 떠올렸다. 법과 질서를 유지하는 왕이라면 무조건 선대왕보다 낫다는 인상을 주었다.

노르망디인들은 처음으로 잉글랜드를 진정한 문화 왕국으로 만들었다. 1066년과 그 후 수 세기 동안 노섬벌랜드와 켄트 출신의 평범한 사람들은 서로의 언어를 거의 이해하지 못했다. 노섬벌랜드와 켄트의 새로운 통치자들은 머무는 영지가 더럼^{Durham}에 있든 데번^{Devon}에 있든 상관없이 자신에게 편한 언어를 사용했다.[5] 정복왕 윌리엄의 죽음으로 실권

---

5 노르만식 프랑스어는 오늘날의 프랑스어보다 현대 카탈루냐어에 더 가까웠다. 우리가 '에노(Hainault, 벨기에 서부 지역)', '데이던보이스(Theydon Bois, 잉글랜드 에식스 지역)'라고 발음하는 방식은 엉터리 영어식 프랑스어가 아니라 제대로 된 노르만 프랑스어다.

을 쥔 상류계급이 된 새로운 통치자들은 뽐내듯 프랑스어로 대화를 나누었다. 이들은 잉글랜드인들을 무시하고 프랑스인들을 동경했다. 그들의 이러한 태도는 오랫동안 지속되었다.

그리스, 페니키아 그리고 유럽

고대 그리스와 페니키아는 지중해 세계에서 주요 문명을 형성하고 교류하며 경쟁했던 해양 민족이다. 그리스와 페니키아는 각자의 방식과 문화로 오늘날 우리가 아는 유럽 문명의 토대를 마련했다는 점에서 의의를 갖는다.

기원전 2000년경부터 에게해를 중심으로 시작된 고대 그리스 문명은 미케네 문명 이후 도시국가인 폴리스 체제를 형성하며 발전해왔다. 특히 그리스는 아테네와 스파르타 같은 도시국가가 번성했으며 민주주의를 비롯한 철학, 예술, 과학 등의 문명이 성장했다. 한편, 오늘날의 레바논 지역을 중심으로 기원전 1500년경부터 활동을 시작한 페니키아도 카르타고와 티레, 시돈 등의 도시국가를 중심으로 성장해왔다. 이들은 뛰어난 선박 기술을 바탕으로 지중해 전역, 심지어 대서양을 넘어 아프리카 해안까지 항해했으며 특히 페니키아 문자를 발전시켰다.

페니키아인들이 개발해 사용한 실용적이면서도 간략한 자음 중심 문자인 페니키아 문자는 그리스를 통해 유럽 전역으로 퍼졌다. 그리스인들은 이렇게 퍼진 페니키아 문자를 개량해 모음을 추가한 그리스 문자를 만들었고 이 그리스 문자는 훗날 로마자로 발전해 오늘날 서양 언어의 토대가 되었다.

고대 그리스의 민주주의 개념도 유럽 정치사에 큰 영향을 미쳤다. 기원전 5세기경 아테네의 민주정은 로마 공화정을 거쳐 근대 서구 민주주의의 기원이 되었다. 소크라테스와 플라톤, 아리스토텔레스 등 그리스 철학자들의 사상도 유럽 문명의 근간이 되었는데 그리스 특유의 합리적 사고와 논리학, 자연철학 등이 유럽 지성사에 미친 영향은 지대하다.

오늘날 유럽의 건축과 예술에서도 그리스는 빠질 수 없는 존재다. 그리스는 도리아, 이오니아, 코린트 양식과 같은 신전 양식을 선보였는데 이는 로마를 거쳐 르네상스와 근대 유럽 건축에 영향을 미쳤다. 또한, 그리스의 비극과 희극은 서양 연극과 문학의 원형이 되었다. 페니키아는 그리스처럼 문화와 예술에서 직접적인 영향을 미치지는 않았지만 실용성과 내구성을 중시한 페니키아의 건축은 해안 방어시설과 성벽을 쌓는 기술, 카르타고의 방사형 도시 설계는 로마의 일부 도시 설계에 영향을 미쳤다. 또한, 페니키아 신전과 같이 기둥이 강조되는 건축 양식은 그리스를 비롯해 후대 유럽 종교 건축에서 그 흔적을 쉽게 찾아볼 수 있다.

그리스와 페니키아 모두 식민지를 개척하며 지중해를 연결하는 무역 네트워크를 형성했는데 그리스인은 이탈리아 남부와 시칠리아 섬 지역의 식민지를 일컫는 마그나 그라이키아^{Magna Graecia}를 건설해 로마 문명 형성에 영향을 미쳤다. 한편, 페니키아는 오늘날 튀니지 지역에 식민 도시인 카르타고를 건설하였는데, 이들은 로마와 경쟁했고, 훗날 이 경쟁은 포에니 전쟁으로 이어진다. 결과적으로 포에니 전쟁에서 패권을 장악한 로마는 '지중해의 주인'으로 군림하며 유럽, 아프리카, 서아시아까지 세력을 확장하는 기반을 마련했다.

켈트족의 기원

인도유럽어족에 속하는 켈트족은 기원전 2000년경 중앙 유럽에서 나타난 것으로 추정된다. 이들은 뛰어난 금속 가공 기술을 바탕으로 기원전 8~6세기부터 유럽 전역에 확산되었으며 영국(브리튼 섬)을 비롯해 프랑스(갈리아 지방), 스페인과 이탈리아 북부, 심지어 소아시아까지 진출했다. 특히 켈트족이 브리튼 섬으로 이주한 것은 기원전 1000~500년 사이로 추정되는데, 이 과정에서 켈트족은 기존 브리튼 섬 원주민들의 신석기, 청동기 문화와 융합했다.

켈트족은 철기 시대로 접어들면서 독자적인 문화와 정체성을 확립했다. 켈트족의 초기 문화는 기원전 1200년경 오스트리아 할슈타트 지역에서 발견된 유적으로 유추가 가능하다. 다만, 켈트족이 본격적으로 확산한 시기는 기원전 450년에서 서기 1세기까지의 라텐 문화로 추정된다.

단일한 국가나 제국이 아닌 부족 단위로 생활했던 켈트족은 여러 지역에서 독립적인 사회를 이루었다. 로마인들에게 '야만적이지만 용맹한 민족'으로 묘사되었던 켈트족은 영국에서 오늘날 잉글랜드와 웨일스 지역에 정착한 브리튼, 스코틀랜드 북부의 픽트, 아일랜드에서 스코틀랜드 서부로 확장한 게일을 비롯해 여러 부족이 존재했다. 이들은 서기 43년 로마제국이 브리튼 섬을 지배한 이후에도 일부 지역에서 독립을 유지했다.

브리튼 섬에서 켈트족은 전사 계급을 기반으로 한 부족 사회를 이루었는데 종교적으로는 드루이드Druid로 알려진 지식인 집단이 중요한 역할을 했다. 태양, 대지, 물, 전쟁 등을 숭배하는 다신교 문화였으며 이 때문에 자연 숭배가 강해 숲이나 강, 돌 구조물 등을 성지로 여겼다. 전쟁 중심의 사회로 로마 군대와도 대적할 정도로 강인했던 그들은 몸에 물감을 칠하고 전장에 나서기도 했다. 다만 전투 외에도 농경과 목축 중심의 경제를 구축했으며 금이나 은, 유리로 된 장신구를 제작해 다른 민족과 교역하기도 했다.

켈트족이 영국 문명에 끼친 영향은 지대하다. 켈트어는 오늘날 영국의 웨일스어, 스코틀랜드 게일어, 아일랜드어로 그 흔적이 남아있으며 영어에도 많은 켈트어 어휘가 남아 있다. 또한, 세계적으로 유명한 '아서왕 전설'을 비롯한 아일랜드 전사들의 전설은 후대 기사도에 영향을 미쳤다. 로마의 기독교와 융합한 켈트 신앙은 켈트 기독교로 발전해 수도원 중심의 독자적인 기독교 전통을 형성하기도 했다.

서기 43년, 로마 황제인 클라디우스Claudius의 브리튼 정복을 통해 켈트족은 스코틀랜드와 웨일스 지역으로 물러나게 되었고 서기 410년 로마제국이 브리튼에서 철수한 후에는 앵글로색슨족과 전투를 벌였으나 패배하며 웨일스와 콘월, 스코틀랜드 등으로 밀려났다. 따라서 오늘날 잉글랜드 지역에서는 켈트족의 영향이 약하지만 그 외 웨일스, 스코틀랜드, 아일랜드에서는 켈트족의 전통을 찾아볼 수 있다.

알프레드 대왕의 영광

알프레드 대왕은 영국 역사상 가장 존경받는 군주 중 한 명이자 순수 영국 왕으로서는 유일하게 대왕 칭호를 받은 인물이다. 그는 잉글랜드의 칠왕국 시절 앵글로색슨이 세운 왕국 중 하나인 웨식스를 다스리며 외적의 침입에 맞서 왕국을 수호하고 여러 개혁을 단행했다. 오늘날 알프레드 대왕은 영국(잉글랜드)이라는 국가와 민족의 정체성을 확립한 왕으로 평가된다.

영국 남서부 웨식스 왕국에서 태어난 그는 불안정한 정치 상황과 빈번한 외적의 침입을 몸소 겪으며 자라났다. 알프레드 대왕은 871년경 여러 왕위 다툼과 혼란을 이겨내고 웨식스 왕국의 왕으로 즉위했는데 당시 덴마크계 바이킹의 침입으로 큰 위기를 맞고 있던 잉글랜드의 위기를 극복하기 위해 다양한 전략을 시도했다.

먼저 그는 바이킹의 침략에 맞서 웨식스 왕국의 방어를 보강했는데 왕국 전역에 견고한 요새와 성채를 건설해 기습 공격에 대비했다. 또한, 농민 중심의 민병대 체계를 정비하고 상비군을 조직함으로써 효율적인 대응력을 길렀으며 바이킹의 해상 침입에 대비해 해군력을 보강했다. 이러한 군사 개혁을 바탕으로 알프레드 대왕은 878년 에딩턴 전투에서 큰 승리를 거두면서 웨식스의 독립과 생존을 지켜낼 수 있었다.

동시에 알프레드 대왕은 행정에도 힘을 기울였다. 그는 '알프레드 법전'을 편찬해 왕국 내 법과 질서를 정비하고 통일된 법률 체계를 확립하려고 했으며 이는 훗날 잉글랜드 법률 발전에 큰 밑거름이 되었다. 또한, 그는 라틴어와 고대 영어의 교육을 장려하고 수도원과 학교를 지원해 시민들의 문해율을 높였고, 여러 고대 문헌을 번역하고 보급해 지식을 전파하는 등 문화적 부흥에도 힘을 썼다. 한편으로는 중앙집권적인 행정 체계를 구축함으로써 국가 발전의 기초를 제공했다.

알프레드 대왕은 기독교 신앙에서도 수호자 역할을 자처했는데 그는 강한 기독교 신앙을 바탕으로 통치를 펼침으로써 도덕적 규범과 공동체 의식 같은 가치를 사회 전반으로 널리 퍼뜨렸다. 교회와 수도원을 통해 왕국에 종교적, 교육적 기반을 다졌고 잉글랜드인 사이에 공동체 의식과 민족 정체성을 고취시키는 데 큰 역할을 했다.

이처럼 알프레드 대왕은 웨식스 왕국을 통치하면서 단순한 업적 이상의 영향을 남겼다. 그의 통치 이후 웨식스 왕국은 영국의 칠왕국을 통일하는 데 성공했고, 이후 영국 사회 전반에 지속적인 발전의 토대를 마련했으며 영국인들에게 민족적 자긍심을 새기게 했다. 그의 문화 정책은 영국 전역에 학문과 예술의 부흥을 이끌었으며 영국이 문학과 철학, 과학 등 다양한 분야에서 두각을 나타내는 배경이 되었다. 오늘날에도 영국의 그리스도교 교단인 성공회에서는 그를 성인으로 추앙하며 10월 26일을 축일로 기리고 있다.

성 브라이스의 날 대학살

성 브라이스의 날 대학살^{St. Brice's Day Massacre}, 또는 성 브릭시오 축일의 학살은 1002년 11월 13일, 잉글랜드의 왕인 애설레드 2세의 명령으로 진행된 집단학살 사건이다. 덴마크에서는 더 직접적으로 '데인인 학살^{Danemorder}'이라고 부른다. 이 사건의 주요 희생자들은 당시 잉글랜드 내에 거주하던 덴마크계 정착민들로 잉글랜드와 스칸디나비아(주로 덴마크) 사이에 긴장 관계가 심화되는 계기가 되었다.

잉글랜드 내 바이킹(주로 데인족)의 침략은 8세기 말부터 시작된 오래 된 문제였다. 심지어 865년에는 대규모 바이킹 군대가 잉글랜드 땅에 상륙해 전역을 휩쓸었다. 그 결과, 웨식스 왕국만 이러한 바이킹의 침략 앞에서 독립을 유지했으며 데인로^{Danelaw} 지역을 확립해 거리를 둘 수 있었다. 하지만 그럼에도 데인족의 침략은 계속되었고 잉글랜드인들은 자신들의 땅에 정착한 데인족을 잠재적 반란 세력으로 여기며 두려워했다.

한편, 웨식스 왕국의 왕 애설레드 2세는 국내외 문제를 효과적으로 해결하지 못해 국민들 사이에서 '준비되지 않은 왕', '형편없는 조언자'라는 멸칭을 받으며 불신을 샀다. 재위 기간 내내 바이킹에 시달렸던 그는 제대로 된 대응을 하지 못하며 일을 점점 키웠고 결국 약탈과 방화, 살인을 멈추는 대가로 데인족에게 은화를 공물로 바치기도 했다(데인세). 그럼에도 바이킹들의 침략과 약탈은 계속되었고 요구받는 공물의 금액도 점점 커져갔다.

　애설레드 2세는 이러한 복합적인 상황을 타개하기 위해 기독교의 축일인 11월 13일, 잉글랜드 내 모든 데인인을 죽이라는 명령을 내린다. 여러 지역에서 데인인들이 공격 받았고 많은 이들이 살해당하거나 피난길에 올랐다. 대학살로 인해 잉글랜드 내 데인인들의 영향력은 크게 위축되었다. 하지만 동시에 학살로 누이를 잃은 덴마크 왕 스벤 1세를 비롯해 덴마크 국민들의 분노를 샀고 그들에게 복수의 명분을 제공했다.

　대학살의 보복으로 시작된 덴마크의 대규모 침공으로 인해 잉글랜드에 덴마크식 통치체제가 도입되거나 잉글랜드 내에서도 민족 간 불신과 분열이 심화되는 등 여러 혼란이 생겼다. 이후 덴마크의 침략에 노르망디로 도망쳤던 애설레드 2세는 스벤 1세가 죽고 그의 뒤를 이은 아들 크누트 대왕의 진영에 반격해 그의 군대를 잉글랜드에서 철수시켰다. 하지만 애설레드 2세의 복위 후에도 바이킹의 침략은 계속되었으며 설상가상으로 아들과의 불화로 잉글랜드는 쉽게 안정을 찾지 못했다. 사망한 애설레드 2세의 뒤를 이어 왕이 된 아들 에드먼드 2세도 얼마 못가 크누트 대왕에게 왕위를 빼앗기고 만다.

　애설레드 2세의 주도로 이루어진 대학살은 내부의 위협을 제거하고 국가의 안보를 강화하려는 목적으로 감행되었다. 하지만 장기적으로 외부의 석내감에 불을 지펴 잉글랜드의 불안정한 상황을 더욱 심하시켰다. 또한, 잉글랜드인과 데인족의 갈등이 사회 전반에 영향을 미치면서 극단적인 정책이 국가에 미치는 영향을 성찰하는 데 중요한 사례로 남았다.

새로운 봉건체제의 상징, 둠스데이 북

둠스데이 북의 원래 명칭은 '윈토니아(윈체스터)의 책^{Liber de Wintonia}'으로 1086년 노르만족이자 잉글랜드의 왕인 윌리엄 1세의 명령으로 작성된 대규모 토지조사 기록 장부를 말한다. 정복왕 윌리엄은 잉글랜드인의 지배를 쉽게 하고자 대대적인 토지조사와 조세 징수를 목적으로 이 책을 만들었는데 그 조사 규모가 크고 내용도 상세해 오늘날까지도 역사 연구에서 중요한 사료로 활용되고 있다.

1066년, 당시 노르망디 공작이던 윌리엄이 헤이스팅스 전투에서 잉글랜드의 국왕 해럴드 2세를 격파해 잉글랜드 왕좌를 차지했다. 하지만 잉글랜드 내부에서는 노르만에 의한 정복에 저항하는 세력이 강했고 기존 앵글로색슨 귀족도 반란을 일으키는 등 정세가 매우 불안정했다.

윌리엄 1세는 정세 안정을 위해 노르만 귀족을 통해 새로운 봉건체제를 구축할 필요성을 느꼈다. 하지만 잉글랜드의 토지 소유 구조와 세금 징수 방식에 대한 명확한 자료가 부족함을 깨달았다. 이에 윌리엄은 왕실의 세수를 안정적으로 확보하고 지방의 반란을 효과적으로 진압하며 무엇보다 토지 소유권을 명확히 해 중앙집권적 왕권을 강화하기 위해 1085년 대규모 토지조사를 명령했다.

왕의 명령에 따라 관리들은 각 지역을 직접 방문해 토지 소유주를 비롯해 경작지, 인구와 가축 두수, 조세 상황 등을 조사했다. 우선 지방 관리와 성직자들을 소환해 각 지역의 토지 소유와 경제 상황을 들었는데 이는 법정 심문 형식으로 진행되었다. 그리고 토지 상태는 정복 전

시기와 노르만의 정복 직후, 그리고 조사 당시 세 가지 시점으로 기록되어 중앙정부로 전달되었다.

이렇게 모인 자료를 토대로 구성된 둠스데이 북은 대^{大}와 소^{小} 두 권으로 나뉘었다. 대 둠스데이 북에는 잉글랜드 대부분의 지역에 대한 조사 결과가 포함되었고 소 둠스데이 북에는 대 둠스데이 북에서 삭제된 동앵글리아 지역에 대한 보고서가 포함되어 있었다. 책에는 각 토지 소유주와 면적, 사용 방식과 농기구, 인구, 가축 두수 등이 상세히 기록되어 있는 것이 특징이다.

둠스데이 북의 완성으로 잉글랜드 왕실은 더욱 체계적인 세금 부과가 가능해졌으며 동시에 탈세를 막을 수 있었다. 그동안 불확실했던 경제 구조도 파악하게 되었다. 이 책을 통해 왕실은 기존 앵글로색슨 귀족의 토지를 몰수해 새로운 노르만 봉건체제를 확립하는 근거를 획득했으며 효과적인 지방 통제를 통해 왕권을 더욱 공고히 할 수 있었다. 둠스데이 북은 이후 영국의 토지 기록과 조세체계의 원형이 되었으며 오늘날까지도 법적 문제 해결에 참고가 되고 있다.

아서왕 전설과 로빈 후드 이야기

아서왕 전설과 로빈 후드 이야기는 오랫동안 영국에 전해져 내려오는 이야기로 시대적 배경과 주요 특징에서는 차이가 있지만, 영국 문화와 문학에 깊은 영향을 미쳤다는 특징이 있다. 이들은 각각 중세 유럽의 기사도와 민중의 저항정신을 상징하는 이야기로 영국을 넘어 전 세계의 사랑을 받고 있다.

아서왕 전설은 6세기경의 역사를 기반으로 12세기에 문학적으로 정립된 이야기다. 로마제국이 쇠퇴한 후 5~6세기의 브리튼을 배경으로 앵글로색슨족, 픽트족과 같은 외부 세력으로부터 브리튼을 지키기 위한 기사들의 투쟁을 다루고 있으며 동시에 성배 탐색과 성검 엑스칼리버의 존재와 같이 신화적 요소를 통해 왕권과 기사도의 이상을 제시하고 있다. 바위에 박힌 전설의 검을 뽑아 왕이 된 아서가 원탁의 기사들과 함께 전장을 누비다가 여러 사건을 겪고 마지막 순간 신비로운 섬 아발론으로 떠나는 이야기는 수많은 이야기의 모티프가 되었다.

로빈 후드 이야기는 12~13세기 노르만 왕조 시대, 프랑스와의 전쟁으로 세금 부담이 커진 잉글랜드를 배경으로 하는 민담으로 13~14세기에 문학으로 자리잡았다. 의적 로빈 후드와 그의 동료들은 지나친 세금을 부과하는 부패한 노르망디 귀족과 관리에 저항하고, 재산을 빼앗아 가난한 이들에게 나누어주는 정의로운 인물로 등장한다. 한편, 실존 인물인 존 왕과 리처드 1세는 각각 폭군과 성군으로 등장하는데 십자군 원정에서 귀환한 리처드 1세가 부패한 존 왕의 세력을 몰아내고 로빈 후드를 용서함은 물론 그를 기사로 임명하는 결말이 많다.

아서왕 전설과 로빈 후드 이야기는 모두 역사적 사실을 기반으로 도덕적 이상과 정의 구현을 노래했다는 점에서 공통점이 있다. 기사도를 대표하는 왕인 아서왕은 이상적 국가를 만들고자 했으며, 로빈 후드는 민중의 희망을 상징하는 지도자로서 불의한 지배층에 맞서 정의를 실현했다. 그 결과, 두 이야기 모두 영국의 민족적 정체성과 역사적인 상징으로 자리잡을 수 있었다.

그러나 두 이야기는 신분 면에서나 상징적 요소, 정치적으로 추구하는 면에서 차이를 보였다. 아서왕 전설은 왕과 기사도를 중심으로 왕권 강화와 국가 통합을 이상적 가치로 삼았으며 마법이나 성배 탐색, 성검과 같은 상징을 통해 개인의 삶보다 거대한 국가와 왕과 같은 이상을 중시했다. 반면, 로빈 후드 이야기에서 주인공과 등장 인물들은 부패한 귀족과의 투쟁을 위해 초자연적 힘이나 상징 없이 활과 화살을 통해 현실적으로 저항했다. 이 때문에 오늘날 아서왕 전설은 판타지와 영웅 서사 이야기로, 로빈 후드 이야기는 민중 저항과 사회 정의를 담은 이야기로 다양하게 재해석되고 있다.

잉글랜드와 프랑스 영토의 짧은 역사

잉글랜드와 프랑스는 중세부터 근세 초기까지 단순한 이웃 국가의 관계를 넘어 봉건적, 정치적으로 복잡한 얽힘 속에서 서로의 영토를 두고 다툰 관계다. 이러한 복잡한 영토 분쟁 역사는 1066년 프랑스 영토 내 노르망디 지역의 공작이던 윌리엄이 헤이스팅스 전투에서 잉글랜드 왕국 앵글로색슨계 웨식스 왕조의 마지막 왕이던 해럴드 2세를 몰아내고 왕위를 차지하면서 시작되었다.

프랑스의 노르망디 지역의 공작 신분을 유지하며 잉글랜드의 왕이 된 윌리엄 1세는 복잡한 상황에 놓이게 되었다. 자신이 점령한 잉글랜드에서는 주권자로서 독자적인 통치를 펼칠 수 있었지만 노르망디에서는 프랑스 왕 필리프 1세에게 봉신으로서 충성과 의무를 요구받았기 때문이다.

심지어 이러한 복잡한 관계는 12세기 들어 더욱 심화되었다. 잉글랜드의 왕일 뿐만 아니라 노르망디, 앙주, 아키텐 등 프랑스 내 영토를 포함한 거대한 앙주 제국^{Angevin Empire}을 건설한 헨리 2세는 자신의 영토 내 영향력을 회복하려던 프랑스 왕과 마찰을 빚었다.

12세기부터 13세기 초까지 필리프 2세와 같은 프랑스 왕들은 잉글랜드가 소유한 자국 내 영토를 회수하기 시작했다. 특히 필리프 2세는 잉글랜드 왕의 봉건적인 의무를 활용하여 자신이 직접 통치하는 영토를 확장하는 데 주력했다. 1204년 잉글랜드는 노르망디를 상실했으며 1214년 부빈 전투에서는 잉글랜드의 존 왕과 동맹군이 필리프 2세의 군대에게 패하면서 프랑스는 잉글랜드 소유의 영토 상당 부분을 탈환하는 데 성공했다.

13세기 말에 이르러 잉글랜드는 칼레Calais와 같은 일부 소규모 영토를 제외한 대부분의 영토를 프랑스에게 탈환당하고 말았다. 하지만 프랑스 카페 왕조의 마지막 왕인 샤를 4세가 1328년 후계자 없이 사망하자, 그의 누이 이사벨의 아들인 잉글랜드 왕 에드워드 3세가 프랑스 왕위를 요구했고, 이에 반발한 프랑스 귀족들이 발루아 가문의 필리프 6세를 왕으로 선출하면서였다. 이후 양국 간 영토와 통상권을 둘러싼 긴장이 고조 되었고, 필리프 6세가 1337년 가스코뉴를 몰수하자 백년전쟁이 본격적으로 시작되었다.

백년전쟁 초기 잉글랜드는 크레시, 푸아티에, 아쟁쿠르 전투에서 승리하며 전세를 유리하게 이끌어갔다. 하지만 잔 다르크의 등장과 샤를 7세의 반격으로 전쟁은 프랑스의 승리로 끝났고 잉글랜드는 프랑스 내 마지막 거점인 칼레만 남겨놓고 철수했다. 이후 프랑스의 칼레 탈환은 백년전쟁이 끝난 지 100여 년이 지난 1558년에야 이루어졌다.

백년전쟁의 패배로 앙주 제국이 붕괴한 잉글랜드는 이후 내치와 경제 발전에 집중하게 되면서 더욱 독자적인 섬나라로 발전했고 영토를 모두 탈환한 프랑스는 중앙집권국가로서의 기반을 다지게 되었다. 특히 잉글랜드는 내부 정치체제와 법률, 의회 발전에 집중해 훗날 현대 의회주의 발전의 토대를 다지게 되었다.

노르만 정복의 빛과 어둠

1066년 잉글랜드 국왕인 에드워드 참회왕이 후계자 없이 사망하면서 왕위계승 문제가 발생하자 프랑스 북서부 노르망디 공작이자 에드워드와 친척 관계이던 윌리엄 1세가 왕위를 잇기 위해 바다를 건너 잉글랜드에 도착했다. 일명 '정복왕' 윌리엄으로 불리는 그는 저항 세력을 물리치고 잉글랜드를 정복해 브리튼 제도의 정치, 사회, 문화적 구조를 변화시켰다.

잉글랜드의 군주로 등극한 윌리엄 1세는 먼저 잉글랜드를 효율적인 중앙집권국가로 개편하려고 했다. 그는 기존 앵글로색슨계 귀족들을 제거한 후 자신에게 충성하는 노르만 귀족들에게 토지를 분배해 강력한 봉건체제를 확립했다. 이를 위해 1086년에는 둠스데이 북을 통해 영국 전역의 토지와 자산을 조사해 체계적인 과세와 행정 운영을 가능하게 했는데 이는 근대 영국 조세 제도의 기반이 되었다.

노르만 정복으로 잉글랜드의 기존 앵글로색슨 법에도 변화가 생겼다. 노르만인들은 법을 정비하고 노르만 법 체계를 도입함으로써 영국법의 기초를 마련했는데 특히 재판과 관련된 중앙정부의 개입을 강화하면서 영국의 '보통법' 형성에 영향을 미쳤다. 게다가 프랑스어를 사용했던 노르만족의 유입으로 영어에도 많은 프랑스어 어휘가 녹아들었는데 법률, 행정, 군사, 요리 등 다양한 분야에 프랑스어 기반 단어가 정착하면서 현대 영어의 어휘가 풍부해졌다.

군사적 측면에서도 노르만 정복의 영향이 나타났다. 노르만족은 잉

글랜드 전역에 석조성을 쌓아 방어력을 강화했는데 이는 훗날 유럽 성
곽 건축의 발전 토대가 되었다. 또한, 보병 중심의 전술을 사용했던 앵
글로색슨과 달리 노르만은 기병과 궁수를 활용했는데 이는 잉글랜드
의 군사적 능력이 향상되는 계기가 되었다. 한편, 노르만 정복 이후 잉
글랜드는 프랑스, 이탈리아 등 유럽 대륙과 교류가 활발해졌고 유럽식
수도원 문화와 학문이 유입되었다. 옥스퍼드와 케임브리지대학의 기원
이 되는 학문적 전통도 이때 강화되었으며 교회 개편과 함께 로마 가톨
릭의 영향이 확대되었다.

하지만 노르만 문화의 부흥은 곧 잉글랜드 원주민과 앵글로색슨 문
화의 쇠퇴를 의미했다. 1086년까지 잉글랜드 토지 소유자의 90퍼센트
이상이 노르만인으로 대체되었으며 잉글랜드 농민들은 더 강한 억압을
받게 되었다. 또한, 노르만 지배층이 300년 넘게 프랑스어를 공식 언어
로 사용하면서 고대 영어인 앵글로색슨어는 하층민이 쓰는 언어로 전
락해 기록과 행정에서 거의 사라졌고 잉글랜드의 전통적인 문화와 문
학도 쇠퇴했다.

무엇보다 노르만 왕들은 이후 잉글랜드를 넘어 웨일스, 스코틀랜드,
아일랜드에 대한 침략을 본격화했는데 웨일스에 성을 쌓아 군사적 지
배를 강화하거나 스코틀랜드에 노르만식 봉건 제도를 강요하려고 했
다. 특히 12세기 후반 아일랜드 정복으로 갈등이 심화되어 오늘날까지
이어지는 영국과 아일랜드 간 갈등 관계의 씨앗을 제공했다.

2부
두 개의 언어로 이루어진 잉글랜드
1087~1509년

잉글랜드인들의 기회

『연대기』의 편찬가 오르데리쿠스 비탈리스에 따르면 1087년 9월 9일 프랑스 루앙에서 임종을 앞둔 윌리엄은 죄책감 같은 감정에 시달렸다고 한다.

토착 잉글랜드인들을 온갖 이유로 핍박해 왔다. 너무나 많은 죄를 지으며 영국의 왕위를 얻었기에 하느님이 아니라면 그 누구에게도 왕위를 맡길 수 없다.

그래서 윌리엄은 첫째 아들 리처드가 요절했기에 공식적으로 맏아들인 로버트에게 노르망디를 물려주었지만 영국의 왕위 계승은 허락하지 않았다. 노르만 귀족 대부분은 로버트가 통치하는 단일 왕국을 원했지만 윌리엄의 셋째 아들 루퍼스는 생각이 달랐다. 루퍼스는 서둘러 영국 해협을 건너 부친의 사망 소식을 맨 먼저 전했다. 그런 다음 루퍼스는 영어를 사용하는 원주민(잉글랜드인)에게 호소했다.

루퍼스는 영국인들을 쫓아가 자신이 얼마나 필요한 존재인지 이야기하며 지지해달라고 간절히 요청했다. 그리고 루퍼스는 지금까지 잉글랜드에 없었던 최고의 법을 약속했다.

『앵글로색슨 연대기Anglo-Saxon Chronicle』

루퍼스는 정확히 누구를 쫓아간 것일까? 확실히 알 수 없지만 피지배층이 된 잉글랜드인들 중에서도 신원은 알 수 없어도 지도자급 인물들은 분명히 있었을 것이다. 그리고 이들은 잉글랜드를 기반으로 둔 노르만인의 왕(도움을 요청한 왕)을 돕는 것이 프랑스로부터 다시 침략당하는 것보다 낫다고 결정했다.

잉글랜드에 있는 주요 노르만인 집단도 루퍼스(윌리엄 2세)를 위해 싸웠다. 이들은 왕을 위해 신민처럼 일하던 성직자 출신의 하급 귀족이었다(진짜 귀족들은 이 집단을 아래로 여겼다). 잉글랜드에서는 정복왕이 행정부 전체를 재구성했기 때문에 성직자 출신의 하급 귀족 노르만인들이 많았다. 원활한 권력 이양을 원했던 이들은 이미 왕위에 오른 루퍼스를 지지했다. 1087년부터 1088년 사이 잉글랜드에 기반을 둔 노르만인은 노르망디 출신의 노르만인에게 대항해 잉글랜드 민족과 공통의 대의를 만들었다. 이렇게 해 별도의 앵글로-노르만 사회가 탄생했다.

왕이 된 루퍼스는 노르망디 정복을 끊임없이 시도했고 이를 위해 주로 잉글랜드를 세금 펌프로 사용했다. 1100년 8월 2일, 루퍼스는 동생 헨리와 함께 뉴포레스트에서 사냥하다가 잘못 조준된 화살에 맞아 목숨을 잃었다. 하지만 루퍼스의 죽음을 애도하는 사람은 아무도 없었다.

사실 루퍼스의 시신은 며칠 동안 그대로 방치되어 있었다. 맘스베리의 윌리엄이 사용한 재치 있는 표현을 빌리자면 '모두 다른 일에 몰두하고 있었기 때문'이다. 헨리는 분명히 그랬다. 헨리는 곧바로 윈체스터^{Winchester}로 달려가 재정에 대한 통제전을 장악했고 그다음 날 스스로 국왕이 되었다.

루퍼스는 토착 잉글랜드인들이 얼마나 유용한 존재가 될 수 있는지를 보여주었고 헨리는 큰형인 노르망디의 로버트가 자신을 공격해 올 것이라는 확신에 점점 더 빠져들었다. 헨리는 로버트의 위협과 토착 잉글랜드인들의 필요성 때문에 재빨리 에드먼드 아이언사이드의 증손녀이자 웨식스 왕가의 마지막 생존자인 마틸다와 결혼했다.

『연대기』(여전히 헌신적인 잉글랜드인 수도승들 덕분에 유지되고 있었다)는 이 결혼을 환영하듯 묘사했다. 새로운 왕비는 정통성 있는 잉글랜드 왕족 출신이었기 때문이다. 헨리 아래에 있는 노르만 엘리트 중 일부는 헨리와 그의 아내의 '잉글랜드스러움'을 비웃기 위해 왕과 왕비를 '고드릭과 고디바'라고 부르며 시큰둥했지만 그럼에도 헨리의 혼인 전략은 꽤 효과적이었다. 1101년 노르망디에서 로버트가 실제로 침입하자 루퍼스와 마찬가지로 헨리도 토착 잉글랜드인들을 동원할 수 있었기 때문이다. 역사가 맘스베리의 윌리엄이 헨리 1세가 징집병들에게 두 번째 헤이스팅스 전투를 피하는 방법을 직접 가르쳤다고 묘사한 것을 보면 헨리 1세는 영어도 어느 정도 구사할 수 있었던 것 같다.

헨리 1세는 자주 대열을 둘러보고 방패로 막으면서 기병들의 흉포한 공격을 피하는 방법과 반격하는 방법을 알려주었다. 그의 훈련 덕분에 부

노르망디의 로버트는 다시 물러섰다. 헨리는 영어 구사력이 얼마나 꼭 필요한 것인지 알게 되었던 것 같다. 1103년에 태어난 외동아들의 이름이 영국의 옛 왕자 칭호인 '에셀링^{Aetheling}'에서 비롯된 '윌리엄 아델린$^{William\ Adelin}$'이었기 때문이다. 이제는 앵글로-노르만 왕조가 실현 가능해 보였다. 비록 노르만인들의 비중이 높았지만 적어도 잉글랜드인들에게는 어느 정도 영향 있는 왕조로서 말이다. 그런데 재앙이 닥쳤다.

흰색 배(백선)

1120년 11월 25일 헨리는 노르망디 바르플뢰르^{Barfleur}에서 영국을 향해 출항했다. 17살인 아델린 왕자는 다른 흰색 배를 타고 아버지의 뒤를 따라갔는데 왕자의 배는 항구 입구의 바위에 부딪혀 침몰하고 말았다. 이렇게 해 잉글랜드 왕국의 일부를 상속받게 될 왕자가 목숨을 잃었다.

1133년 헨리에게 새로운 희망이 생겼다. 딸 마틸다(잉글랜드인 어머니의 이름을 따 지은 이름)가 마침내 앙주의 백작인 남편 제프리 사이에서 아

침몰하는 흰색 배

들 조프루아를 낳은 것이다. 하지만 이렇게 한 세대를 건너뛴 새로운 상속자 후보가 나타나면 정복왕의 외손자(윌리엄 1세와 마틸다 사이의 딸인 아델라가 스티븐의 어머니이다) 블루아의 스티븐$^{\text{Stephen of Blois}}$에게 도전받을 것이 분명했다. 헨리의 사후 프랑스로부터 경쟁자들의 침략이 일어나리라 예감한 잉글랜드-노르만 왕조의 귀족들은 잉글랜드에서 자신들의 특별한 위치를 분명히 정할 방법을 찾았다.

고유한 영국의 역사

잉글랜드인들은 자신들을 '잉글리스^{Engleis}'라고 부르기 시작했다. 물론 오늘날의 잉글랜드인과 같은 의미는 아니다. 자칫하면 잉글랜드인들이 술잔을 들어 올리면서 즉시 반박하고 소리 지를지도 모른다! 하지만 그 시대에 '잉글리스'라는 명칭은 단지 토지 소유권을 주장하는 하나의 방법에 불과했다! 마치 '축배'라는 게일어가 있는 스코틀랜드처럼 말이다. 지배층이 구사하는 언어는 오직 프랑스였기 때문에 정복한 토착민들 사이의 거리는 절대적이었다. 어느 토착 잉글랜드인 작가는 (라틴어로) 이런 글을 썼다. '신은 잉글랜드라는 민족을 없애기 위해 노르만인을 선택했다.'

노르만인은 이제 잉글랜드의 피로 물든 과거를 다시 썼다. 그 결과, 잉글랜드의 역사는 프랑스어나 라틴어로 된 기사도 이야기로 변했다. 노르만 정복 이후 80년이 지난 그때 잉글랜드의 엘리트들이 저녁 식사 때 들었을 만한 이야기가 된 것이다.

Dunc parlat Kenut mult sagement / E dist: Edmund, un poi atent o sui Daneis e vus Engleis / E noz peres furent dous reis.

그러자 크누트는 매우 현명하게 말했다. "에드먼드, 잠깐만요, 나는 덴마크 사람이고 여러분은 잉글랜드 사람이지만 우리 조상은 모두 왕이었습니다."

1140년경 영국에서 쓴 『잉글리스의 역사 L'Estoire des Engleis』

요즘은 이를 '문화 도용'이라고 부른다. 프랑스어를 사용하는 잉글랜드인들은 심지어 잉글랜드의 역사도 프랑스의 역사라고 주장했다. 프랑스어를 사용하는 잉글랜드인들에게 가장 영향력 있는 작가는 단연코 몬머스의 제프리Geoffrey of Monmouth였다. 몬머스의 제프리는 암흑시대의 군벌이던 아서를 위대한 기사의 영웅으로 변화시켰다. 멀딘Myrddin을 언급한 최초의 비非웨일스계 작가인 제프리는 '멀딘'이라는 이름을 '멀린Merlin'으로 바꿨다(아마도 '젠장'이라는 뜻의 프랑스어 '메르드merde'와 너무 비슷하게 들렸기 때문일 것이다). 잉글랜드의 침략자들에 관한 몬머스의 제프리 이야기에서 가장 눈에 띄는 특징은 '배신'이다. 잉글랜드는 잉글랜드인이 아닌 한 명의 국왕, 국왕과 손잡은 기사들에게 지배되어야 한다는 메시지였다. 국왕과 손잡은 기사들의 첫 번째 의무는 내분을 피하는 것이었다.

이는 정말 시기적절한 조언이었다. '흰색 배'의 침몰이라는 재앙이 발생한 지 15년이 지난 1135년 11월 25일 헨리 1세는 노르망디에서 장어류인 램프리Lamprey를 과식한 후 갑자기 죽음을 맞았다. 『연대기』는 헨리에 대해 이렇게 애도를 표했다. 성품이 선했던 헨리는 존경을 한 몸에 받았다. 헨리가 통치하던 시대에는 사람들끼리 서로 나쁜 짓을 하지 않았다. 헨리는 인간과 짐승을 위한 평화를 만든 셈이었다. 잉글랜드인들은 프랑스인 지배로부터 벗어날 수 있다는 모든 희망을 버렸다. 잉글랜드인들이 현실적으로 가장 희망을 걸 수 있는 부분은 잉글랜드와 적어도 어느 정도 연결고리가 있고 법과 질서를 유지할 수 있는 강력한 앵글로-노르만 왕조의 잉글랜드 국왕의 등극이었다. 하지만 잉글랜드인들은 이런 국왕을 얻지 못했다.

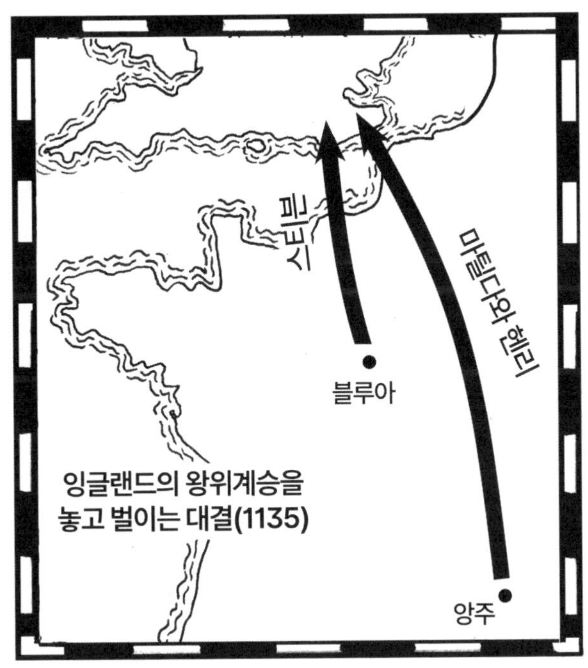

신과 천사들이 잠들었을 때

블루아의 스티븐(헨리 1세의 조카)이 잉글랜드의 왕위계승을 놓고 벌이는 경주에서 승리했다. 라이벌인 프랑스가 지지하는 헨리의 딸 마틸다와 그녀의 아들, 앙주의 헨리 왕자(일명 헨리 플랜태저넷)를 물리친 것이다.

루퍼스와 헨리 1세처럼 스티븐은 토착 잉글랜드인들의 지지를 얻기 위해 움직였고 런던의 자체 의회를 약속했다. 급진적인 양보였다. 스티븐을 따르던 노르만 엘리트들은 이러한 양보를 약점으로 보았다. 잉글랜드인들에게는 운이 나쁘게도, 프랑스어에 능하지 않은 국왕으로는 프랑스어에 능통한 귀족들을 견제할 수 없었다. 그야말로 최악의 상황이었다.

한편, 새로 발생한 여러 문제가 훗날 잉글랜드의 역사를 크게 바꾸었다. 역사적으로 노르만인과 프랑스인은 스코틀랜드인, 웨일스인과 다툴 이유가 없었다. 하지만 잉글랜드에서 가장 부유한 지역을 소유하고 있던 노르만인과 프랑스인들은 얼마 지나지 않아 잉글랜드의 나머지 지역도 지배해야 한다고 생각했다. 하지만 1066년의 잉글랜드인들과 달리 스코틀랜드인과 웨일스인들에게는 자연적인 보루와 더불어 뿌리 깊은 엘리트 의식이 있었다.

1136년 크루그 마워Crug Mawr에서 동맹관계를 맺은 웨일스의 왕자들은 처음으로 거대한 장궁을 사용하면서 헤이스팅스의 군대 못지않게 잉글랜드-노르만 군대를 완벽히 무찔렀다. 2년 후 스코틀랜드가 요크셔에 반격을 가했고 요크셔는 스탠더드 전투에서 패배했다. 웨일스와 스코틀랜드 국경에서 수 세기 동안 벌어질 전쟁의 시작이었다.

부유하고 평화로운 동남부와 나머지 지역은 고대로부터 간극이 있었

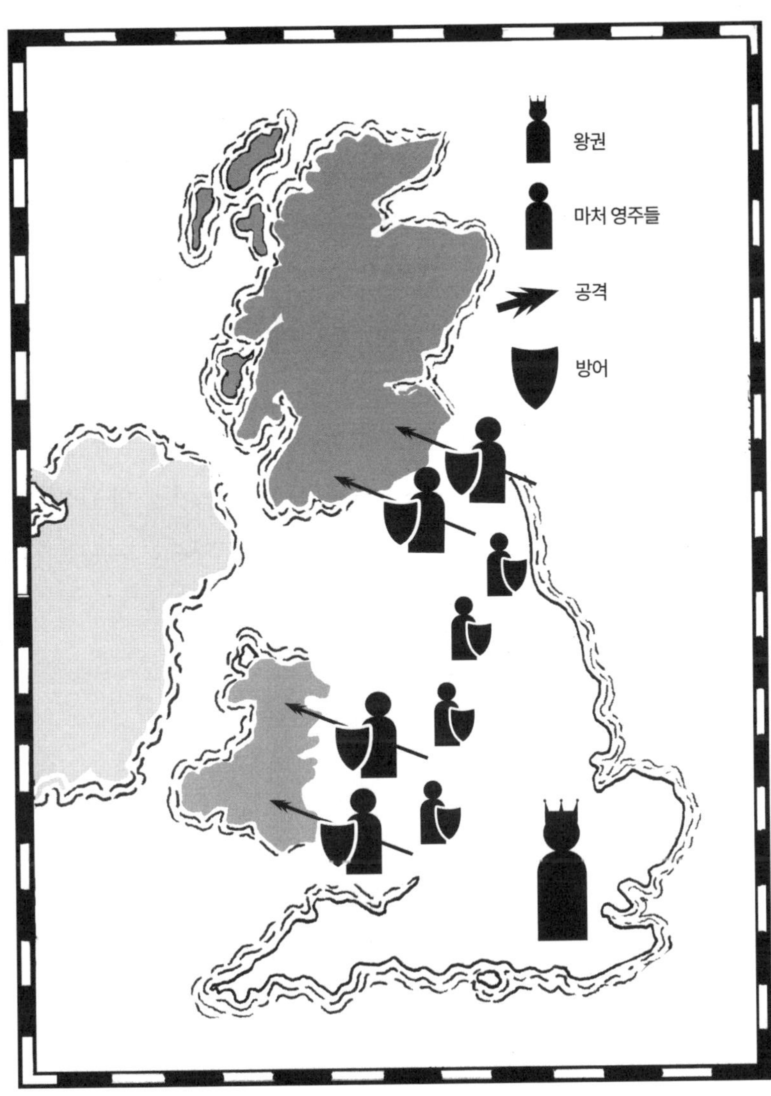

수 세기 동안 북부와 서부 국경선에서 벌어진 전쟁으로 강력한 귀족제도가 만들어졌다. 이러한 귀족제도는 왕들에게 저항할 수 있을 만큼 강력했다. 이처럼 잉글랜드의 독특한 자유는 주로 웨일스와 스코틀랜드에서 지속적으로 일어난 저항을 방어하는 과정에서 생겨난 것이다.

지만 이 전쟁으로 인해 그 간극은 더욱 벌어졌다. 이는 '마처 영주들 ^{Marcher Lords}'로 알려진 초귀족 정치의 탄생으로 이어졌다. 마처 영주들은 잉글랜드 국왕들로부터 위임받은 임무가 있었다. 바로 논쟁의 중심에 있는 국경 지역들을 유지하고 확장하는 것이었다. 얼마 지나지 않아 마처 영주들은 체셔, 랭커셔, 더럼, 슈롭셔, 우스터셔, 헤리퍼드셔, 글로스터셔뿐만 아니라 사우스 웨일스의 대부분을 지배했다. 영구적인 준 동원 상태의 전투력을 갖추고 있던 마처 영주들은 (왕들과 달리) 전투 준비가 된 사람들을 언제든지 부를 수 있었다.

1139년, 이번에도 어김없이 잉글랜드는 프랑스로부터 침략받았다. 이는 여섯 살 난 아들 헨리의 이름을 내세운 '마틸다 여제'의 원정이었다. 수년간의 내전과 무정부 상태로 붕괴되었던 잉글랜드는 프랑스에서

헨리와 엘레오노르(14세기)

일어난 사건으로 겨우 질서 회복이 이루어졌다. 1152년 막대한 부를 자랑하던 아키텐의 엘레오노르Eleanor of Aquitaine는 프랑스 국왕과 이혼한 후 30살에 헨리 플랜태저넷Henry Plantagenet과 재혼했다. 마틸다의 아들 헨리 플랜태저넷은 이제 야심으로 똘똘 뭉친 19살 청년이 되어 있었다.

엘레오노르의 막대한 재정적 지원을 받으며 헨리는 해협을 건넜다. 1153년 7월 헨리의 군대는 월링퍼드에서 템스강을 건너 스티븐의 군대와 마주쳤지만 싸움은 없었다. 12세기 유럽에서는 기사들이 전쟁 억제 작전을 폈지만 중기병의 돌격을 막아낼 방법은 없었다. 중기병의 돌격이 있을 때마다 보병들은 비참한 처지가 되었다. 그렇다고 철갑을 찬 기병들이 40마일(시속 약 64km)이 넘는 속도로 맞붙었다가는 귀족 집안끼리 서로 파괴하는 결과만 있을 뿐이었다. 교회는 협상을 중재했다. 그결과, 스티븐은 왕위를 유지했으나 헨리가 왕위를 상속받게 되었다. 그해를 넘기지 못하고 스티븐은 세상을 떠났다. 헨리는 외국에 있었지만, 겁이 너무 많아 크게 문제가 되지 않을 것부터 차지해 갔다.

『연대기』에 따르면 잉글랜드인들 사이에서 안도감이 일었다고 한다. 강력한 국왕을 통해 큰 권력을 가진 남작들을 통제할 수 있을 것이라고 생각했기 때문이다. 하지만 잉글랜드가 안정을 되찾자 고대 잉글랜드 문화는 봉인되는 운명을 맞았다. 거의 300년 동안 『앵글로색슨 연대기』의 필경사들은 앵글로색슨 민족 이야기를 썼다. 이런 기록을 가진 서양 국가는 없었지만 그럼에도 앵글로색슨의 날은 끝나버린 것이다.

헨리 2세는 노르만인이 아닌 프랑스인이었고 정작 프랑스 국왕보다 프랑스를 더 많이 통치했다. 잉글랜드의 정치, 사회, 문화가 프랑스로부터 받는 영향은 이제 거부할 수 없는 상황이 되었다. 『앵글로색슨 연대기』는 마침내 잉글랜드에서 '폐간'되었다.

1154년 『앵글로색슨 연대기』를 쓴 잉글랜드의 수도승들은 이 연대기의 집필 작업을 영원히 포기했다. 그 후 잉글랜드에서 영어 글쓰기 작업은 큰 침묵만 가득한 듯했다.

로버트 맥크럼Robert McCrum

지구상에서 가장 프랑스적인 곳

프랑스어 문학은 사실상 앵글로-노르만 시대의 잉글랜드에서 시작된다.

이언 쇼트Ian Short,
『후원자와 다국어 구사자Patrons and Polyglots』

잉글랜드의 프랑스화가 활기를 띠기 시작하면서 남부 잉글랜드는 그 어느 때보다 달라졌다. 헨리는 통치 기간의 대부분을 프랑스에서 보냈는데 잉글랜드를 찾을 때도 남부를 방문하는 경우가 잦았다.

프랑스화의 새로운 물결은 평범한 잉글랜드인들에게도 비로소 엄청난 영향을 미쳤다. 살아남은 잉글랜드 엘리트층은 이제 원래 언어였던 영어를 완전히 버리고 프랑스어를 구사하게 되었다. 1180년 경에 작성된 '국고청과의 대화'에서 재무장관 리처드 피츠나이젤Richard FitzNigel은 다음과

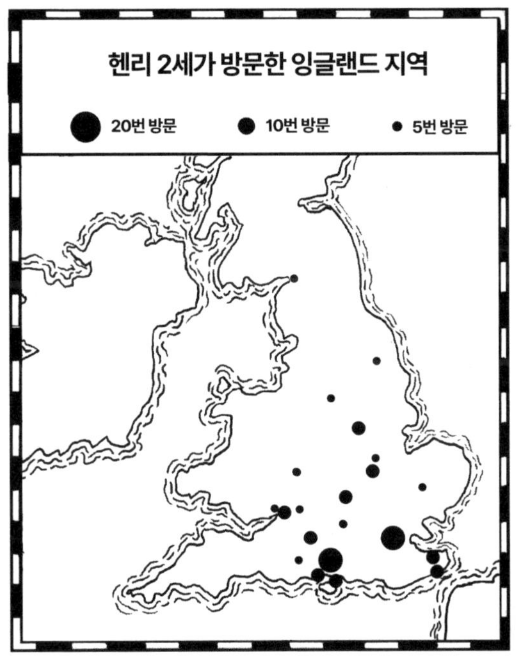

같이 설명했다.

이제 잉글랜드인과 노르만인은 함께 살면서 자연스럽게 서로 결혼해 세
대를 이어갑니다. 현재 앵글로-노르만은 누가 잉글랜드인이고 누가 노
르만인인지 구분할 수 없을 정도로 서로 뒤섞였습니다.

리처드 피츠나이젤, 국고청과의 대화

이러한 재무장관의 발언은 매우 중요하다. '자유민'이란 토착 잉글랜드
인의 상위 5~10%를 의미했다. 신분이 높은 이 잉글랜드인들은 옛 명문

가의 후손들일 것이다. 새로운 식민 지배자들과 협력해 부를 유지한 계층은 이들뿐이다.

노르만인은 잉글랜드인을 왜 기꺼이 받아들였을까? 그럴 만한 이유가 있었다. 잉글랜드에는 성문법의 전통이 있었지만 정복자와 그 후손들은 새로운 식민지를 법적 백지상태로 취급하고 봉건제도를 강요하려고 했다. 봉건제는 모든 고귀한 땅은 국왕이 개인적으로 빌려준 것이기 때문에 반드시 세습되는 것은 아니라고 주장했다.

앵글로 노르만 귀족들이 소유권을 더욱 강하게 주장하고 탐욕적인 국왕들로부터 자신의 것을 지키기 위해 선택한 것은 엄격한 장자 상속권이었다. 영지와 작위는 오직 장남 상속자가 물려받는다는 것인데 당시는 매우 드문 방식이었다. 다른 유럽에서는 귀족의 모든 자녀(모든 손주 등)가 집안의 작위와 함께 법적 특권을 물려받았기 때문이다. 잉글랜드에서 장자 상속권이 채택되면서 엄격한 귀족층이 생겨났다. 장남이 아닌 아들과 딸은 땅과 작위를 물려받지 못했기 때문에 법적으로는 평민과 크게 다를 것이 없었다.

당연히 노르만 귀족의 자제들은 어떻게 해서든 부를 계속 유지하며 살고 싶어 했다. 이를 위해서는 점령자들의 오른팔이던 토착 잉글랜드인의 자손들과 결혼하는 방법도 있었다. 이처럼 앵글로 노르만 엘리트층 안에 들어갈 수 있는 방법은 항상 존재했다. 피츠나이젤의 시대 때 노섬벌랜드의 마지막 잉글랜드 백작인 고스패트릭^{Gospatric}의 남자 후손이 노르만인과 결혼해 아내 가문의 성인 드 네빌^{de Neville}을 얻었다. 혼인을 통한 거래로 노르만 출신의 여인은 계속 부유하게 살았고 잉글랜드 출신의 고스패트릭은 노르만 상류층 안에 들어갈 수 있었다.

식민지 시대의 잉글랜드

1180년경 잉글랜드의 엘리트들은 프랑스어
와 그 문화를 채택하는 커다란 도약을 통
해 식민지 주인들을 모방하며 바뀌어 갔
다. 식민지에서 흔히 일어나는 현상이다. 보
통 상황은 이렇게 흘러간다(오른쪽).

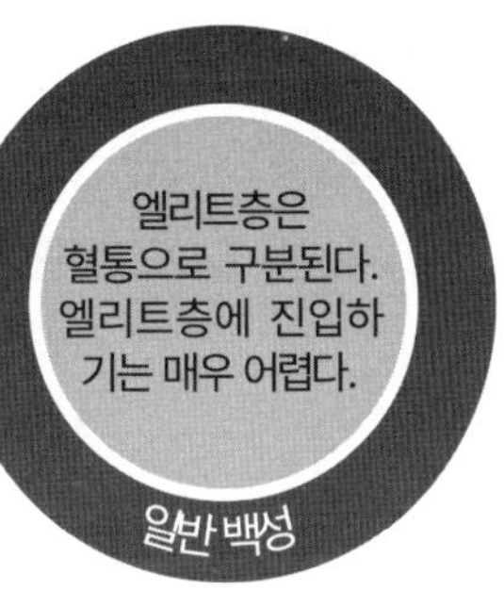

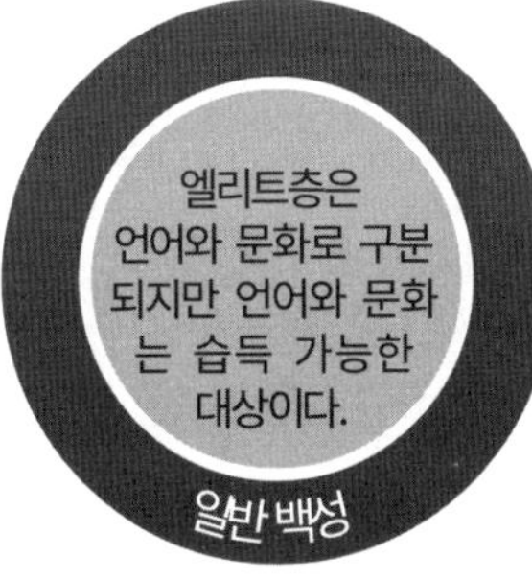

프랑스 혁명 전까지 대부분의 유럽 국가에
서도 그랬고 제1차 세계대전 전까지도 마찬
가지였다. 그러나 식민지에서는 로마든 앵
글로 노르만이든 대영제국의 일부든 왼쪽
삽화와 같은 상황이 일어난 것 같다.

> 많은 역사학자가 프랑스나 독일과 비교해 중세 잉글랜드인 엘리트들의
> 개방성을 다음과 같이 언급한다...
> 훨씬 이전부터 중세 잉글랜드인 엘리트들은... 집단에 들어오는 사람들
> 을 받아들일 준비가 되어 있었다.
>
> 데릭 세이어Derek Sayer,
> 《미국 사회학 저널American Journal of Sociology》

살아남은 잉글랜드인 엘리트들은 식민지 주인인 프랑스 엘리트층에 진
입하려고 했다. 프랑스 엘리트층에 속하려면 중요한 사교 행사나 비즈

니스 행사에서 매우 유창한 프랑스어를 구사해야 했다. 이처럼 잉글랜드 엘리트층의 후손들은 영어를 평민들이 쓰는 언어로 만들면서 공개적으로 자신들을 차별화했다.

> 프랑스어냐 영어냐의 구분은 민족을 구별하는 수단이 아니라 서열을 나누는 잣대가 되었다. 프랑스어는 지주와 장교가 쓰는 언어, 영어는 농민과 사병이 쓰는 언어였다… '루스티카누스^{rusticanus}'는 영어밖에 모르는 무지한 농민을 가리키는 용어였다.
>
> 제임스 홀트 경^{Sir James Holt},
> 『식민지 잉글랜드^{Colonial England}, 1066~1215년, 1066-1215』

1066년 일어난 노르만 정복으로 복잡한 결과가 뚜렷이 나타나기까지 한 세기가 넘게 걸렸다. 바로 인구의 90%에 달하는 평범한 잉글랜드인들에게는 자신들만의 지도자가 없다는 사실이었다. 살아남은 잉글랜드 엘리트층은 그들의 정복자들의 언어와 문화를 받아들여 평민들과 자신들을 구별했다.

문헌도 지도자도 없었다. 심지어 정복자의 언어를 배우고 말할 수 있느냐에 따라 삶의 기회도 갈렸다. 이러한 일은 다른 주요 서유럽 사람들에게는 일어난 적이 없었다. 중세 이후 잉글랜드에서는 지배층이 그 안에 진입하기 위한 대가를 제시했고 이를 지불할 능력이 있는 사람들에게만 기회가 열렸다. 이 대가가 무엇이었는지 추적해야 오늘날의 영국을 존재하게 한 중요한 요인을 파악할 수 있다.

잉글랜드 법의 프랑스화

헨리 2세가 통치하기 전까지 지방법원은 상대방에 따라 프랑스어와 영어 모두를 사용했다. 헨리는 신속히 정의를 구현하기 위해 고안한 이동법원인 '왕립 순회재판Royal Assizes'의 창설에 박차를 가했다. 1166년 클라렌든Clarendon의 재판에서는 100명 중에서 더 훌륭한 법적 자격을 가진 12명을 추려 처음으로 배심원을 정했다(라틴어로). 이는 잉글랜드 법의 대표적인 특징이었다. 왕립 순회재판은 신속하고 효율적이었기 때문에 빠르게 퍼져나갔다. 왕립 순회재판 절차는 항상 프랑스어로 진행되었는데 대대로 법정에 서본 평범한 잉글랜드인들은 자신들이 나고 자란 조국에서 2류 시민으로 살고 있음을 깨달았다.

국왕 VS 교회

중세 유럽에서 왕권에 실질적으로 제동을 걸 수 있는 것은 교회뿐이었다. 베케트의 토머스Thomas à Becket를 본 헨리 2세는 그야말로 자신의 뜻을 완벽히 이루어 줄 인물이라고 생각했다. 베케트은 보잘것없는 집안에서 태어났지만 특유의 영리함으로 식민지 잉글랜드에서 빠르게 출세한 앵글로 노르만인이었다. 1162년 베케트은 캔터베리 대주교로 임명되었다. 순종적인 관리자였던 베케트은 이제 유럽 전역으로 세력을 넓힌 대단한 조직을 손아귀에 넣고 이를 위해 태어난 듯 권한을 행사하게 되었다. 베케트은 잉글랜드 교회를 왕실의 손아래에 두는 대신 스스로 잉글랜드 교회의 수호자가 되었다. 마침내 1170년 (평소처럼 노르망디에 있던) 헨리는 큰 분노에 휩싸여 울부짖었다. "내 집에서 얼마나 한심한 배신자와

헨리 2세(왼쪽), 강력한 대주교와 대면

반역자들을 먹이고 키웠단 말인가? 주인이 천한 성직자에게 치욕스러운 멸시를 받게 놔두던 배신자와 반역자들 같으니."

헨리가 보낸 4명의 기사가 캔터베리로 향했다. 이들은 그곳에 있던 베케트의 교회에서 베케트을 죽였다. 이 사건에 온 유럽이 공포에 떨었고 헨리는 공개 참회를 하지 않을 수 없었다. 그 위대한 대결에서 교회가 이긴 셈이다.

이 사건으로 잉글랜드에는 강력하고 자신만만한 교회가 남게 되었

식민지 사회	마처 영주	냉혹한 장자 상속권	강력한 교회
엘리트층을 폭 넓게 수용	국경을 두고 계속되는 전쟁을 벌여 힘 키우기	핵심 귀족을 강하게 유지하는 힘	귀족과 왕실의 대결을 유지하는 힘

왕실을 견제하는 독특한 역할을 하는 포괄적인 엘리트층은
이후 마그나 카르타, 의회 등으로 이어진다.

다. 교회는 군주의 권력을 견제하는 세력이 되었다. 잉글랜드의 교회는 유럽에서는 이례적으로 왕권에 맞서 귀족과 동맹을 맺을 준비를 갖추었다. 이러한 상황은 40년 후 매우 중요한 의미로 다가오게 된다.

너무나 머나먼 섬

헨리 2세는 제국화 성향의 모험에 빠져 수 세기 동안 영국 정치를 왜곡시켰다. 1169년 헨리 2세는 펨브로크 백작이자 웨일스 마처 영주^{Welsh Marcher Lord the Earl of Pembroke}(별칭 스트롱보우^{Strongbow})를 아일랜드 내전에서 싸워줄 인물로 고용했다. 워낙 전투력이 출중했던 그는 이대로라면 앵글로-노르만-아일랜드-웨일스를 아우르는 헨리 2세만의 지배 세력을 만들어줄 것처럼 보였다.

지금까지 그 어떤 로마 정권^{Regime}, 잉글랜드 정권, 앵글로색슨 정권, 노르만 정권도 아일랜드를 통치한다고 주장하지는 않았지만 헨리로서는 아일랜드를 그냥 둔다는 사실을 용납할 수 없었다. 1171년 헨리는 직접 아일랜드로 항해해 모든 사람에게 충성을 요구했고 아끼는 넷째 아들 존을 아일랜드의 군주로 선언했다. 이를 통해 이론적으로 아일랜드는 스코틀랜드나 웨일스보다 먼저 정복되었다. 헨리는 교황을 설득한다면 실제로 아들 존을 아일랜드의 왕으로 앉힐 생각이었다. 하지만 토착 아일랜드 왕들이 그에 맞서 싸웠다. 1173년, 아일랜드 전역에서 봉기가 확산되자 존은 (아일랜드 사람이든 노르만 사람이든) 모든 아일랜드인에게 분노를 안겨준 그 계획을 포기해야만 했다.

헨리의 생존자 중 장남인 리처드는 자신이 공식적인 후계자로 지명

될 때까지 프랑스 전역에서 무기를 들고 반란을 일으키며 헨리를 괴롭혔고 결국 그는 공개적으로(속으로는 저주하면서) 차기 왕으로 지명되었다. 1189년 마침내 잉글랜드를 프랑스화에 힘쓰는 동안 지친 국왕은 진짜 자신의 고향인 시농Chinon에서 생을 마감했다.

'악마가 풀려났습니다'

리처드 1세는 프랑스어와 노르만어로 시를 썼고 라틴어를 읽을 수 있었으나 영어로 말하기는커녕 영어를 이해했다는 증거조차 없는 인물이다. 리처드 1세는 잉글랜드를 10년간 통치했으나 통치 기간 중 잉글랜드에서 보낸 기간은 겨우 7개월이었다. 리처드 1세는 잉글랜드를 십자군 원정의 자금줄 정도로 취급했고 왕실 땅을 팔아 금고를 채웠으며 만약 사는 사람이 있다면 런던을 시장에 내놓겠다고 농담하곤 했다.

왕실의 재원이 바닥나자 리처드의 관리들은 특별 세금과 수수료를 인상할 수밖에 없었다(오늘날까지 여러 버전으로 재생산되는 로빈 후드가 탄생한 역사적 배경이 되는 사건이다). 얼마 지나지 않아 귀족들은 미천한 출신의 최고 집행관 윌리엄 롱챔프William Longchamp에게 반기를 들었다. 결국 1191년 롱챔프는 가난한 여성 행상으로 변장해 잉글랜드에서 도망치려고 했다. 하지만 이를 모르고 가격을 묻던 손님 때문에 롱챔프의 정체가 탄로나고 말았다. 엘리의 주교Bishop of Ely와 당시 잉글랜드의 대법관이었던 롱챔프가 영어를 한마디도 할 줄 몰랐기 때문이다.

한편, 리처드는 십자군 원정에서 난파당해 신성로마제국 황제(하인리히 6세)의 포로가 되고 말았다. 황제는 리처드의 몸값으로 10만 마르크를 요구했다. 리처드의 동생인 존과 프랑스의 필리프 2세는 내심 리처드가 감옥에 갇혀 있기를 바랐기 때문에 8만 마르크를 제안했다. 하지만 잉글랜드의 왕실 관리들이 제시 금액을 올리면서 리처드는 풀려났다. 1194년 2월 4일 필리프 2세는 존에게 이런 경고 메시지를 보냈다. '조심해요. 악마가 풀려났습니다.'

그러나 리처드는 존을 용서했고 남은 생애 5년은 잉글랜드인들에게 더 무거운 세금을 부과하며 보냈다. 그리고 1199년, 리처드가 사망했다. 존은 선왕이었던 헨리 2세의 넷째 아들인 자신이 왕위를 잇는 것이 현실적으로 기대할 수 없는 일임을 알고 있었다. 10대인 조카 브르타뉴 공작 아서가 죽은 리처드의 뒤를 이을 후보였으나 존은 재정적으로 절반쯤 파산한 잉글랜드의 왕위가 자신의 것이라고 주장하기 위해 소규모 군대를 데리고 해협을 건넜다.

러니미드Runnymede로 가는 길

존이 사실상 왕위찬탈에 가깝게 즉위한데다가 리처드가 남긴 금고도 비어 잉글랜드는 불리한 위치에 놓였다. 프랑스의 왕은 아서를 인질처럼 활용해 존에게 영토 할양을 강요하자, 결국 전쟁이 터졌다. 존은 아서(아르튀르)를 붙잡는 데 성공했으나(그 직후 아서는 불가해하게 사라졌다) 1204년까지 프랑스에서 소유하던 모든 영지를 잃었다. 이를 계기로 '여전히 프랑스어를 사용하는 잉글랜드인 출신의 순수한 잉글랜드 귀족'이 탄생했다.

그 후 10년 동안 존은 잃어버린 프랑스 영토를 되찾기 위해 음모를

프랑스와 제국과 잉글랜드의 연합 기병대가 부빈에서 충돌(1214년)

꾸몄고 잉글랜드인들에게 세금을 부과했다. 1214년 존은 신성로마제국의 황제인 오토 4세$^{Otto\ IV}$와 손잡고 최후의 결전을 벌였다. 존은 자금주였으나 막상 군이 대규모 부빈 전투를 치를 때는 나타나지 않았다. 이날 프랑스 기병대가 승리를 거두면서 근대 프랑스로 향하는 길을 열었다. 그뿐만 아니라 이는 잉글랜드 역사상 결정적 전환점을 만든 사건이었다.

> 부빈에서 러니미드로 가는 길은 피할 수 없는 지름길이었다.
>
> 제임스 홀트 경$^{Sir\ James\ Holt}$

프랑스 땅을 되찾으려던 존의 계획이 수포로 돌아가면서 잉글랜드의 교회는 왕권으로부터 독립하게 되었다. 이 교회의 강력한 지원을 받은 대귀족들이 1215년 6월 존을 템즈 강변의 습지대인 러니미드로 유인해 '마그나 카르타$^{Magna\ Carta}$(대헌장)'에 서명할 것을 강요했다.

마그나 카르타 Magna Carta

'마그나 카르타'의 많은 조항이 국왕과 귀족 사이에 벌어진, 지금은 모호한 재정적 분쟁과 관련된 조항이다. 오래 지속된 조항들은 다음과 같다.

1: 잉글랜드의 교회는 '왕실로부터 성직자 임명을 간섭받지 않을 독립'을 보장받았다. 이 첫 번째 조항은 교회가 군주제를 길들이는 데 핵심적인 역할을 했음을 보여준다.

14: 주요 지주들의 '총회'가 끝난 후에야 세금을 올릴 수 있다. 의회 탄생의 씨앗이 여기서부터 나타나기 시작했다.

20: 벌금은 비례제이며 오직 '지역에서 신뢰할 수 있는 사람들의 선서'로만 부과되어야 한다. 귀족이 아닌 사람도 재판을 내리는 일에 관여할 수 있기 때문에 급진적 조치이다.

39~40: 핵심조항^{Big ones}: '그 어떤 자유민도 체포되거나 투옥되거나 재산을 빼앗기거나 불법화되거나 추방되어선 안 되며 그 외 어떤 방식으로도 파멸되어선 안 된다. 시민들의 합법적 판단이나 법률에 의하지 않고는 왕이나 정부가 자유민을 헤치거나 불리한 판결을 내리지 않을 것이다.'

56-59: 존왕에 반대하여 반란을 도왔던 웨일스 사람들과 스코틀랜드 왕의 권리를 다루었다. 다른 모든 것과 별개로 마그나 카르타는 웨일스와 스코틀랜드가 별개의 사법 관할권임을 확인한다.

60: '존과 대립하는 대귀족들뿐만 아니라 왕국의 모든 사람은 그 아래 사람들과 거래할 때 헌장의 규정을 지켜야 한다.' 이는 보편적 정의를 바라보는 잉글랜드인들의 생각과 같다는 것을 의미한다.

별도 조항 A는 그야말로 급진적이었다. 대귀족들과 '온 땅의 공동체'는 왕이 헌장을 어기면 왕을 상대로 '재산 압류와 추궁할' 권리가 있었다. 훗날 이러한 권한을 물려받은 곳이 의회다.

헌장은 라틴어로 작성되었고 곧바로 잉글랜드 대귀족들의 일상 언어(프랑스어)로 번역되었다(라틴어 원문: Icy comence la chartre le Rey Johan done a Renemede). 다만, 1534년까지 영어판이 없었기 때문에 프랑스어나 라틴어를 읽을 수 없는 사람에게 마그나 카르타는 전혀 상관없는 일이었다.

존은 이에 대해 한마디도 하지 않았다. 그 대신 존은 교황을 설득해 헌장을 무효로 한 후 프랑스 북부에서 온 용병들로 땅을 채웠다. 귀족들은 프랑스 왕을 초청해 외부인의 약탈로부터 잉글랜드를 구해달라고 요청했다. 그래서 1215년 말 프랑스 루이 왕자는 기사단을 런던으로 파견했고 이듬해에는 타닛^{Thanet}에 상륙해 전면 침공을 감행했다. 존은 윈체스터로 도망쳤고 루이는 잉글랜드의 왕으로 선포되었으나, 대관식은 치르지 못했다.

존이 이질로 사망했을 때 양측은 여전히 로체스터^{Rochester}나 도버^{Dover}와 같이 주로 대규모 병력으로 구성된 전쟁을 치르는 중이었다. 수도승이자 역사가인 매튜 파리스^{Matthew Paris}가 최후의 비난을 전했다.

> 지옥은 그 자체로도 사악한 기운이 넘치지만 존의 존재 때문에 더 끔찍한 곳이 될 것이다.

이질적인 외지인 VS 잉글랜드 태생 프랑스인

존의 아들 헨리 3세는 1217년 왕위에 올랐는데 그때 나이 겨우 아홉 살이었다. 당시 잉글랜드의 넓은 지역이 프랑스의 통제를 받고 있었다. 헨리는 링컨^{Lincoln}에서 루이에게 승리를 거둠으로써 왕좌를 지킬 수 있었다.

소년 왕 헨리를 보좌하는 위원회는 재빨리 헌장을 재발행했다. 1225년, 드디어 통치할 나이가 된 헨리는 세금을 받는 대가로 헌장을 재확인했다. 헨리가 자발적으로 한 재확인이었다. 이제 말 그대로 마그나 카르타는 헌법에서 신성한 존재가 되었다. 주교들은 헌장을 어기는 사람은 왕이라도 예외 없이 파문될 수 있다고 선언했기 때문이다. 애설레드, 크누트와 함께 모호한 방식으로 시작된 독특한 전통이 이제 양피지 위에 문서화되어 자리잡았다. 심지어 잉글랜드의 왕 자신도 율법을 따라야 했다.

헨리 3세 치하의 잉글랜드는 여전히 프랑스 색채가 강했다. 새로운 웨스트민스터 사원(1245년 시공)은 참회왕 에드워드를 기리기 위해 지어졌다. 헨리는 프랑스어 사용자들을 불러들여 통치에 도움을 받았다. 새로운 웨스트민스터 사원은 최신식 프랑스 대성당을 모델로 해 지어졌다.

헨리의 이복형제들, 친척들, 측근들이 대거 배에 타 해협을 건넜다. 이제 잉글랜드에서는 프랑스어 발음 방식을 기준으로 갈라진 경쟁 관계의 프랑스인 집단 사이에 내전이 터졌다. 이러한 이유로 현재 영어에서 같은 뜻을 가진 단어라도 guardian/warden(후견인/관리인), gallop/wallop(질주하다/세게 치다)처럼 철자가 다르게 사용되는 구도가 생긴 것이다.

'네추러스^{natureus}'로 알려진 잉글랜드 태생의 프랑스인들은 시몽 드 몽포르$^{Simon\ de\ Montfort}$가 이끌었다. 이들은 경쟁 관계인 외부 프랑스인들에 비해 한 가지 큰 이점이 있었다. 바로 토착 잉글랜드인들과 대화할 수 있다는 점이었다. 실제로 시몽 드 몽포르가 헨리 3세에게 옥스포드 조항을 받아들이라고 강요했을 때(1258년) 합의 조항을 설명하는 편지들이 이 땅을 가로질러 전국으로 발송되었다. 1067년 이후 처음으로 (그리고 오랫동안 마지막으로) 잉글랜드의 평민들은 프랑스어와 영어로 통치자들의 말을 들을 수 있었다.

Et se nul v nus viegnent encunt ceste chose nus voulons et comandons ke tuz nos seaus et leaus le teignent a enemi mortel.

(13세기 프랑스어)

And gif oni other onie cumen her ongenes we willen and hoaten that alle ure trewe heom healden deadliche ifoan.

(13세기 영어)

And if any person or persons go against this, we will and command that all true to us hold them as deadly foes. (그리고 누구든 이 결정에 반하는 자가 있다면 우리는 충직한 이들에게 그들을 죽어야 할 적으로 간주할 것을 원하고 명령한다.)

(현대 영어)

옥스퍼드 조항에 따라 국왕은 15명으로 이루어진 평의회 권한 아래에 놓였고 1년에 세 번 의회가 열리게 되었다. 현재 의회 공식 웹사이트에 따르면, 이는 찰스 1세가 체포되어 처형되기 이전에 행해진 가장 급진적인 개혁안이었다.

헨리 3세는 거래를 철회했고 전쟁이 일어났다. 1264년 런던의 일부 평민들로 구성된 시몽 드 몽포르의 군대는 루이스 전투^{Battle of Lewes}에서 놀라운 승리를 거두었다. 시몽 드 몽포르의 군대는 헨리 3세와 후계자인 에드워드 왕자를 모두 사로잡았다. 이때 정복 이후 처음으로 잉글랜드의 정치인들이 영어로 기뻐하는 소리를 들을 수 있었다. 〈알레메인의 왕을 규탄하는 노래^{Song Against the King of Alemaigne}〉(1264)를 지은 음유시인은 기쁜 마음으로 에드워드가 말 박차도 없이 도버 방향으로 곧장 도망가는 모습을 상상하며, 이제 다시는 그 자신의 말을 어기지 않기를 바랐다.

시몽 드 몽포르는 포로가 된 헨리 3세를 그대로 왕으로 인정했지만 헨리 3세가 내리는 모든 결정은 의회 승인을 받아야 했다. 하지만 에드워드 왕자가 탈출해 불만 세력인 귀족들로 이루어진 군대를 소집하면서 시몽 드 몽포르는 몰락했다. 1265년 8월 4일 이브셤 전투^{Battle of Evesham}에서 당시의 기사도 가치는 멈춰버렸다. 시몽 드 몽포르는 과감하게 평민들을 모집했다. 이제 시몽 드 몽포르는 평범한 반란군으로 취급되어 12명으로 구성된 암살단의 표적이 되었다. 12명의 암살단은 시몽 드 몽포르를 산산조각냈다. 사실상 시몽 드 몽포르의 추종자들은 전부 그 자리에서 학살당했다. 시몽 드 몽포르의 포로였던 헨리 3세도 하마터면 살해당할 뻔했다. 에드워드 왕자가 자신의 부하임을 뜻하는 표식으로 선택한 성 조지 십자가 배지를 헨리 3세가 달지 않고 있었기 때문이다. 결과적으로 잉글랜드의 국기(성 조지 십자가: 흰 바탕에 붉은 십자가)는 1066년 이래 잉글랜드인들에게 영어로 호소했던 최초의 인물이 패배한 자리에서 탄생했다.

(그림) 시몽 드 몽포르는 1265년 8월 4일 이브샴 전투에서 온 몸이 갈기갈기 찢겼다.

권력의 한계: 에드워드 1세

왕권이 완전히 회복된 것 같다고 생각한 에드워드 1세는 마지막으로 한 번 더 순수한 봉건제도를 시행하려고 했다. 귀족들은 에드워드에게 계속 충성했으나 마그나 카르타 철회에는 동의하지 않았다. 결국 에드워드 1세는 1189년 리처드 1세 즉위 때 토지를 소유했던 사람들은 상대방이 국왕이라도 토지권을 빼앗기지 않는다는 내용에 동의할 수밖에 없었다(아득한 옛날부터 나온 문장에서 기원함). 이제부터 잉글랜드인의 성^成은 왕으로부터 빌린 것이 아니라 정말 자기 소유의 성이 되었다.

국내에서 뜻이 좌절된 에드워드는 원정에 관심을 돌렸다. 1278년 에드워드는 아서왕의 무덤이 열렸다는 소문을 직접 확인하기 위해 글래스턴베리^{Glastonbury}로 여행을 떠났다. 그 후 에드워드는 '브리튼 제국'을 다스린 아서왕의 신화를 실행에 옮겼다. 1282년부터 1283년까지 에드워드는 웨일스에서 광범위하고 체계적이고 무자비한 원정을 벌였다.

사보이아 가문의 군사건축가인 성 조지의 제임스^{James of St. George}가 엄청

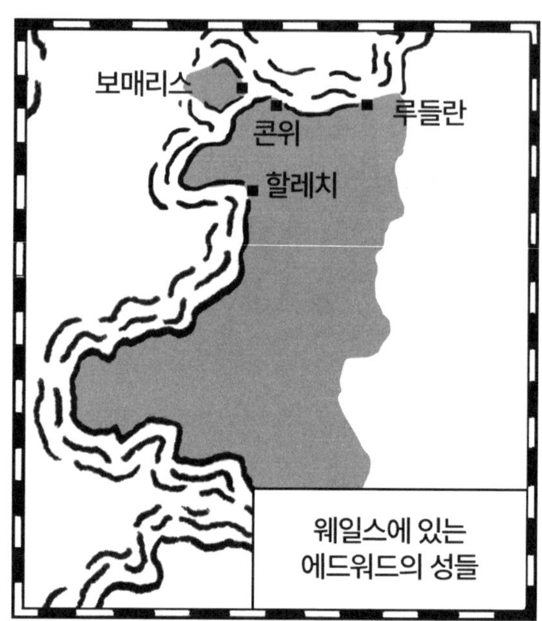

에드워드 1세가 로마계 브리튼인들의 마지막 의심을 물리치려는 시도

난 비용을 들여 지상에서 가장 거대한 성채를 건설했다. 에드워드는 1290년 잉글랜드에 있던 모든 유대인을 추방했다. 그리고 에드워드는 잉글랜드인들이 유대인들에게 진 빚은 이제 자신에게 진 빚과 같다고 선언하면서 그 돈으로 건설비용 일부를 충당했다

그다음에 에드워드는 스코틀랜드를 원정 목표로 삼았다. 에드워드는 방대한 규모의 보병이 필요했다. 에드워드가 북부와 서부에서 벌인 전쟁은 잉글랜드인들에게 재기의 발판이 되었다. 이제 이 잉글랜드인들이 맡을 새로운 역할은 프랑스어를 구사하는 엘리트층 아래에서 영국에서 '두 번째로 높은 그룹'이 되는 것이었다. 그리고 수백 년 후 영국인들은 이와 비슷한 제안을 시크교도들(인도)과 구르카인들(네팔 민족)

에게 했다. '당신들은 우리에게 정복당했지만 우리 밑에서 당신들의 옛 적들과 싸워주면 그들보다 우위에 설 것입니다.'

1294년 에드워드의 1294년 원정을 기록한 『랑토프트 연대기Langtoft's Chronicle』는 초기 프랑스어로 되어 있으며 웨일스와 스코틀랜드에 반대하는 독설을 담은 다음과 같은 프랑스 문장으로 시작된다.

> Gales soit maldit de deus e de Saint Symoun! Car tuz jours ad este pleins de tresoun. Escoce soit maldit de la Mere De!

> 하느님과 성 시몬의 이름으로 웨일스인들에게 저주를 내려 주십시오. 웨일스인들은 항상 반역을 마음속 가득히 품고 있었습니다. 스코틀랜드 사람들이 하느님의 어머니로부터 저주받기를 바랍니다!

그러나 몇몇 대목에서 랑토프트는 에드워드의 잉글랜드군이 하는 밀 중에서 자신이 들은 것을 프랑스어 문장 속에 녹여냈다.

> 보병들 fote folke 은 스코틀랜드인의 맨살이 드러난 등을 찔렀다.

보병은 프랑스어로 '기사cavalry', 영어로는 '포트 폴크fote folke(잉글랜드인 자신을 부르는 별명인 것 같다)'로 표현되었다. 잉글랜드인들은 이를 알고 있었다. 문화적으로 외국인 엘리트들이 계속 일상에 존재하고 있었다. 이에 잉글랜드인들은 잉글랜드라는 조국에 대한 자부심에 손상을 입은 기억을 떠올렸다. 1290년경에 쓴 글로스터의 로버트^{Robert of Gloucester}의 글에는 잉글랜드인들의 예속이 깔끔하게 표현되어 있다.

> Thus com lo engelond in to normandies hond. & the normans ne couthe speke tho bote hor owe speche... Vor bote a man conne frenss me telth of him lute. Ac lowe men holdeth to engliss & to hor owe speche

> 이리하여 잉글랜드는 노르망디의 손에 들어갔다. 그리고 노르망디 사람들은 자국어밖에 할 줄 모른다. 노르망디어(프랑스어 방언)를 모르는 사람은 무시당했다. 그래도 신분이 낮은 사람들은 영어와 자신만의 언어를 고수한다.

그래도 잉글랜드인들은 프랑스어(노르망디어)를 사용하는 장교들 밑에서 이웃 국가들과 기꺼이 싸웠다. 즉, 그들은 현대 영국 출신 군인들이 은근히 경멸하면서도 여전히 복종하는 '루퍼트^{Ruperts}(현실감이 떨어지는 장교)'의 조상들이다.

웨일스, 스코틀랜드와 싸우는 데 막대한 비용이 들자 잉글랜드 엘리트들이 만든 고유 장치인 '의회'가 무르익을 기회가 생겼다. 만약 잉글랜

드가 잉글랜드인의 지배 계급이 있는 정상적인 나라였다면 에드워드는
(세금을 더 쉽게 거둘 수 있는 대상인) 소작농들에게 소유지 권리를 주
어 귀족들을 길들이기 위해 노력했을지도 모른다. 바로 이 시기의 프랑
스에서는 이미 일어난 상황이었다.

그러나 프랑스어를 구사하는 잉글랜드의 국왕인 에드워드 입장에서
는 자신과 똑같이 프랑스어를 구사하는 귀족층에 대항하기 위해 영어
밖에 할 줄 모르는 소작농들의 편을 들기는 어려웠다. 상황이 이렇다 보
니 에드워드는 귀족들과 협상할 필요가 있음을 인정했다. 1295년에 열
린 의회는 오늘날 우리가 아는 모범 의회의 기본적인 틀이 되었다.

> 프랑스에서는 영주(지주)가 졌고 농부가 이겼다. 잉글랜드에서는 지주
> 가 이겼고 농부가 졌다.
>
> 로버트 모리어 경^{Sir Robert Morier}

에드워드는 비용을 많이 들였음에도 웨일스를 진정으로 진압한 적이 없
었다. 그리고 1307년 컴브리아^{Cumbria}에 있는 자신의 야전본부에서 임종
을 앞둔 에드워드는 스코틀랜드에 있는 자신의 군대가 로버트 브루스
^{Robert Bruce}에게 패했다는 소식을 들었다. 에드워드가 벌인 전쟁으로 영국
안에는 세 종류의 민족주의가 각기 굳어졌다. 에드워드의 통치가 남긴
분열의 유산은 지금까지도 남아 있다(마크 모리스). 브리튼 섬을 이루
는 세 민족이 영국의 공동 통치자로 모신 것은 결국 의회였다.

공동체가 선택해야 할 대상: 에드워드 2세

1308년 에드워드 2세는 대관식에서 라틴어가 아닌 프랑스어를 사용했다. 귀족들이 에드워드 2세가 일상 언어인 프랑스어로 급진적인 새 조항을 입으로 직접 표현하기를 바랐기 때문이다. 이러한 흔적은 현대 대관식 선서에도 남아 있으며 귀족들의 압박으로 왕은 아직 존재하지도 않은 법임에도 따르기로 했다. 만약 미래에 영국을 아우르는 공동체인 의회가 이 법을 선택한다면 법이 진짜 존재할 수도 있다는 생각에 따르기로 동의한 것이다.

> Sire, grauntez vous a tenir et garder les leys et les custumes droitureles les quiels la communaute de vostre roiaume aura eslu?

> 폐하, 통치하는 공동체가 선택해야 할 정당한 법과 관습을 유지하고 보호하겠다고 약속하시겠습니까?

에드워드 2세는 바람이 어느 쪽으로 부는지 알지 못했다. 에드워드는 총애하던 가스코뉴 출신의 피에르 가베스통Piers Gaveston을 통해 많은 칭호를 얻고 돈을 모았다. 그러나 1312년 남작들이 반란을 일으켜 피에르 가베스통을 케닐워스 성Kenilworth Castle 밖에서 살해하고 말았다. 잉글랜드 왕실은 수난을 겪었다. 1314년 스코틀랜드 사람들은 배녹번Bannockburn에서 규모가 훨씬 큰 에드워드 2세의 군대를 물리쳤다. 1320년 에드워드 2

세의 군대는 프랑스에서 치욕스러운 패배를 당했다. 프랑스에서 소유하는 땅은 어떻게든 지켜야 했기 때문에 에드워드 2세는 개인적으로 경의를 표하고자 프랑스 왕을 알현해야 했다.

에드워드 2세와 함께 프랑스를 방문하던 중 이사벨라 왕비는 로저 모티머^Roger Mortimer와 바람을 피우기 시작했다. 왕비는 에드워드와 함께 잉글랜드로 돌아가지 않겠다고 했다. 그렇게 해 왕비는 해협을 건너 잉글랜드의 또 다른 침공을 감행하는 로저 모티머의 계획에 동참하게 되었다. 에드워드 2세는 포로로 잡혔고 그 후 1327년에 살해당했다. 그 이후의 역겨운 세부 사항은 논란이 되어왔다. 이사벨라와 모티머가 잉글랜드의 실질적인 통치자가 되었던 것이다. 곧이어 에드워드 2세의 후계자인 젊은 왕과의 긴장이 높아졌다. 1330년 17세의 에드워드 3세와 그 추종자 무리가 노팅엄 성에서 매복해 모티머를 처형했다. 이렇게 시작된 에드워드 3세의 치세는 놀랍게도 이후 47년간 계속되었다.

백년전쟁

1346년 무렵 스코틀랜드와 휴전에 합의하고 슬뤼^Sluys(슬로이스) 해전(1340)에서 해협을 장악한 에드워드 3세는 프랑스 왕위계승권을 주장하면서 전면적인 침공을 감행할 준비가 되어 있었다. 크레시^Crécy 전투(1346)에서 잉글랜드와 웨일스의 장궁병들이 프랑스 기병들을 제압했다. 그로부터 9년 후 푸아티에^Poitiers 전투(1356)에서 에드워드 3세의 아들인 암흑공^Black Prince이 다시 프랑스 기병들을 제압했다.

프랑스군이 싸움에 소극적이자 프랑스는 잉글랜드인 약탈자들의 신나는 사냥터가 되었다. 수십 년에 걸친 프랑스와 전쟁으로 이제 영국 귀족들은 부하들 앞에서 프랑스어로 말하는 것이 어색해졌다. 바로 이 몇 년 사이에 잉글랜드 귀족은 영어를 일상 언어로 사용하기 시작했다. 이러한 분위기를 만든 것은 왕이나 조정이 아닌 바로 귀족들이었다. 그러나 영어의 일상화를 부추긴 더 큰 힘은 자연적인 이유에서 나왔다.

페스트: 누군가에게는 행운

1349년부터 1350년 사이 페스트가 일으킨 '대죽음^{Great Death}(당시의 명칭)'으로 잉글랜드 전체 인구의 30~45%가 목숨을 잃었다. 1361년부터 1364년, 1368년부터 1369년, 1371년부터 1375년 사이에 페스트가 다시 나타났다. 4차 전염병이 끝날 무렵에는 인구가 절반으로 줄었고 이렇게 줄어든 인구는 이후 200년 동안에도 완전히 회복되지 않았다.

그러나 페스트가 재산에 타격을 주지는 않았다. 살아남은 부유층 사람들은 예상치 않게 상속받은 유산 덕분에 더 부유해졌다. 이들은 교회에 선물을 바치며 감사를 표했다. 이렇게 해 잉글랜드 최초로 부채꼴 볼트 방식이 적용된 글로스터 대성당처럼 화려하고 새로운 건축계의 걸작

'1300년에는 아무리 활기 넘치는 젊은 기사라도
갑자기 묘비에 이름이 새겨질 수 있다는 죽음의 공포가 만연했다.
1400년경에는 페스트로 사망할 수 있음을 경고하는 해골과 부패 이미지가 유행했다.'
『멀리 떨어진 거울A Distant Mirror』, 바버라 터크먼Barbara Tuchman

들이 탄생했다. 진정한 승자는 운이 좋았던 영어를 사용했던 농민들이었다. 중세 잉글랜드의 농촌 사회는 두 개의 다른 차원에서 상상해야 한다. 프랑스어를 사용하는 영주들은 자기 영지에서 수입을 얻고 싶어 했다. 이 영주들은 지대만 내면 소작농이 어떤 언어를 사용하는지 별로 신경쓰지 않았다. 그러나 영어를 사용하는 소작농들 사이에서 행운, 일, 교활함에 따라 자체적으로 2차적 계급 체계가 형성되었다.

소작농이 장원을 떠나거나 상속인 없이 세상을 떠나면 다른 소작농들

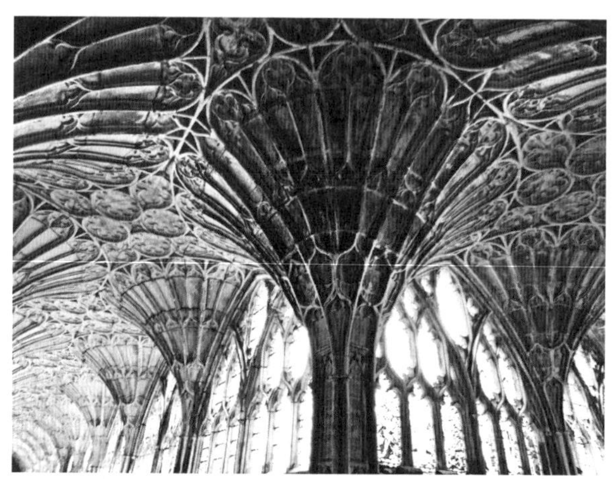

부채꼴 볼트 방식^{Fan-vaulting}, 글로스터^{Gloucester} 대성당, 1351

> 이 일종의 작은 토지 시장을 제공해 그의 땅에 입찰한다... 이렇게 해 부
> 유하고 여유로운 농민들이 나타났다.
>
> R. H. 토니^{R. H. Tawney}

이 부유한 농민들은 귀족들과 마찬가지로 결혼을 통해 대가족 네트워크를 형성했다. 대가족의 절반이 페스트로 죽더라도 살아남은 가족 구성원이 재산을 상속받아 두 배로 부유해지면서 이들은 갑자기 새로운 농촌 중산층으로 올라섰다.

가장 가난한 농민들마저도 페스트의 혜택을 입었다. 땅을 일굴 일손이 없으면 땅을 제대로 관리할 수 없었기 때문에 역병으로 농부의 절대적인 수가 줄어들면서 이들의 임금이 치솟았다.

1349년 수확기까지 재봉사는 하루에 약 8일치 임금에 무료 음식 제공까지 요구할 수 있었다. 소 한 마리는 1실링에 살 수 있었다. 왕실은 임금 통제를 엄격히 시행하려고 했지만 이 새로운 시장에는 전혀 통하지 않았다. 뜻하지 않은 유산을 받게 된 운좋은 소작농들과 페스트에서 살아남은 많은 노동 가능 연령의 친척들이(숙식비를 지불받아) 주머니가 두둑해지면서 임금을 현금으로 지급할 수 없었던 귀족들의 토지를 임대할 수 있었다.

상속, 새로운 임차권, 토지 임대는 모두 법적 문서와 관계가 있었다. 거의 300년 만에 처음으로 잉글랜드에는 현금을 가진 평민들이 생겨나 소송을 제기하고 소송비를 댈 수 있었다. 1362년 변론 법령Statute of Pleading에서는 모든 탄원서는 영어로 작성되어야 한다고 판결했다. 원래의 법령은 여전히 프랑스어로 되어 있었다. 실제로 잉글랜드의 변호사들은 이 법령을 무시했다. 페스트 이후 반세기 동안 법률 프랑스어에 정통한 서기들을 원하는 수요가 실제로 급증했다. 하지만 이러한 상황에서도 영어의 새로운 지위는 공식적으로 인정되었다. 이를 잘 요약한 유명한 문장이 있다.

이 문장의 정확한 뜻은 이렇다. '모든 사람이 영어를 이해하더라도 특별한 인물이 되고 싶다면 여전히 프랑스어를 해야만 한다.'

평범한 잉글랜드인들은 잉글랜드 고유의 문화를 버릴 여유도 없었고 수준 높은 노르만인의 문화라고 해서 허세로 따라 할 마음도 없었다. 이러한 잉글랜드인들의 언어생활은 어땠을까? 1380년 무렵 영어로 쓰인 윌리엄 랭글런드William Langland의 시 『농부 피아즈Piers Plowman』는 로빈 후드의 시에서 언급된 가장 오래된 시다. 『농부 피아즈』는 프랑스어를 구사하는 전제 군주들에게 잉글랜드인들이 저항한 위대한 전설을 다시 전하고 있으며 이들이 오기 전에 존재했던 '살기 좋은 잉글랜드Merrie England'를 꿈꾸고 있는 시다.

페스트 이후 한 세대가 지나 노르만 정복 이후 3세기가 더 지난 후 잉글랜드인들은 진정한 잉글랜드의 꿈을 실현하려고 했다.

마침내 잉글랜드의 반란

에드워드 3세는 1376년 세상을 떠났다. 에드워드 3세의 손자는 10살의 나이에 리처드 2세로 즉위했다. 리처드 2세의 작은 아버지 곤트의 존[John of Gaunt] 아래에서 귀족들은 페스트 이전으로 시계를 되돌리려고 애썼다. 귀족들은 페스트로 높아진 임금을 지급하고 싶지 않았다. 이를 위해 귀족들은 자신의 영지에서 일해준 농부들에게 임금을 지급하지 않고 시효가 지난 봉건적인 권리를 행사했다.

하지만 페스트를 겪으며 글을 읽고 쓸 줄 아는 소작농이 나타났고 이들은 새로운 잉글랜드의 계층이 되었다. 새로운 계급의 이 소작농들은 이제 프랑스어나 라틴어로 된 법에 따라 지역 귀족들을 상대로 미지급 임금을 지급하라고 요구했다. 한때는 통했을지 모르는 귀족들의 착취는 이제 엄연히 부당한 행위가 되었다.

마침내 잉글랜드의 평민들은 고유 언어를 사용하는 계급을 형성했고 이 가운데서 반란군 지도자들이 생겨났다. 1381년 인두세[Poll Tax]로 마침내 터질 것이 터지고야 말았다. 반란을 일으킨 것은 가장 가난한 잉글랜드 인들이 아니었다. 언제나 그랬듯이 반란을 일으킨 주체는 잉글랜드에서 가장 부유한 남동부 지역에 있던 사람들이었다.

반란군은 외국어를 통한 통치에서 기둥이 되는 변호사, 법률서, 기록 등을 목표로 삼았다. 옥스퍼드 학자이자 롤러드 이단[Lollard heretics]의 지도자인 존 위클리프[John Wycliffe]는 잉글론드[Ynglonde] 주민들을 위한 영어 성경과 교회 국유화를 요구했다. 반란군에 의해 감옥에서 풀려난 설교사 존 볼[John Ball]이 블랙헤스[Blackheath] 사람들에게 물었다. "아담이 밭을 갈고 이브가 실을 자을 때 귀족은 어디에 있었습니까?"

런던의 질서가 무너지면서 잉글랜드의 왕은 1066년 이후 처음으로 백성들에게 직접 영어로 말하라고 강요받았다. 반란군의 지도자 와트 타일러[Wat Tyler]는 리처드 2세에게 걷지 않고 말을 타고 갔다. 이제 '보잘 것 없는 민중'이 말 위에 앉은 시대가 열린 것이다. 타일러는 왕의 팔을 잡고 심지어 '형제'라고 부르기까지 했다. 이 무례한 장면을 보다 못한 런던 시장은 타일러를 그 자리에서 베어 쓰러뜨렸다. 급박한 그 순간 리처드 2세가 일어나 부하들을 따돌리고 군중에게 연설했다.

리처드 2세는 반란군들의 분노가 왕인 자신을 겨냥한 것이 아님을 본능적으로 깨달았다. 반란군이 정말로 싫어하는 것은 절반이 외국계인 귀족들이었다. 반란군은 모국어로 성경 내용을 듣고 율법을 읽고 권력에 맞서고 싶어 했다. 간단히 말해 반란군은 외국계 정복자들을 무너뜨리고 싶어 했다. 그래서 인물이 준수하고 젊은 왕인 리처드 2세는 경호원 없이 혼자 앞으로 나가 반란군을 영어로 '신사'라고 불렀다! 반란군은 리처드 2세를 믿었다. 하지만 그 후에 (물론) 반란군 세력은 체포되었다.

리처드 2세는 권력을 되찾았다. 하지만 상황은 이전으로 돌아가지 않았다. 잉글랜드 농민들이 점점 더 반항적으로 굴었기 때문만은 아니었다. 잉글랜드 귀족들의 분열이 시작되었기 때문이다. 그것도 매우 잉글랜드다운 방식으로 말이다.

다시 변화의 시대

1066년 이래 프랑스어를 사용하는 엘리트들은 남부와 북부 평민들이 서로의 말을 거의 알아들을 수 없었던 이 나라에 비로소 문화적 통일성을 부여하게 되었다.

오랜 역사 동안 계속된 분열은 14세기에 이르러 프랑스어를 구사하던 엘리트들에게도 영향을 미쳤다. 기사도의 전통을 계승한 전령관들은 영국 귀족들을 노로이Norry(북부지역)와 서로이Surroy(남부지역)로 나누었으며 그 경계선은 트렌트 강이었다. 옥스퍼드와 케임브리지 사이에는 같은 강이 흘렀지만 학생과 행정 관리자들은 각각의 '국가'인 남부 지역과 북부 지역으로 나누었다. 정복 이후 노르만인들은 이러한 분열을 극복할 수 있었다. 야심찬 잉글랜드인들은 항상 노르만인들을 모방하려고 했다. 그러나 15세기가 밝아오면서 이러한 상황은 바뀌기 시작했다.

프랑스어를 사용하는 엘리트들의 문화가 급속히 약화하면서 잉글랜드 안에서 옛 세력이 고개를 들었다. 리처드 2세는 체셔에서 웨일스의 궁수

1395년 리처드 2세 초상화. 1381년 아슬아슬하게 살아남은 리처드 2세는 왕실의 인기를 얻기 위한 무기로 참회왕 에드워드가 썼던 방식을 채택했다. 그렇게 리처드 2세는 에드워드 이후에 의도적으로 잉글랜드의 남북 분열을 교묘히 이용한 첫 번째 왕이 되었다.

들로 이루어진 개인 군대를 모집했고 1398년 노팅엄에서 런던 사람들과 남부 사람들을 믿지 않는다고 선언했다. 런던 사람들과 남부 사람들이 거액의 방위비를 지급하지 않는다면 리처드는 대규모 군대를 모아 그들을 파괴하겠다고 위협했다. 같은 해 리처드는 사촌인 헨리 볼링브로크 Henry Bolingbroke를 추방하고 상속권을 박탈했으며 랭커스터 공작령의 광대한 영토를 점령하면서 북부에서 자신의 권력을 더욱 공고히 했다.

당연히 남부는 적대적으로 변했다. 볼링브로크는 리처드가 잉글랜드를 떠나 아일랜드로 원정을 떠난 틈을 타 돌아왔고 사람들은 볼링브로크에게 모여들었다. 리처드가 돌아왔을 때 리처드 2세의 지지 세력은 사라지고 있었다. 결국 리처드 2세는 볼링브로크에게 항복했다. 볼링브로크는 1399년 10월 13일 헨리 4세로 즉위했다.

옛 질서의 몰락

왕위 계승 서열에서 정통성이 약했던 헨리 4세는 잉글랜드의 평민들에게 인기를 얻을 수 있는 포퓰리즘을 내세웠고 참회왕 에드워드 이후 처음으로 영어로 대관식을 치른 왕이 되었다. 그리고 헨리 4세는 리처드 2세를 왜 폐위시켰는지 관련 기록과 과정(원래는 라틴어로 작성되었음)도 영어로 읽게 했다.

이는 나름 큰 변화였다. 헨리 4세가 귀족들에게 개인적으로 보낸 메시지는 여전히 프랑스어로 되어 있었으나 나름대로 효과가 있었기 때문이다. 이듬해 공현 대축일 반란이 실패하자 폐위된 리처드 2세(여전히 감금 상태)를 지지하던 세력은 시런세스터^{Cirencester}로 도망쳤다. 이러한 세력에는 잉글랜드에서 가장 지위가 높은 귀족들도 몇 명 있었다.

이전 세대의 잉글랜드인들은 노르만인들을 향한 경외심 때문에 괜히 겁먹었을지도 모른다. 그러나 이제 시런세스터의 잉글랜드인들은 활을 움켜쥐었고 밤새 화살을 쏘아댔다. 빗발치는 화살에 귀족들은 실내에 잡혀 있었다. 다음날 글로스터셔 사람들은 반란군을 왕 앞에 불러 심판하라는 명령을 무시하고 글로스터셔 사람들은 사로잡은 귀족들을 수치스럽게도 걸어서 끌고 가면서 정작 자신들은 말을 타고 갔다. 그리고 그들을 처리했다. 1069년 더럼 이후 처음으로 완전 무장한 귀족들로 이루어진 세력이 잉글랜드 평민들의 저항을 받아 패배하면서 학살당했다.

노르만인들의 잉글랜드 정복 이후 세워진 질서가 무너지면서 거대한

정복 이후 최초의 노골적인 약탈자는 대관식에서 처음으로 영어로 연설한 인물이기도 했다.

혼란이 다가오고 있었다.

잉글랜드의 분열

거대한 변화의 기운과 함께 잉글랜드의 군벌들은 이전에는 생각하지도 않던 것을 생각하기 시작했다. 1403년 모티머 가문^{Mortimers}(리처드 2세의 합법적인 상속자들)은 헨리 4세에 대항하기 위해 노섬벌랜드의 실질적인 통치자인 강력한 퍼시 가문^{Percys}, 웨일스의 오와인 글린두르^{Owain Glyndwr}와 연합했다. 헨리 4세의 군대는 남부로부터 무서운 속도로 행진해왔고 반대 세력이 웨일스와 연합하기 전 북부 세력을 1403년 7월 21일 슈루즈베리^{Shrewsbury}에서 막아냈다.

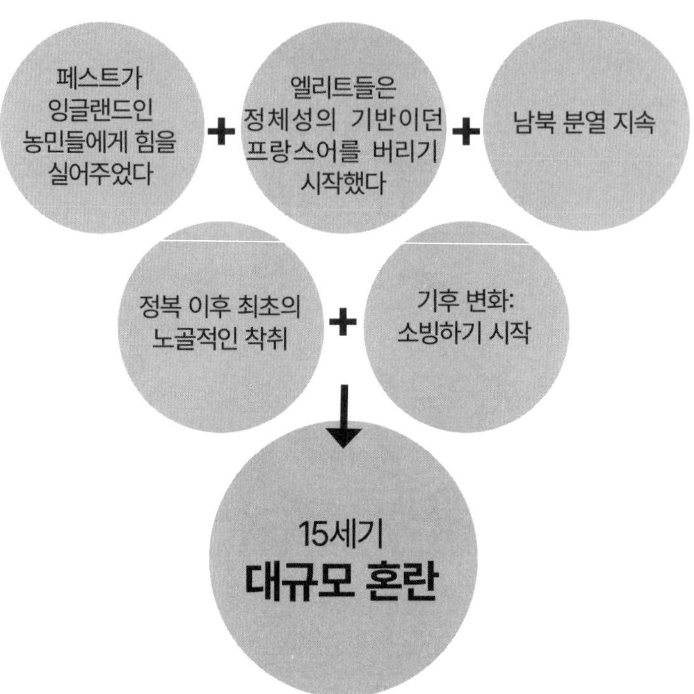

이는 1066년 이후 잉글랜드 땅에서 일어난 최대 전투였다. 잉글랜드의 역사는 전투 중인 두 세력이 쏘는 화살 속에서 작은 변화를 맞았다. 처음으로 잉글랜드인들은 서로에게 무서운 장궁을 사용하며 싸웠다. 노섬벌랜드 백작의 아들인 헨리 홋스퍼^{Henry Hotspur}가 목숨을 잃자 군대는 중심을 잃었다. 훗날 헨리 5세가 되는 할^{Hal} 왕자는 눈 밑에 화살을 맞았음에도 전투를 계속했다. 마침내 할 왕자 쪽이 승리했다. 할 왕자의 두개골에 화살의 총 길이 중 5~6인치나 되는 부분이 몇 주 동안 꽂혀 있었다. 외과 의사 존 브래드모어^{John Bradmore}는 수술로 할 왕자를 살렸다. 거의 기적이었다.

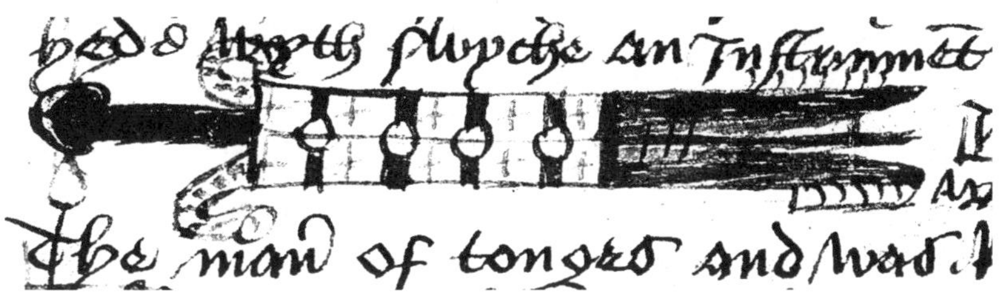

외과 의사 존 브래드모어가 할 왕자의 두개골에 박힌 화살을 제거하기 위해 만든 기구의 스케치

슈루즈베리 이후, 반란군은 다시 뭉쳐 1405년 3자(글린두르, 모티머, 헨리 퍼시) 간 계약을 맺었다. 반란군은 잉글랜드를 분할할 것을 제안했다. 경쟁 관계의 앵글로색슨 왕들이 인정했던 분할선이었다. 분할은 임시방편이 아닌 각자 자신과 후계자들을 위해 자신의 영역을 얻는 것이었다. 2,500명으로 이루어진 프랑스 군대가 잉글랜드 분할 계획을 지원하기 위해 밀퍼드 헤이븐^{Milford Haven}에 도착했으나 이미 늦었다. 헨리가 먼저 북부 세력을 무찌를 시간을 얻었다. 글린두르, 모티머 가문, 프랑스인들은 그냥 포기하고 말았다.

잉글랜드의 통합은 유지될 수 있었으나 의회로 권력이 확실히 이양되는 대가가 뒤따랐다. 헨리 4세가 위기를 극복하려면 의회의 지원이 필요했는데 하원 의원들이 기회를 잡은 것이다. 1406년 상원과 하원은 사상 최초로 밤새도록 앉아 있는 시간을 포함해 139일 동안 앉아 있는 기록을 세웠다. 상원과 하원은 왕에게 궁정의 가계 지출까지 제시하라고 강요했다. 헨리 4세는 프랑스와의 전쟁이라는 전통적인 방법으로 왕실의 권위를 되살리려고 필사적으로 노력했으나 원정은 철저히 실패로 돌아갔다. 병과 피로로 헨리 4세는 1413년 세상을 떠났다. 헨리가 아직 살아 있을 때 왕관을 쓰려고 했던 아들을 남겨둔 채 헨리 4세는 그렇게 죽음을 맞았다.

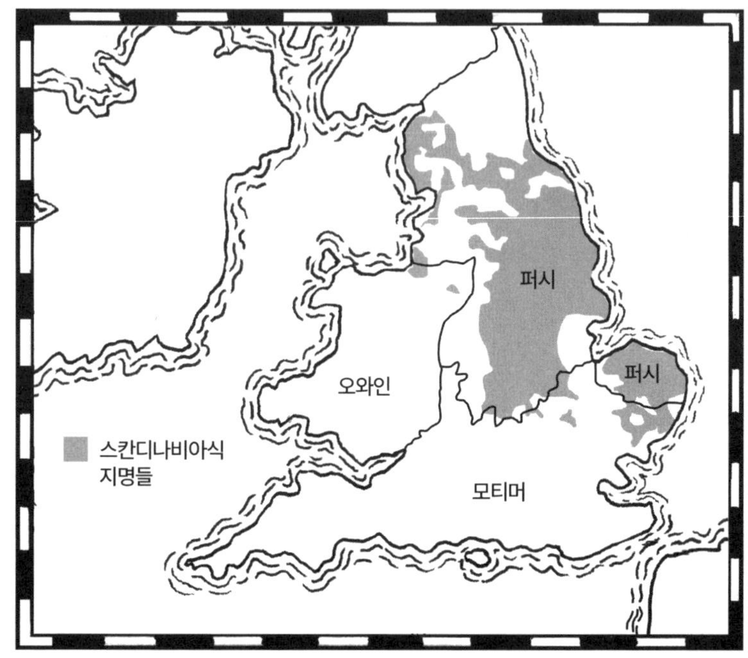

삼자 간 계약. 노르만인들이 잉글랜드를 정복하기 이전 세기에 퍼시 가문이 계획한 북잉글랜드 영토의 경계는 바이킹 정착지의 경계와 매우 가깝다. 물론 1405년의 계획을 구상한 세력은 이 사실을 알지 못했다. 알 필요도 없었다. 북부와 남부가 다르다는 것을 모두 알고 있었기 때문이다.

또 한 번의 브레이크: 헨리 5세

헨리 5세는 프랑스 정복이라는 오랜 꿈을 현실로 만들려면 의회가 필요하다는 것을 깨달았고 이 때문에 영어로 지지를 요청하는 포고문을 발표했다. 헨리 5세의 부친이 이미 대관식에서 길을 닦았지만 평민들의 언어였던 영어는 이제 새로운 수준으로 공식적인 언어가 되었다.

헨리 5세는 침공을 감행했다. 하지만 1415년 10월 25일에 프랑스군이 아쟁쿠르Agincourt에서 병으로 황폐해진 헨리 5세의 소규모 병력을 궁지에 몰아넣었다. 이때까지는 모든 것이 심하게 잘못되고 있는 것처럼 보였다. 하지만 플랑드르와 튀르크에게 패배한 지 얼마 되지 않은 시점에 헨리 5세에게 행운이 찾아왔다. 계급에 얽매인 프랑스 귀족들은 조상들의 중무장 기병 돌격에 비극적으로 집착했다. 이는 이미 플랑드르와 튀르크(오스만)에게 당한 패배를 통해 효과없음이 입증된 전술이었다. 잉글랜드의 궁수들이 사냥터에서 마음껏 활을 쏘듯 압도적으로 승리했다. 크레시 전투가 다시 전개되는 듯했다.

이 놀라운 승리 이후 헨리 5세는 프랑스 왕의 딸인 카트린Catherine과 결혼했다. 간단히 말해 결판이 났다. 이제 프랑스는 영어 사용자들에게 지배될 것 같았다. 그러나 현실적으로 잉글랜드 출신인 헨리의 지배권은 너무 약해서 프랑스 시민들에게 세금을 부과할 수 없었고 점령 과정에서 지출한 비용은 잉글랜드에서 걷은 세금으로 충당해야 했다. 상황이 이렇다 보니 얼마 지나지 않아 헨리는 프랑스 지배를 포기할 수밖에 없었다. 헨리는 프랑스에서 계속 원정을 벌이다가 1422년 8월 세상을 떠났다. 헨리 5세가 사망하면서 생후 9개월 아들이 잉글랜드의 차기 후계자가 되었다.

당시의 아쟁쿠르를 보여주는 그림. 화가는 누가 정말 중요한지 알고 있었다. 귀족 출신의 기사단은 거의 주변에 배치되어 있고 귀족 출신이 아닌 궁수들이 시선을 끈다.

골칫덩어리

15세기 중반까지는 잔 다르크에 대한 기억(잔 다르크는 1431년 화형당했다)이 프랑스의 저항에 힘을 실어주면서 잉글랜드의 지위는 서서히 무너지고 있었다. 어린 헨리 6세는 평화를 얻기 위한 노력으로 앙주의 프랑스 공주 마거릿^{Margaret}과 결혼했으나 별 효과는 없었다. 1450년에는 노르망디에 있던 마지막 잉글랜드 군대가 전멸되었다. 패배한 데다 급여도 받지 못한 잉글랜드 군인들이 파산한 나라로 밀려왔다.

1381년과 마찬가지로 켄트 사람들은 1450년 반란을 일으켰고 이 반란으로 잭 케이드$^{Jack\ Cade}$는 런던을 점령했다. 3일 동안 케이드는 사회 질서 전체를 뒤집어 놓았다. 한편, 헨리 6세는 케닐워스^{Kenilworth}로 도망쳤다.

케이드는 자격 없는 헨리 6세의 잘못된 자문단이 잉글랜드를 재앙으로 이끌었다고 불만을 터뜨렸다. 백성들의 삶은 피폐해졌고 바다를 빼앗긴 데다 프랑스에 소유했던 땅을 잃었으며 재정은 엉망이 되었다고 말이다. 당시 왕 자신은 식사 한 끼 조차 지불할 수 없을 정도로 몰락했다. 케이드가 생각한 해결책은 헨리 6세가 요크의 공작인 리처드의 뛰어남을 신뢰하도록 만드는 것이었다.

그러나 문제가 있었다. 외가와 친가 쪽 모두에서 볼 때 에드워드 3세의 직계 후손이던 리처드에게 왕위계승권이 있다는 점이다. 300년 동안 잉글랜드 왕의 지배를 받았던 보르도가 1453년 여름 프랑스에 넘어가고 얼마 지나지 않아 아키텐 전체가 프랑스에 편입되자 리처드의 시대가 오는 것 같았다. 이제 칼레만 남았다. 그 소식을 들은 헨리 6세는 정신적으로 큰 충격을 받았다. 요크 가문은 그 자리를 차지하기 위해 작전에 나섰으나 놀랍게도 마거릿은 헨리와의 사이에서 1453년 10월 아들을 낳았다. 이제 헨리는 정신적 충격에서 회복되는 것처럼 보였다.

프랑스는 백년전쟁에서 완전히 벗어났다. 그러나 잉글랜드에서는 곧바로 30년 전쟁이 시작되었다.

남북전쟁: 장미전쟁

50년 전 남부의 모티머 가문과 북부의 퍼시 가문은 잉글랜드를 서로 나눌 계획을 세웠다. 이제 두 집안의 후손들은 트렌트강을 기준으로 서로 양쪽 지역 전체를 통치하기 위해 전쟁을 벌이면서 치명적인 경쟁자가 되었다. 1455년 제1차 세인트 올반스^{St. Albans} 전투에서 요크의 리처드^{Richard of York} (모티머 가문의 상속자)와 리처드 네빌^{Richard Neville}(일명 워릭 킹메이커: 남부에서 강력함을 발휘했던 그는 북부에서 퍼시 가문의 패권에 맞설 유일한 경쟁자였다)이 왕과 노섬벌랜드 퍼시 가문에 맞서 강경한 입장을 취했다.

처음에는 거의 정신없이 이루어지는 동맹, 복수와 배신처럼 보였으나 전쟁이 길어지면서 기본적인 패턴이 명확히 나타났다. 요크 가문의 권력 기반이 웨일스의 접경지역 '웰시 마치스^{Welsh Marches}'에 있었기 때문에 웨일

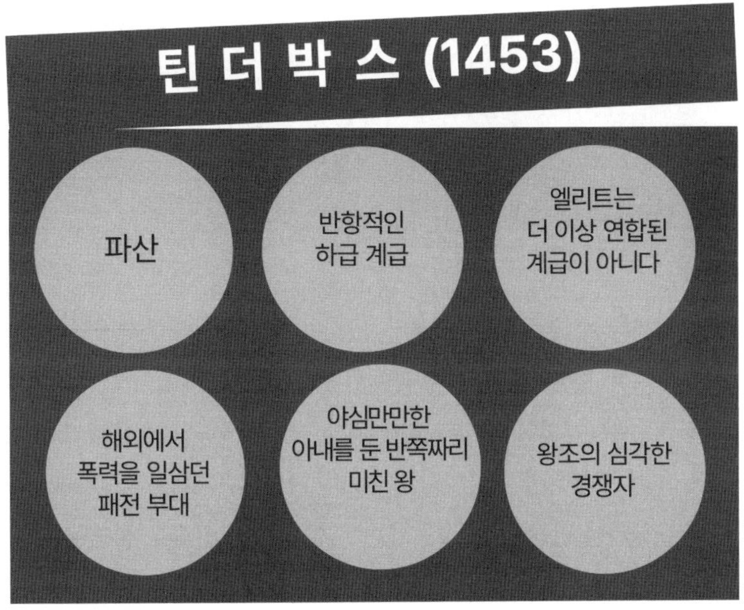

스 주민들은 랭커스터 공국(가문의 권력 기반이 랭커스터 대공국이었기 때문에 랭커스터 공국이라고 불림)으로 돌아섰다. 1051년의 잉글랜드 백작이라면 무슨 일이 벌어지고 있는지 쉽게 이해했을 것이다. 런던 지배와 왕좌를 차지하기 위해 싸우는 것은 북부와 웨일스의 군벌들이었다.

1461년까지 랭커스터 사람들은 모두 북부를 지지하는 세력으로 여겨졌다. 1461년 2월 17일 세인트 올반스에서 마거릿 왕비가 대승을 거둔 후 런던 밖으로 모습을 드러냈다. 그녀가 이끄는 북부 사람들이 너무 두려웠던 런던 사람들은 아예 런던을 봉쇄해 버렸다.

그러자 해리[Harry] 왕자는 마거릿 왕비와 북부 출신 부하들과 함께 북쪽 본

남부 사람들은 트렌트강을 건너 마거릿과 북부 군대를 추격했다. 1461년 3월 29일 타우턴Towton에서 양측은 최대한 병력을 모았다. 아마도 3만 5,000명의 요크 남성들과 4만 명의 랭커스터 남성들이 동원된 것으로 보인다. 요크 남성들과 랭커스터 남성들의 차이점은 '잉글랜드 인쇄술의 아버지'로 불리는 윌리엄 캑스턴William Caxton의 유명한 일화로 설명된다.

타우턴 전투에서 마주한 북부 출신의 보병과 남부 출신의 보병들은 서로의 언어를 거의 이해하지 못했다. 귀족들은 프랑스어를 사용하며 경쟁적으로 식민지화된 잉글랜드인을 지배하려고 했지만 잉글랜드인들은 더 이상 그들에게 이끌리지 않았다. 이제 잉글랜드의 귀족들은 모두 영어를 사용했고 각자 자신의 지역에서 권력 기반을 지녔다. 이들의 목표

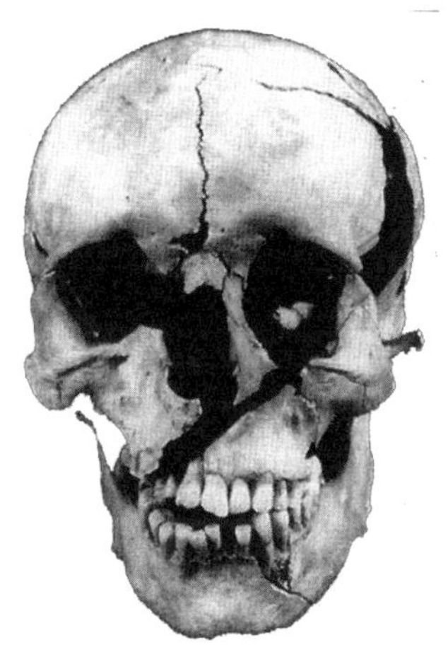

타우턴에서 발견된 수많은 두개골 중 하나. 야만적인 근접 전투의 증거다.

는 단순한 승리를 넘어 적을 완전히 쓸어버리는 것이었다. 그야말로 옛 잉글랜드 군벌처럼 행동하기 시작한 것이다. 이러한 상황 속에서 1066년의 기사도는 전혀 없는 것처럼 보였다.

> 그 전쟁에서는 중세 기사도 법이 완전히 파괴되었다. 1460~1461년에만 12명의 귀족이 들판에서 죽었고 6명은 그곳에서 처형당해서 잉글랜드 귀족의 1/3이 사라졌다.
>
> 에드 웨스트 Ed West

잉글랜드에서 가장 피비린 나는 날을 맞아 오래된 남북 국경을 보여주는 장면이다.

약 2만 명의 잉글랜드인이 목숨을 잃었다. 당시 잉글랜드의 전체 인구는 200만 명이 채 되지 않았다. 지금으로 따지면 전투를 치를 수 있는 나이대의 잉글랜드인 50만 명이 하루 만에 가까운 거리에서 목숨을 잃는 것과 맞먹는 피해다.

요크 군대는 그날 승리했다. 많은 생명이 희생된 만큼 전쟁은 끝났어야만 했다. 그러나 랭커스터의 계승자인 에드워드 왕자는 프랑스에서 안전하게 있었다. 프랑스 국왕 루이 11세는 잉글랜드인들끼리 계속 싸우도록 부추기는 데 관심을 보였다. 그곳에서 존 포테스큐 경Sir John Fortescue은 에드워드 왕자를 위해 잉글랜드의 라틴어 역사를 간단히 썼다. 아래에 1577년의 번역본을 소개한다.

노르만 정복 후 4세기가 지난 당시에는 영어를 사용하는 엘리트들이 장미전쟁에서 서로 학살했지만 영국의 왕들은 이들을 노르만인들의 직계 후손으로 생각했다.

에드워드 왕자가 살아 있었고 킹메이커인 워릭이 개인적인 이유로 편을 바꾸면서 전쟁은 1471년 5월 4일 튜크스베리^{Tewkesbury}에서 마지막 랭커스터 군대가 박살날 때까지 계속되었다. 전쟁이 끝나면 으레 처형이 이루어졌기 때문에 에드워드 왕자도 처형되었다. 에드워드 왕자가 죽자 요크 사람들은 에드워드의 미친 아버지 헨리를 꼭두각시처럼 살려둘 이유가 없었다. 결국 요크의 에드워드가 에드워드 4세로 즉위했고 이렇게 장미전쟁은 끝난 것처럼 보였다.

요크의 태양: 마침내 잉글랜드가 다시?

전쟁이 여러 번 벌어졌지만 잉글랜드의 경제는 놀라울 정도로 피해를 입지 않았다. 그 이전 한 세기 동안 잉글랜드는 프랑스 지역에서만 전투를 벌였다. 잉글랜드와 프랑스 군대는 잉글랜드의 성과 마을의 방어 시스템이 심각할 정도로 낡았다는 것을 알고 있었다. 이에 따라 잉글랜드는 성벽 뒤로 후퇴하는 것이 아니라 공터에서 당당히 맞서는 전술을 선택했다. 그 결과, 귀족들은 몰락했지만 나무 핀처럼 쓰러져 나갔지만, 대규모의 공성전은 없었다. 시골길이 황폐하게 변하지도 않았으며 무역도 중단되는 일이 별로 없었다. 이를 부러워한 어느 프랑스 연대기 편찬가는 다음과 같은 글을 썼다.

장미전쟁의 소용돌이로 사회 권력이 귀족에서 평민으로 이동했다. 그리고 마침내 영어가 완전히 받아들여졌다. 영어를 사용하는 사람들은 나름 부유해졌고 교육도 많이 받을 수 있었다. 그러다 보니 영어 구사자들은 책처럼 품위 있는 물건을 원하게 되었다. 그러나 프랑스어가 공식어인 통치 기간이 400년이나 되어 당시 영어로 된 책은 매우 적었다. 1473년 플랑드르에 기반을 두고 다국어를 구사하던 잉글랜드인 무역업자 윌리엄 캑스턴은 최신 독일 정보 기술에서 아이디어를 얻어 틈새시장을 노렸다. 캑스턴은 브뤼헤와 겐트에 복사기를 설치해 영어로 인쇄된 최초의 책 『트로이 역사의 재발견』을 제작했다. 캑스턴이 프랑스어를 영어로 직접 번역한 책이었다. 그로부터 3년 후 캑스턴은 런던에 복사기를 설치해 전례 없는 속도로 영어책을 쏟아내기 시작했다.

잉글랜드는 1015년 이래 당시보다 더 잉글랜드다워졌다. 잉글랜드는 후기 고딕 양식의 독특한 형태인 '수직 양식Perpendicular'을 발전시켰는데 훗날 수직 양식은 건축을 통한 애국의 사례에 들어가게 된다.

하지만 남북 분열이야말로 잉글랜드다운 것이었다. 잉글랜드의 남북 분열이 극단으로 치달으면서 장미전쟁이라는 예상치 못한 사건이 일어난 것이다.

가장 잉글랜드다운 왕?

비록 전쟁은 끝났지만 북부는 특별한 관리가 필요한 지역이었다. 그래서 에드워드 4세는 동생인 글로스터 공 리처드에게 새로운 북부 공의회(1472)를 운영하는 일을 맡겼다. 그 덕분에 리처드는 요크에서 권력 기반을 쌓아갈 수 있었다. 1483년까지 리처드는 요크에서 사실상 왕과 비슷한 권력을 누렸다. 1483년 에드워드 4세가 사망하자 리처드는 요크 가문의 쿠데타를 일으켰고 리처드 3세로 왕위에 올랐다. 에드워드 4세의 아들들은 탑에 갇혔다. 이렇게 탑에 갇힌 왕자들의 소식은 이후 다시 들을 수 없었다.

'영국 역사상 가장 많이 욕을 먹은 왕'은 백성의 여론과 목소리가 존재해 왕의 권리가 있다고 주장한 리처드였다('왕의 권리Titulus Regius'라고

리처드 3세는 초기 튜더 예술가의 그림 모델로 등장했고(왼쪽) 영화에서는 배우 로렌스 올리비에가 리처드 3세 역을 맡았다. 두 사진에서 리처드 3세의 몸이 한쪽으로 기울어져 있는데 마치 그가 북부에서만 지지받았던 처지를 보여주는 듯하다.

알려진 자료). 그러나 사실 당시 여론은 갈라져 있었다. 왕위에 오른 리처드 3세에 대해 잉글랜드의 남부는 즉각 반란을 일으켰고 리처드는 북부 심복들에게 점점 더 의존할 수밖에 없었다.

고양이케이츠비,Catesby, 쥐래트클리프,Ratcliff, 그리고 우리의 개 로벨Lovell이 잉글랜드 전역을 지배한다.

당시 리처드에 반대하던 선전 문구(로벨의 문장은 사냥개였고 리처드 3세의 문장은 흰 멧돼지였다)

잉글랜드 사람들의 마음속에서 남북 분열은 그 어떤 피상적인 정치보다 크게 다가왔다. 남부 사람들은 리처드의 북부 집정관들에게 품는 반감이 컸다. 그 결과, 1455~1471년 세력 구도가 완전히 뒤집히고 랭커스터 세력은 다시금 부활했다.

새로운 왕조, 새로운 나라, 새로운 엘리트

1483년 크리스마스에 렌 대성당에서 랭커스터인들의 마지막 희망이었던 헨리 튜더는 살해된 왕자들의 여동생이자 에드워드 4세의 딸인 캐서린과 공개적으로 약혼했다. 2년 후인 1485년 두 번째로 성공적인 잉글랜드 침공이 8월 1일 아르플뢰르에서 출발해 웨일스의 밀퍼드 헤이븐에 상륙하며 이루어졌다.

헨리는 부분적으로 웨일스인이었다. 이는 헨리가 1405년에 체결된 3자 간 계약 당사자인 세 개 세력권 중 두 세력권을 포섭했다는 뜻이었다. 이제는 남부와 웨일스가 북부에 맞섰다. 보스워스에서 전투가 벌어셨을 때 리처드 3세는 동맹군이 흔들리는 깃을 보았다. 리치드는 헨리를 직접 공격하려고 했다. 헨리는 리처드의 핵심 지휘관인 윌리엄 스탠리 경^{Sir William Stanley}이 마음을 돌릴 때까지 그의 프랑스 용병들 사이에서 몸을 숨겼다. 윌리엄 스탠리는 배신을 선택했다. 아마도 보스워스보다 규모가 컸을 장미전쟁의 마지막 전투가 1487년 6월 16일 스토크 필드^{Stoke Field}의 트렌트강에서 벌어졌다. 헨리의 남부 잉글랜드와 웨일스 군대는 요크의 북부 사람들, 아일랜드 사람들, 독일 용병들을 물리쳤다.

잉글랜드를 위한 전쟁은 끝났다. 하지만 전쟁은 더 이상 잉글랜드만의 문제가 아니었다. 지난 천 년 동안 잉글랜드 왕권에 웨일스 사람들은 저항해왔다. 그러나 웨일스 사람들의 저항은 결국 멈추었다. 패배해서가 아니라 새로운 왕을 '자기편'으로 보았기 때문이다. 잉글랜드는 진정한 나라로 새롭게 태어났으나 잉글랜드를 통치하는 왕은 잉글랜드에 맞서 싸운 증조부를 둔 인물이었다.

헨리 7세는 단순한 웨일스 사람이 아니었다. 헨리 7세는 다른 중세 왕처럼 의식은 유럽인이었다. 그는 프랑스에서 지난 14년을 보냈고 당시 프랑스 왕실의 취향에 맞추었던 인물이다. 이는 르네상스 휴머니즘을 의미했다. 르네상스 휴머니즘의 특징은 새롭고 합리적인 국가 제도(니콜로 마키아벨리^{Niccolo Machiavelli}가 묘사한 국가 제도)에 있었다. 이러한 제도에서는 왕들이 고전을 공부한 엘리트층의 보좌를 받았다.

그 후 400년 동안 잉글랜드에서는 상류층이 되기 위한 몇 가지 조건이 제시되었다. 훌륭한 프랑스어 실력, 준수한 라틴어 실력, 고대 그리스어에 대한 약간의 지식이었다. 영어만 할 수 있는 사람은 교양 있고 우아한^{comme il faut} 것과 거리가 먼 평범한 노동자에 불과했다. 여기에 숨어 있는 모욕을 이해하지 못하더라도 이미 표현 안에 답이 있다. 옥스퍼드와 케임브리지는 1919년까지 모든 지원자에게 고대 그리스어와 라틴어를 요구했으며 1960년까지는 라틴어가 필수였다.

일반 보병대의 상황은 더 안 좋았다. 영어는 수 세기 동안 2류 언어로 취급받았으나 적어도 일반 보병대에게 영어는 모어였다. 이제 새로운 사람들^{New men}(노부스 호모^{homines novi})은 프랑스어, 라틴어, 그리스어에서 차용된 단어들을 들여오기 시작했다.

1490년까지 윌리엄 캑스턴은 무슨 일이 일어났는지 이미 알아채고 있었다. 캑스턴은 평범한 사람들이 이해할 수 없는 낯선 용어를 사용한다며 비난을 받았다. 그러자 캑스턴은 모든 사람을 만족시키기 위해(그리고 가능한 많은 독자를 찾기 위해) 선반에서 오래된 영어책을 꺼냈다.

하지만 결국 캑스턴은 패배를 인정해야만 했다. 모든 사람을 다 만족시킬 수는 없었기에 캑스턴은 결국 수익성이 더 높은 시장을 선택할 수밖에 없었다.

결과적으로 영어 자체가 두 계층으로 나뉘기 시작했다.

튜더 왕조

장미전쟁으로 오래된 가문의 군인 출신 귀족층은 몰락했다(1485년에 남아 있던 영주는 고작 29명에 불과했다). 헨리에게는 왕과 '새로운 사람들'에게 유리한 방향으로 권력의 균형을 재조정할 획기적인 기회가 생겼다. 법에 정통한 의회는 왕과 의회 사이에 급진적이고 근대적인 협력 관계를 만들면서 구시대의 귀족들을 함부로 대했다. 헨리는 프랑스에서 오랫동안 망명생활을 하면서 국가 건설에 필요한 새로운 모델로 무엇이 좋을지 계속 관찰했다.

또한, 헨리는 유럽의 다른 통치자들처럼 신대륙 개척에 흥미를 느꼈다. 1496년 이탈리아 탐험가 존 캐봇John Cabot은 왕의 허가장을 받았다. 북미대륙을 발견한 캐봇은 이듬해 의기양양하게 돌아왔다. 그 후 2년도 안 되어 헨리는 '브리스톨의 윌리엄 웨스턴William Weston of Bristol'이라는 토착 잉글랜드인 탐험가를 지원하기에 이르렀다.

이내 그가 하느님의 은총을 받으며 항해할 수 있도록 지원할 것입니다.

신대륙을 찾아 탐험을 떠나는 항해입니다.

헨리 7세가 모턴 추기경Cardinal Morton에게 쓴 글, 1499년

1501년 헨리는 아들이자 후계자인 아서 왕자를 아라곤의 캐서린Catherine of

Aragon과 결혼시켰다. 아라곤의 캐서린은 유럽의 절반을 다스리는 강력한 합스부르크 가문의 일원이었다. 아라곤의 캐서린과의 혼인으로 튜더 왕조의 합법성이 확보되었다. 아서는 결혼한 지 얼마 되지 않아 세상을 떠나 버렸지만 외교에 차질이 생길 수는 없는 일이었다. 아서는 분명히 스페인에서 하룻밤을 보냈다고 자랑까지 했지만 모두 이 결혼이 아직 완성된 것은 아니라고 생각했다. 즉, 캐서린이 헨리의 차남이자 죽은 남편 아서의 동생인 헨리 왕자(부친과 이름이 같았다)와 결혼할 수 있는 나이가 될 때까지 계속 잉글랜드에 갇혀 있어야 한다는 뜻이었다.

1509년 헨리 7세가 사망할 당시 엘리트들은 그 어느 때보다 다양한 언어를 구사했다. 왕과 손잡고 나라를 통치했던 로마 교회는 국민 일상생활의 기반이 되었다. 영혼을 달래는 기도를 해달라는 부유한 사람들과 가난한 사람들의 요청이 그 어느 때보다 빗발쳤고 어마어마한 기도 작업이 이루어졌다. 하지만 잉글랜드가 전혀 새로운 길을 걷게 될지는 아직 불분명했다.

헨리 7세가 세상을 떠난 직후 지어진 웨스트민스터 사원의 마리아 제실Lady Chapel에 있는 헨리 7세와 엘리자베스 왕비의 초상화

영국 의회 제도의 뿌리, 마그나 카르타

라틴어로 '대헌장'이라는 뜻을 지닌 마그나 카르타$^{Magna\ Carta}$는 중세 잉글랜드 역사를 넘어 전 세계적으로 법과 자유, 제한된 정부의 원칙을 상징하는 중요한 문서로 잉글랜드에서 의회 제도가 발달하는 계기로 평가받는다. 이 문서에는 왕의 권한을 제한하는 동시에 귀족과 시민에게 일정한 법적 권리를 보장하는 내용이 담겨 있다.

헨리 2세의 막내 아들이자 리처드 1세의 동생인 존 왕은 잉글랜드는 물론 노르망디, 앙주, 아키텐 등 광활한 프랑스 영토를 물려받았다. 하지만 존 왕은 프랑스 왕인 필리프 2세와의 전쟁에서 대패해 1204년 노르망디를 완전히 상실했다. 그 결과, 프랑스 내 봉토를 유지하는 것을 중시했던 귀족들의 신뢰를 잃고 만다.

존 왕의 실책은 여기서 끝나지 않았다. 존 왕은 프랑스와의 전쟁 자금을 마련하기 위해 귀족과 교회에 과도한 세금을 부과함으로써 반발을 샀으며 캔터베리의 대주교 임명을 두고도 교황 인노첸시오 3세와 갈등을 빚었다. 인노첸시오 교황은 1208년 잉글랜드에 서품권 행사 등 성직에 관계된 권리와 기능을 금지시키는 '성무 정지'를 선포했으며 1213년에는 존 왕을 파문하기에 이르렀다. 결국 존 왕은 교황에게 굴복해 잉글랜드를 교황령에 봉신으로 바치는 치욕적인 협정을 맺었다.

1214년 프랑스 내 영토를 되찾기 위해 벌인 부빈 전투에서 다시 필리프 2세에게 패배한 존 왕은 전쟁비용 충당을 위해 귀족과 교회에 더 무거운 세금을 부과했다. 그 결과, 불만이 극에 달한 귀족들은 1215년 반란을 일으켜 런던을 점령했고, 정당한 권리 보장을 요구하며 존 왕을 압박했다.

같은 해 6월 15일 존 왕은 템스 강변의 러니미드^{Runnymede} 평원에서 무릎을 꿇은 채 마그나 카르타에 서명했다. 총 63개 조항으로 구성된 마그나 카르타는 '왕도 법 아래에 있다'라는 원칙과 함께 임의적인 세금 부과와 체포, 투옥을 금지하고 공정한 재판을 보장한다는 '왕권 제한과 법치주의', 왕이 대주교 임명에 개입하지 않으며 마음대로 봉건 귀족들로부터 세금을 거두지 못하고 상인들의 자유로운 통행과 거래를 보장한다는 '귀족과 교회의 권리 보장', 이를 왕이 어길 때는 귀족들이 왕을 강제할 권한을 가진다는 '권리 보호' 등이 중심이다.

서명 직후 존 왕은 '강요당한 조약은 무효'라며 마그나 카르타를 파기하려고 했고 교황 인노첸시오 3세도 이를 무효라고 선언했다. 이에 귀족들은 다시 무장 봉기하고 프랑스 왕자의 군대를 끌어들이며 존 왕과 내전을 벌였지만 1216년 존 왕이 병사하면서 내전은 마무리되었다. 존 왕의 아들 헨리 3세는 아버지와 달리 귀족들과 타협해 마그나 카르타를 일부 수정한 후 재발표해 법적 효력을 부여했다.

기나긴 영토 분쟁의 상징, 백년전쟁

백년전쟁은 잉글랜드와 프랑스가 1337년부터 1453년까지 116년 동안 벌인 장기적인 전쟁으로 단순한 영토 분쟁을 넘어 중세 유럽의 정치, 군사, 사회 전반에 큰 변화를 일으킨 사건으로 평가받는다. 백년전쟁을 더 상세히 살펴보면 외부 동맹의 참여, 전쟁과 휴전, 재개전이 반복된 복합 전쟁의 성격을 띤다.

1066년 노르만의 잉글랜드 정복 이후 잉글랜드 왕은 동시에 노르망디, 아키텐 등 프랑스 내 영토를 소유함에 따라 프랑스 왕의 봉신 관계에 놓였다. 따라서 잉글랜드 왕들은 프랑스에 권력을 행사할 수 있었지만 동시에 중앙집권화를 추진했던 프랑스 왕과 충돌했다. 결국 잉글랜드와 프랑스의 정치적 긴장과 민족적 정체성 문제, 특히 1328년 프랑스의 샤를 4세가 사망하면서 발생한 왕위계승 문제에서 잉글랜드의 에드워드 3세가 프랑스 왕위 청구권을 주장하며 갈등이 극에 달했다. 그리고 1337년 잉글랜드가 프랑스를 향해 선전포고하면서 기나긴 전쟁의 막이 올랐다.

백년전쟁은 크게 초기, 중기, 후기로 나눌 수 있는데 초기 전쟁에서는 에드워드 3세의 군대가 프랑스를 압도했다. 심지어 1356년 푸아티에 전투에서는 잉글랜드가 프랑스의 왕 장 2세를 포로로 삼기에 이르렀다. 이는 초기 전쟁에서 잉글랜드가 기사 중심의 전투에서 벗어나 보병과 장궁을 효과적으로 활용한 덕분으로 평가받는다.

1360년, 에드워드가 전쟁에서 잉글랜드군에게 일방적으로 약탈당한 프랑스의 제안을 받아들여 브레티니 조약^{칼레 조약}이 체결되었다. 따라서 일시적인 평화가 찾아왔다. 하지만 양국의 갈등은 해소되지 않았고 무엇보다 두 나라 모두 귀족 간 다툼이나 정치적 압력으로 인해 전쟁을 재개하는 상황에 이르고 말았다. 1415년 프랑스를 침공한 잉글랜드의 헨리 5세는 아쟁쿠르 전투에서 상대군을 또 다시 압도하며 영향력을 더욱 키웠다.

이처럼 백년전쟁 내내 열세였던 프랑스를 살린 것이 바로 프랑스 목동 출신의 잔 다르크다. 1429년, 잔 다르크는 프랑스 왕 샤를 7세의 즉위를 도우며 나라를 단합시켰고 이후 잉글랜드가 점령한 영토를 탈환하기 시작했다. 이러한 프랑스의 기세는 계속 이어졌고 마침내 1453년 프랑스 내 잉글랜드의 최주요 거점인 칼레 외의 영토를 대부분 수속하면서 백년전쟁은 프랑스의 승리로 마무리되었다.

종전 후 영국은 영토 외에도 크고 작은 변화를 겪었다. 프랑스 내 영토 대부분을 잃은 영국은 이 일을 계기로 내치에 더욱 힘을 기울였으며 동시에 해양 무역과 군사, 정치 혁신에 집중했다. 또한, 이 시기 잉글랜드는 오늘날 의회 정치의 기초를 마련했으며 국민들도 독자적인 민족 정체성을 형성하기 시작했다.

영국의 왕위계승전쟁, 장미전쟁

장미전쟁은 플랜태저넷 왕조 방계인 랭커스터 가문과 요크 가문이 왕위를 놓고 1455년부터 1487년까지 벌인 내전이다. 공교롭게도 랭커스터(붉은 장미)와 요크(흰 장미) 두 가문의 상징이 장미여서 오늘날 '장미전쟁'으로 불리게 되었다.

잉글랜드는 백년전쟁에서의 패배와 그에 따른 경제적 어려움이 지속되면서 왕실 재정이 악화되었고, 사회 전반에 불만과 혼란이 증폭되었다. 게다가 당시 왕이던 헨리 6세도 우유부단하고 정신적으로 위태로운 인물이었기 때문에 귀족들 간 세력 다툼이 심화되었다. 당시 잉글랜드 왕실의 혈연 관계는 매우 복잡했는데 랭커스터 가문과 요크 가문 모두 에드워드 3세의 후손들로 왕위계승의 정당성을 주장할 수 있는 상황이었다. 그 결과, 1455년 제1차 세인트올번 전투에서 요크 가문이 승리하면서 공식적인 장미전쟁의 서막이 올랐다.

전쟁 초기 요크 가문은 오늘날 '킹메이커'로 알려진 리처드 네빌(16대 워릭 백작)의 도움으로 전황을 유리하게 이끌었다. 특히 1461년 토우턴 전투에서 결정적인 승리를 거둔 요크 가문은 에드워드 4세를 즉위시키는 데 성공했다. 이후 랭커스터 가문은 헨리 6세의 복위를 여러 번 시도했지만 요크 가문에 의해 번번히 실패하고 말았다.

하지만 이러한 요크 가문의 위세는 1483년 에드워드 4세가 사망하면서 서서히 기울기 시작한다. 왕의 사후 요크 가문 내부의 권력 다툼이 다시 시작되었고 조카인 에드워드 5세를 폐위하고 왕위에 오른 요크 가문의 리처드 3세의 통치도 많은 이들의 반발을 샀다. 리처드 3세는 조카였던 에드워드 5세와 동생 리처드를 런던탑에 감금한 후 그들이 에드워드 4세의 사생아라고 주장했으며 이후에 그들을 암살했다는 의심을 받았다.

1485년 외가쪽으로 랭커스터 가문의 후손이자 프랑스로 망명했던 헨리 튜더가 잉글랜드로 돌아왔다. 그는 웨일스를 중심으로 귀족들의 지지를 얻어 보스워스 전투에서 리처드 3세의 요크파 군대와 격돌해 승리를 거두었다. 이 전투에서 리처드 3세가 전사하면서 요크 가문의 권위가 크게 흔들렸다. 보스워스 전투에서 승리한 헨리 튜더는 잉글랜드 전역에서 지지를 모았고 같은 해 10월 런던에서 헨리 7세로 즉위했다. 그는 내전을 종식시키기 위해 1486년 요크 가문의 대표이자 에드워드 4세의 딸인 엘리자베스와 결혼해 장미전쟁의 분열을 종식시켰다.

헨리 7세는 장미전쟁으로 인해 귀족들의 권력이 약화된 덕분에 더 강력한 통치권을 확보할 수 있었다. 실제로 장미전쟁 참가자 대부분은 귀족 계층과 그들의 무장 세력이었으며, 사상자도 이들에게 집중되었다. 전투 대부분이 농촌이나 도시와 먼 곳에서 이루어져 수도를 대상으로 한 대규모 약탈과 파괴도 이루어지지 않았다. 한편, 전쟁 중에도 잉글랜드의 지방정부와 행정기관, 법률체계는 기능을 유지해 전후 빠른 경제회복이 가능했다. 이러한 점은 튜더 왕조 중심의 국가 질서 확립에 큰 역할을 했다.

폭군 헨리 8세의 생애와 심리

영국의 역사에서 가장 유명한 군주 중 한 명인 헨리 8세는 종교개혁과 왕권 강화, 전쟁 외에도 여섯 명의 왕비를 두는 등 복잡한 추문으로 점철된 삶을 살았다. 헨리 8세는 한 인간으로서도 매우 강렬한 심리적 특성을 보였는데 그의 심리 상태는 동시에 그가 이룬 업적을 이해하는 데 중요한 요소이기도 하다.

튜더 왕조를 세운 헨리 7세의 차남으로 태어난 헨리 8세는 형인 아서가 15세에 요절하면서 새로운 왕위계승자가 되었고 1508년 헨리 7세 승하 후 18세의 나이로 잉글랜드의 국왕이 되었다. 그는 사냥이나 마상 창 시합, 춤, 예능 등의 활동을 좋아했고 여색을 밝혔지만, 한편으로는 라틴어와 에스파냐어, 프랑스어가 유창했으며 천문학과 신학 토론이 가능해 당대 지성인들의 칭찬을 들을 정도로 머리가 좋았다고 한다. 또한, 헨리 8세는 선왕 헨리 7세의 해군 증강 정책 기조를 이어받아 해군력 강화에 심혈을 기울였으며 화기 도입으로 대립 관계이던 스코틀랜드를 격파하고 웨일스와 아일랜드를 통합해 훗날 연합왕국^{UK}으로 나아가는 초석을 마련했다. 잉글랜드 국교회를 확립해 국가의 종교적 독립을 이룬 것도 헨리 8세의 업적 중 하나다.

하지만 헨리 8세는 극도로 변덕스럽고 잔인한 결정을 내린 인물로 기억되는데 권력을 확보하기 위해 수많은 이들을 정치적 반역 혐의와 이단 혐의를 씌워 숙청했으며 자신의 뜻에 따르지 않는 자라면 측근은 물론 심지어 아내라도 거리낌없이 제거했다. 헨리 8세는 교황청이 전처인 아라곤의 캐서린과의 이혼을 불허하자 가톨릭 교회에서 잉글랜드 교회를 분리하는 '수장령'을 선포하기도 했다. 가톨릭 교회와의 결별로 헨리 8세 치하 잉글랜드는 유례없는 자금을 확보할 수 있었지만 왕의 사치스러운 생활과 비효율적인 국정 운영, 전쟁 등으로 인해 몇 번 파산 위기를 겪어야 했다.

이처럼 헨리 8세는 호탕하고 친근하면서도 동시에 매우 자기중심적이고 독재적인 성향을 보였으며 여러 번 결혼과 이혼을 반복하는 등 불안정한 애착 성향을 나타냈다. 앤 불린과의 결혼과 이혼, 처형 사례에서처럼, 쉽게 여성에게 집착하는 동시에 배신감을 느끼며 처형과 같은 극단적인 선택을 하는 모습은 헨리 8세에게 극도로 심한 타인 통제 욕구가 있었음을 짐작케 한다.

혹자는 헨리 8세의 폭력성이 1536년 낙마 사고 이후 건강이 급격히 악화되면서 더 심해졌다고 추측하기도 한다. 젊었을 때는 준수한 외모와 운동 능력을 자랑했지만 사고 이후 헨리 8세는 체중이 180킬로그램에 육박할 정도로 살이 쪘고 당뇨와 통풍으로 인한 고질적인 통증에 시달렸다고 전해진다. 이 때문에 우울증과 충동적인 기질이 심해지고 편집증적 성향이 강해졌다는 것이다. 이처럼 헨리 8세는 왕이라는 존재의 심리적 한계를 드러낸 인물로 평가받는다.

헨리 8세의 여섯 왕비들

헨리 8세는 평생 동안 여섯 명의 왕비를 두었다. 왕위를 이을 아들을 원했던 헨리 8세의 결혼생활은 종교개혁과 정치적 음모, 개인적인 욕망, 연이은 이혼과 처형에 이르기까지 복잡한 드라마로 점철되어 있다.

헨리 8세의 첫 번째 부인인 아라곤의 캐서린(카탈리나)은 원래 헨리 8세의 형인 아서 튜더의 미망인이었다. 그러나 캐서린이 낳은 첫 아이는 유산되고 딸인 메리 1세만 살아남았는데 아들을 원했던 헨리 8세의 의향과 달리 더 이상 아이를 낳지 못하면서 불화가 심해졌다. 헨리 8세는 결혼을 무효화하기 위해 1534년 잉글랜드 종교개혁까지 일으키며 이혼을 강행했다. 이후 캐서린은 지위를 박탈당하고 유폐되어 생을 마감했다.

두 번째 부인인 앤 불린의 말로는 더 비참했다. 앤은 개신교 성향을 지지한 인물로 훗날 위대한 여왕으로 불리는 딸 엘리자베스 1세를 낳았다. 그러나 적극적인 성격이었던 앤은 헨리 8세와 불화가 잦았으며 역시 아들을 낳지 못했다. 결국 앤은 헨리의 신임을 잃고 1436년 참수당하고 말았다.

세 번째 왕비 제인 시모어는 앤 불린이 처형당한 지 단 11일 만에 헨리 8세와 결혼했다. 제인은 앤 불린과는 달리 소극적이고 순종적인 성격의 가톨릭 신자로 두 의붓딸과도 사이가 좋았으며 아들인 에드워드 6세를 낳았다. 하지만 출산 직후 산욕열로 앓아 누운 후 그대로 생을 마감하고 말았다. 헨리 8세는 제인을 '가장 사랑한 아내'라고 밝혔다.

이후 헨리 8세는 독일 개신교 세력과의 동맹을 위해 네 번째 왕비로

클레베의 앤을 맞이했지만 결혼한 지 1년도 안 되어 쌍방이 합의해 결혼을 무효화했다. 둘은 결혼 전 서로의 초상화를 보고 마음에 들어했지만 실제로 만난 후 크게 실망했는데 헨리는 앤을 '플랑드르의 암말'처럼 생겼다며 기피했다고 한다. 이외에도 앤은 독일어만 구사할 줄 알았으며 예술이나 학문적으로도 소양이 없었다고 한다. 하지만 아이러니하게도 앤은 여섯 왕비 중 가장 행복한 말년을 보냈다.

다섯 번째 왕비는 클레베의 앤의 시녀이자 앤 불린의 친척이었던 캐서린 하워드였다. 젊고 아름다웠던 그녀는 헨리 8세의 사랑을 받았고 그녀도 헨리를 존경했다고 전해진다. 하지만 성적으로 자유분방했던 그녀는 결혼 전에 여러 남자들과 관계를 맺었으며 비만인 왕과의 잠자리를 거부했다. 결국 그녀는 과거의 방종한 생활이 원인이 되어 19세의 나이에 참수를 당했다.

마지막 왕비인 캐서린 파는 헨리 8세와의 결혼에 앞서 이미 두 번 결혼하고 모두 사별한 전적이 있었다. 하지만 건강이 나쁜 헨리 8세를 순종적으로 돌보았고 그의 자식들과도 사이 좋게 지냈다. 뒤늦게 라틴어와 신학을 공부하여 왕과 토론하거나 책을 집필하기도 했다. 결혼 후 4년도 지나지 않아 헨리가 사망했지만 헨리는 그녀 앞으로 재산을 남기고 재혼을 권하는 유언을 남겼다고 전해진다.

3부
잉글랜드와 제국

1509~1763년

좌절당한 잉글랜드

헨리 8세에게 잉글랜드 왕이 되기까지의 과정은 아직 시작 단계에 불과했다. 신성로마제국 황제인 카를 5세와 프랑스의 프랑수아 1세는 둘 다 헨리 8세와 같은 나이대였고 헨리는 유럽에서 그들과 자신은 동등한 존재로 보았다. 헨리는 먼저 자신이 프랑스의 합법적인 왕위계승 후보자라는 오래된 주장을 다시 꺼내 들었다. 계획대로 합스부르크 가문의 공주인 아라곤의 캐서린과 곧바로 결혼한 헨리는 1512년과 1513년 프랑스를 침공하기 위해 아라곤의 캐서린 가문과 동맹을 맺었다. 헨리의 군대는 스퍼스 전투^{Battle of the Spurs}에서 이겼으나 비용만 많이 들었을 뿐 뚜렷한 성과는 없었다.

분노한 헨리는 프랑스와 화해했고 신성로마제국의 차기 황제가 될 경쟁자로 나서겠다고 선언했다. 심지어 헨리는 사절들을 통해 자신이 독일어를 할 수 있다고 소문을 퍼뜨리게 했다.

유럽의 거물들과 권력 게임을 하는 데는 큰돈이 들었으나 잉글랜드의 인구는 프랑스 인구의 1/4, 신성로마제국 인구의 1/5에 불과했다. 그리고 이처럼 잉글랜드의 경제가 취약한 상황에서 세금을 올리는 것은 분명히 위험천만한 행위였다.

이 시대에는 식량 공급에 악영향을 미친 소빙하 시대^{Little Ice Age}와 신대륙에서 들어온 귀금속이 갑자기 일으킨 인플레이션으로 구대륙 전체가 혼란에 빠졌다. 그런데 잉글랜드에는 한 가지 특별한 문제가 있었다. 인클로저^{Enclosures} 토지 정책(공유지 일부에 울타리를 쳐 사유지로 만들 수 있게 한 정책)이었다. 이는 이후 3세기 동안 대중의 불만을 최고조로 높인 토지 정책이었다.

"헨리 그레이스 아 디유^{Henri Grace à Dieu}"(1514)는 물 위에 떠 있는 가장 강력하고 비싼 전함이었다. 헨리의 집착을 잘 보여주는 이름이다.

잉글랜드의 인클로저 토지 정책

15세기 후반까지 잉글랜드의 거의 모든 농지는 개방 경작 제도를 따랐다. 이 제도에 따라 사람들이 경작할 땅은 따로 정해진 것이 아니라 조각조각 나뉘어 있었다. 모든 사람이 좋은 땅, 척박한 땅, 휴경지를 공유하게 될 것이라는 생각에서 나온 제도였다.

부유한 농부들이 땅 조각을 모은다는 것은 곧 이들이 마을의 다른 사람들과 협의할 필요 없이 새로운 농업 기술이나 작물을 시도할 수 있음을 의미했다. 그래서 울타리로 토지를 둘러싸 자신의 땅이라는 경계를 긋고 싶은 영주라면 형편이 비교적 나은 소작농들의 도움에 기대를

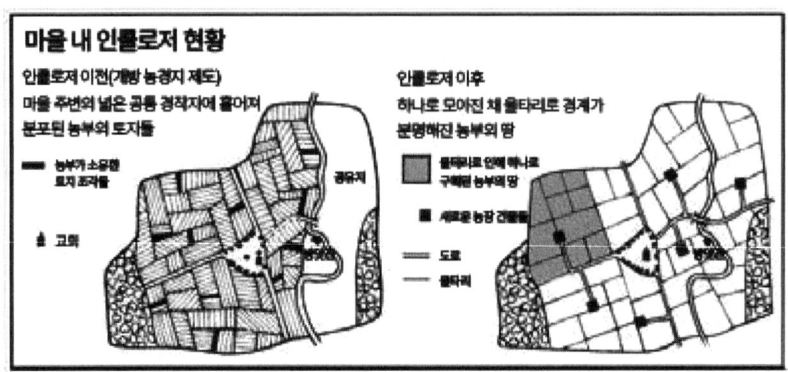

걸 수 있었다. 하지만 가장 큰 문제는 공유지였다. 이곳에서 모든 사람은 거위, 염소, 돼지 몇 마리를 기를 수 있었으며 심지어 소 한두 마리를 기르는 것도 가능했다.

자급농을 하는 농부들에게 이는 단순한 생존이냐 적은 돈을 벌 수 있느냐의 차이를 의미하곤 했다. 근검절약하며 몇 세대를 이어간다면 그 작은 수입이 모여 노동자 가족이 소작농 신분의 가장 낮은 단계로 올라설 수 있게 해줄 수 있었다 이처럼 공유지는 사회적 위치를 이동할 수 있는 작지만 중요한 기회를 제공했다.

공유지에서 수확한 것을 누가 얼마나 가져가느냐를 정하는 규칙은 지역 관습과 구두 합의에 따라 크게 달랐다.

그러나 장원이 인틀로저화(울타리로 사유화)되었을 때 변호사들은 문서 기록으로 남아 있지 않은 관습 따위에는 신경 쓸 겨를이 없었다. 공유지도 분할되어 기존 보유량에 비례해 농장주에게 배분되었다. 이는 영주가 토지 대부분을 가져갔고 소작지가 있는 사람들이 그다음으로 가져갔다는 뜻이다. 자신의 땅이 없는 노동자들은 자신들이 공유지에 대한 어떤 권리가 있음을 증명하기 어려웠다. 노동자에게 서면 증거가 없다면 영주가 유리했다. 영주 입장에서는 그냥 호의로 공유지를 빌려주었다고 말하면 그만이었다.

땅도 없고 문맹인 소작농이 법정을 상대로 다투겠다는 것 자체가 너무나 어려운 일이었다. 가난한 사람들은 아무것도 얻지 못할 때가 많았다. 혹은 얻더라도 그 땅이 너무 작고 척박해 울타리와 도랑을 치고 경작할 가치도 없었기 때문에 더 큰 땅이 있는 지주들에게 헐값으로 팔아버렸다. 그 결과, 지주들이 새로 울타리 친 땅에서 당대에 대표적인 현금작물인 양모를 얻기 위해 양 사육으로 돌릴 때 최악이었다. 양 사육은 농작물 경작에 비해 노동자가 별로 많이 필요하지 않게 되었기 때문이다.

이처럼 울타리로 땅을 봉쇄하는 인클로저 정책으로 지주들은 더 부유해졌고 형편이 나은 농민들도 이득을 보았다. 하지만 가장 불안한 상태로 전락한 계층이 있었다. 바로 더 나아질 가망이 없는 빈민 계층이었다.

시끄러운 문제를 일으키는 땅

옛 농촌 사회가 무너지면서 사람들은 마을과 도시, 특히 런던으로 대거 몰렸다. 개를 잡아먹을 정도로 빈곤한 동네에서 사는 사람들은 선동가들에게 쉽게 넘어갔다. 1517년 한 퇴역 성직자가 신도들에게 외국인들이 아버지가 없는 가난한 아이들의 빵을 빼앗아 먹었다고 말해 그해 5월 악명 높은 메이 데이 폭동^{May Day Riots}이 일어났다. 상황이 통제 불능 정도로 심각해지자 런던탑의 순경은 광란하는 시민들에게 대포를 발사했다.

헨리의 수석 고문이던 토머스 울지 추기경(1473~1530년)은 '제2의 둠즈데이북^{Second Domesday}'이라고 불릴 만큼 잉글랜드를 상세히 조사해 왕실의 재정을 회복시키려고 노력했다. 그동안 로마 제국의 밀방, 앵글로색슨의 침입, 바이킹의 침략, 정복, 중세 후반기의 번영기, 페스트, 장미전쟁이 일어났지만 잉글랜드의 남북간 격차는 서기 300년과 거의 똑같이 유지되고 있었다.

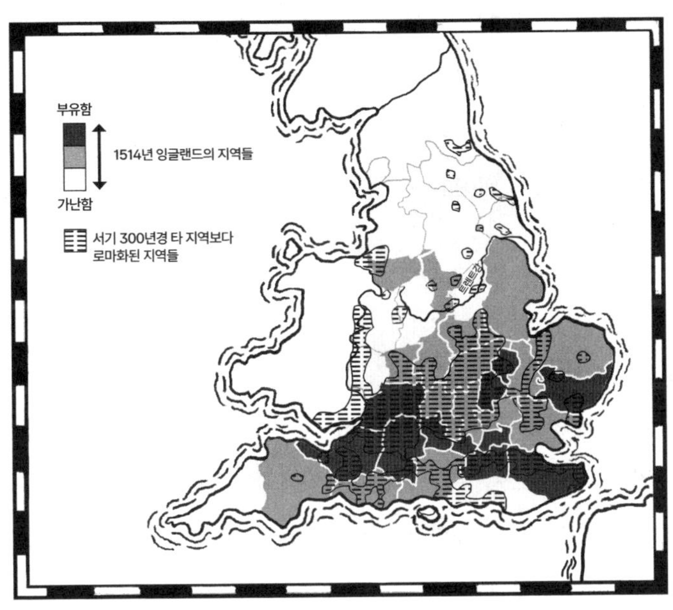

서기 300년 가장 로마화된 지역들은 16세기 초에도
여전히 잉글랜드에서 가장 부유한 지역들이었다.

이 정보를 가진 울지 추기경은 당시 프랑스에서 유행하던 최신 국가 건설 이론에 따라, 전례 없는 수준으로 중앙집권적 통제를 하고 세금을 부과해 토지 소유자들의 분노를 샀다. 또한, 울지 추기경은 프랑스식 로마법을 도입하려고 해 런던의 영향력 있는 변호사들의 증오의 대상이 되었다. 그러나 울지 추기경은 헨리로부터 신뢰를 받고 있는 한 막강한 권력을 누릴 수 있었다. 런던 조약(1518)과 금란의 들판^{Field of the Cloth of Gold}에서 받은 프랑스 왕조의 지지(1520)에 힘입어 울지 추기경은 헨리를 유럽의 위대한 평화 조정자로 부각시켰다.

헨리는 유럽 기성세력을 받쳐주는 기둥이었다. 1521년 헨리는 개인적

으로 '마르틴 루터'라는 독일 출신의 말썽 많은 신부를 비난했다. 이에
교황은 헨리에게 감사의 표시로 '신앙의 수호자'라는 칭호(그의 후손들
도 지금도 계속 사용)를 수여했다. 그러자 새로운 세계가 옛 세계의 균
형을 깨뜨리는 일이 벌어졌다.

새로운 세계로의 진출

(헨리도 황제 후보로 나섰으나) 1519년 카를 5세가 신성로마제국 황제
로 즉위하면서 합스부르크 가문이 전 세계에 보유한 재산이 합쳐졌다.
합스부르크 가문이 소유한 광대한 영토는 이제 전 유럽을 지배할 것처
럼 위협적으로 보였다.

이 강력한 새로운 제국이 파비아^{Pavia}에서 프랑스를 무찔렀다(1525).
헨리는 이를 재앙이 아니라 절호의 기회로 보았다. 헨리는 새로운 제국
의 편에 서서 프랑스를 대대적으로 침공할 것을 요구했다. 울지 추기경
은 복종할 수밖에 없었다. '우호적인 보조금'이라는 그럴듯한 이름을 단
'특별 세금'이 발표되었다. 그러나 헨리는 프랑스에 집착하며 잉글랜드
를 너무 멀리 밀어붙이고 있었다. 의회는 저항했고 수천 명의 농민이 공
공연하게 반란을 일으켰다. 헨리는 이 모든 사태를 울지 추기경 탓으로
돌리며 한발 물러섰다.

이때 헨리의 나이 34살이었다. 프랑스를 지배하고 신성로마제국 황
제가 되겠다는 헨리의 꿈은 좌절되었다. 백성들은 불만을 품고 있었고
후계자는 여전히 없었다. 아라곤의 캐서린이 원래 자신의 형수여서 자신
의 결혼이 저주받았다고 생각한 헨리는 새로운 애인 앤 불린^{Anne Boleyn}이

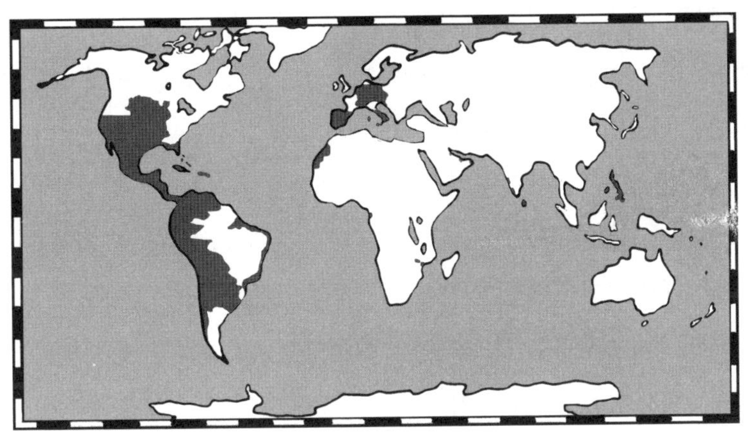

1519년 카를 5세의 제국. '해가 지지 않는 제국'이라는 문장이
카를 5세의 제국을 기념하는 동전에 새겨졌다.

아들을 낳아줄 거라고 확신했다.

1501년 울지 추기경은 캐서린에게 헨리의 형 아서와 짧은 결혼생활이지만 부부관계가 있었음을 고백하라며 압박을 가하려고 했지만 실패했다. 그러자 울지 추기경은 교황에게 캐서린이 거짓말을 했다며 이를 선언하라고 압박하려고 했다. 하지만 캐서린에게는 지위가 높은 친척들이 있었다. 무엇보다 그 친척들 중에는 조카이자 막강한 힘을 자랑하는 카를 5세가 있었다. 이 때문에 교황은 울지 추기경의 말을 따르지 않았다.

계획이 실패하자 당황한 헨리는 직접 로마를 침략하겠다고 위협했다. 하지만 15년 동안 감행한 침략 행위와 그동안 보여준 표리부동한 태도 때문에 잉글랜드는 더 이상 동맹국이 없었다. 동맹국이 없다는 것은 곧 영향력도 없음을 의미했다. 그러나 이 위기는 한편으로 급진적인 종교와 정치적 야심으로 이루어진 새로운 동맹이 형성될 기회를 제공했다.

위험한 사람들: 종교개혁가와 근본주의자

케임브리지 백마회^{White Horse Circle}(만남의 장소였던 펍의 이름을 딴 것이다) 학자들은 마르틴 루터가 걸어온 길에 경외심을 품고 유럽을 바라보았다.

평범한 성직자이자 법률가였던 루터는 단숨에 국제적으로 영향력 있는 인물이 되었다. 루터는 교황에게 두려운 존재였던 반면, 각 지역의 제후들에게는 호감을 주는 인물이었다. 저렴한 팸플릿이라는 새로운 대중 매체를 제대로 활용한 것, 평민들과 그들의 언어로 대화한 것, 독일의(가톨릭교회가 합스부르크 왕가의 단순한 도구가 될까 봐 초조해하는) 통치자들에게 자체 개신교 교회를 지배하도록 제안한 것, 이것이 바로 루터 방식의 비결이었다.

케임브리지 사람들은 그에게 주목했다. 안트베르펜^{Antwerp}에 안전하게 망명한 루터의 급진파 동료들은 인쇄기를 돌렸다. 1529년 2월 2일 헨리는 웨스트민스터에서 전통적으로 내려오는 성촉절 촛불 행렬을 이끌고 있었다. 그런데 갑자기 〈구걸하는 자들을 위한 탄원서^{Supplication for the Beggars}〉라는 선동적인 제목의 팸플릿이 날아와 행렬이 끊어졌다.

통계 조작과 엉뚱한 비난으로 가득 찬 이 책은 평민들과 헨리 모두에게 통할 수 있도록 계산된 음모론을 제시했다. '고대 잉글랜드인들에 대한 억압은 어디서 원인을 찾을 수 있을까? 잉글랜드는 왜 이렇게 심각한 경제적 곤경에 빠졌을까? 누가 헨리 국왕이 왕조의 문제를 해결하지 못하도록 막았을까? 바로 로마였다! 만약 로마의 외세 지배가 무너진다면 잉글랜드인들은 재정적 이익을 얻었을 것이고 국가도 활력을 되찾았을 것이다. 그렇게 되면 헨리 국왕에게도 절대적인 권력이 주어질 것이다.'

팸플릿을 쓴 존 피시^{John Fish}는 외로운 늑대가 아니었다. 피시는 유명한 성경 번역가 윌리엄 틴들^{William Tyndale}과 앤트워프에서 망명생활을 함께했다. 틴들은 로마의 정복행위 자체에 죄가 있다고 주장했다. 결국 교황이 잉글랜드를 정복하라고 깃발을 보낸 이상 정복자를 지지한 것 아닌가? 틴들은 헨리 8세에게 전지전능한 권력을 누릴 수 있는 멋진 비전을 제시했다.

헨리는 마음이 흔들렸다. 결정적으로 헨리는 영향력 있는 엘리트층의 지지를 받았다. 잉글랜드의 귀족과 런던의 평민 변호사들(이 변호사들 중에는 하원 의원이 많았다)은 둘 다 울지 추기경의 세력을 꺾고 싶어 했다. 사실상 왕을 등에 업고 잉글랜드를 지배했던 울지 추기경이 왕의 총애를 잃자 그의 곁에는 편을 들어주는 사람들이 남지 않았다. 1530년 11월 울지 추기경은 참수당했다. 그러나 헨리는 여전히 울지 추기경의 신하들이 두려워(앤 불린에 따르면) 교회와 공개적으로 대결하는 것만은 피했다. 아라곤의 캐서린은 대중들로부터 인기가 있었기 때문에 헨리로서는 그런 그녀와 이혼하기 위해 잉글랜드에서 '가장 신뢰받는 기관'으로부터 공개적인 지지를 받을 필요가 있었다.

기회를 잡은 의회

왕권을 보좌하는 중요한 도구 역할을 한 상원과 하원은 교회를 대신할 기회를 잡았다. 울지 추기경의 보좌관이었던 토머스 크롬웰^{Thomas Cromwell}은 '교황 존신죄^{praemunire}'(교황이 국왕보다 우월하다고 보는 죄)'라고 불리던 14세기의 법률을 건드렸고 교황직이 외국의 권력이므로 곧 잉글랜드의 성직자 전체가 반역자라는 위험천만한 주장을 폈다. 그렇게 급진화의 고리가 만들어졌다. 급진화의 고리를 받쳐주는 것은 권력에 굶주린 런던의 남성들이었다. 이 권력지향형 남성들은 불과 몇 년 전만 해도 생각하지도 못한 일을 저질렀다.

캔터베리의 새로운 대주교 토머스 크랜머^{Thomas Cranmer}는 헨리와 아라곤의 캐서린의 결혼이 무효라고 선언했다. 항소 제한법^{Act in Restraint of Appeals}

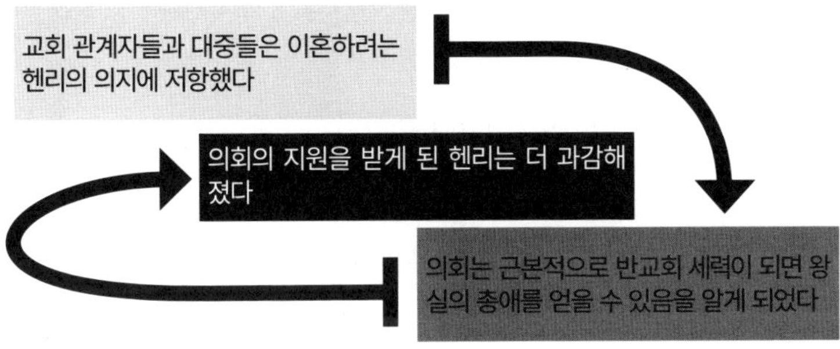

(1533)에서 이 내용이 선언되었다.

> 잉글랜드는 제국이다. 그리고 잉글랜드는 세계의 일원이며 최고 수장이자 국왕인 한 사람에 의해 통치된다.

1534년의 수장령The Act of Supremacy에 따라 항소 제한법이 생겨났다. 잉글랜드는 유럽의 다른 주요 국가들과 달리 완전히 국왕 중심의 주권 국가가 되었다. 그러나 얼마 지나지 않아 대중들과 엘리트층은 잉글랜드의 왕실과 생각이 다르다는 것이 명확해졌다.

잉글랜드만 아는 사람들이 잉글랜드에 대해 뭘 안다고?

평범한 잉글랜드인들에게 잉글랜드(잉글론드Englonde / Ynglonde)는 태어나 살고 죽는 땅이었다. 즉, 평범한 사람들이 영어를 사용했던 땅이었다. 하지만 다국어를 사용하는 엘리트층에게 잉글랜드는 법에 나와 있듯이 '제국’을 의미했다. 다시 말해 잉글랜드는 헨리와 그를 따르는 충실한 의회가 통치하던 곳이었다.

잉글랜드 제국은 그 진원지였던 잉글랜드 남부에서 곧바로 출발했다. 잉글랜드 제국은 민족주의에 전혀 관심이 없었다. 실제로 북부 잉글랜드인들은 켈트족보다 개신교 남부의 새로운 제국에 더 강하게 저항했다. 웨일스는 총 한 번 쏘지 않고 1536년 잉글랜드에 흡수되었다. 반면, 1536~1537년 3만 5,000명의 무장한 북부 사람들은 요크에 모여 ‘은총의 순례’Pilgrimage of Grace(국교주의에 반대하며 일어난 봉기)에서 헨리의 왕좌를 심각하게 위협했다. 그러나 무장한 북부 사람들은 종교개혁을 포기하겠다는 헨리 8세의 거짓 약속을 그대로 믿었다. 이후 북부 귀족을 포함해 수백 명이 처형당했다. 웨일즈와 북부에 이어 이번에는 아일랜드였다. 1541년 헨리가 아일랜드의 초대 잉글랜드 국왕으로 선포되었다. 마지막으로 스코틀랜드에는 1543년부터 헨리가 군사력을 동원해 거친 구애를 시작했다. 여섯 살 에드워드 왕자와 두 살 메리(훗날 스코틀랜드 여왕)의 결혼을 계속 밀어붙였다. 이는 통합의 서곡이었다. 심지어 프랑스에서도 1544~1546년 불로뉴Boulogne 주변 지역에 잔인한 원정으로 대규모 대학살이 자행되었고 그 자리에 영국 역사상 최초의 계획적인 해외 식민 개척민들이 재정착했다.

남부로 가는 모든 힘

잉글랜드의 새로운 제국은 막대한 자산을 왕실이 강탈해 자금을 마련했다. 수도원 해체(1536년 시작) 과정에서 고작 몇 년 만에 잉글랜드와

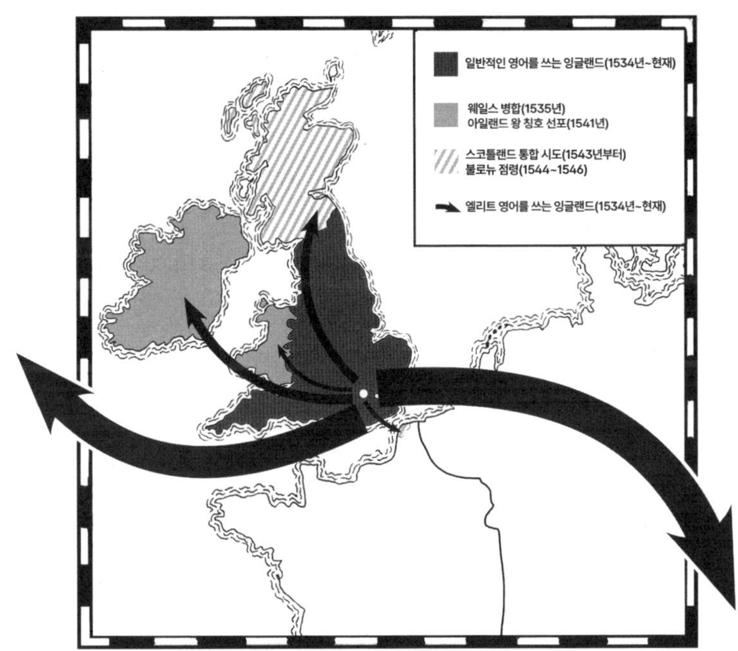

웨일스의 모든 땅 중 약 1/4의 주인이 바뀌었다. 헨리는 마차로 오랜 세월 동안 축적된 보물들을 실어 나를 정도로 약탈했고 수도원 재산은 크롬웰의 증수법원^{Court of Augmentations}을 통해 팔려나갔다.

수도원과 관련된 모든 것은 헐값에 거래되었다. 이는 어디까지나 비즈니스가 아닌 정치적 의도로 이루어진 매각이었기 때문이다. 새 소유자들은 결코 수도원 제도가 재개되기를 원하지 않을 것이기에 자연스럽게 새로운 체제를 따르게 되었다. 만약 올바른 장소(런던)에 있고 적절한 생각(무정한 기회주의), 적절한 인맥(크롬웰의 심복들과 맺는 인맥), 실탄(당장 쓸 수 있는 현금)이 있는 사람이라면 머리가 어지러울 정도로 큰 기회가 눈앞에 있는 셈이었다.

잉글랜드에서는 이러한 급진적 계층 이동이 일어난 적이 없었다. 훗날의 독재자인 올리버 크롬웰^{Oliver Cromwell}이 젠트리(출세에 꼭 필요한 계층)의 일원이 될 수 있었던 것도 이유가 있었다. 런던에서 현금이 많은 웨일스 출신의 양조업자였던 고증조부(5대조) 모건 아프 윌리엄^{Morgan ap William}이 토머스 크롬웰의 친누나와 결혼해 수도원 해산에서 이익을 얻을 수 있었기 때문이다. 그의 고증조부 가문은 이에 대한 감사의 표시로 성을 '크롬웰'로 바꾸기까지 했다.

옥스브리지^{Oxbridge}(옥스퍼드와 케임브리지대학을 일컫는 혼성어)의 학자들이 지지하는 런던을 중심으로 개신교(영국국교회)를 새로운 종교로 삼는 새롭고도 더 폭넓은 통치 질서가 탄생했다. 의회는 자연스럽게 이 학자들의 본거지가 되었고 개신교는 그들만의 종교가 되었다.

종교개혁 비즈니스

물론 '수도원 해산과 종교개혁'은 적어도 일부나마 서민들에게 팔려야 했다. 단순히 지배층 내부의 권력 교체 그 이상으로 보여야 했다. 게다가 새롭게 중앙집권화를 이룬 튜더 왕조와 새로운 미디어라는 자원을 활용해

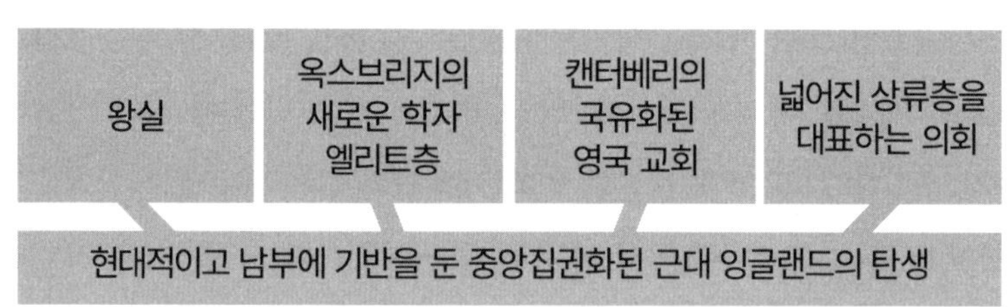

종교개혁 패러다임: 국제적인 교회, 평민, 북부 사람이 설 자리가 없다.

야 했다. 그것은 종교개혁을 외국계 엘리트들과 부패한 협력자들에게 맞선 잉글랜드의 민족적 봉기로 활용하는 것이었다.

크랜머의 순회 설교자들과 크롬웰의 인쇄 매체(한스 홀바인^{Hans Holbein}처럼 국제 무대에서 활약하는 최고 예술가들을 고용)는 평범한 잉글랜드인들에게 잉글랜드에서 외국어를 기반으로 하는 엘리트 문화를 공격하는 것은 정당하며 국왕의 의지에 따른 것이라고 했다. 잉글랜드의 모든 역사는 다시 쓰였다. 불경하게도 왕에게 저항했던 성 토마스 베케트의 거대한 성지가 파괴되었고 크롬웰은 그의 뼈를 따로 불태워 그에 대한 이야기가 더 이상 나오지 못하게 했다. 국가가 후원하는 순회 극단인 '크롬웰 극장^{The Lord Cromwell's Players}'으로 떠들썩한 대중 극장은 잉글랜드인들에게 막연하게나마 역사를 가르쳐주는 장소가 되었다. 이에 따라 셰익스피어의 역사 테마 연극이 길을 개척하게 되었다. 〈국왕 존^{Kynge Johan}〉(1538)에서는 마그나 카르타를 강제로 허락했던 왕이 교황권에 맞선 민족적 영웅으로 다시 그려졌다.

마치 1920년대의 러시아 볼셰비키들처럼 잉글랜드의 종교개혁가들은 새로운 미디어와 역사를 다시 쓰거나 지우는 국가의 힘을 사용해 쿠데타를 확정지었다. 다만, 러시아 볼셰비키들과 달리 잉글랜드의 종교개혁가들은 이미 실제로 존재했던, 외래 문화에 의한 억압이라는 진짜 이야기(서사)가 있었다. 잉글랜드의 종교개혁가들은 이러한 이야기를 활용하는 데 결코 실패하지 않았다.

홀바인, 토머스 크롬웰의 초상화

> (종교개혁가이자 성경을 영어로 옮긴 번역가인) 틴들은 '노르만의 요크'
> 라는 대중적 전설에 자신을 완전히 결부시켰다. 이 전설에 따르면 자유
> 롭던 앵글로색슨인들이 노르만인에게 정복당한 사건(노르만 정복)을
> 모든 악의 근원으로 돌린다…. 그리고 틴들이 여기에 반(反)교황적 요소
> 를 덧붙인 것은, 이 오래된 신화가 대중적 인기를 얻는 데 기여했다.
>
> 크리스토퍼 힐^{Christopher Hill}

종교개혁가들은 남동쪽에서 가장 과격한 성향의 보병들을 발견했는데
이 지역은 바로 1381년 농민 반군들이 특별히 외국어로 된 책들을 불태
웠던 지역이었다. 이는 결코 우연이 아니었다. 1530년대 잉글랜드에서
가장 과격한 집단은 1381년과 마찬가지로 평민들이 아니라 상대적으로
부유하고 글을 읽고 쓸 줄 아는 사람들이었다(앞서가던 동남부 지역인
잉글랜드에서 글을 읽을 줄 아는 사람의 비율은 약 10%였다).

그들은 이미 지역 사회에서 '큰 인물'로 통했는데 영어로 된 성경을 가질 수 있기만 한 하면 자격을 완전히 갖춘 공동체 지도자가 되는 것은 시간문제였다. 이제 사회의 위대한 지침서에 직접 접근할 수 있게 되는데, 그 책은 그동안 진짜 엘리트층이 라틴어라는 울타리 속에 가둬 두었던 것이다. 종교개혁으로 1066년 이후 잉글랜드의 자작농 계층이 잃어버렸던 사회적 지위를 마침내 되찾을 기회가 생겼다.

브레이크 세계 밟기

헨리 8세는 잉글랜드에 무슨 일이 일어나고 있는지 직접 보았다. 잉글랜드의 평민들은 점점 통제 불능이 되어가고 있었다. 하느님의 말씀(헨리가 의회에 외친 내용)은 모든 맥줏집과 선술집의 단골 논쟁 메뉴가 되어 화제의 중심이 되었다. 헨리로서는 이제 혼란스러운 상황을 끝내고 싶은 마음이었다. 수도원의 재산, 그렇게 원하던 아들(에드워드, 1537년생)을 모두 손에 넣었기 때문이다.

1539년 6개조법에서는 교황에 대한 복종을 제외한 거의 모든 가톨릭 관행이 복원되었다. 1543년에는 자유농민(요먼) 계급에 해당하거나 그 아래 계급인 평민 잉글랜드인들은 영어로 된 성경을 가지고 있거나 읽는 것이 금지되었고 성경 내용을 듣는 것도 금지되었다. 이제 가톨릭 신자들은 반역죄, 비국교 개신교 신자들은 이단죄로 몰려 화형당했다(6개조법 위반). 가톨릭 신자와 비국교 개신교 신자가 적어도 한 번은 같은 곳에서 화형을 당한 적이 있었다.

혼란을 가중시킨 것은 헨리가 딸들에게 물려줄 지위를 놓고 계속 마

올드 코퍼노즈: 가치가 떨어진 실링

음을 바꾸었다는 점이다. 에드워드는 의심할 여지 없이 정당한 후계자였지만 메리(아라곤의 캐서린 사이에서 낳은 딸)와 엘리자베스(앤 불린 사이에서 낳은 딸)의 지위는 훨씬 불명확했다. 헨리는 이 자녀들의 상속 순위를 바꿀 때마다 대중의 반대를 무릅쓰고 의회에 공개적인 지지를 요구해야 하는 위험 부담이 있음을 알고 있었다. 의회는 야심도 많았지만 겁도 많았다. 그런 의회였기 때문에 매번 헨리가 원하는 것이 있으면 무조건 찬성했다. 이렇다 보니 오히려 마치 의회가 차기 왕권계승자를 헨리와 함께 공동으로 결정하는 것처럼 보였다.

수도원 해산으로 생긴 일회성 횡재는 전부 소진되었다. 헨리는 13%의 이자를 지급하는 조건으로 돈을 빌리고 있었고 화폐 가치가 너무 떨어져 외국인들은 그 화폐를 받으려고 하지 않았다(헨리의 별명은 그의 모습이 새겨진 동전에서 코 부위의 은화 부분이 빨리 마모되어 '올드 코퍼노즈^{Old} ^{Coppernose}'가 되었다). 국내뿐만 아니라 유럽에서도 잉글랜드 제국의 위신은 땅에 떨어졌다. 헨리의 함대 메리 로즈^{Mary Rose}는 프랑스가 반격을 시도했던

1545년 침몰되었다. 1546년 헨리는 불로뉴를 프랑스에 다시 팔기로 약속해야 했고 스코틀랜드를 상대로한 '거친 구애' 역시 물거품이 되었다.

사실상 그 누구의 목도 처형으로부터 안전하지 않았다. 잉글랜드인들은 무엇이 공식적인 종교이며 무엇이 이단인지 헷갈릴 지경이었다. 헨리는 유언을 통해 복되신 성모마리아와 천상의 성인들에게 로마와 결별한 왕인 자신을 내세에서 살려달라고 간청했다. 그렇게 헨리 8세는 1547년 1월 28일 세상을 떠났다. 그 와중에 잉글랜드에서는 또 한 번의 처형이 이루어졌다. 그는 잉글랜드를 '어떤 일이든 할 준비가 된' 새로운 기회에 굶주린 신흥 세력의 손에 맡긴 채 영원히 떠났다.

종교개혁의 확고한 고정

에드워드 6세는 즉위 당시 겨우 아홉 살이었다. 그의 외삼촌 에드워드 시모어^{Edward Seymour}는 새로운 워릭 백작 존 더들리^{John Dudley}의 도움을 받아 스스로 서머셋 공작으로 승격했다. 이들은 현재의 자리를 안겨준 종교개혁이 흔들리지 않도록 엄격한 정책을 펼쳤다. 정부의 명령에 따라 잉글랜드의 본당 교회, 미사 기금(찬트리), 대성당들은 대대적인 정화(숙청)의 대상이 되었다.

> 국가가 지원해 이루어진 이러한 파괴행위로 수 세기 동안 만들어진 중세의 예술과 종교, 문화 전통이 대대적으로 해체되고, 뿌리채 사라졌다.
>
> 테이트 모던 뮤지엄^{Tate Modern Museum}

평민들은 종교개혁으로 이익을 얻을 것이라는 약속을 받았다. 하지만 잉글랜드의 남서부 서머셋^{Somerset}에서는 잉글랜드 역사상 가장 지독한 구빈법이 신속히 제정되었다. 단 사흘 동안이라도 실업자 상태이면 음식을 얻기 위해서라도 닥치는 대로 일해야 했다. 그렇지 않으면 2년간 고용주의 노예가 될 수도 있었다. 노예 상태가 되면 일할 때 고용주에게 구타당하거나 쇠사슬로 묶이는 등 열악한 환경에 놓여도 어쩔 수 없었다. 심지어 노동자들은 이러한 처사가 얼마나 악랄한지도 잘 몰랐다. 수십 번의 잔칫날과 축제가 열릴 정도로 떠들썩했던 옛 가톨릭 신앙 대신 이제 국가가 규율하는 영국국교회(개신교)로 대체되었다.

> 우리의 성스러운 날과 축제일은 계속 줄어들었다. 교황 시절에는 즐기던 축제가 많았는데 (주일을 제외하고도) 모두 27일로 줄어들었다.
>
> 윌리엄 해리슨^{William Harrison}, 1577

너무 늦었지만 평범한 잉글랜드인이 전부터 누렸던 자유를 지키기 위해 들고 일어났다. 1549년에 일어난 콘월의 '기도서 반란^{Prayer-Book Rebellion}'은 상상을 초월할 만큼 잔인하게 진압되었다. 어느 연대기에 따르면 900명의 포로가 단 10분 만에 목이 잘렸다고 한다. '케트의 반란^{Kett's Rebellion}'에 가담한 농부들은 노리치^{Norwich}를 점령한 뒤, 이어서 더들리^{Dudley}의 질서정연한 군대를 향해 무모한 돌격을 감행했다.

더들리Dudley의 기세가 최고조에 이르자 그는 시모어Seymour를 제거했다. 1553년 5월 자신의 아들을 헨리 7세의 증손녀인 레이디 제인 그레이Lady Jane Grey와 결혼시켰다. 그리고 더들리는 병석에 누워있는 에드워드에게 제인과 자신의 아들 사이에서 태어날 아들들을 후계자로 선언하도록 했다. 그러나 막판에 문서가 수정되어 제인 자신이 에드워드의 왕위를 이을 다음 후계자로 정해졌다. 1553년 7월 6일 에드워드가 15세의 나이로 사망했을 때 잉글랜드는 더들리의 잠재 경쟁자인, 미혼의 메리, 엘리자베스를 두고 전혀 새로운 왕조가 세워질 듯 보였다.

잉글랜드 최초의 여왕

메리 공주에게는 다른 생각이 있었다. 메리는 반란이 일어난 지 얼마 되지 않은 동앵글리아에서 대담하게 자신만의 깃발을 올렸다. 더들리(노섬벌랜드 공작)에 대한 지지는 사라졌고 메리는 런던 시민들로부터 진정한 여왕으로 대우받으며 환영을 받았다. 종교개혁을 반대하던 메리는 가톨릭교회를 복원시켰고 자신의 권한으로 즉위한 잉글랜드 최초의 여왕이 되었다.

　이러한 성공은 메리에게 자신이 의회 없이도 통치할 수 있다는 믿음을 주었다. 메리는 잉글랜드의 가톨릭 신자와 결혼해달라는 의회의 요청을 무시하고 황제 카를 5세의 아들인 스페인의 펠리페$^{Philip of Spain}$와의 결혼을 고집했다. 백성들이 종교문제는 어물쩍 지나칠 수 있었지만, 그렇다고 스페인 사람에게 순순히 지배받는 일만큼은 받아들이기 어려웠다. 1554년 메리는 성모 마리아에 대한 잉글랜드의 남다른 사랑을 주제로 한 신중한 연설로 런던 엘리트들의 마음을 움직였다. 그 덕분에 메리는 대중의 반란에서 겨우 살아남았고 이 연설은 '성모 마리아에 대한 사랑'이라는 정서를 정교하게 활용해 치밀하게 연출된 명연설로 회자되고 있다.

> 저는 어머니가 자식을 얼마나 자연스럽게 사랑하시는지 알 수 없습니다. 왜냐하면 나 자신은 한 번도 자식을 낳아 본 적이 없기 때문입니다. 하지만… 나는 여러분의 여왕이 되어 여러분을 진심으로 다정하게 사랑하고 지지합니다.
>
> 메리 여왕$^{Queen Mary}$, 중세 길드의 집회장^{Guildhall}, 1554년 2월 1일

　두 번째로 승리를 거두면서 메리는 자신이 무엇을 해야 하는지 더 확신하게 되었다. 레이디 제인 그레이는 처형되었고 엘리자베스 공주는 간신히 목숨을 부지했다. 그리고 메리는 모든 반대를 물리치고 필립과의 결혼을 감행했다.

메리는 아이를 간절히 원했지만 상상 임신을 했을 뿐이었다. 메리는 잉글랜드가 이단을 묵인한 죄로 신이 벌을 준다고 확신했고 수백 명의 개신교 신자들이 화형을 당했다(블러디 메리). 1556년에는 남편 펠리페의 압력으로 반프랑스 전쟁에 참여했지만 대실패했다. 그렇게 잉글랜드는 프랑스에 있던 마지막 발판인 칼레를 잃었다. 1558년 말 세상을 떠날 때까지 메리는 처형과 외세 지배의 오점으로 잉글랜드 역사의 앞날을 사실상 파멸로 몰아넣고 말았다.

메리는 잔혹한 종교 정책으로 이단처벌법을 부활시켜 283명을 처형했고 800여 명의 개신교도들은 망명했다. 또한, 메리 1세는 잉글랜드 교회가 폐지한 성직자의 독신 의무를 1539년 되돌리면서 당시 결혼했던 성직자들의 지위를 박탈했다.

남부의 특권

정치적, 종교적 혼란에서 겨우 살아남은 엘리자베스는 우선 어수선한 나라를 안정시키기로 결심했다. 사람들이 공개적인 자리에서 국교에 순응하는 한 적어도 문제를 깊이 파헤치지는 않기로 한 것이다. 엘리자베스는 사람들의 마음과 백성들의 비밀 장소를 굳이 열어보지 않을 생각이었다. 그래서 수장령^{Act of Settlement}(1558), 39개조 신앙고백(1563)은 지나치게 의도적으로 상황을 모호하게 몰아갔다. 그 결과, 다른 세례교인들과 거의 구별되지 않는 영국 성공회 교인들이 생겨났다.

당시 정치 상황은 다루기 쉽지 않았다. 의회는 엘리자베스의 부친인 헨리 8세 때 이미 권력을 맛보았고 엘리자베스의 언니 메리는 의회의 조언을 무시한 대가를 치렀다. 이제 의회는 힘을 발휘할 준비가 되어 있었다. 1567년 하원 의원 로버트 멀캐스터^{Robert Mulcaster}는 존 포테스큐 경의 15세기 라틴어 잉글랜드 법률을 다룬 논문을 번역했다. 번역 덕분에 이 논문은 누구나 읽을 수 있게 되었다. 실제로 다음 세기 내내 잉글랜드인들은 번역된 이 논문의 한 문장을 반복해 읽었다. 논문에는 '군주는 의회와 함께 통치해야 한다'는 원칙이 천명되어 있었다.

> 잉글랜드 왕가는 신하들의 동의 없이는 법을 바꿀 수 없고 의회가 반대하는 세금도 부과할 수 없다. 이러한 변화는 모든 이가 동의하고 군주가 기뻐하는 방향으로 만들어져야 하기 때문이다.
>
> 잉글랜드 의회

한편, 북부 사람들이 남부의 지배를 순순히 받아들일지는 오래 전부터 의문이었다. 신학은 반란의 창틀을 마련해주는 데 불과했고 엘리자베스의 추밀원(왕의 자문기구)이 경고한 것처럼 진짜 문제는 다른 데에 있었다. 트렌트강 북부의 주민들은 네빌이나 퍼시 가문 사람 외에는 다른 군주를 아는 사람이 없다는 점이었다. 1569년 북부의 반란은 헨리 8세조차 놀랄 정도로 가혹하게 진압되었다. 반란 이후 적어도 600명이 교수형에 처해졌다.

어쨌든 잉글랜드는 다시 한번 강압적으로 통합의 길로 가고 있었다. 왕실, 교회, 의회, 법과 학문은 모두 런던과 동남부에 기반을 두고 있었다. 심지어 동남부의 억양도 특권층을 상징했다. 잉글랜드의 작가들을 대상으로 한 최초의 근대 지침서에서는 미들섹스^{Middlesex}나 서리^{Surrey}처럼 제대로 된 남부 억양으로 하는 영어는 더 이상 사투리가 아니라고 설명되어 있다. 남부 억양의 영어는 엘리트층을 상징한다는 뜻이었다.

작가는 북부 사람들이 쓰는 용어를 사용해서는 안 된다. 또한, 사실상 트렌트강 너머에서 쓰는 말도 사용해서는 안 된다. 다시 말해 법원에서 쓰는 말, 런던에서 쓰는 말, 런던 주변 지역의 언어를 사용해야 한다.

『영어로 된 영시의 기술^{The Art of English Poesie}』(1589)

새로운 엘리트층으로 진입하는 가장 확실한 방법은 돈과 특별한 교육이었다. 여기서 특별한 교육이란 옥스퍼드, 케임브리지, 런던에서 고전과 프랑스어 법률을 기본으로 하는 매우 구체적인 종류의 교육이었다.

성공한 알뜰한 서민의 아들들을 학교, 대학, 법원 기숙사에 보내고… 그렇게 신사로 키운다.

윌리엄 해리슨 (1577)

종교개혁으로 민족 해방이라는 거대한 변화를 맞을 것이라는 약속을 믿었던 다수의 잉글랜드 평민은 그 어느 때보다 형편이 나빠졌다.

또 하나의 나라: 잠식된 잉글랜드

기후 상황은 더 악화되었다. 인클로저화는 여전히 숨가쁘게 진행되었고, 인플레이션으로 임금의 실질적 가치가 무너졌다. 잉글랜드에서 땅이 없는 가난한 사람들로서는 너무나 절박한 상황이었다. 이때 엘리자베스는 이러한 절박한 상황에 몰린 사람들을 새로운 아메리카 대륙에 정착시키면 그 땅을 공짜로 얻게 될 것이라는 조언을 받았다.

> 너무나 가난한 많은 사람이 위험을 무릅쓰고라도 1년간 새로운 땅에 정착하면 임금을 받지 않아도 고기, 음료, 옷이라도 얻을 수 있다는 것에 만족했다.
>
> 리처드 해클루트 Richard Hakluyt, 1583

이제 잉글랜드는 '브리튼 제도'라는 새로운 대영제국 안에 속한 하나의 나라에 불과했다('브리튼 제도'라는 용어는 1577년 처음 기록으로 나왔다). 엘리자베스 튜더는 단순한 잉글랜드의 여왕이 아니었다. 그녀는 제국의 왕관을 쓴, 다민족의 여제 Empress였다. 엘리자베스의 치하에 있는 모든 나라들은 동등하게 그녀의 신민이었다. 1563년 엘리자베스는 성경을 웨일스어로 번역하라고 지시했으며 이듬해에는 아일랜드에서 사용하는 게일어로 성경을 번역하라고 명령했다.

이렇게 하나의 긴 이야기가 새롭게 시작되었다. 이는 평범한 잉글랜드인들이 다시금 잠겨들어가는(대중이 주인공이 되는 역사가 아니라, 대중이 다시 시야 아래로 내려가, 엘리트가 운영하는 거대한 체제의 배경 인물이 되는 과정) 이야기 였다.

섬의 요새

1570년 엘리자베스는 교황을 통해 이단자이자 범죄의 하수인이라는 선
고를 받았다. 이에 따라 엘리자베스는 모든 잠재적 가톨릭 암살자들에
게 마음껏 노려도 되는 표적이 되었다. 10년 동안 두 번이나 스페인의
통치에 맞서 필사적으로 싸운 네덜란드의 개신교 교인들은 엘리자베스
에게 나라 전체를 바치겠다고 제안했다. 엘리자베스는 자신의 의지와
상관없이 새로운 유럽의 종파 전쟁 속의 한 축이 되었다. 하지만 매우
영리했던 엘리자베스는 스페인과의 공개적인 갈등에 휘말리지 않았다.

이 초상화에서 엘리자베스가 이마를 드러낸 채 왕관을 쓰고 있는 모습은
그녀가 단순한 여왕이 아닌 '여제'였다는 의미다.

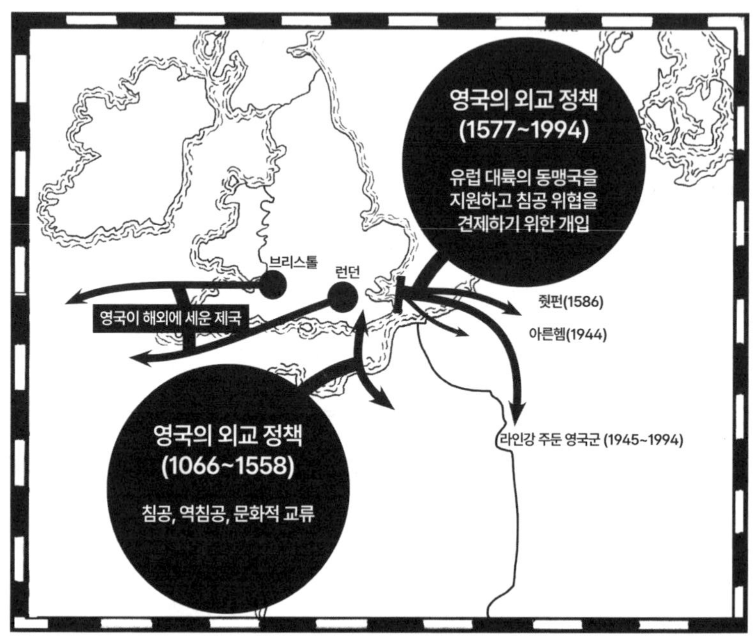

그 대신 엘리자베스는 다양한 전투에 나섰다. 예를 들어, 1577년부터 1580년 사이 프랜시스 드레이크^{Francis Drake} 경이 최초로 세계 일주에 성공한 영국인이 되도록 엘리자베스는 그를 은밀히 지원했다. 드레이크의 배 다섯 척 중 단 한 척만 태평양에 도착했지만 드레이크의 골든 하인드호^{Golden Hinde}는 보물을 실은 스페인의 선박이 그 어떤 공격도 막아낼 준비가 되어 있지 않다는 것을 깨달을 수 있었다. 드레이크의 배는 전리품을 가득 싣고 영국으로 돌아왔고 엘리자베스는 그 전리품의 절반을 가졌다. 그 절반의 전리품은 엘리자베스가 그해 벌어들인 왕실 수입보다 많았다.

네덜란드가 엘리자베스에게 자국의 보호와 통치를 맡아달라고 요청했을 때(1584) 그녀는 이를 다시 거절했다. 그러나 병력 7,000명을 저지대 국가로 보내 주펜 전투(1586)에서 스페인과 직접 맞섰다. 거의 500년 동안 영국의 외교 정책은 모두 프랑스를 침략하거나 프랑스의 침략을 막는 것이었다. 그러나 이후 400년을 영국 해군이 세계를 항해하는 동안 육군은 항상 힘의 균형을 유지하기 위해 동맹을 맺고 저지대와 독일 북서쪽으로 갔다.

여호와의 바람이 불자 흩어진 그들

1588년 스페인 함대는 영국에서 정권 교체를 일으키겠다는 일념으로 항해를 시작했다. 새로운 지배 엘리트들은 자신들의 목숨이 경각에 달려 있음을 인지하였다. 평민들은 외세의 정복을 받았던 충격적인 역사를 여전히 기억하고 있었다. 결과적으로 스페인 함대는 영국이 한 나라로 통일되는 위대한 순간을 가져다주는 역할을 했다. 이러한 변화를 능숙하게 끌고 간 것은 엘리자베스였다.

> 그러므로 나는 전투가 한창인 이 시기에 개인적인 오락이나 운동에 몰두하는 것이 아니라 백성들 사이에서 살거나 죽을 것이다. 나의 하느님을 위해, 나의 조국을 위해, 나의 백성들을 위해, 나의 명예를 위해, 그리고 나의 피를 위해, 심지어 재로 흩어질 먼지까지도, 기꺼이 바칠 것이다.
>
> 틸버리Tilbury에서의 엘리자베스, 1588

스페인 무적함대는 패배했다. 이후 강풍과 악천후로 스페인 함대는 두 번이나 파괴되었다(1596, 1597년). 그 덕분에 영국 왕실은 개신교 영국인들이야말로 하나님의 선택을 받은 민족이라고 주장할 수 있게 되었다.

스페인 무적함대(아르마다) 이후

가톨릭의 위협이 실패로 돌아간 후 엘리자베스는 다시 급진적인 개신교와 싸워야 했다. 1593년 영국 국교회 교인이 예배에 참석하지 않으면 사형에 처할 정도로 막강했다. 중요한 소식이 있으면 중앙정부에서 인쇄된 특별 설교가 특사(전령)에 의해 모든 교구에 전달되었다. 교회는 영국 국민을 상대로 한 최초의 대중 매체와 같았다. 따라서 그다음 세기에는 교회를 통제하는 것이 정치의 주요 과제가 되었다. 그러나 적어도 지금 이 순간에는 모든 갈등이 엘리자베스의 영광에 가려졌다. 설교, 그림, 시, 팸플릿에서 처녀 여왕Virgin Queen, 요정 여왕Faerie Queen인 엘리자베스는 동정녀 마리아를 대신하는 국가의 상징으로 사랑받았다.

> 그녀는 부유한 사람들이 바치는 풍성한 선물도 기분 좋게 받았고, 꽃다발과 로즈메리 가지 등 매우 가난한 사람들이 준 선물도 기분 좋게 받았다. 하지만 그 어떤 음악도 백성을 생각하는 군주의 애정만큼 감미로운 것은 없었다. 사람들은 사랑과 기쁨에 강하게 동요되었다.
>
> 존 헤이워드John Hayward

이러한 정치적 연극 너머에 있는 평민들은 더 가난해졌다. 1590년대 가장 빈곤한 사람들은 실제로 굶어죽기까지 했다. 투기꾼들은 곡물을 사들여 숨겨 놓고 가격이 더 오를 때까지 기다렸다.

정부는 악영향을 미치는 자유시장을 통제하려고 했지만 소용없었다. 1598년 곡물을 사재기한 죄로 벌금형을 받은 어떤 한 사내는, 비록 대학 교육을 받은 그의 경쟁자로부터 '라틴어 실력은 일천하고 그리스어는 그보다 못하다'는 평을 들었지만, 필요하다면 프랑스어로 작품을 쓸 수 있는 인물이었다. 그리고 그는 때마침 영어로 글을 쓰기에 가장 좋은 시기에 런던에 당도해 있었다.

셰익스피어가 모든 영국인에게 말하는 방법

영국인들은 원래 극장을 사랑하는 사람들이었다. 이제는 오래된 종교예술과 종교의식, 대중적인 기념행사가 금지되면서 영국인들은 절반만 알아듣더라도 다른 사람의 말을 매우 주의 깊게 듣는 습관이 생겼다.

토머스 크롬웰은 극장을 곧 '역사를 가르치는 무대'로 만들었다. 무대에서만 색상, 소리, 공연이 허용되었다. 스페인 함대 이후의 영국은 단결의 물결 속에서 신분이 높은 사람과 낮은 사람이 정복 이후 처음으로 같은 공공장소에서 섞일 준비가 되어 있었다.

연극을 통해 셰익스피어는 영어를 언어유희로 활용하고 모든 사람에게 한 번씩 말할 기회를 주었다. 첫 번째 위대한 사극(헨리 6세)은 궁정 스타일의 라틴어와 고전 인용으로 시작했지만 나중에는 라틴어와 고전이 잉글랜드식이 아니라고 암시했다. ('항복'을 뜻하는 '쉬브마씨옹 Submission', '황태자'를 뜻하는 '도팽 Dauphin'은 그저 프랑스 말일 뿐이다.

우리 영국 전사들은 그게 무슨 뜻인지 알지도 못한다.) 셰익스피어는 짝말(토지와 부동산같은 표현)을 사용하던 잉글랜드의 변호사들처럼 라틴어 표현 방식과 게르만어 표현 방식 두 개를 모두 사용했다. 같은 내용이라도 비유적인 라틴어로 표현하면 '맥베스 부인의 피투성이 손이 푸른색의 바다를 곧 붉은색으로 물들일 것이다'라는 문장으로 표현되지만, 바로 이어 게르만어로 단순히 '푸른색 바다를 붉은색 바다로 만들 것이다'라고 풀어쓴다.

영어에는 이상한 편안함이 있다. 내용 대부분을 라틴어 같은 표현 방식이나 게르만어 같은 두 가지 표현 방식 중에서 선택해 말할 기회를 주기 때문이다.

조지 왓슨^{George Watson}

셰익스피어의 배우들이 발코니 좌석에 앉아 있는 엘리트들을 올려다보고 다음 순간 서 있는 서민 관객에게 말을 거는 모습을 상상해보라. 그것이 가능했던 이유는, 그때만큼은 사람들이 진심으로 동일한 감정을 느꼈기 때문이다. 이 느낌은 하나로 뭉치는 데 나름 효과를 발휘했다.

그 순간은 다시 오지 않기 때문에 가장 중요했다. 그 때의 부상, 성숙, 쇠퇴는 희곡 작가인 셰익스피어의 경력 흐름과 일치했다... 긴장이 끝나고 영웅적인 시대가 저물자... 모든 것이 무너지기 시작했다.

A. L. 로즈^{A.L. Rowse}

잉글랜드는 없어지는가?

엘리자베스는 후계자를 지명하는 것을 거부하면서까지 권력에 매달렸다. 심지어 왕위계승을 논하기만 해도 사형을 당했다. 급진적인 개신교도들은 종교개혁을 진전시키기 위해 기다리고 있었다. 강경파 가톨릭 신자들은 역사의 시계를 여전히 되돌리고 싶어 했다. 잉글랜드는 늙어가는 처녀 여왕 엘리자베스로 단합되었지만 동시에 마비되기도 했다. 엘리자베스는 마침내 1603년 3월 24일 세상을 떠났다. 사람들은 모두 엘리자베스의 죽음이 한 시대의 종말을 뜻함을 알고 있었다. 전쟁 없이 미래의 방향이 결정될 것으로 생각한 사람은 거의 없었다.

> 엘리자베스의 아래에서 거의 태어나 만들어진 나라… 어찌 그녀의 병이 온세상에 보편적인 공포를 흩뿌리지 않을 수 있었겠는가?
>
> 토머스 데커Thomas Dekker

그러나 엘리자베스와 수석대신 솔즈베리 경Lord Salisbury은 뒤에서 정치와 종교로 벌어지는 내전을 피할 은밀한 계획을 세웠다. 즉, 잉글랜드를 외국인 왕에게 넘기는 계획이었다.

잉글랜드 폐지?

잉글랜드는 12세기 이후로 거의 끊임없이 스코틀랜드와 전쟁을 벌여왔다. 스코틀랜드의 제임스 6세(증조할머니가 헨리 8세의 여동생)는 잉글랜드에서 제임스 1세로 인정받았다. 그 때문에 솔즈베리는 내전을 피할 유일한 방법으로 제임스를 제시했다. 모든 성공회 교구장들은 신자들에게 제임스가 왕위에 올랐으며 그 과정에서 유혈 사태나 소요가 없었고, 나라의 평화를 뒤흔들지 않았다는 점을 널리 알리라는 명령을 받았다.

새로운 왕으로 즉위한 제임스는 자신이 다스릴 영토가 매우 불안정하다는 것을 깨달았다. 급진적인 종교개혁가들은 제임스가 개신교 유럽의 용맹한 리더가 되기를 바랐다. 하지만 제임스는 엘리자베스가 끝없이 벌이던 스페인과의 전쟁을 포기했고 가톨릭 관습을 일부 받아들였다. 그리고 1604년에는 강력한 킹 제임스 성경^{King James Bible}을 의뢰해 중심을 잡으려고 했다. 하지만 극단적인 가톨릭 신자들은 이것으로 만족하지 않았다. 1605년 11월 5일에는 가이 포크스^{Guy Fawkes}가 이끄는 세력이 제임스와 의회에 테러(화약 음모 사건)를 저지르려고 했던 사건도 있었다.

그때 제임스는 이미 잉글랜드 내 분열을 해결할 급진적인 해결책을 제안했다. 잉글랜드의 완전한 독립왕국 지위를 폐지하기로 한 것이다.

> 그러므로 우리는 잉글랜드와 스코틀랜드를 분리해 부르지 않기로 했다.
> 그레이트 브리튼(영국)의 왕이라는 이름과 방식을 채택하기로 했다.
>
> 제임스 1세, 1604년 10월 20일 선언

잉글랜드의 엘리트들은 잉글랜드가 어떻게 불리는지 신경쓰지 않았다. 다만, 그들은 잉글랜드라는 나라를 누가 통치할 것인가, 즉 권력이 어디에 있는가에는 극도로 민감했다. 만약 국가 운영자들이 제임스의 뜻에 따라 스코틀랜드에 별도의 권력 기반을 허용해준다면 런던 의회를 통해 행사되는 엘리트층의 권력은 엄청나게 줄어들 것이었다.

튜더 왕조의 통치 아래 확고해진 것처럼 잉글랜드의 남동부가 계속 권력을 유지할 것인가, 아니면 다민족이고 규모가 늘어난 대영제국의 일부로 전락할 것인가? 이는 수 세기 동안 영국 정치를 지배한 핵심 쟁점이 되었다. 제임스의 통치 동안 장차 대영제국의 왕이 될 제임스(그리고 1612년에 지도 제작자 존 스피드^{John Speed}가 부른 이름처럼 '그의 대영제국')와 영국 의회 사이의 투쟁으로 나타났다.

의원이자 변호사였던 이들은 판례들을 찾기 위해 잉글랜드 법을 다룬 고서를 파고들었다. 이들은 헨리 8세 치하에서 '스튜^{stew}'라는 매춘 업소들이 포고문만으로 단속받았던 것이 법적으로 정당하지 않다는 판례를 찾아냈다. 이 시대의 위대한 판사로 통하던 에드워드 코크 경^{Sir Edward Coke}은 이러한 법적 선례가 '매춘 업소는 물론 의회에도 똑같이 적용된다'라고 선언하면서 왕은 국법에 허용된 특권 이외에는 어떤 권리도 행사할 수 없다고 밝혔다.

제임스 왕은 의원들에게 경고했다. 요구한 자금을 승인해주지 않는다면, 그리고 잉글랜드와 스코틀랜드 연합을 위한 자신의 계획을 지지하지 않는다면 더 이상 의회를 소집하지 않겠다는 경고였다. 즉각적인 정면충돌을 원하는 의원들도 있었지만 공공연히 왕에게 반대해 초래할 결과를 두려워하는 사람들도 있었다. 이러한 의회의 분열로 제임스는 통치를 이어가는 틈을 가질 수 있었다.

해외 제국의 탄생: 기아와 이민

영국의 통치자들은 사회가 갑자기 변하는 것을 경계했다. 나름 현명한 생각이었다. 소빙하기가 다가오고 있었고 1608년부터 정기적으로 템스강에서 박람회가 열렸다. 북부와 중부에서 농업이 부수적인 분야가 되면서 공유지가 사유지로 변하는 것은 생사의 문제가 되었다. 1607년 노샘프턴셔^{Northamptonshire}에서 공유지가 울타리 봉쇄로 사유지가 되는 것을 막기 위해 수십 명의 농부가 들고 일어났지만 그 자리에서 무참히 살해되었다. 이후 그 농부들은 추가로 교수형에 처해졌고 그중 일부는 능지처참 같은 끔찍한 방식으로 처형되었다. 영국의 사회 질서는 제대로 유지되지 않았다.

서민들의 새로운 탈출구는 이민이었다. 17세기 전반 약 5만 명(당시 인구는 약 400만 명)이 아메리카에 있는 영국의 왕실 식민지 지역으로 이민하기 위해 위험한 항해를 했다. 많은 사람이 이민을 위한 항해에 드는 비용을 마련하기 위해 몇 년 동안 노예처럼 일하는 계약에 서명했다. 이러한 처지에 놓인 사람들의 삶은 사실상 노예와 다름없었다.

> 처음 20명 이상의 아프리카인이 도착했을 때(버지니아, 1619년) 우리는 인종에 기초한 노예특별법을 따로 만들 필요가 없었다. 식민지 법에서 하인은 재산으로 취급되었기 때문이다.
>
> 윌리엄 테런스 마셜 리치^{William Terrance Marshall Riches}

이 사실을 안 노팅엄셔^{Nottinghamshire} 출신의 농부 무리는 왕의 통제에서 벗어나 자유로운 신대륙의 일부 지역으로 가기로 결심했다. 아메리카에는

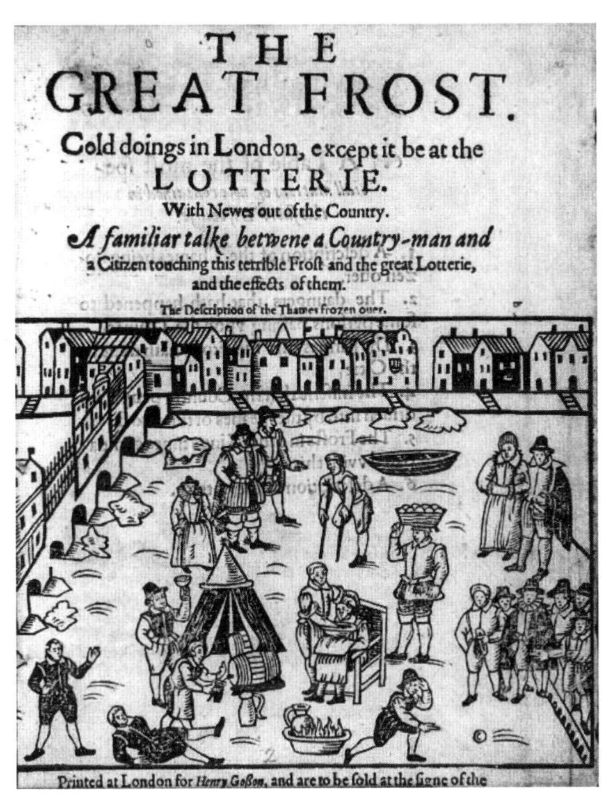

1608년 '복권에 당첨되는 것'은 하나의 탈출구였다.
얼마 지나지 않아 '이민'도 또 하나의 탈출구가 되었다.

문명화된 사람이 살지 않는 광활한 지역들이 많았는데 이는 농부들이
정착하기에 안성맞춤이었다. 제대로 된 시민들은 없었고 짐승과도 같은
야만인들(인디언)만 살고 있었다. 1620년 농부들은 주저 없이 메이플라
워호에 탔다.

후대의 제국주의자들은 영어를 사용하는 제국의 존재가 어떤 특별한
인종적 능력의 증거라고 주장하곤 했다. 그러나 현실은 달랐다. 예를 들

어, 프랑스도 그런 제국을 세우는 데 만만치 않게 열정적이었으며 새 땅을 찾으려는 모험가들도 많았다. 하지만 적어도 프랑스에서는 빈곤에 시달리는 토지가 없는 농민들이 대규모로 없었기 때문에 저 멀리 있는 미지의 땅으로 이민가기 위해 목숨을 걸 정도로 필사적인 사람들이 많지 않았다. 영어를 사용하는 제국이 탄생한 진짜 이유는 어디까지나 살아가기 힘든 평민들의 삶이 절망적이었기 때문이다.

주적 관계: 찰스 1세와 의회

1625년 제임스 1세가 사망할 때까지 제임스 1세와 의회 사이에 감돈 긴장은 정부를 거의 마비시킬 정도였다. 제임스의 24살 된 아들 찰스는 의회를 피하거나 따돌리거나 위협하기 위해 자금을 찾으려고 분주히 움직였다. 마침내 재앙은 1628년 찾아왔다. 영국은 큰 비용을 들여 해군을 통해 세 번의 탐험을 시도했지만 프랑스 왕이 개신교의 거대한 요새인 라로셸^{La Rochelle}을 장악하는 것을 막지 못했다(《삼총사》의 배경이 되는 역사적 사실). 패전한 군대와 선원들이 봉급이 부족하다고 아우성 치는 상황에서 찰스는 의회를 소집해 세금 인상을 요청할 수밖에 없었다.

이에 의원들은 그야말로 맹비난했다. 1629년 3월 2일 의원들은 의장을 의자에 억지로 잡아두어 긴급 투표가 통과할 수 있도록 회의를 계속 진행했다. 그 결과, 승인 없이 왕에게 세금을 올리라고 조언하는 사람, 그러한 세금을 내는 사람은 누구나 왕국과 국가의 중대한 적으로 간주하기로 의결했다.

하지만 실제로 왕을 상대로 무력시위를 벌인다는 것은 너무나 비현실적인 일이었다. 찰스는 의회를 무시했고 10년간 의회 없이 나라를 다스렸다. 이에 따라 의회의 승인이 필요 없는 '함선세' 같은 중세 시대의 세금을 부활시켜 왕실에 필요한 자금을 확보했다.

내전: 대영제국과 의회의 대결

찰스가 영국 의회에 대항해 대영제국이라는 구상을 잉글랜드 의회에 맞서 실제로 사용하려고 하면서 위기가 찾아왔다. 군사령관 스트래퍼드 백작^{Earl of Strafford}은 마침내 1630년대 아일랜드를 평정하는 데 성공한 듯 보였고 이로써 찰스는 런던 의회의 통제를 벗어난 새로운 권력 기반을 확보하게 되었다. 1639년 스트래퍼드는 스코틀랜드도 대영제국에 편입시키려고 했지만 이는 치명적인 역효과를 낳았다. 스코틀랜드인들이 무기를 들고 일어섰고 자금이 부족한 스트래퍼드의 군대는 무너졌다. 단기 의회는 자신들이 통제할 수 없는 군대에 자금을 대는 것을 거부했다. 군대가 의회와 갈등을 빚는 동안 마침내 노섬벌랜드 전체는 스코틀랜드 차지가 되었다.

17세기의 혹독한 겨울을 견디기 위해 영국 상선의 1/3이 뉴캐슬에서 런던으로 석탄을 운반하는 데 동원되고 있었다. 하지만 이렇게 중요한 무역이 스코틀랜드 때문에 끊기면서 찰스는 하원 의원들을 소환할 수밖에 없었다. 1640년 11월 3일 정기 의회가 웨스트민스터에서 개최되었다. 찰스는 단지 스코틀랜드를 굴복시키기 위한 자금만 원했지만 의회는 이 기회를 이용해 모든 잠재적 경쟁자를 물리치고 지배력을 확보하기로 결심했다.

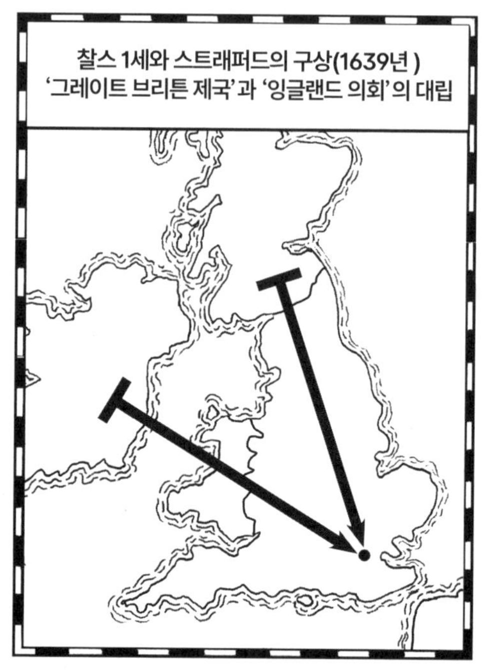

캔트베리의 로드^{Laud} 대주교는 지방 교규에 대한 교회의 권한을 이용해 런던 의회의 법적 통제를 우회하려고 했다. 스트래퍼드는 아일랜드 신하들로 구성된 군대를 이용하면 찰스 왕이 영국 의회를 무너뜨릴 수도 있다고 제안했다. 의회는 두 사람을 모두 대역죄로 규정했고 요크에 있던 북부 공의회는 폐지되었다.

1642년 1월 4일 찰스는 다섯 명의 주요 의원을 체포하기 위해 무장한 군인들과 함께 하원에 들어갔지만 너무 늦었다. 찰스가 남긴 유명한 표현을 빌리자면 '그 새들은 이미 날아가 버렸다.' 의회를 지지하는 런던 시민들이 두려웠던 찰스는 먼 옛날부터 런던과 경쟁 관계였던 요크로 피신했다. 권력을 지닌 강력한 두 세력이 온건한 목소리로 무장하고 인쇄물을 통해 여론에 영향을 미치려고 노력한 것은 영국 역사상 처음 있는 일이었다.

> 의회(1642년 6월 런던발): 폐하께서 저희의 이 겸손한 요청을 받아주신다면, 저희는 즉시 폐하의 현재 수입을 폐하께 가장 이로운 방식으로 정리할 수 있도록 최선을 다할 것입니다.

> 찰스 왕(요크에서 보내온 답): 이 왕국에서 법은 국왕과 대귀족 가문, 국민이 선택한 하원이 공동으로 제정하며 모두 자유로운 표결권과 특권을 가질 수 있다.

하지만 숨겨져 있던 동력이 사태를 위기로 몰고 갔다. 잉글랜드 북부는 비잉글랜드 지역과 연합해 남부 의회의 지배에 저항한 것이다. 이는 통치와 정체성 문제여서 영국의 평민들이 서로 죽일 정두로 심각했다.

> 의원들은 북부와 서부를 '어두운 구석에 있는 땅'으로 취급했다.
>
> 크리스토퍼 힐Christopher Hill

왕당파는 첫 전투인 에지힐Edgehill에서 아슬아슬하게 승리한 후(1642년 10월 23일)에도 안절부절 못했다. 런던은 의회를 지지하며 버텼다. 찰스는 웨일스와 북부로부터 확고한 지지를 받으며 옥스퍼드에서 자신의 궁정과 의회를 이끌었다. 찰스의 군대는 1643년 여러 번 중요한 승리를 거두었고 잉글랜드의 두 번째 도시인 브리스톨을 함락시켰다. 아일랜드와 평화 협정을 맺으면서 찰스는 이제 그곳의 군대도 동원할 수 있게 되었다. 1643년 말 찰스는 완전히 승리할 준비가 된 것처럼 보였다.

잉글랜드의 운명을 결정하는 스코틀랜드

스코틀랜드인들은 영국의 어느 쪽이든 지지할 수 있는 '조커'나 다름없었다. 그들은 조건만 맞으면 어느 쪽이든 지원할 준비가 되어 있었다. 그러나 지나치게 자신만만했던 찰스는 어리석게도 한 치도 양보하지 않았다. 반면, 궁지에 몰린 의회는 수 세기에 걸친 권력관계를 뒤바꾸는 전례 없는 협상안을 제시하며 필사적으로 지지를 호소했다. 스코틀랜드가 의회의 손을 들어준다면 오랫동안 분쟁의 대상이었던 버릭 어폰 트위드Berwick-upon-Tweed를 양도하고 '스코틀랜드의 장로교의Kirk of Scotland' 근본주의적 모델에 맞게 영국 국교회(성공회)를 재편하겠다는 것이었다. 이 약속은 '서약Covenant'이라 불렸다.

의회와 스코틀랜드의 협상이 시작되자 '미신과 우상숭배 기념물 철거 위원회Committee for the Demolition of Monuments of Superstition and Idolatry'(1643년 7월)는 영국의 남동쪽 교회와 대성당에 있는 성상과 조각상을 공격하는 일을 '선의'라는 이름으로 포장했고 사람들이 이를 실행하도록 부추겼다. 이 과정에서 급진주의자들은 올리버 크롬웰에게서 위대한 지도자의 자질을 발견했다.

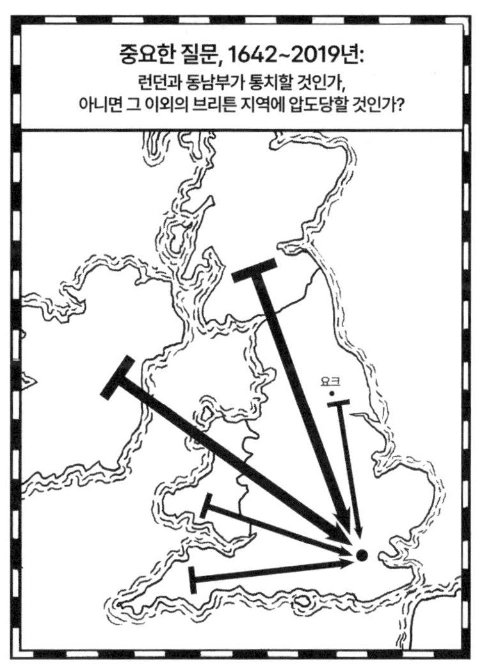

여러분이 할 수 있는 것이 있다면 즉시 하십시오! 자위대를 소집하고 헌

팅던^{Huntingdon}으로 보내 할 수 있는 일을 하시오. 자원병들을 일으켜 세

우고 기병을 제촉하시오. 뒤로 빼지 않고 신속하고 부지런하게 움직이

기를 바라오! … 힘차게 행동해야 하오. 방해에도 굴하지 말고 행동하시

오. 수단을 가리지 마시오.

크롬웰이 케임브리지에서 위원들에게 보내는 호소, 1643년 8월 6일

스코틀랜드 사람들이 없었다면 크롬웰의 열정은 제대로 발휘되지 못했

을 것이다. 영국 안에서 벌어진 최대 전투인 타우턴 전투 이후 요크 근처

의 마스턴 무어^{Marston Moor}(1644년 7월 2일)에서 의회군의 절반 이상이 코브넌터(스코틀랜드 장로교 원리주의자)였다. 그들의 지원이 없었다면 루퍼트 왕자와 기병대원들이 그날의 승리, 어쩌면 전쟁 전체의 승리까지 거머쥐었을 것이다.

궁지에 몰린 동남부

1644년 말 마스턴 무어 전투를 치르면서 런던과 동남부 통치자들이 자연히 브리튼 전체(심지어 브리튼 섬 전체)를 통치해야 한다는 생각은 완전히 수그러든 것 같았다. 아일랜드는 사실상 주권을 회복했다. 의회와의 동맹에서 삐걱대던 스코틀랜드 사람들은 생명선과도 같은 석탄 무역을 통제하면서 뉴캐슬과 더럼을 그대로 차지했다. 웨일스는 여전히 왕에게 충성을 바치고 있었다.

잉글랜드 자체가 실패한 국가 모습을 하고 있었다. 농촌 지역의 남서부 지방의 남성들은 양측을 방어하기 위해 클럽맨^{Clubmen}이라는 지역 민병대를 조직했다. 콘월과 데번은 마치 독립 국가처럼 불가침 조약에 서명했다. 마스턴 무어 전투가 끝나고 두 달이 지나 왕당파 콘월 사람들은 로스트위디엘^{Lostwithiel}에서 에식스 백작의 군대를 무찔렀다. 런던에서는 온건파가 크롬웰과 그의 훈토^{Junto}(의회파였던 맨체스터 백작이 이들을 불렀던 이름에 따라)와 갈등을 빚었다. 그때, 크롬웰은 전면전을 선포했다.

전면전과 진정한 잉글랜드인의 심장

나라를 구하기 위해 즉, 잉글랜드 남동부의 지배권을 지키기 위해 크롬
웰은 무슨 수를 써서라도 자기 사람들을 동원할 필요가 있었다. 1645년
크롬웰이 만든 신형군New Model Army은 참된 잉글랜드인의 심장을 지닌 사
람들이 중심이 되었다. 전투 경험으로 단련된 병사들이 신사들보다 우
선적으로 장교로 임명되었다. 모든 부대에 설교자들이 배속되어 병사들
에게 의로운 사명감을 불어넣었다. 오랫동안 경멸받아 왔던 평민 잉글
랜드인들은 이제 자신들을 주님에게서 선택받은 사람들로 여겼다.

　1645년 6월 14일 신형군은 네이즈비Naseby에서 찰스의 마지막 진지를
무너뜨리는 데 성공했다. 그 후 육군 전투원들은 왕당파 진영의 여성 추
종자들을 궁지에 몰아넣었다. 그리고 이 극단적인 지지자들이 왕당파의
인쇄물을 내놓자 육군 전투원들은 공개적으로 기뻐했고 여기에 고무되
어 매춘부처럼 사치스러운 황금색 옷을 입은 100명의 여성 왕당파 추종
자들을 학살했다.

　공포는 전장에만 머물지 않았다. 1644년부터 1647년 사이 신형군의
심장부인 크롬웰 동부 연합에 있던 수십 명의 여성이 '마녀를 색출하는
장군'이라는 별명이 붙은 매튜 홉킨스Matthew Hopkins에게 고문당하고 처형

되었다. 결과적으로 의회는 승리했지만 그 뒤에는 통제할 수 없는 종교 급진주의와 정치 급진주의라는 대가가 기다리고 있었다.

고위층 '그랜디'와 선동가

크롬웰은 부하들에게 오래 전 잉글랜드가 누렸던 자유를 위해 신을 모독하는 사악한 적들과 싸우고 있다고 말했다. '수평파^{Leveler}'로 알려진 일부 부하들('울타리로 봉쇄된 토지의 경계를 허물고 토지의 평등을 추구하고 싶어 하는 사람들'이라는 뜻에서 이런 이름이 붙었다)은 크롬웰의 말을 따랐다.

1647년 6월 부대에서 급진적인 '수평파'로 통하던 크롬웰의 부하들은 왕을 사로잡았고 교황의 축제인 크리스마스를 폐지했으며 모두에게 투표권과 땅이 주어지는 완전한 종교개혁을 요구했다. 이 급진주의자들은 1530년대 평민들에게 토머스 크롬웰이 한 약속이 올리버 크롬웰을 통해 꼭 지켜져야 한다고 주장했다. 1647년 10월부터 11월까지 열린 퍼트니 논쟁Putney Debates에서 크롬웰과 그의 사위 아이어턴Henry Ireton(청교도 혁명에서의 의회파 대표)은 고위층인 '그랜디(거물)Grandee'라고 불렸다. 이 그랜디는 그들에게 불만을 제기한 선동가들Agitator과 직접 논쟁해야 했다. 선동가 한 명은 노르만인들에게 정복되기 이전의 잉글랜드로 돌아가는 것이 꿈이라고 단도직입적으로 선언했다.

내전을 계기로 잉글랜드 남동부의 평민들이 무기를 들었다. 남동부의 평민들은 읽고 쓰는 능력과 인쇄술에 힘입어 대중 매체처럼 파급력을 갖춘 목소리를 낼 수 있었다. 잉글랜드의 남동부가 제시한 종교 비전과 정치적 요구는 훗날 1960년대 미국의 마틴 루터 킹이 제시한 요구와 내용 면에서 비슷했다.

> 오, 잉글랜드에서 힘을 가진 당신들은 대단히 큰 망상에 빠져 있다! 당신들은 노르만의 굴레와 바빌론 같은 강력한 힘을 버리는 척했고 신음하는 잉글랜드인들을 자유로운 백성으로 만들어 주겠다고 약속했다. 그런데도 여전히 노르만의 잔재를 휘두르고 비열한 폭정을 일삼고 있으며 백성들을 구속하고 있다. 마치 야만적인 정복자와 전쟁 공의회처럼 말이다. 그러니 자비를 얻고 싶다면 잉글랜드의 백성들에게 자유를 달라!
>
> 《진정한 평등주의자들이 내놓은 진보의 표준The True Levelers' Standard Advanced》, 1649

수 세기 동안 잉글랜드를 지배한 노르만인들을 비난한 것은 이 선전물 뿐만이 아니었다. 급진주의자들은 대부분의 노르만인 지배층을 비난하고 있었다. 노르만인들이 잉글랜드를 지배한 지 600년이라는 시간이 흘렀지만 잉글랜드 평민들 사이에서 그들의 이야기는 대대로 전해졌다. 이를 통해 잉글랜드인들은 노르만인들의 잉글랜드 정복을 여전히 커다란 국가적 트라우마로 기억하고 또 기억했다. 잉글랜드 고유의 언어, 법, 땅을 빼앗은 자들이 바로 노르만인들이었기 때문이다.

군대와 의회의 대결

크롬웰은 급진화된 군대를 길들이기 위해 노력했다. 이를 위해 크롬웰은 군대가 포로로 잡고 있던 국왕 찰스가 1647년 11월 탈출하도록 묵인하였다. 이는 군대에 절대적 충성을 요구할 수 있는 구실을 만들어 주었다. 심지어 크롬웰은 급진 선동가 한 명을 연대 앞에서 공개 처형하기까지 했다.

이제부터 크롬웰은 '포퓰리즘 호랑이'를 묶어둔 끈을 풀고 그 위에 올라탈 수밖에 없었다. 크롬웰은 사석에서는 수평주의 급진파 부하들에게 화를 낼 때도 있었지만 공개적으로는 온건한 의회보다 군대를 지지할 수밖에 없었다. 그러던 중 '프라이드의 숙청Pride's Purge'(1648)이라는 사건이 터졌다. 잔부의회Rump Parliament가 아무도 예상하지 못한 결정을 내리기 전 급진적이지 않은 의원들이 쫓겨난 사건이다. 1649년 1월 30일 국왕 찰스는 결국 처형당했다.

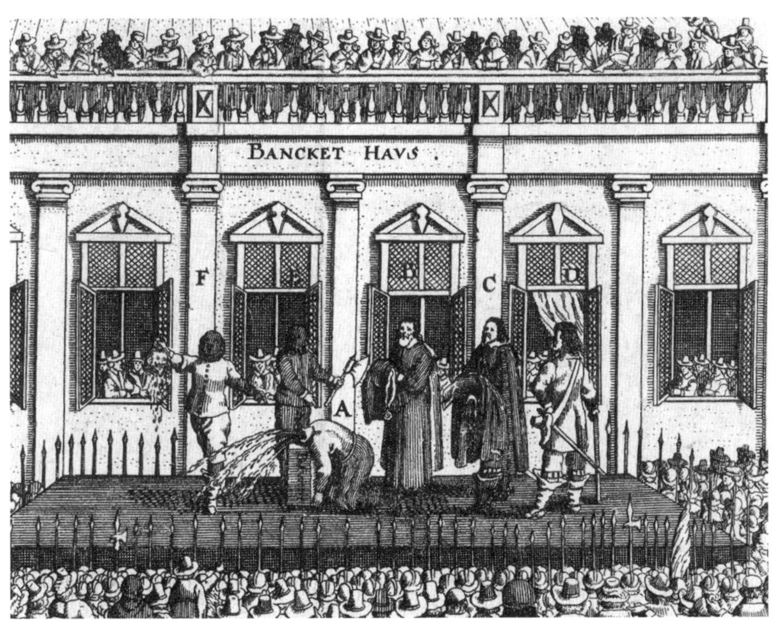

찰스 1세의 처형(독일 판화에 실린 상세화(일부를 상세하게 보여줌), 1649년)

> 잉글랜드인들은… 앞으로 국민의 최고 권위자인 의회의 국민대표를 통
> 해 공화국과 자유국가로 통치될 것이다.

잉글랜드인들은 한 세기 전의 잉글랜드로 돌아가기를 바라고 있었다.
새로운 통치자들이 인클로저 정책을 새로 손봐주거나 적어도 자신들에
게 맡겨주기를 바라고 있었다. 1649년 4월 수평파 중에서도 극렬 급진
파인 '디거스^{Diggers}'는 서리의 세인트 조지 힐^{St. George's Hill}에 있는 공유지를
점령했다. 켄트, 노샘프턴셔, 버킹엄셔^{Buckinghamshire}에 있는 디거스도 그곳
의 공유지를 점령했다. 디거스도 '수평주의자들'과 마찬가지로 노르만

인들이 잉글랜드를 정복한 이후 생겨난 잘못을 자신들이 바로잡고 있다고 믿었다.

> '정복자 노르만인들이 잉글랜드인들을 노예처럼 부리며 만든 법은 국왕 대대로 지켜졌다. 눈에 들어간 티끌처럼, 등에 박힌 가시처럼 고통스러운 이 법을 우리는 단숨에 무너뜨릴 것이다.'
>
> — 억압받는 가난한 잉글랜드인들이 '마노르의 영주Lords of Manors'라는 사람들에게 전하는 선언 중에서 발췌한 내용

제1차 종교개혁 때와 마찬가지로 평민들은 얼마 지나지 않아 원래 자리로 돌아갔다. 디거스 집단은 분쇄되었고 잉글랜드는 군사 지배 아래 놓였다.

> 수비대가 있는 곳이면 어디서든 신원 조사가 매우 엄격히 이루어진다. 여행자도 이름이 무엇인지, 어디서 왔고 어디에 머물며 어디로 가는지, 어떤 이유로 여기에 있는지 등의 질문을 받으면 이에 대답해야만 통과할 수 있다.
>
> 존 테일러John Taylor, 『물의 시The Water-Poet』, 1649

진정한 잉글랜드 제국

남동부 세력이 다시 잉글랜드를 지배하면서 크롬웰은 자신의 통치를 브

리튼 제도 전체로 확대하기 시작했다. 제국 건설 초기와 이후의 통치 방식이 달라진 것이다. 지역 엘리트들에게는 어떠한 타협도 허용되지 않았다. 신모범군의 지배를 받는다는 것은 곧 영국이 급진화된 평민 잉글랜드인들의 세상이 되었다는 뜻이었다. 이 평민 잉글랜드인들은 자신들이 하느님의 일을 대신하고 있다고 확신했다.

아일랜드에서는 웩스포드Wexford와 드로에다Drogheda에서 종교적 살육이 자행되었으며(1649), 던바Dunbar 전투(1650)에서는 스코틀랜드군이 처참하게 궤멸되었다. 처형된 왕의 아들인 찰스 왕자는 스코틀랜드군을 이끌다가 우스터Worcester에서 포위당할 뻔했지만(1651) 간신히 프랑스로 도망쳤다.

> 우리 모두에게는 여전히 '크롬웰의 저주'가 드리워져 있다.
>
> — 처칠

크롬웰의 군대는 브리튼 섬에서 잉글랜드 이외 지역에 총과 검을 앞세워 잉글랜드의 방식을 강요했다. 이러한 군내가 본국으로 돌아와 자신들보다 온건한 잉글랜드 엘리트들에게 지배받고 있을 리 없었다. 군대는 두 차례의 의회(잔부의회와 공천의회Nominated Assembly)를 강제로 해산시켰고 1653년 올리버 크롬웰을 왕으로 선포했다(칭호는 왕이 아니었지만).

급진화된 군대를 계속 통제하려면 전쟁에 내보내는 방법밖에 없었다. 크롬웰은 네덜란드와 스페인을 상대로 새로운 전쟁을 벌였다. 처음에는 효과가 있었다. 한동안 잉글랜드 공화국은 유럽에 공포스러운 존재였다. 그러나 잉글랜드가 카리브해의 섬인 히스파니올라Hispaniola를 상대로 한 공격은 대실패로 상황이 반전되었다. 대중의 신뢰는 사라졌고 재정은 위태로웠다. 결국 신형군은 잉글랜드인들에게 강압통치를 시작했다. 이른바 장군들의 통치 시대^{Rule of the Major-Generals}(1655~1657)의 막이 올랐다.

장군들의 통치

잉글랜드는 1066년 이후 처음으로 평범한 잉글랜드인들이 이끌고 있었다. 거의 모든 장군이 상류층 출신이 아니었고 장군들과 그 부하들은 급진적인 광신도들이었다. 이들은 선술집, 가톨릭 신자, 닭싸움, 정치적 반대파, 오월제를 꽃과 리본으로 장식하는 기념 기둥^{May-pole}, 극장, 주교, 교회음악, 가난하고 쓸모없는 사람들을 그야말로 '악마의 하수인'이라고 믿었다. 이런 시절을 겪은 잉글랜드인들은 군사 통치 같은 것을 막연히 두려워하게 되었다. 그 후 150년 동안(다른 유럽 국가들과 달리) 잉글랜드인들은 전쟁 때가 아니면 군인들이 주변에 보이는 것을 격멸하게 되었다.

1658년경 만만치 않은 군대 유지 비용으로 인해 잉글랜드는 파산 상태가 되었다. 잉글랜드인들은 더 이상 세금을 내지 않으려고 할 것이고 외국 은행가들도 더 이상 돈을 빌려주지 않을 것이었다. 의회는 이제 급진적인 통치실험을 끝내야 신뢰를 회복할 수 있음을 깨달았다. 1658년 5월 의회는 크롬웰에게 왕관을 제안했다. 그러나 올리버는 지휘하던 군대에서 아직 벗어날 수 없었다. 장군들은 왕을 섬기지 않을 것이 분명했다. 설령 올리버가 왕이 되더라도 상황은 마찬가지였을 것이다. 이러한 이유로 올리버 1세는 의회의 제안을 거절할 수밖에 없었다.

올리버 1세는 1658년 9월 3일 사망했지만 애도하는 사람은 거의 없었

다. 곧 올리버 1세의 아들 리처드가 호국경 자리를 물려받았지만 정작 그
는 아버지가 군인들에게서 받았던 위신과 카리스마는 물려받지 못했다.
명성이 없다 보니 리처드는 군을 통제할 수 없었다. 1659년 5월 리처드는
더 이상 어찌할 도리가 없음을 인정했고 스스로 정치에서 손을 떼었다.
군대도 마찬가지였다. 1647년 군대가 천국을 지상에 실현하려고 했지만
실패했다. 이제 그들의 관심은 미지급된 급여를 받는 일로 좁혀졌다.

포퓰리즘 실험의 끝

거의 모든 잉글랜드인이 왕이 다시 통치하는 시대를 원했다. 하지만 이
에 앞서 먼저 자유롭게 선출된 의회에서 왕을 승인해주는 제도가 자리
잡기를 바랐다. 1660년 왕정복고는 말 그대로 국왕이 다시 다스리는 시
대를 의미했지만 동시에 의회가 진정한 권력을 행사하는 시대를 의미하
기도 했다. 스코틀랜드를 군사적으로 통치하던 몽크 장군General Monck은
이러한 국민의 소원을 현실로 만들기 위해 런던으로 향했다. 5월 2일 가
의회Convention Parliament는 망명 중인 왕자 찰스가 돌아와 국왕이 된다는 내
용에 동의했다.

이렇게 해 잉글랜드의 포퓰리즘(대중주의적 평민통치) 실험은 끝났다. 잉글랜드가 무력을 앞세워 브리튼 제도 전체를 잉글랜드 방식으로 통치하려던 시도가 막을 내린 셈이다. 스코틀랜드와 아일랜드는 자체 의회를 되찾았다. 잉글랜드인들은 그러한 제국주의적 야망이 끝났다는 사실을 오히려 기쁘게 받아들였다. 그들은 단지 전통적 질서가 다시 찾아오기만 바라고 있었다. 1660년 5월 29일 찰스가 런던에 입성하자 잉글랜드 국민이 열광적으로 환영한 이유였다.

무엇이든 프랑스 흉내내기

많은 선대 잉글랜드 국왕들과 마찬가지로 찰스 2세의 취향은 그야말로 프랑스인에 가까웠다. 라틴어와 프랑스어가 법정에서 다시 쓰이게 되었다(라틴어와 프랑스어는 이전 1651년에 금지되었다). 프랑스의 패션, 예술, 건축, 문학 스타일은 그야말로 맹목적인 모방 대상이 될 때가 많았다.

> 사실 영어로 제대로 표현할 수 있는 법률 용어가 거의 없다.
>
> 로저 노스 경^{Sir Roger North}, 변호사, 1686~1688년

> 뭐든지 프랑스를 따라 하는 것이 유행이다. 우리의 언어를 옷처럼 프랑스식에 맞추어 재단하고 바꾼다.
>
> 소설가 애프라 벤^{Aphra Behn}, 1688

그러나 찰스는 사촌격인 루이 14세의 절대주의 통치를 모방할 수는 없었다. 비록 기사의회^{Cavalier Parliament}(1661~1679년)가 초기에는 찰스 2세와 순조로운 관계를 유지하며 성공회의 권력을 완전히 복구 시키고 지주들에게 유리하도록 세제를 개편했지만, 그들 또한 엄연한 '의회'였다. 의원들은 마지막 대역병(1665), 런던 화재(1666) 같은 국가적 재앙과 제2차 네덜란드 전쟁^{Second Dutch War}(1665~1667년)에서 당한 굴욕적인 패배의 충격으로 점차 동요하며 불만을 품기 시작했다.

다만, 의회가 모르는 몇 가지 사실이 있었다. 루이 14세가 찰스에게 비밀리에 자금을 대주고 있었으며 의원들을 통제하지 못할 때는 군사적 지원까지 제공하겠다는 약속을 했다는 사실, 그리고 이에 대한 대가로 찰스가 루이 14세에게 가능한 한 빨리 자신이 가톨릭으로 개종하겠다는 약속을 했다.

대영제국^{Great Britain}(잉글랜드, 스코틀랜드, 웨일스)를 합한 연합 왕국의 국왕은 왕국의 안녕이 허락하는 즉시 자신이 가톨릭 신자임을 선언하기로 결심했다. 가장 독실한 가톨릭 신자였던 국왕(루이 14세)은 대영제국의 국왕에게 2백만 리브르를 건네며 그가 하루라도 빨리 가톨릭 신자가 될 수 있도록 적극 돕겠다고 약속했다. 그뿐만 아니라 루이는 6천 명의 보병으로 대영제국의 국왕을 돕겠다고 약속했다.

도버 비밀 조약^{The Secret Treaty of Dover}, 1670

이러한 사실을 몰랐던 대부분의 잉글랜드인들은 제3차 네덜란드 전쟁

(1672~1674)에서 왜 프랑스 편에 서야 했는지 이해하지 못했다.

왕실을 점점 의심하기 시작한 의회는 '왕위계승 배제 위기'[Exclusion Crisis] (1678~1681년)'에서 찰스의 동생이자 가톨릭 신자인 제임스가 왕위 계승권을 박탈하려는 움직임을 보였다.

휘그당과 토리당

영국의 정치 엘리트들은 두 개 정당으로 분열되었다. 하나는 토리당이었다(크롬웰에 저항했던 아일랜드 산적을 조롱하는 말이 게일어로 '탈주자'인 '토리[Tories]'다). 토리당은 무엇보다 왕이 중요하고 왕가의 혈통이 통치자가 되는 합법적인 자격을 준다고 주장했다. 또 다른 정당은 휘그당이었다(스코틀랜드 청교도를 비꼰 말로, 게일어 '말 도둑'을 뜻하는 이름이 '휘그[Whig]'였다). 휘그당은 의회가 왕위계승을 결정하고 왕의 권력도 제한할 수 있다고 믿었다. 아무래도 근대 정치를 탄생시킨 잉글랜드인들은 웃음거리가 되더라도 분열을 선택하는 본능이 있는 것 같다. 두 정당은 브리튼 섬이 근본적으로 통일되기 힘들다는 사실을 고스란히 드러냈다.

휘그당은 런던 사람들을 자극하기 위해 '가짜 뉴스'를 만들었다. 1678년에 만들어진 가짜 뉴스 '가톨릭 음모 사건[Popish Plot]'은 가톨릭 신자들이 잉글랜드 체제를 전복하기 위해 음모를 꾸민다는 내용에서 시작되었다. 그러나 사실 라이하우스 사건[Rye House Plot](1683)에서 뉴마켓의 경마[Newmarket Races]를 보고 돌아오던 찰스와 제임스를 암살하려고 했던 사람들은 바로 휘그당의 극단주의자들이었다. 이에 대중은 분노했다. 동정표를 얻은 찰스는 원하는 것을 할 수 있는 자유를 어느 정도 얻었다. 1685

년 찰스가 사망할 때까지 토리당은 승승장구했다. 생전에 찰스는 프랑스 왕정에서 영감을 얻은 전제 군주제를 지향했다.

잉글랜드의 자유와 대륙의 현실 정치

메리 여왕 이후 최초의 가톨릭교도 통치자인 제임스 2세는 민중의 대대적인 반란을 마주한 적이 없었다. 많은 잉글랜드인이 로마 교황청과 루이 14세를 싫어했지만 잉글랜드 안에서 다시 내전이 일어날 가능성을 더 두려워하고 있었기 때문이다. 그래서 제임스의 사생아인 먼머스 공작^{Duke of Monmouth}이 1685년 6월 라임 레지스^{Lyme Regis}에서 무장한 채 상륙하여 개신교 국왕이라는 대안을 제안했을 때도 국민 대부분은 그냥 제임스 편을 들었다. 제임스의 군대는 세지무어 전투에서 손쉽게 승리를 거둘 수 있었다. '피의 순회 재판'^{Bloody Assizes} 사건에서는 제프리스^{Jeffreys}판사를 통해 서부에 대한 보복이 단행되었다.

제임스는 이제 의회의 눈치를 보지 않을 수 있다고 생각했다. 의원들이 가톨릭 해방을 지지하지 않겠다고 하자 제임스는 18개월간 휴회를 선언했다. 마침내 제임스는 의회를 해산시켰고 의회 없이 통치하려고 했다. 이러한 처사에 런던 사람들은 제임스의 반대파를 응원했고 교황의 초상화를 불태웠다. 하지만 실제 반란으로 이어지지는 않았다.

그 후 1687년 말 제임스의 두 번째 부인인 메리 모데나^{Mary of Modena}가 임신했음을 발표했다. 잉글랜드의 많은 이들이 가톨릭 왕조가 탄생할 것이라는 생각에 경악했다. 하지만 실질적인 위협은 네덜란드인 '오라녜 공^{Prince of Orange}' 윌리엄이었다. 윌리엄은 사실상 네덜란드의 국왕과 다름없는 존재였고 윌리엄은 제임스가 첫 번째 결혼에서 얻은 딸인 메리 하이드^{Mary} ^{Hyde}와 결혼했다.

윌리엄은 제임스가 죽으면 메리 하이드가 잉글랜드 여왕이 될 것이라고 기대하고 있었다. 만약 훗날 메리가 여왕이 되면 루이 14세의 침략에 대항해 전투를 해온 윌리엄은 잉글랜드인들의 지지를 얻을 수 있게 된다. 그러나 가톨릭 신자인 아들을 후계자로 삼은 제임스는 프랑스에 쉽게 포섭되거나 (형인 찰스처럼) 루이에게서 뇌물을 받고 동맹을 맺을 가능성이 있었다.

네덜란드가 자유로워지기 위해 잉글랜드는 개신교로 남아 있어야만 했다. 윌리엄은 같은 편인 잉글랜드인들을 골라 곧바로 비밀리에 접촉했다.

그들 사이에 협상이 타결되었다. 윌리엄이 잉글랜드 의회에 자유롭게 의회를 열 권리를 약속한다면 윌리엄은 잉글랜드 침공을 요청받을 수 있었다. 또한, 윌리엄은 프랑스의 경쟁자인 합스부르크 왕가, 심지어 교황으로부터도 지지를 이끌어 내는 수완을 발휘했다. 훗날 모두가 두려워하던 왕의 아들 제임스 프란시스 에드워드 스튜어트^{James Francis Edward Stuart}가 1688년 6월 10일 태어났다. 이때 윌리엄의 마스터플랜은 이미 준비된 상태였다.

불명예스러운 혁명

같은 해 6월 30일 윌리엄은 마침내 잉글랜드로 쳐들어가기로 했다. 이는 정치적 선전술의 걸작이 되었다. 합스부르크 왕가와 교황에게는 그 침공이 반^反가톨릭 십자군 전쟁이 아니라 반^反프랑스 전쟁이었다고 안심시켰다. 하지만 반대로 잉글랜드인들은 이를 반^反가톨릭 십자군 전쟁이라고 확신했다.

보여주기 식으로 잉글랜드인 제독에게 지휘를 맡긴 윌리엄의 함대는 실로 거대하였다. 도버와 칼레의 요새를 향해 동시에 예포를 쏘아 올릴 정도였다. 때마침 불어온 행운의 바람 덕분에 그들은 여전히 제임스에게 충성하던 잉글랜드 해군을 따돌릴 수 있었고, 1688년 11월 5일 브릭스햄^{Brixham}에 상륙했다. 네덜란드군은 전투 한번 치르지 않고 신속하게 엑서터^{Exeter}를 점령했다.

윌리엄은 3주간 계속 기회를 엿보다가 마침내 군대를 지휘하며 런던에 입성했지만 별다른 저항에 부딪히지는 않았다. 런던에서 20마일 정도 떨어져 있으라고 윌리엄이 모든 잉글랜드 부대에게 이미 명령을 내렸기 때문이다.

판 오라녜 공Prince van Orange과 그의 군대는 분명히 외국 세력이었다. 하지만 1642년부터 1645년까지 국내에서 일어났던 혼란스러운 상황을 다시 겪고 싶지 않았던 런던의 평민들은 나름 필사적으로 노력했다. 런던 사람들은 판 오라녜 공이 교황과 맞서기 위해, 잉글랜드의 법과 자유를 보존하기 위해, 국왕과 인민들이 번창할 수 있는 자유로운 의회를 회복시키기 위해 런던에 온 것뿐이라는 그 명분을 믿기로 했다.

윌리엄이 한 자유의회 약속은 실제로 지켜졌다. 그러나 물밑에서 윌리엄은 의원들에게 엉뚱한 결정을 내리면 푸른 근위대를 데리고 네덜란드로 돌아가 잉글랜드인들이 서로 싸우도록 내버려둘 것이라고 으름장을 놓았다. 이러한 윌리엄의 뜻이 의회에 전달되었고 1689년 4월 11일 윌리엄과 메리는 공동 통치자로 즉위했다.

오라녜 공, '런던에 오신 것을 환영합니다' 노래, 1688

의회의 승리

윌리엄이 그렇게 잉글랜드에 머문 이유는 한 가지였다. 프랑스에 대항하려면 잉글랜드의 군사력이 절실했기 때문이다. 이를 잘 알고 있던 의원들은 윌리엄에게 역사적인 합의를 강요할 수 있었다. 의회가 군대를 통제한다는 조건으로 전쟁 자금을 지원하겠다는 내용이었다. 이는 1639년 의회가 찰스 1세를 꼼짝하지 못하게 하려고 사용했던 방법이자 내전을 일으킨 원인이 된 방식이기도 했다. 그로부터 50년이 지난 시점에서 이번에는 윌리엄이 선택할 차례였다. 윌리엄은 잉글랜드를 지배하는 것보다 네덜란드를 구하는 것이 더 급했기에 의회의 제안에 동의했다.

이제 국가가 전쟁에 돈을 쓸수록 의회는 세수의 많은 부분을 통제할 수 있게 되었다. 의원들은 잉글랜드 은행 설립 문서(1694)에 프랑스에 맞선 전쟁을 지지하는 문구가 들어가자 기쁘게 생각했다. 이것이 의회의 권력을 강화하는 길이었기 때문이다.

1690년 7월 1일 아일랜드에서 벌어진 보인 전투 Battle of the Boyne 에서 푸른 근위대를 지휘하던 윌리엄은 프랑스의 지원을 받는 아일랜드의 제임스 2세의 군대를 무찔렀다. 마침내 잉글랜드와 네덜란드 연합 함대가 프랑스 해군을 누르고 승리한 것이다. 이에 따라 루이 14세는 네덜란드에서 철수하고 윌리엄을 잉글랜드 국왕으로 인정할 수밖에 없었다.

윌리엄은 안정된 지위를 확보했지만 자식이 없었다. 1702년 결국 윌리엄의 뒤를 이어 왕위는 그의 처제 앤 Anne 이었다. 하지만 앤은 명백히 임시방편으로 세워진 왕이었다. 1700년 마지막 아이마저 잃은 앤은 이제 나이가 너무 많아 더 이상 자식을 볼 수 없었기 때문이다. 왕위계승 문제가 불확실해지자 의회가 움직였다. 마그나 카르타와 시몽 드 몽포르의 의회 이후 잉글랜드의 엘리트들은 누가 진정한 통치자인지를 둘러싸고 국왕 후보에 대한 논쟁을 벌였다. 마침내 결정이 내려졌다. 왕위계승법에 따라 가톨릭 신자는 왕위계승 후보에서 제외하기로 한 것이다. 제임스 1세의 외손녀이자 하노버 선제후인 소피아에게는 독일인 아들 조지가 있었다. 마침내 조지가 56명의 스튜어트 왕조의 직계 후손들을 제치고 잉글랜드의 왕이 되었다.

완벽한 금융 상품

국왕과 의회 사이에 새로 권력 균형이 만들어지자 국제 금융시장에는 독특한 '상품'이 생겨났다. 이는 잉글랜드에만 있는 대출 상품이었는데 전통적으로 확실히 신뢰할 수 있는 국왕과 폭넓은 엘리트층이 운영하는 의회가 모두 보증하는 대출 상품이었다. 서유럽에서 가장 큰 도시인 런던에 집중된 이 엘리트층은 성공한 상인들을 수 세기 동안 인정해왔고 국정을 마치 비즈니스처럼 다루었다.

잉글랜드의 정치는 더 이상 골치 아픈 이념에 물들지 않았다. 잉글랜드인들은 이제 이념이라면 지긋지긋했다. 잉글랜드인들은 여전히 서로의 반대파를 휘그당이니 토리당이라고 불렀지만 이러한 호칭은 정치적 경쟁자에게 단순히 모욕을 주려는 표현에 불과했다.

> 토리당은 휘그당과 이름만 다를 뿐 본질적으로 비슷한 집단이었다…
> 이들은 누가 왕이 될 것이냐가 아니라 누가 왕 아래에서 이익을 취할 것
> 이냐에 관심을 가진 집단이었다.
>
> 《신사의 잡지The Gentleman's Magazine》, 33호, 1763

다른 유럽 국가에서는 왕실 정부가 돈을 버는 사람들에게 세금을 부과하고 그렇게 거둔 세금을 정치적으로 신뢰할 수 있는 세습 엘리트들에게 전했다.

잉글랜드에서는 의회가 돈을 버는 사람들에게 세금을 부과하고 그렇게 거둔 세금을 납세자들에게 혜택으로 돌려주었다.

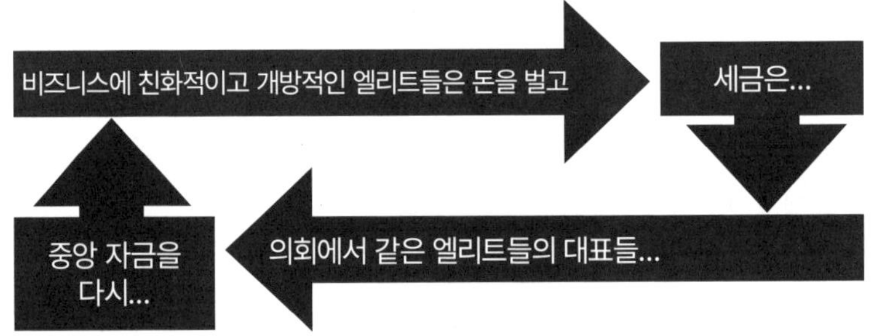

유럽인들은 귀족 계급과 비즈니스 계급이 융합된 새로운 계층을 묘사하기 위해 '신사Gentlemen'라는 단어를 쓰기 시작했다. 신사는 그 어디에도 존재한 적이 없는 독특한 계급이었다.

의회는 (프랑스가 1759년과 1770년에 했던 채무 불이행처럼) 채무 불이행을 하는 대신 부채를 착실히 갚아나갔다. 그 결과, 사람들은 전쟁 자금을 기꺼이 의회에 빌려주려고 했고 그것이 전쟁 수행에 힘이 되었다. 18세기 대제국 쟁탈전에서 잉글랜드가 승리한 것은 프랑스보다 본질적으로 우월해서가 아니었다. 잉글랜드가 훨씬 더 저렴하게 대출받는 것이 가능했기 때문이다. 잉글랜드는 더 이상 옛날의 잉글랜드가 아니었다.

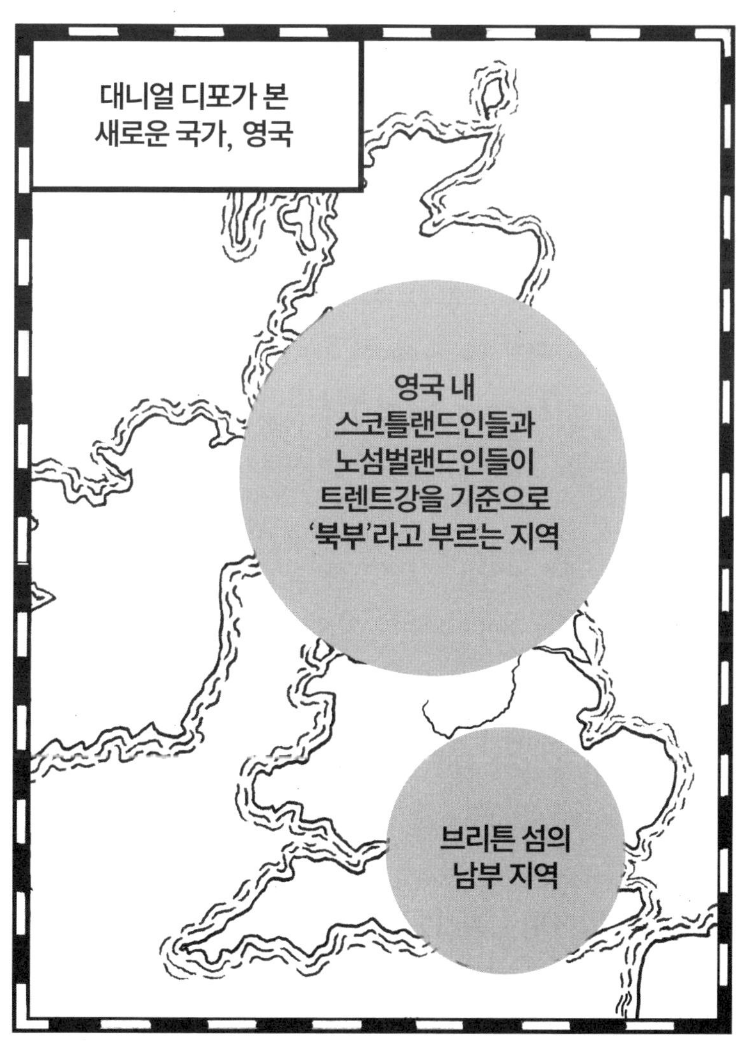

대니얼 디포가 본
새로운 국가, 영국
영국 내
스코틀랜드인들과
노섬벌랜드인들이
트렌트강을 기준으로
'북부'라고 부르는 지역
브리튼 섬의
남부 지역

모든 것을 바꾸는 스코틀랜드

1707년 "상업과 전쟁을 위해 고안된(브렌던 심스^{Brendan Sims})" 이 새로운 정치 체제는 공식적으로 영국이라는 새로운 이름을 얻었다. 저지대 스코틀랜드의 엘리트들은 부유한 잉글랜드와의 자유무역협정, 강력한 런던 의회의 의석, 사례금을 원했고 이 세 가지를 모두 얻었다.

잉글랜드는 연합을 통해 변화했다. 대니얼 디포^{Daniel Defoe}는 연합 왕국인 '대영제국'을 최초로 다룬 가이드인 『영국 유람^{A tour through of Great Britain}』(1724~1727년)을 쓰기 위해 새로운 곳을 여행했다. 이때 디포는 잉글랜드와 스코틀랜드 국경선을 무의미한 것으로 보았고 잉글랜드 북부와 스코틀랜드를 하나로 묶어 기술했다. 물론 그 경계선은 트렌트강이었다. 디포는 트렌트강을 건너는 것을 카이사르가 루비콘강을 건너는 것에 비유했다.

대영제국의 내부 분열은 잉글랜드와 스코틀랜드 사이에서 국가 대 국가로 인해 벌어진 것이 아니었다. 잉글랜드 남부와 제국의 나머지 지역 사이에 생긴 경제 분열과 문화 분열이었다. 지금도 영국에서 이러한 분열은 현재진행형이다.

잉글랜드인이 아닌 엘리트

아일랜드 왕국과 하노버의 선제후령^{Electorate of Hanover}이 동군연합을 이룬 새로운 왕국인 '대영제국'은 끝없이 프랑스와 전쟁을 벌이고 있었다. 하지만 그렇다고 해서 대영제국의 엘리트들이 프랑스어 사용을 중단한 것은 아니었다. 조지 왕조 시대에 다국어를 구사하던 잉글랜드의 상류층(젠트리)은 그 어느 때보다 활발히 프랑스풍이 짙고, 고전 문화에 심취한 영어를 구사했다. 역사가 에드워드 기번^Edward Gibbon이 집필해 엄청난 성공을 거둔『로마 제국 쇠망사^Decline and Fall of the Roman Empire』(1776)는 한 세기 동안 교육 받은 이들이 사용한 문체의 전범이 되었다.

그 주제의 다양성이나 중요성을 다루려고 하는 것은 맞지만 독자들의 시간을 빼앗을 생각은 없다. 왜냐하면 그 선택의 탁월함을 오히려 내가 이를 실행할 때 드러나는 미숙함을 더 분명하게 하고, 더더욱 용납할 수 없게 만들 것이기 때문이다.

『로마 제국 쇠망사』는 영어로 된 책이었지만 18세기의 영국인이든 근대 시대의 영국인이든 교육을 받지 않은 사람이라면 따로 해석이 필요할 정도로 난해했다. 핵심은 바로 여기에 있었다. 영어는 누구나 태어나 저절로 습득하는 언어가 아니었다. 영어는 특정 민족의 전유물도 아니었다. 영어는 배워야 하는 대상이었다. 다시 말해 영어는 직질한 교육을 받으면 누구나 배울 수 있는 언어였다. 바로 이러한 이유로 영어는 새로운 대영제국의 엘리트들이 사회에서 유대감을 높일 때 최적으로 활용할 수 있는 수단이었다. 브리튼 섬 밖에 있는 상류층(젠트리), 스코틀랜드의 지주, 그리고 클랜의 부족장은 크롬웰 시대에 성경을 중심으로 한 잉글랜드의 민족주의와는 또 다른 차원의 무엇인가 제안되었다. 이들은 지배층인 독일계 왕들이 영어를 거의 하지 못하는 새로운 대영제국으로 초대받고 있었다. 대영제국의 독일계 왕들이 구사하는 언어는 프랑스어가 절반쯤 섞인 부자연스러운 영어였다. 이러한 왕들이 추구하는 진정한 문화가 무엇이었는지는 대영제국의 석조 건물에서 여실히 드러났다.

도버에서 도네갈Donegal에 이르기까지, 트루로Truro에서 인버네스Inverness에 이르기까지 새로 도입된 엄격한 규칙에 따라 전에 없던 양식의 저택들이 지어졌다. 이 집에 거주하는 사람들이 단순한 한 나라의 소속이 아니라 범유럽적인 엘리트임을 드러내는 양식이었다. 자유농민과 시골 목사는 마을마다 새로운 건축 양식을 도입한 작은 집과 건물을 지었다.

오래 전 잉글랜드는 노르만인 국왕들의 통치를 받았고 프랑스어를 구사하며 여기저기에 성을 쌓던 엘리트들의 지배를 받았다. 그러나 이제 대영제국은 독일계 왕들의 통치를 받았고 프랑스어, 라틴어, 그리스어를 구사하며 여기저기에 고풍스러운 저택을 짓는 엘리트들의 지배를 받고 있었다. 이 시절에 대영제국의 심장부가 있는 런던에서 고전 건축 방식으로 지어진 저택을 소유하고 바스의 고풍스러운 별장에서 휴가를 즐기며 인맥을 넓혀가는 사람이라면 누구나 특별한 사람이라고 할 수 있었다.

잉글랜드 농민들의 패배

잉글랜드의 평민들에게는 이 모든 변화가 마치 '그리스어'처럼 낯설었다. 잉글랜드의 평민들은 스코틀랜드의 고지에 사는 주민들, 웨일스의 웨일스어 사용자들, 아일랜드의 게일 농민들과 비슷한 처지가 되었다. 고전적 가치를 내세운 새로운 대영제국에서 소외된 존재가 된 것이다.

여기에 오랫동안 지속되어 온 인클로저 정책에 잉글랜드 평민들이 품고 있던 불만이 폭발했다. 이는 곧 농민들의 공격으로 나타났다. 인클로

바스에 위치한 펌프 룸Pump Room. 그리스어로 '물이 최고다'라는 뜻이다.

저는 합법적이었지만 정작 농민들은 그 법에서 소외되어 있었기 때문이다. 1731년 의회는 모든 법원 절차를 영어로만 진행하고 라틴어나 프랑스어 사용은 금지하라고 했지만 여전히 변호사들의 영어는 프랑스어 기반의 법률 용어와 라틴어 문구로 점철되어 있었다. 그리고 근본적으로 당시에 변호사를 선임할 정도로 여유 있는 소작농이 과연 있었을까? 한편, 잉글랜드의 소작농들은 한때 공유지였던 땅이나 숲을 공공 재산처럼 취급하려고 할 경우, 1723년의 비공식적 법Black Act을 거쳐야 했다. 이 법은 밀렵, 과수원 털기 같은 풍속들을 단순한 경범죄가 아닌 사형에 처하는 중죄로 격상시켰다.

현대 영국인들이 전통적인 영국의 시골 모습이라고 동경하는 세련된 조지 왕조 양식의 건축물이 산울타리에 둘러싸인 풍경은 사실 외국 건축을 대량 수입한 것이다. 필요한 경우, 가끔 전통적인 잉글랜드 시골의 삶이 힘에 의해 파괴된 결과로 생겨난 생활 방식이었다. 이후 잉글랜드 농민들의 후손들은 쓸쓸한 감정을 느껴야만 했다.

힘으로 정직함을 속이는 것, 그 결과물이 인클로저다. 인클로저가 가져

온 것은 파멸이었다. 그리고 그 자리에는 노역장이 생겨났다.

- 존 클레어^{John Clare}(1820)

일할 보람을 주는 목초지는 원래 이웃한 세 마을의 주민들이 공동으로

소유하던 곳이었다… 그런데 그들이 나타나 마음대로 새로운 울타리를

만들겠다고 위협했다. 그들은 말을 탄 신사들이었고 이들을 이끄는 것

은 지역 사법부였다. 오히려 지역 사법부가 신사들의 등에 올라타 법을

어기고 있었다.

- J. M. 니슨^{J. M. Neeson}, 『과거와 현재^{Past & Present}』

특별히 농민들에게 애정이 있는 것은 아니지만 여전히 변치 않는 사실이

있다. 허나 다른 많은 나라의 농민들은 나름 특별한 세계에서 살 수 있

었다. 그들은 고유의 관습, 예절, 옷, 음식, 음료, 노래와 춤으로 마음 편

히 살 수 있었다. 그러나 잉글랜드의 농민들은 어느 순간 고유의 세계를

이루는 모든 것을 잃었다. 잉글랜드의 농민들에게 잃어버린 이 모든 것

을 대신할 수 있는 것은 아무것도 없었다.

- J. B. 프리스틀리^{J. B. Priestley}, 『잉글랜드 사람들^{The English}』

철학자 데이비드 흄과 경제학자 애덤 스미스는 인클로저로 인해 잉글랜

드의 농산물 생산량이 급증했으니, 모두에게 좋은 것이라고 주장했다. 하지만 인클로저가 과연 모두에게 이로웠을까? 그렇지는 않다고 급진주의자 톰 페인^{Tom Paine}과 리처드 프라이스^{Richard Price}가 대답했다(그리고 보수주의자들은 건장한 농민들이 점점 사라질까 봐 걱정했다). 그렇다면 영국인 대다수에게 분명히 좋지 않은 정책이 어떻게 대영제국에 이로울 수 있을까? '낙수효과 경제학'을 둘러싼 현대의 논쟁은 인클로저에서 비롯되었다고 할 수 있다.

강력한 혼종(하이브리드)

대영제국에서 엘리트들은 단결했고 농민들은 그야말로 죽을 만큼 힘든 상황이었다. 그럼에도 새로운 대영제국은 세계를 상대로 싸울 준비가 되어 있었다. 영국-네덜란드-합스부르크 동맹은 블레넘^{Blenheim}(1704), 라미이^{Ramillies}(1706), 오우데나르데^{Oudenaarde}(1708), 말플라케^{Malplaquet}(1709)에서 프랑스를 물리치고 큰 승리를 거두었고 루이 14세의 세력을 이프르^{Ypres}와 몽스^{Mons} 요새 너머로 밀어냈다. 그로부터 200년 후 이프르와 몽스는 영국 군인들에게 비극적으로 익숙한 이름이 되었다.

전환점은 1743~1744년에 찾아왔다. 오스트리아 제위계승을 둘러싼 전쟁이 벌어지는 동안 영어가 서툰 조지 2세가 데팅겐^{Dettingen}(1743)에서 실용군^{Pragmatic Army}을 지휘해 예상치 못한 승리를 이끌었다. 이듬해 드레이크 이후 처음으로 세계 일주를 한 영국인 조지 앤슨^{George Anson}이 태평양에서 돌아왔다. 드레이크와 마찬가지로 앤슨도 스페인의 황금을 가득 싣고 왔다. 영국이 유럽 동맹국들에게 20만 파운드를 지급한 지 얼마 되지

않은 때였다. 앤슨은 50만 파운드어치의 훔친 보물들을 본국으로 가져왔다. 계산은 명확했다.

해전은 돈벌이가 되었기 때문에 의회는 해군을 가장 총애했다. 해군은 해전을 치를 기술적 숙련도를 필요로 했다. 결과적으로 의도치 않게 유럽에서 가장 계급을 따지지 않는 조직이 되었다. 해군은 영국에서 새로운 계층 이동 수단이 된 것이다. 심지어 해군은 인종을 차별하지 않았다. 1750년경 자메이카에서 태어나 이름 없이 자란 혼혈인 존 '잭 펀치' 퍼킨스John 'Jack Punch' Perkins는 (육군 대령과 맞먹는) 정규 함장이 되어 평생 동안 부유하게 살았다. 이에 돈도 충분히 벌고 경력도 쌓고 싶어 하던 장교들은 해군에 들어왔다. (볼테르의 말에 따르면) 1757년에 적국을 적극적으로 공격하지 않았다는 이유로 처형된 제독을 보고 깨달음을 얻은 영국 해군은 전투마다 전면적인 공격을 무차별적으로 자행했다.

새로운 영국 제국을 이루는 호전적인 요소가 마지막으로 하나 더 있었다. 1745년 컬로든 전투Battle of Culloden 이후 해군 장교 제임스 울프James Wolfe는 스코틀랜드의 고지대를 거듭 공격하면서 독립적인 성향의 이곳 주민들이 쓸모 있을지도 모른다고 생각했다. 거친 시골 생활에 익숙하고 강인하고 용감한 이 주민들을 전투에 활용하기에 적합하다고 평가

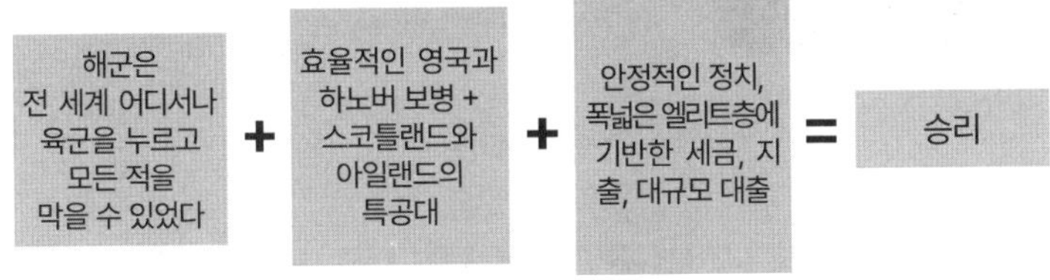

한 것이다. 1759년 울프는 퀘벡을 점령하기 위해 스코틀랜드의 고지대 남성들을 특공대로 활용해 자신의 생각이 옳았음을 증명했다. 이후 엄청난 수의 가톨릭 아일랜드인들이 육군에 입대했다. 그 결과, 채 두 세대도 안 되어 영국 전체 육군의 약 40%가 아일랜드인으로 채워졌다.

7년 전쟁$^{Seven Years' War}$(1756~1763년)에서 다국적, 다국어, 여러 계급을 아우르는 이 놀라운 '대영제국-아일랜드-하노버' 연합은 전 세계에 동시다발적으로 공세를 퍼부으며 승리를 거두었다. 이러한 방식은 (1944~1945년 미국이 등장하기 전까지는) 그 어떤 나라도 따라 하기 힘든 방식이었다. 만약 이것으로 충분하지 않았더라도 대영제국에는 또 하나의 비책이 있었다.

영국 여왕의 역사

영국이 다른 유럽 국가들과 구별되는 요소 중 하나는 바로 '세계적으로 유명한 여왕을 여러 명 배출'했다는 점이다. 영국 역사에서는 유달리 여왕이 즉위한 사례가 많으며 이들은 실제로 스페인 무적함대를 격파하거나 사회 개혁을 단행하고 입헌군주제 모델을 확립하는 등 강력한 통치력을 발휘하며 국가를 이끌었다.

영국 역사에서 여왕들의 활약이 두드러질 수 있었던 배경에는 유럽 대륙의 왕실 규범인 '살리카 법(Salic Law)'과의 차별성이 자리하고 있다. 프랑크 왕국의 법전에서 유래하여 프랑스와 독일 등지에서 엄격히 적용된 살리카 법은 여성의 왕위 계승을 원천적으로 금지했다. 반면, 독자적인 정치·사회 구조를 형성해 온 섬나라 영국은 남성 우선 계승을 원칙으로 하되, 적장자가 부재할 경우 여성의 왕위 계승을 허용하는 유연성을 보였다. 이는 영국 왕실이 왕조의 단절을 막고 혈통의 연속성을 유지하는 것을 무엇보다 중시했기 때문이다. 더불어 17세기 이후 영국의 입헌군주제 정착은 여성 군주의 입지를 더욱 공고히 했다. 국왕과 의회의 협치가 중시되고 국왕의 역할이 통치자에서 국가의 상징으로 변화함에 따라, 성별은 군주의 자질을 판단하는 결정적인 척도가 되지 않았다. 이러한 제도적, 시대적 배경 덕분에 영국은 역사에 길이 남을 위대한 여왕들을 배출할 수 있었다.

메리 1세는 영국의 긴 역사에서 등장한 여왕 중에서 폭군으로 가장 유명한 여왕이다. 헨리 8세와 아라곤의 캐서린 사이에서 태어난 메리 1

세는 5년 남짓 짧은 재위 기간 동안 강력한 가톨릭 부흥 정책을 펼쳤는데 개신교 세력을 탄압하며 300여 명의 개신교인을 화형시켜 '피의 메리'Bloody Mary라는 별명을 얻었다. 하지만 이러한 급진적인 정책은 국민들의 반발을 샀고 오히려 후계자인 엘리자베스 1세가 개신교를 부활시키는 계기가 되었다.

헨리 8세와 앤 불린 사이에서 태어난 딸로 메리 1세가 사망한 후 즉위한 엘리자베스 1세는 당시 경제적, 군사적으로 불안정하고 종교 갈등도 심했던 잉글랜드를 안정시키는 데 노력을 기울였다. 엘리자베스 1세는 영국 국교회인 성공회를 확립했고 1588년에는 스페인 무적함대를 격파해 영국을 해양 강국으로 만들었다. 또한, 셰익스피어를 비롯해 다양한 문학가들이 활약하는 영국 르네상스의 토대를 마련하고 북아메리카 식민지 개척을 장려하는 등의 업적을 통해 영국 역사상 가장 위대한 군주 중 한 명으로 평가받는다.

18세에 즉위해 1837년부터 1901년까지 영국 역사상 가장 오랜 기간 동안 통치한 빅토리아 여왕도 영국이 세계 최강국으로 군림하는 '빅토리아 시대'를 이끈 위대한 군주 중 한 명이다. 빅토리아 여왕 시대 영국은 인도, 아프리카, 캐나다, 호주 등 대규모 식민지를 확보하며 세를 확장했고 철도와 공업, 무역이 급격히 발전하면서 산업혁명이 가속화되었다. 한편, 교육 개혁과 노동자 보호정책이 도입되는 등 사회개혁이 추진되었으며 왕실이 의회와 협력해 국가를 통치하는 입헌군주제 모델이 확립되었다.

엘리자베스, 스페인, 그리고 네덜란드

영국에서 위대한 군주 중 한 명으로 손꼽히는 엘리자베스 1세는 스페인과 네덜란드 두 나라와 직·간접적으로 얽히며 유럽의 역학 관계를 뒤흔들었다. 그리고 이 과정에서 정치, 사회, 경제적으로 불안정했던 잉글랜드의 위상을 높임으로써 르네상스의 기반을 마련했다.

스페인은 엘리자베스 1세에게 평생 숙적이자 경쟁국이었다. 엘리자베스 1세는 헨리 8세의 딸로 잉글랜드 국교회를 지지하며 개신교 정책을 편 반면, 열렬한 가톨릭 지지자였던 스페인의 펠리페 2세는 유럽 내 개신교 세력을 탄압해 마찰이 일어날 수밖에 없었다. 펠리페 2세는 1558년 메리 사후 즉위한 엘리자베스 1세에게 청혼했지만 거절당했고 이후 두 나라의 외교관계는 급격히 악화되었다. 이듬해 펠리페 2세는 '금서목록'을 선포하며 사상적 탄압을 개시했다.

종교 외적인 면에서도 스페인은 엘리자베스 1세와 충돌했다. 엘리자베스는 스페인의 아메리카 식민지에서 막대한 부를 빼앗는 영국의 해적들을 물심양면으로 지원했는데 대표적으로 프랜시스 드레이크가 세계 일주를 하면서 스페인 선박과 식민지를 약탈하고 또 이를 엘리자베스가 후원한 사례가 있다. 이러한 영국의 해적 행위는 스페인과의 갈등이 더 심화되고 결국 전쟁이 발발하는 원인이 되었다.

1587년 엘리자베스 1세가 정치적, 종교적 문제로 스코틀랜드에서 망명한 메리 스튜어트를 참수하자 1588년 펠리페 2세는 네덜란드 북부의 반란세력을 지원하던 잉글랜드를 정벌하고 가톨릭 국가로 되돌린다는 명분으로 무적함대를 파견했다. 하지만 영국 해군은 스페인 무적함대에 맞서 전술적 우위를 보이며 승리했고 잉글랜드는 이 승리를 계기로 스페인으로부터 해상 패권을 쟁취하는 데 성공했다.

한편, 잉글랜드에게 네덜란드는 중요한 무역 파트너이자 종교적, 정치적 지원 대상이었다. 당시 네덜란드는 펠리페 2세의 가혹한 통치에 반발해 독립전쟁 중이었는데 개신교 중심의 독립을 원했던 네덜란드를 가톨릭 국가인 스페인이 강경 진압하는 형태였다. 이에 엘리자베스 1세는 같은 개신교 세력인 네덜란드에 자금이나 무기를 지원하며 스페인과 대립했는데 특히 1585년부터는 '논시치 조약'을 체결해 네덜란드 반란군을 공식적으로 지원하고 자국 병력을 네덜란드에 파견했다.

엘리자베스 1세의 지원은 스페인의 네덜란드 진압을 늦추는 데 도움을 주었다. 하지만 잉글랜드의 파병군은 네덜란드 반란군과 마찰을 빚거나 주요 전투에서 패배하는 등 큰 도움을 주지 못했고 1587년 철수하며 원정은 실패로 끝났다. 그러나 1609년 네덜란드는 스페인과 '12년 휴전'을 통해 실질적인 독립을 이루었고 1648년 '베스트팔렌 조약'을 통해 공식적으로 독립국으로 인정받았다. 이후 네덜란드는 17세기부터 18세기 '황금시대'로 불리는 시기를 맞아 해양 무역과 금융 중심지로 부상했다.

엘리자베스에게 스페인과 네덜란드는 경쟁자이자 지원자로 사실 그 중심에는 가톨릭과 개신교의 세력 다툼이라는 배경이 숨어 있었다. 스페인의 쇠퇴와 네덜란드의 독립으로 유럽 내 개신교 세력이 성장하고 영국은 이후에도 개신교 진영의 수호자로서 가톨릭 국가들과 경쟁하게 되었다.

셰익스피어, '영문학의 아버지'

영국의 역사학자 토마스 칼라일은 "(영국은) 인도를 언젠가는 잃겠지만 셰익스피어는 사라지지 않는다."라며 셰익스피어의 위대함을 칭송한 바 있다. 세계 문학사를 통틀어 가장 위대한 극작가이자 시인 중 한 명으로 반드시 거론되는 윌리엄 셰익스피어는 그만큼 영국 문화에서 상징적인 존재이며 그의 작품은 400년이 지난 오늘날까지 전 세계에서 다양한 형태로 사랑받고 있다.

1564년 잉글랜드의 작은 도시에서 태어난 셰익스피어는 문법학교에서 라틴어와 문학을 공부했다. 이후 그는 아버지의 사업이 실패하자 학교를 그만두고 일자리를 얻었으며 18세의 나이에 8살 연상인 이웃 마을 농부의 딸과 결혼했다고 전해진다. 다만, 그는 20대 중반에 이르러 결혼해 꾸린 가족을 등지고 런던으로 상경했는데 이때부터 1592년 런던의 극단 명단에 이름이 오르기까지 10여 년의 시간은 '잃어버린 세월'로 불리며 그 기록이 전혀 남아 있지 않다. 1594년 로드 챔벌레인 극단에서 극작가이자 배우로 활동한 셰익스피어는 극단이 글로브 극장을 설립하면서 본격적으로 자신의 작품을 공연했고 1603년 기존 극단이 '왕립 극단'으로 개명되며 제임스 1세의 후원을 받아 활약했다. 이후 1613년 글로브 극장이 화재로 소실되자 은퇴한 그는 고향으로 돌아가 1616년 52세의 나이로 눈을 감았다.

극작가로서 셰익스피어는 제목만 남은 작품을 포함해 39편(37~38편이라는 의견도 있다)의 희곡과 154편의 유럽 정형시 중 하나인 소네트

^{Sonnet}, 두 편의 장시(서사시로 분류할 경우, 4편)를 남겼는데 희극, 비극, 역사극은 물론 사랑이나 시간, 아름다움, 죽음을 주제로 하는 등 다양한 장르를 넘나든 것이 특징이다. 특히 인간의 욕망과 비극적 결함, 운명의 장난을 다룬 셰익스피어의 '4대 비극'은 프랑스의 대문호 빅토르 위고가 "인간의 꿈이 낳을 수 있는 궁극의 비극"이라며 극찬하기도 했다.

오늘날까지 전 세계에서 사랑받는 셰익스피어 문학은 사랑과 욕망, 질투, 권력과 같은 보편적인 감정을 다루면서도 입체적이고 복잡한 인물들의 심리를 잘 다루어낸 것이 특징이다. 그는 이러한 심리를 더 잘 드러내기 위해 '독백', '방백'과 같은 문학적 기법을 활용했으며 복잡한 플롯과 다중적 이야기 구조는 물론 중의적 표현과 언어유희를 풍부하게 담아냈다. 심지어 셰익스피어가 작품에 활용하기 위해 창조한 언어와 표현이 1,700개에 이르는 등 그는 영문학의 기법과 주제, 형식을 혁신한 동시에 영어 자체를 한층 발전시켰다.

셰익스피어는 당시 고전적인 라틴어와 그리스어 중심이던 영국 문학의 흐름을 바꾸고 황금기를 이끈 동시에 영국을 세계 문학의 중심지로 만들었다는 평가를 받고 있다. 현대의 영화와 드라마에서도 셰익스피어의 희곡에서 비롯된 플롯이 다양한 형태로 활용되고 있다. 이러한 이유로 영국인들은 셰익스피어를 '영문학의 아버지'이자 '국민 시인'이라고 부르며 그 누구보다 자랑스럽게 여기고 있다.

브리튼 제도를 다스린 자, 제임스 1세

제임스 1세는 '스코틀랜드 제임스'라고도 불리는 잉글랜드의 왕으로 최초로 브리튼 제도 전체를 다스리고 잉글랜드, 스코틀랜드, 아일랜드, 웨일스를 총괄 통치한 영국의 국왕이다. 그의 치세 이후 브리튼 제도는 점진적으로 통일되어 하나의 국가로 향하게 되었다.

원래 제임스는 스코틀랜드의 국왕이었으나 이후 잉글랜드의 국왕이 되었는데 스코틀랜드 국왕으로서는 '제임스 6세'라고 불린다. 불행히도 제임스가 태어나기 전부터 정략적 목적으로 결혼한 양친인 스코틀랜드의 메리 여왕과 단리 경 헨리 스튜어트의 관계는 극도로 파탄나 있었다. 결국 단리 경이 아내인 메리의 시종이자 음악가인 다비드 리치오를 의심해 죽이고 이후 메리 여왕이 보스웰 백작과 합심해 남편인 헨리를 죽인 후 애도 기간에 백작에게 납치되어 재혼하는 극단적인 스캔들이 발생했다. 이 스캔들에 스코틀랜드 귀족은 물론 메리 여왕의 지지 기반인 가톨릭 세력마저 등을 돌렸다. 메리는 귀족들에 의해 성에 감금되었으며 제임스 6세는 고작 한 살의 나이로 왕위에 올랐다.

이후 메리 여왕은 성에서 탈출해 반란군에 대항했지만 모든 전투에서 참패해 잉글랜드로 도망갔고 스코틀랜드는 4명의 섭정이 통치하게 되었는데 이마저도 섭정들 간 다툼으로 일부가 살해되었다. 하지만 선대 왕들(제임스 1세~5세)의 결말이 좋지 못했으며 어머니인 메리도 폐위되어 제임스 6세는 상대적으로 좋은 왕이라는 호평을 들을 수 있었다. 스코틀랜드의 왕으로서 제임스 6세는 종교개혁을 지지하며 스코틀랜드 내 개신교와 가톨릭 세력 간 갈등을 해결하려고 노력했다.

제임스 6세가 잉글랜드의 왕이 된 것은 1603년, 그의 대모^{代母}이기도 했던 엘리자베스 1세가 후계자 없이 승하했기 때문이었다. 제임스 6세는 부계와 모계 양쪽으로 튜더 왕조의 계승권을 가지고 있었으며 개혁주의 신학에 따른 장로교가 주류였던 잉글랜드 입장에서도 개신교로 전향한 스코틀랜드의 왕이 잉글랜드의 왕이 되는 것을 환영하는 입장이었다. 그렇게 36세의 나이로 제임스 6세는 잉글랜드의 왕관을 얻으며 제임스 1세로 등극해 잉글랜드와 스코틀랜드, 아일랜드를 다스리는 브리튼 제도의 왕이 되었다.

재위 기간 동안 제임스 1세는 자아도취적인 성향과 낭비스러운 소비 습관 등 개인적인 품행으로 백성들에게 비록 인기는 없었지만 나름 올바른 방향으로 국가를 이끌어갔다. 전부터 지속되었던 스페인과의 전쟁을 마무리지었으며 국교회 강화를 위해 힘썼다. 또한, 미국 버지니아 식민지 개척을 승인해 영국의 아메리카 식민지 확장의 기초를 쌓았으며 학자들을 후원해 영어로 번역된 성경인 '킹 제임스 성경'을 출판했다. 킹 제임스 성경은 오늘날까지도 미국에서 가장 많이 읽히는 성경 번역본으로 손꼽힌다. 하지만 엘리자베스 1세에 비해 상대적으로 국고를 낭비하고 왕권신수설을 강하게 주장하며 왕권 강화를 시도했던 제임스는 이에 반발한 잉글랜드 의회와 마찰을 빚었으며 이는 찰스 1세 시기 영국 내전이 발생하는 원인이 되었다.

해가 지지 않는 나라, 대영제국의 탄생

대영제국$^{British\ Empire}$은 17세기부터 20세기까지 영국과 영국 치하 식민지를 아우르던 호칭으로 지구상 모든 대륙에 걸쳐 있던 식민제국으로서의 영국을 말한다. 제1차 세계대전에서 승리한 직후 최전성기에 전 세계 육지 면적의 무려 ¼, 인구의 1/6을 보유한 '해가 지지 않는 나라'의 대표적인 국가였다.

대영제국의 탄생은 앞서 잉글랜드의 브리튼 제도 통합이 있었던 덕분에 가능한 일이었다. 1603년 스코틀랜드의 왕 제임스 6세가 잉글랜드 왕으로 즉위하면서 두 나라가 같은 왕을 모시는 상태가 되었고 1707년 연합법이 통과되면서 완전한 합병이 이루어져 '그레이트 브리튼 왕국'이 탄생하게 되었다. 또한, 사실상 아일랜드를 지배하고 있던 잉글랜드가 그들의 반란을 진압하고 1801년 연합법으로 아일랜드를 공식적으로 병합하면서 '그레이트 브리튼 아일랜드 연합 왕국'이 성립되었다. 마침내 브리튼 제도의 완전한 통합이 이루어진 것이다.

물론 브리튼 제도의 완전한 통합 이전에도 잉글랜드는 대항해 시대를 통해 꾸준히 전 세계로 세력을 확장하고 있었다. 1600년에는 아시아 진출의 교두보인 동인도회사를 설립했고 북아메리카에도 식민지를 개척했다. 이들은 상대적으로 후발주자였지만 해양력 강화와 무역 경쟁을 통해 점점 강국으로 발돋움했고 식민지를 활용한 3각 무역(유럽-아프리카-아메리카) 시스템을 운영하며 무역제국으로 성장했다.

잉글랜드는 식민지 확보 과정에서 네덜란드, 프랑스, 스페인 등 다양한 경쟁자를 마주했으나 강력한 해군력을 기반으로 승리를 거두고 영향력을 강화했다. 그렇게 맞이한 19세기에 이르러 잉글랜드는 대영제국으로서 세계 패권국으로 자리잡았다. 나폴레옹 전쟁에서 승리해 전 세계로 무역망을 확장했으며 내부적으로는 방직, 철도, 증기선의 발전으로 대표되는 산업혁명을 통해 경제적 지배력을 키웠다. 특히 19세기 중반 빅토리아 여왕 치세 시기에는 '팍스 브리타니카'Pax Britannica'라고 불릴 정도로 영국의 해군력은 정점에 이르렀고 이를 바탕으로 자유무역을 전파했다. 이때 대영제국의 영향력은 인도, 아프리카, 동남아시아까지 퍼져 있었으며 진정한 의미의 '해가 지지 않는 나라'가 되었다.

이처럼 영원할 것만 같았던 대영제국의 해체는 20세기 두 번의 세계대전과 반反 식민지 운동이 결합하며 서서히 진행되었다. 영국은 제1차 세계대전에서 승리를 거두었으나 전쟁 비용 때문에 경제적 부담이 가중되었고 이 시기 인도와 아일랜드 등에서 민족주의 운동이 고조되어 갔다. 이어진 제2차 세계대전에서는 영국 경제가 쇠퇴해 제국 유지가 어려워졌고 미국과 소련이 새로운 강대국으로 떠오르며 영국의 영향력은 감소하기에 이르렀다. 결정적으로 1947년 인도의 독립을 시작으로 아프리카 식민지들의 독립이 가속화되면서 영국은 더 이상 현재의 식민지를 유지할 수 없음을 깨닫게 되있다. 영국은 기존 식민지를 완전히 포기하는 대신 '영연방'이라는 느슨한 형태로 유대를 이어갔지만 사실상 이 시기를 기점으로 대영제국은 해체를 맞이했다.

농지의 사유화, 인클로저 운동

영국에서는 15세기 후반부터 19세기까지 공유지와 경작지를 울타리로 구획해 개인 소유로 전환하는 운동이 일어났는데 이 일련의 사례를 인클로저 운동이라고 부른다. 이 운동은 영국의 농업과 사회 구조에 큰 변화를 가져왔으며 자본주의 경제체제 발전의 토대가 되었다.

원래 중세 영국을 비롯한 대부분의 유럽 국가는 '개방경지제'라는 농업 방식에 따라 농민들이 공동의 땅에 농사를 지어왔다. 중세 시기 대부분의 땅은 영주 소유였으며 영주는 소작농들에게 장원 내의 땅을 일정 부분 나누어 임대해주고 소작료를 걷었다. 소작농은 경작지를 떠나거나 다른 직업을 가질 여유가 없었으며 대부분 대를 이어 땅을 경작해왔다.

최초의 변화는 14세기에 발발한 흑사병에서 비롯되었다. 수백만 명이 흑사병으로 사망하면서 노동인구 부족으로 자연스럽게 농노제가 약화되었고 임금노동자가 증가하면서 농업에도 변화가 생겼다. 게다가 15세기부터 유럽에서 양모 수요가 증가하면서 경작지에서 양을 키우는 양모산업이 더 유리하다고 판단한 귀족과 지주들은 공유지를 목초지로 전환하기 시작했다. '양이 사람을 먹어 치운다'라는 표현이 나올 정도로 많은 농민이 땅을 잃고 떠났다.

영국의 인클로저 운동은 15세기부터 19세기까지 크게 세 단계로 진행되었다. 양모산업을 위해 지주들이 공유지를 몰래 빼앗아 양 목장으로 전환했던 초기 비공식적인 인클로저 시기에는 많은 농민들이 실직해 빈민으로 전락했다. 공식적으로 인클로저 운동이 확대된 17세기 스튜어트 왕조 시기에는 법제화가 서서히 이루어졌는데 특히 청교도혁명 이후 자본주의 경제가 성장하면서 농업도 상업화되었다. 그리고 의회에서 인클로저 법을 통해 운동이 국가 주도로 진행된 18~19세기에는 약 4,000건 이상의 인클로저 관련 법안이 통과되었고 농지의 20% 이상이 새로 구획되었다. 이를 통해 지주들은 막대한 부를 축적했다.

19세기 중반까지 진행된 인클로저 운동은 영국 사회에 다양한 변화를 일으켰다. 대규모 농업 경영체제와 혁신적인 농업 기술체계가 확립되면서 생산성이 크게 향상되었고 다수의 농민들이 도시로 유입되면서 산업혁명의 노동력을 제공했다. 또한, 자본주의적 경제 구조가 강화되고 지주 계급과 임금노동자 계급이 더 구체화되어 현대적인 자본주의 경제체제를 형성한 것으로 평가받는다.

다만, 인클로저 운동에서 가장 문제가 되는 것은 빈부격차의 심화였다. 토머스 모어는 『유토피아』에서 인클로저 운동을 비판했으며 농민들도 '케트의 난'을 비롯해 여러 번 반란을 일으켰지만 대부분 실패했다. 결국 강제적로 땅을 잃은 농민들은 공장노동자가 되어 낮은 임금을 받으며 힘겹게 노동해야 했다. 많은 공장에서 5~6세 아이들도 노동력으로 활용되었으며 이들은 먼지와 유독가스, 소음으로 가득한 공간에서 위험을 감수하며 일해야 했다.

중세·근대 영국의 문학과 사상(15~19세기)

영국의 문학과 사상은 그 시기의 사회적, 정치적, 경제적 변화와 맞물려 발전을 거듭해왔다. 특히 영국의 문학은 종교 중심 사상에서 인간 중심 사상으로 변화함에 따라 점점 상류층에서 중산층까지 확산되었고, 다양한 문제를 문학 속에서 탐구하는 경향이 강해짐에 따라 철학과 경제학에도 영향을 미쳤다. 이러한 영국의 중세·근대 문학과 사상은 크게 15~16세기 중세, 17세기, 18세기와 19세기까지의 시기로 구분할 수 있다.

15~16세기 영국은 장미전쟁 이후 우여곡절 끝에 튜더 왕조가 수립되며 중앙집권적 통치가 강화되었는데 윌리엄 캑스턴이 인쇄술을 도입함에 따라 상류층에게만 한정되었던 문학과 지식이 중산층으로 퍼져나가기 시작했다. 이탈리아 르네상스의 영향으로 인문주의가 들어오던 시기에 헨리 8세의 종교개혁과 프로테스탄트 사상의 영향으로 중세적 종교 중심 사상이 인간 중심 사상으로 점점 변화했다. 이 시기의 문학으로는 윌리엄 셰익스피어의 작품 다수를 비롯해 토머스 모어의 『유토피아』 등이 있다.

17세기 영국을 대표하는 사상은 바로 청교도다. 영국은 청교도 혁명으로 왕정이 폐지되고 크롬웰의 공화정이 수립되면서 많은 변화를 겪었는데 특히 이 시기에는 문학이 종교적, 정치적 격변 속에서 사상을 논하는 논쟁의 장으로 활약했다. 또한, 계몽주의 사상의 전조가 나타나면서 인간의 이성과 경험을 중시하는 경향이 강화되었는데 존 밀턴의 『실낙원』을 비롯해 각종 형이상학적 시에서 철학적이고 신학적인 주제를 탐구했다. 특히 존 로크의『정부론』은 계몽사상의 초석을 놓으며 자유와 권리에 대한 근대적 개념을 정립했다. 한편, 왕정복고 이후에는 문학과 사상이 다시 귀족적, 세속적 경향을 띠기 시작했다.

18세기 영국은 명예혁명 이후 입헌군주제가 확립되면서 정치적 안정이 도래했다. 또한, 산업혁명으로 도시와 상업 계급이 성장하면서 과학과 합리성을 중시하는 계몽주의 사상이 각종 문학과 철학, 경제학에 영향을 미쳤다. 이성과 질서를 강조하는 신고전주의 문학이 발전했고 산업혁명으로 인한 빈부격차와 부조리를 풍자문학을 통해 비판하는 경향이 강화되었다. 대표적으로는 인간과 자연의 질서를 탐구한 알렉산더 포프의『인간론』, 풍자를 통해 영국 사회를 비판한 조너선 스위프트의『걸리버 여행기』, 자유주의 경제학의 기초를 마련한 애덤 스미스의『국부론』이 있다.

프랑스 혁명, 산업혁명의 심화로 계급 갈등과 노동자 문제 등이 대두된 19세기는 자유와 혁명을 찬미하는 낭만주의와 함께 사회를 고발하는 현실주의 문학이 발전했다. 특히 제국주의의 확장과 함께 사회적, 도덕적 가치 변화가 진행되었는데 작품을 통해 개인의 자유와 사회적 책임에 대한 논의가 심화되었다. 이 시기에는 계몽주의적 합리성과 낭만주의저 감성이 결합된 소설인 제인 오스틴의『오만과 편견』을 비롯해 산업화로 인한 사회문제를 고발한 찰스 디킨스의 현실주의 소설『올리버 트위스트』, 자유주의 정치철학을 발전시킨 존 스튜어트 밀의『자유론』등의 작품이 유행했다. 이러한 영국의 작품들은 현대 영문학과 사상의 기틀을 마련하는 데 중요한 역할을 했다.

4부
산업혁명
1763~1914년

어려운 상황에서도 생기는 기회

영국은 다량의 석탄을 쉽게 구할 수 있었다. 그 결과, 영국은 이미 가정과 산업 전반에 석탄을 널리 사용하는 유일한 강국이 되었다. 왕립해군함대는 참나무를 사용해 제작되었고 제철 제조업자들은 철을 만들기 위한 목탄이 필요했기에, 업자들은 대량의 나무를 벌목했다. 이에 따라 영국의 숲은 급속히 황폐해졌다. 마침내 사업가와 기업가는 두 가지 큰 문제를 마주했다. 광산에서 멀리 떨어진 시장에 석탄을 공급할 방법과 석탄을 사용해 실용성 있는 철을 만들 방법을 찾는 것이었다.

이 문제를 해결하기 위해서는 영국 특유의 사업가와 귀족이 손을 잡아야 했다. 이는 꼭 필요한 과정이었다. 1761년 선견지명이 있는 한 사업가가 나타나 자본을 투자해 최초의 대운하를 건설했다. 현재 시세로 따지면 수천만 달러를 들인 투자였다. 시대를 앞서가던 이 투자자는 바로 브리지워터 공작^{Duke of Bridegwater}이었다. 이 공작은 수 세기 동안 영국 북서쪽에서 토지를 소유하던 대지주 가문 출신이었다. 뒤이어 공작은 자신의 소유지에서 채굴한 석탄을 맨체스터에 있는 시장으로 운반하기 위한 운하를 건설했다.

중요한 사실은 공작의 소유지에 충분한 석탄이 매장되어 있었다. 이것이 핵심이었다. 역사를 통틀어 식량과 연료는 모두 땅에서 나왔기에 성장에는 한계가 있었다. 연료를 얻기 위해 땅을 너무 많이 사용하면 사람들이 먹을 식량이 부족해 굶주리게 되었고, 반대로 식량을 얻기 위해 땅을 너무 많이 사용하면 연료가 부족해졌기 때문이다. 이러한 법칙을 '맬서스의 덫^{Malthusian Trap}'이라고 부른다. 하지만 이 법칙은 영국에서 18세기에 깨졌다. 밭으로 사용하던 땅의 깊은 지하에서 다량의 화석 에너지

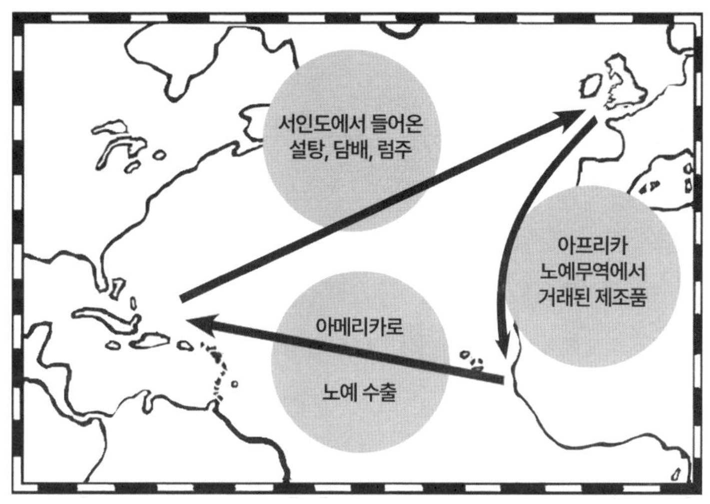

가 추출되면서 인류는 처음으로 이 '제약의 굴레'에서 벗어났다.

이처럼 맬서스의 덫이 깨지면서 좋든 싫든 '근대 세계'가 탄생했다. 중세의 잉글랜드 소작농은 1년에 200일 정도만 일했다. 18세기 후반이 되자 가진 것이 없는 농민이라면 아크라이트^{Arkwright}의 면화 공장과 같은 곳에서 1년에 300일을 12시간씩 교대로 일해야 했다. 농민들은 비교적 가벼운 실내 작업을 했기 때문에 칼로리 섭취를 별로 많이 할 필요가 없었다. 하지만 이제 농민들은 계절이 아닌 공장을 시계 삼아 일정을 준비해야 했다. 그 결과, 농민들은 새로 수입된 식욕 억제제, 식품 대체물, 각성제 등으로 활력을 주는 것들(럼주, 담배, 차, 코코아, 커피, 정제 설탕)을 통해 화학제품이 가득한 일상을 살게 되었다.

이것들은 또 하나의 거대한 '수탈과 박탈'이 가져온 산물이었다. 풍요로운 식민지 무역은 영국의 가장 큰 공급망 역할을 했다. 재치 있게 비유하자면 '서인도 제도 이해관계 망'이었다. 아프리카 노예라는 원자재는 거대한 이윤을 내는 삼각 무역의 중심항로인 중간 통로에서 눈에 잘 띄지 않는 존재였다. 영국인들의 눈에는 제조품이 영국에서 아프리카로 가는 것과 설탕, 담배, 럼주가 서인도 제도에서 들어오는 모습만 보였다.

산업혁명은 새로운 대영제국이 국내에서 냉혹하게 추진하던 근대화와 제국 건설의 결과였다. 산업혁명이 대영제국의 근대화와 제국 건설의 원인은 아니었다.

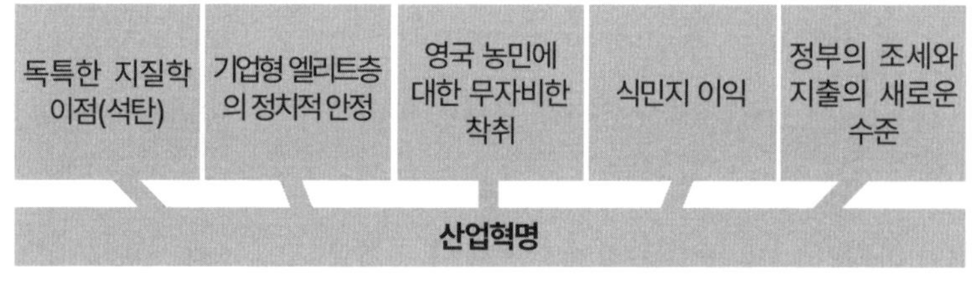

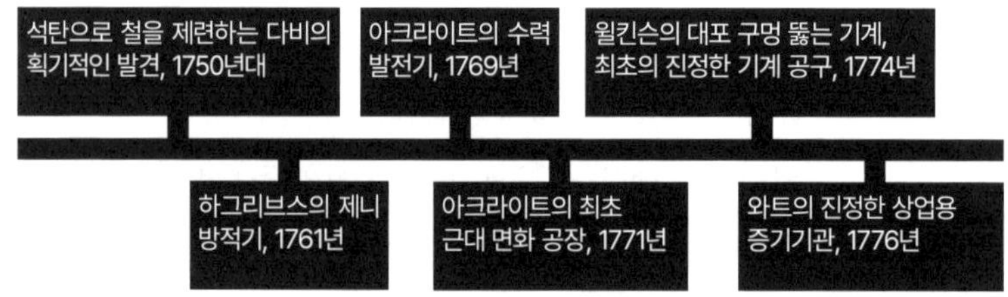

사람들은 프리스틀리의 실험을 통해 가스가 연소하는 현상, 산더미처럼 쌓인 석탄이 한꺼번에 타버리는 현상, 쇳물이 녹아내리는 현상을 최초로 직접 목격했다. 난생처음 본 이런 장면들 앞에서 사람들은 놀라움을 금치 못했다. 레오나르도 다빈치는 당대에는 생각하지도 못한 획기적인 기계들을 스케치로 남겼다. 그로부터 2세기 후 영국의 장인과 산업가들은 그러한 생각치도 못한 것을 현실로 만들어냈다.

대영제국을 이길 수 있는 유일한 나라

7년 전쟁을 계기로 대영제국은 놀라울 정도의 대제국이 되었고 산업혁명을 맨 먼저 일으킨 나라가 되었다. 이에 따라 '운명의 여신은 대영제국 편'이라는 과대망상적인 중대한 관념이 만들어졌다.

이 시대의 가난한 아이들에게는 어떤 강의가 귀에 들어올까? 유럽은 아이들에게 벌벌 떨라고 가르쳤다. 페루의 보물은 템스강으로 흘러 들어갔으며 아시아는 '위대한' 클라이브Clive(인도에서 활약한 영국 군인이자 정치가)에게 위압감을 느꼈다. 그 시대의 남성들은 키가 거의 7피트(약 2미터)에 달했기 때문이다. 오! 영국인의 유려한 화술과 장밋빛 전망 이야기로 숨이 턱턱 막힐 지경이다.

- 소설가 호러스 월폴Horace Walpole은 과대망상증에 빠진 1762년 영국의 분위기를 풍자했다.

영국에 부를 바치는 동양을 표현한 그림(동인도회사 런던 본사, 1778)

이렇게 대영제국은 무역 기회와 영향력을 얻었지만 사실 치러야 할 비용이 훨씬 컸다. 7년 전쟁(1756~1763년)에서 위대한 승리를 거둔 대영제국은 역설적으로 처리해야 할 수많은 청구서도 받아들여야 했다. 그 결과, 집에 달린 창문 개수에 따라 부과되는 '창문세'는 지긋지긋할 정도로 계속 인상되었다.

영국 부동산 소유자들이 절세를 위해 애쓰는 동안 영국 지도자들은 점점 국제 협상의 기본을 잊어갔다. 1771년 영국은 포클랜드 제도를 양도하라고 스페인에게 강압적으로 요구했다. 이는 대영제국에 전혀 득이 될 것이 없는 무리한 요구였다. 오히려 모든 유럽 국가가 영국의 끝없는 야망을 경계하는 분위기를 조성했다. 심지어 영국은 식민지 미국에 새로운 높은 세금과 높은 지출을 전제로 한 거대국가^{Big State}를 강요하고

자기방어비용도 내게 했다. 그러자 영국에 재앙이 닥쳤다. 대영제국이 패배한 것은 '미국인'이 아니라, 그들이 스스로를 '영국인의 후예'라고 여긴 영국인의 자유 전통(앵글로 색슨 권리)이었다. 미국 독립운동은 영국이 영국다움을 배반한 것에 저항으로 볼 수 있다.

잉글랜드 내전을 일으킨 급진주의자들과 마찬가지로 미국을 세운 건국의 아버지들은 자신을 진정한 앵글로색슨족이라고 생각했다. 외국계 전제정치에 맞서 자신들의 고대 권리를 찾기 위해 싸우는 진정한 앵글로색슨 말이다.

> 우리의 색슨족 조상들은 자기 땅과 재산에 절대적인 소유권을 갖는 것으로 땅을 개인 재산처럼 생각했다. 미국은 노르만인 윌리엄에게 정복된 적이 없다.
>
> - 토머스 제퍼슨Thomas Jefferson

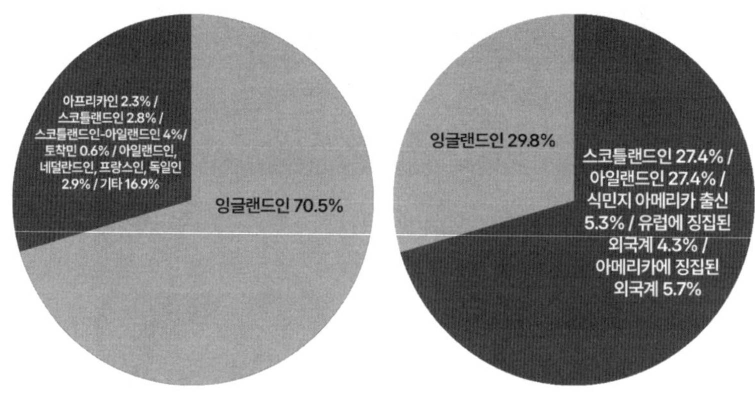

뉴잉글랜드 vs 대영제국(1776 - 1783)
왼쪽: 뉴잉글랜드 식민지, 1776년의 개략적인 인구분포
오른쪽: 미국 독립전쟁에서 영국군 편에서 싸운 하사관과 일반병 분포
출처: 피터 웨이Peter Way, 『18세기 영국군 모집Recruiting the British Army in the 18th century』,
암스테르담대학, 2013

우리 조상들은 자유를 잘 이해하고 충분히 즐겼다. 최초의 노르만인
폭군들이 들어오기 전까지 말이다.

- 제임스 오티스James Otis

미국을 세운 건국의 아버지들은 인종적인 자부심이 있었다. 영국의 식
민지역이었던 뉴잉글랜드를 구성하는 인종의 최소 70%는 잉글랜드인
이었다. 오히려 이들과 싸웠던 영국 왕실 군대 인종의 70% 이상이 비잉
글랜드인이었다.

영국의 잘못된 외교 정책 때문에 유럽의 최대 해양 강국인 프랑스, 스
페인, 네덜란드가 연합해 영국에 대항하는 구도가 만들어졌다. 치명적으
로 과도하게 확장된 왕립 해군은 무모한 전략으로 체서피크 해전Battle of

the Chesapeake(1781년)에서 전례없이 실패했다. 요크타운Yorktown에서 포위된 영국인들은 어쩔 수 없이 항복했고 미국의 새로운 잉글랜드인들은 제퍼슨, 오티스, 애덤스가 진정한 옛 잉글랜드 방식이라고 믿었던 길을 따라 새로운 땅에서 삶과 자유, 행복을 찾아 출발했다.

영국은 미국을 빼앗기면서 막대한 국가 부채를 떠안게 되었지만 토리당과 휘그당은 여전히 서로 비난하기에 바빴다. 제2차 영국-마이소르 전쟁(1780~1784년)에서 패한 영국은 그 지위가 심각하게 흔들렸다. 다른 나라 같았으면 진작 망했겠지만 영국은 달랐다. 정부의 세금과 지출(국가운영)이 오히려 경제를 자극하면서, 진정한 산업혁명을 꽃피웠다.

북부로의 이동

이번만큼은 지질학적 특성이 운명적으로 북부 편을 들어주었다. '쥐라기 경계선' 너머의 오래된 암석 지대는 농경지로는 척박한 땅이었지만 그 아래에는 지하자원이 가득했기 때문이다.

1800년까지 윌트셔Wiltshire 같은 남부 지역의 인구는 1700년 이후 거의 변하지 않았지만, 산업화된 북부 지역의 인구가 급증했다.

하지만 이것만으로는 영국의 남북 격차가 진정으로 극복될 수 없었다. 상대적으로 보면 맨체스터, 리버풀, 리즈, 버밍엄 모두 런던보다 성장률이 훨씬 빨랐다고 할 수 있다. 하지만 절대적인 규모로 보면 런던은 이 네 도시를 합친 것보다 더 빨리 성장했다. 1800년까지 런던은 서구권에서 가장 큰 도시였다. 약 100만 명의 주민이 런던에 살고 있었다. 이는 영국인 8명 중 1명 꼴이었다.

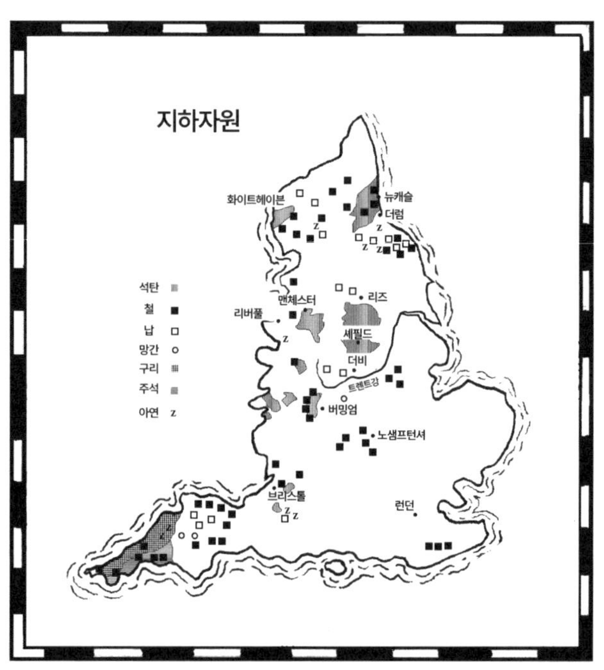

1750	도시	인구	1801	도시	인구
1	런던	675,000	1	런던	959,000
2	브리스톨	45,000	2	브리스톨	90,000
3	버밍엄	24,000	3	버밍엄	80,000
4	리버풀	22,000	4	리버풀	74,000
5	맨체스터	18,000	5	맨체스터	64,000
6	리즈	16,000	6	리즈	53,000

그러나 북부가 마침내 영국의 부를 더 고르게 나눠갖게 되었다. 이에 따라 새로운 통합에 대한 감각이 새로 구성되기 시작했다. 이제는 누구도, 반란을 꾀했던 자코바이트Jacobites들이 1715년은 물론 1745년에도 믿었던 것처럼, 잉글랜드 북부가 런던에 맞서 들고일어나 스코틀랜애서 프랑스가 지원하는 침공을 환영할 것이라고는 생각할 수 없게 되었다. 그

래도 이러한 발전 상황은 훗날 매우 중요한 역할을 했다. 바로 1789년 혁명으로 새로운 활력을 얻은 프랑스와의 다음 전쟁이 극한 상황까지 치달았기 때문이다.

새로운 돈, 새로운 나라

1796년 프랑스의 아일랜드 침공 시도는 저지되었지만, 이듬해 영국은 해군의 갑작스러운 반란으로 혼란을 겪었다. 이때 프랑스 해군이 잠시 웨일스의 피시가드Fishguard에 있는 해안에 상륙했다. 혼란에 빠진 영국인들은 은행으로 몰려갔고 사람들은 새 지폐의 문구가 약속한 것처럼 지폐를 금으로 바꿔달라고 요구했다. 궁지에 몰린 정부는 질세라 영국은행이 시민들의 금으로의 교환을 거절할 수 있도록 하는 은행 규제법(1797)을 통과시켰다.

유럽 역사상 처음으로 주요 국가의 시민들은 은행으로부터 이해할 수 없는 설명을 들었다. 언제까지인지 정확한 날짜를 말할 수는 없지만 훗날 상환될 종이돈을 신뢰해야 한다는 말이었다. 그 결과, 초인플레이션이 순식간에 발생할 수도 있었다. 7 대신 당시는(오늘날까지도 경제학자들이 연구하는 내용이지만) 영국의 정·재계 엘리트들이 나서게 되었다.

> 영국 전역에서 은행가와 상인들은 은행 지폐를 받아들여 이의 공적 신용을 지원하겠다고 선언했다.
>
> — 프랑스 은행 / 유로시스템(2017)

이제 영국 정부는 사람들이 수용할 수 있다고 판단하는 한도 안에서서라면 얼마든지 돈을 찍오낼 수 있게 되었다. 나폴레옹은 교활한 영국이 종이돈으로 잘 나갈 수 있다는 생각에 당혹감과 분노를 동시에 느꼈다. 아직 나폴레옹의 프랑스는 모든 것을 금으로 지급해야 하는 시스템이었다. 답은 간단했다. 영국은 프랑스에 비해 엘리트들의 세계관이 좁지 않았다. 영국의 엘리트들은 국가를 자기 것으로 생각했기 때문에 국가를 신뢰할 수 있었다. 이러한 영국 특유의 지배층 사상은 이 시기의 영국을 배경으로 한 소설 『오만과 편견Pride and Prejudice』의 깔끔한 지배계급 묘사를 통해 확인할 수 있다. 소설 속에서 노르만인 이름을 가진 사람들(피츠윌리엄 다아시Fitzwilliam Darcy, 레이디 드 버그Lady de Bourgh)은 여전히 사회를 지배했다. 하지만 다아시의 가장 친한 친구 빙리Bingley의 가족은 무역으로 돈을 번 것으로 묘사되었다.

사업을 좋아하는 엘리트들은 설령 엄청난 반발을 부르더라도 필요한 일을 해냈다. 급진적인 새 지폐를 지원하기 위해 급진적인 새 세금 제도가 생겨났다.

1799년 1월 12일: 소득에 세금을 부과하자는 제안이 실제로 나왔다! 이건 저열하고, 자코뱅식과 다를바가 없다. 벼락출세한 벼룩같은 자가 관직에 올라 벌이는 건방짐이다. 사생활을 개의치 않는 것이 진정한 영국인인가? 영국인의 노동과 노력의 결실이 다른 무엇보다 소수의 관료주의자를 통해 결정되어도 되는 것일까?

- 존 크나이브턴 박사Dr. John Knyveton

반항적인 아일랜드를 통제하려는 목적에서 국가명을 바꾼 대영제국은 새로운 나라로 거듭났다. 1801년 '영국^{Great Britain}'이라는 국가명은 '영국(연합왕국)'^{United Kingdom}으로 바뀌었다. 새로운 영국은 영국인(잉글리시)이라는 민족이나 국민이 다른 민족을 지배한다는 뜻과는 거리가 멀었다. 오히려 반대로, 평범한 잉글랜드 사람들은 그 어느 때보다도 더, 그들의 엘리트가 지배하는 제국 속에서 그저 여러 민족 가운데 하나일 뿐이었다. 최소한 영국 주민의 1/4(아일랜드 사람들 대다수, 웨일스 사람들 대

잉글랜드 남부 제국의 성장.
프랑스어를 사용하는 지배층의 시대가 끝나고(1399) 영국의 성립(1801)까지 각각의 경우에 경쟁 관계의 엘리트들이 먼저 동화되었다.

4부 산업혁명 - 1763~1914년
·

부분, 스코틀랜드 사람들 다수)은 기본적인 영어조차 말하지 못했다. 새로운 영국은 철저히 엘리트 중심이었다.

사람들이 잉글랜드, 브리튼, 영국이라는 명칭을 서로 섞어 말할 수 있었던 이유는, 정작 중요한 사람들은 그런 명칭에 신경 쓰지 않았기 때문이다. 어쨌든 영국은 어떤 이름으로 불리든 잘 나가는 나라였다.

나폴레옹을 물리치다

프랑스 혁명가들의 급진적인 정치전술인 국민투표를 사용한 나폴레옹은 최초의 종신 제1통령이 되었고(1802) 그 후 황제 자리에 올랐다(1804). 나폴레옹은 루이지애나를 미국에 팔아 번 큰 돈으로 영국군과 맞서 싸우기 위해 불로뉴에 집결한 군인 25만 명에게 비용을 지급할 수 있었다.

1588년의 스페인, 1940년의 독일과 마찬가지로 나폴레옹은 영국 해군을 마주했다. 넬슨^{Nelson}은 1805년 트라팔가에서 프랑스-스페인 함대를 격파해 영국해협을 건너려는 나폴레옹의 시도를 좌절시켰다. 나폴레옹은 영국을 침공할 수 없었지만 1805년부터 1807년까지 오스트리아, 프로이센, 러시아를 상대로 압승을 거두었다. 그 후 아무도 나폴레옹에게 감히 대항하지 못했다. 영국은 프랑스를 무찌를 군인 10만 명에게 1인당 175만 파운드를 지급하겠다는 제안까지 했다.

이러한 노력 끝에 영국 해군이 바다를 완전히 장악했다. 그 덕분에 영국은 나폴레옹과 전쟁을 치르는 동안에도 세상을 어떻게 더 나은 곳으로 만들지 고민할 여유가 있었다. 1807년 의회는 제국 안에서 이루어지던 노예무역을 폐지했다(비록 이미 노예가 된 사람들을 해방시키지는 못했지만). 이어서 다른 나라들도 차례대로 노예무역을 폐지했다. 노예무역이 국제적으로 폐지되면서 이후 반세기 동안 왕립 해군은 국제적 노예무역 억제의 핵심 실행 주체가 되었다.

프랑스의 독재자 나폴레옹은 '도덕주의자이며 돈을 찍어내는 상점주인들의 나라'를 파산시키려 했다. 그 수단이 바로 대륙 봉쇄령Continental System이었다. 유럽 전역에서 영국 상품을 금지하는 거대한 경제 제재였다. 포르투갈이 이를 거부하자 나폴레옹은 스페인을 통해 침공했고, 마드리드에서는 반란이 일어났다. 당시 스페인은 유럽의 중요한 동맹국이자 교두보 위치에 있었다. 신생 연합왕국이었던 영국은 전면전을 위해 동원되었다. 웰링턴 공작Duke of Wellington은 이베리아 반도 원정에서 프랑스 장군들을 차례대로 물리쳤다.

나폴레옹의 유럽 통제력은 서서히 약해졌다. 마침내 나폴레옹은 1812년 러시아의 차르를 공격했지만 이는 치명적인 결과를 가져왔다. 스페인에 25만 명의 병력을 묶어두어야 했던 탓에, 러시아를 침공한 프랑스군(그랑다르메Grande Armee)은 전력이 약했다. 게다가 나폴레옹의 군대는 절반이 다른 유럽 국가들에서 징집된 병사들로 구성되어 오합지졸과 같았다.

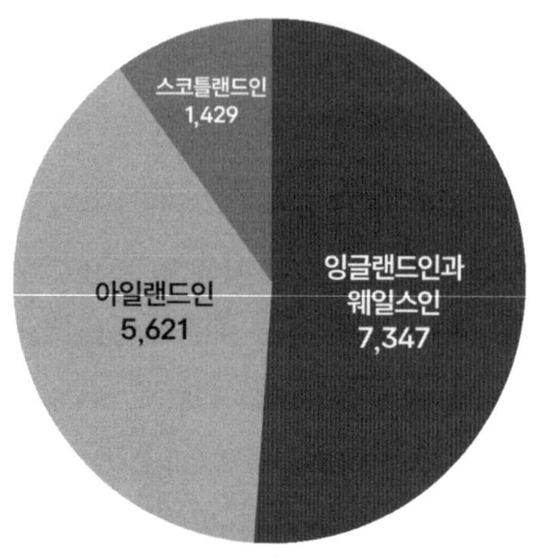

1808년 7월부터 1809년 6월까지 영국 육군으로 징집, 전쟁청

양쪽 전선에서 패배한 나폴레옹은 1814년 결국 황제 자리에서 쫓겨났다.

나폴레옹의 존재와 관계없이 유럽은 계속 혼란의 도가니에 빠져 있었다. 믿기 어렵지만 영국은 불과 6개월 만에 프랑스(그리고 오스트리아)와 연합해 러시아와 프로이센을 상대로 전쟁을 벌일 가능성에 대비하고 있었다. 동맹국들을 다시 하나로 묶어 준 것은 아이러니하게도 나폴레옹의 귀환이었다. 웰링턴이 이끄는 영국군과 프로이센군이 워털루에서 마침내 나폴레옹을 물리쳤다(1815). 이후 영국은 유럽 대륙에서 벌어지는 일에 더 이상 참견하지 않기로 결정했다.

이를 위해 필요한 전략이 있었다. 호전적인 프로이센인들에게 풍요롭고 평화로운 독일 라인란트를 넘겨줘 유럽 열강의 균형을 재조정하는 것이었다. 그리고 프로이센의 지배 하에 놓인 독일이 프로이센의 적이 될 수 있도록 그럴듯하게 조치했다. 영국은 1919년의 미국처럼 교묘하게 유럽의 일에서 손을 떼었다.

진보의 제국

전쟁이 끝나면서 영국은 더 이상 세금을 올려 전쟁 비용을 댈 필요가 없어졌다. 그 덕분에 영국이 새로운 산업국가가 될 수 있는 토대가 갖추어졌다. 하지만 영국은 처음으로 본격적인 경기침체(불황)에 직면했다. 이와 함께 사회 불안이 찾아왔다. 격렬한 저항과 선동의 중심에는 곡물법 Corn Laws이 있었다. 곡물법은 곡물 가격이 일정 수준에 도달할 때까지 수입을 금지해 토지 소유자들을 보호했는데 실제로는 기준이 되는 곡물 가격이 매우 높게 설정되어 있어 한 번도 충족된 적이 없었다.

다양한 혁명으로 영국의 공기는 무거워졌다. 제인 오스틴이 세상을 떠난 1817년 메리 셸리 Mary Shelley는 『프랑켄슈타인』으로 현대 공상과학 소설이자 공포소설을 선보였다. 그로부터 2년 후 6만 명이 맨체스터 성 베드로 광장 St. Peter's Square에 모였다. 이 시대의 최고의 연설가로 통하는 헨리 '오레이터' 헌트 Henry 'Orator' Hunt(토지 소유 계층의 이탈자)의 곡물법 비난 연설을 듣기 위해서였다. 워털루에서 프랑스군을 향해 돌격했던 15 기갑연대는 피털루 학살사건 Peterloo Massacre에서 동족에 돌격했다. 이듬해 케이토 거리 음모에 가담한 사람들은 복수를 위해 내각 전체를 암살할 계획을 세웠다.

그러나 나폴레옹 이후 수십 년 동안 유럽이 절대주의와 혁명에 휩싸이는 와중에도 영국은 그 두 가지에서 벗어날 수 있었다. 그 핵심에는 영국 특유의 폭넓게 분포한 지배 엘리트들이 있었다.

영국 귀족들이 특히 잘하는 것이 있다. 다른 나라의 귀족들과 달리, 그 가톨릭에 대한 모든 법적 제한을 마침내 철폐하는 조치(1829년), 최초의 대규모 선거법 개정(1832년), 제국의 노예제 폐지(1833년)에 이르기까지 변화에는 격렬한 저항이 있었다.

노예제 폐지에 대한 반대가 아무리 심해도 모든 의사결정은 의회를 통해 이루어져야 했고 의회가 결단을 내리면서 논란은 끝났다. 노예를 완전히 해방하는 것으로 엘리트층이 결집하자 나라의 나머지 사람들도 그 뒤를 따랐다.

노예해방: 혹은 2,000만 파운드를 빼앗긴 '존 불'John Bull(전형적인 영국인을 의미한다).
어느 부패한 정치인이 자신의 노예를 소유한 자신의 후원자에게 줄 2,000만 파운드를 존 불의 호주머니에서 뽑는 장면. 1833년 당시 2,000만 파운드는 엄청난 금액이었기 때문에 영국의 납세자(존 불)들은 그 대출금을 2015년에 이르서서야 모두 상환할 수 있었다.

영국이 정치적 문제를 해결하는 방식에는 어딘가 특별한 점이 있었다. 1834년 의회 하원 건물이 불타자 석조 건물로 지어야 한다는 결정이 내려졌다.

영국인들이 난폭한 미국식 민주주의나 (〈건축 매거진〉이 1836년 1월호에서 버킹엄 궁전을 그렇게 불렀듯이) 괴물 같은 기형적 건축물을 원했을 리가 있었을까? 새로운 건물을 결정하기 위한 공모전에서는 출품작이 반드시 고딕 양식으로 지어져야 한다는 규정이 생겼다. 대략 15세기 양식을 기준으로 '영국만의 고유한 미래'를 그려 나가려던 생각 때문이었다.

좌측: 급진적인 고전주의-워싱턴 국회의사당, 1826년.
우측: 왕당파적 고전주의-버킹엄 궁전, 1834년

4부 산업혁명 - 1763~1914년

젊은 여왕 빅토리아(1837년 즉위)의 통치 아래 영국은 고딕을 브랜드로 내세운 새로운 모습의 나라가 되었다. 당시 영국은 유럽에서 가장 부유하고 안정적인 나라라는 이미지로 세계에 비쳐졌다..

영국 사상가들이 새로 발명한 개념은 바로 강건하고 막을 수 없는 '진보'라는 종교였다. 곧 모든 사람이 영국 방식을 받아들이게 될 것이며, 필요하다면 왕립 해군과 육군이 거친 행동을 가할 터였다. 새로운 땅들은 영국에 편입되었고 그들의 토착 문화는 강제로 영국식 문화가 되었다.

1840년에 시작된 새로운 국회의사당

왼쪽: 트리니티 칼리지^{Trinity College}, 토론토
오른쪽: 크라이스트 처치^{Christ Church}, 심라^{Simla}, 인도

> 과부들을 산 채로 불태우는 것은 인도의 관습이다. 화장용 장작더미를 준비하는 것도 인도의 방식이다. 하지만 영국에도 관습이 있다. 여성들을 산 채로 불태우는 남성들은 교수형에 처해진다.
>
> - 찰스 제임스 네이피어 경^{General Sir Charles James Napier},
> 『인도의 아내 순사 관습 진압하며^{Putting down the practice of Suttee in India}』, 1843

다만, 1842년 아프가니스탄에서 영국 군대 전체가 괴멸한 것과 같은 사소한 실패는 무시되었다.

대영제국은 거침없이 성장했다. 제국의 본부는 유럽 그 어느 곳에서도 누릴 수 없는 생활과 정치의 자유를 사람들에게 제공했다. 이제 아일랜드는 영국의 일부가 되었으며 아일랜드 사람들은 영국의 섬들을 완전히 자유롭게 왕래할 수 있었다.

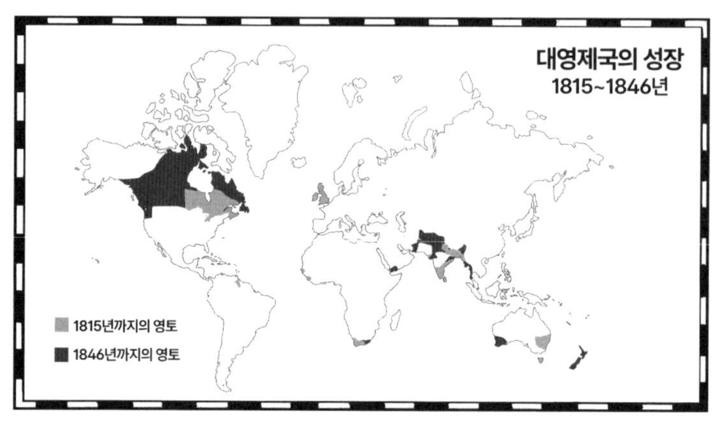

이미 100만 명 이상이 이주해 왔다. 그런데 이들이 먹는 음식이라곤 감자가 전부였다. 이들은 감자를 사고 남은 돈을 전부 술값으로 썼다. 이런 인종들에게 높은 임금이 무슨 소용이 있는가?

- 프리드리히 엥겔스 Friedrich Engels, 1845

영국에는 국경 통제도 없었고 비밀경찰도 없었다. 자연스럽게 가난이나 억압에서 벗어난 다른 유럽인들도 영국으로 밀려들었다. 군사적으로도 강력한 번영과 진보의 제국이었고, 로마의 위대한 시절 이후로 영국은 세계에서 가장 강한 제국으로 존재하게 되었다. 이에 따라 사람들은 사고방식을 바꾸었다. 이 시기 영국에서 형성된 칼 마르크스의 철학은 빅토리아 시대 자유주의의 극단적 버전이었다. 대영제국은 세계를 하나로 묶는 힘을 보여주었고 마르크스주의는 그 힘을 뒤집어 세계를 해방시킬 수 있다는 환상을 만들어 냈다.

런던을 상대로 한 마지막 도전

그러나 제국의 심장부에는 문제가 있었다. 바로 영국 특유의 오래된 내부 분열이었다. 산업혁명 초기 영국은 지역적으로 동등하게 발전하는 것 같았지만 1840년대 이르러 북부는 다른 나라처럼 느껴지기 시작했다. 물론 이전과는 다른 감정이었다. 북부가 느끼는 소외감은 이전처럼 뒤처진 시골 지역이 느끼는 것과는 달랐다. 선과 악을 동시에 품은 이미 현대성의 모순이자 벌집이라는 점에서 달랐다.

과거 가톨릭의 보루였던 북부는 이제 비국교도 기독교와 정치 자유주의(정치와 종교는 현대 중동에서처럼 빅토리아 시대의 영국에서도 서로 연결되어 있었다)를 철저히 채택해 남부의 성공회와 차별성을 두었

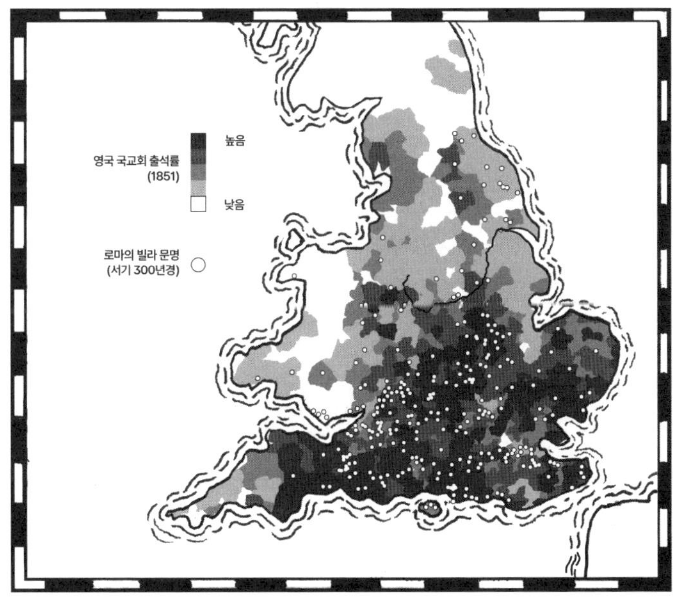

1851년 영국 국교회의 출석률이 높았던 지역은 서기 300년 로마 빌라(당시 고급 주거지) 문명 지도와 매우 가까웠다.

다. 북부 엘리트들은 자신들만의 종교, 영국 성공회를 따르지 않는 학교를 두고 근대적이고 실용적인 과목들을 가르치며 서로 혼인으로 연결된 산업가문왕조를 형성했다. 심지어 북부 엘리트들은 독자적인 경제 이론도 지니고 있었는데 오늘날 우리가 '세계화'라고 부르는 것과 비슷하다. 북부의 '무관세 국제무역' 이론은 당시 국제적으로 '맨체스터주의^{Manchesterism}'라고 알려졌다.

> 영국에는 사실상 두 종류의 중산층이 있었다. 하나는 런던의 상업과 금융, 주변 '주도'에 기반을 둔 가장 크고 부유한 계층이고 또 하나는 '북부'의 산업과 제조업에 기반을 둔 계층이다.
>
> — 론 마틴^{Ron Martin}

북부의 가난한 사람들은 런던의 가난한 사람들과 마찬가지로 도시 속에서 비참함을 온몸으로 느끼며 살았다. 그들의 신체가 실제로 외소해질 정도의 비참함이었다.

> 도시에서 태어난 남성들은 시골에서 태어난 남성들보다 키가 작았다. 평균 신장의 감소 현상은 대부분 1820년경부터 1860년경 사이 도시 지역에 집중되었다.
>
> — 『스테켈/플로즈^{Steckel/Flouds}』, 시카고대학 출판부, 1997

영국에서 느껴지는 긴장감은 너무나 뚜렷했다. 그래서 마르크스와 엥겔스(둘 다 영국에 거주)는 영국에서는 계급전쟁이 '곧 일어날 수밖에 없는 현실'이라고 확신하게 되었다. 엥겔스는 1840년대 맨체스터 사람들의 삶을 연구하면서 노동자 계급이 점점 부르주아 계급과 완전히 분리된 인종이 되었다고 확신했다. 물론 모든 곳에서 갈등을 목격한 것은 직업 혁명가들뿐만이 아니었다.

영국의 문제는 널리 논의되었다. 훗날 총리가 되는 벤저민 디즈레일리^{Benjamin Disraeli}는 자신의 인기 소설 『시빌^{Sybil}』(1845)에서 잉글랜드 안에 존재하는 두 나라를 통합하는 것에 갈등을 해결할 답이 있다는 메시지가 핵심이라고 전했다. 여기서 말하는 잉글랜드 속 두 나라는 가난한 색슨족과 부유한 노르만인, 북부와 남부였다.

그 분열은 1848년 명확히 나타났다. 유럽 전역에서 2년 연속으로 흉년이 들었다. 정부가 대중에게 부담 없는 가격으로 탄수화물을 제공해야 한다는 기본적인 시험조차 통과하지 못하자 혁명의 기운이 강해졌다. 잉글랜드 내 위기의 성격은 남부와 북부에서 뚜렷해졌다.

오늘날 기준으로 차티스트의 요구는 오롯이 이해될 수 있을 듯하다. 이러한 요구는 일반적으로 국가의 정치적 진보 역사 아래에서 제기된다.

청원자들의 목적은 하원을 설득해 다음과 같은 조치를 통과시키는 것이다. 보통선거권, 비밀 투표, 연례 의회, 평등선거구, 의원 급여 지급, 재산 자격 요건 폐지에 대한 조치였다.

- 의회 기록보관소^{Parliamentary Archives}, 1848년 4월 10일

이 일로 차티즘의 실질적인 목적인 남부로부터 거대한 권력 이양이었다. 산업혁명으로 힘을 키운 북부는 청교도 혁명 이후 처음으로 독자적인 목소리를 다시 찾아가고 있었다. 런던의 가난한 사람들 속에서도 동맹이 맺어졌다. 이들이 만든《북극성Northern Star》이라는 신문이름은 결코 우연이 아니었다. 차티스트 운동가들은 대청원이 의회에 통하지 않자 놀라운 움직임을 보였다. 북부의 수도에 대안이 되는 새로운 대체 의회를 세우려고 했던 것이다.

> 대안이 되는 새로운 의회라는 존재가 세계 역사에서 새로운 시대를 열었습니다. 영국에 두 개의 의회가 생긴 것입니다. 바로 런던 의회와 맨체스터 의회였습니다.
>
> - 칼 마르크스Karl Marx,
> 《차티스트 의회에 보내는 편지letter to the Chartist Congress》, 1854년 3월 9일

이 순간, 영국은 더 이상 하나의 나라가 아니었다. 하나의 섬 안에, 서로 다른 미래가 정면으로 마주 서 있었다. 네이새니얼 우다드Nathanial Woodard 목사는 영국의 통합(즉, 잉글랜드 남부의 영국 전역 통치)에 닥칠 위험을 예견하고 대책 마련에 나섰다.

교육, 교육, 교육

우다드는 잉글랜드 북부의 분열적이고, 거친 중산층을 남부의 영국 신

사로 새롭게 교육하자고 제안했다.

MR. WOODARD'S PUBLIC SCHOOLS FOR THE MIDDLE CLASSES.

네이새니얼 우다드의 중간계층을 위한 사립학교

> 남부에 있는 우리는 북부사회의 상황을 잘 알지 못한다. 남쪽에서는 반국교도적 사상이 고통스러울 정도로 불쾌한 형태로 드러나지 않으며 도덕이 노골적으로 타락하지도 않는다. 북부 제조업 구역을 보면 전율이 일어난다. 우리는 영국 국교회의 원칙에 맞게 이루어지는 좋은 교육을 중산층 모두에게 제공하기로 했다. 아마도 대규모 공립 기숙학교 방식이 될 것이다. 우리가 세우는 대규모 퍼블릭 스쿨 제도로 중산층의 기풍 자체가 완전히 바뀔 것이다.
>
> - 아침 이야기^{Morning Chronicle}, 1851년 11월 18일

실제로 그 교육은 효과가 있었다. 그 후로 북부의 엘리트들은 아들들을 옛날 학교를 모방한 고딕 스타일의 기숙학교(거의 항상 트렌트강의 남부)로 보냈다. 북부 엘리트들의 아들들은 그곳에서 남부의 기존 엘리트들과 최대한 비슷해지도록 훈련받았다.

랭커셔에 본사를 둔 제조업자 리처드 코브던^{Richard Cobden} 같은 급진주의자들은 곧 절망했다.

왼쪽: 이튼 채플^{Eton Chapel}(1482), 오른쪽: 랜싱 채플^{Lancing Chapel}(1868)

원칙적으로 제조업자와 상인들은 부를 얻으려는 유일한 이유가 그것으로 봉건적 질서 앞에 굴복하기 위함인 듯하다. 우리는 여전히 귀족계급을 숭배하듯이 토지를 숭배하고 비굴하며 귀족을 경외하는 민족이다.

- 리처드 코브던, 1863

다시 한번 영국의 통치 질서는 새로운 피를 수혈받는 독특한 방식으로 회복되었다(돈을 얻고 자기의 고유한 방식을 버릴 때 가능한 일). 무에서 창조된 스포츠는 새로운 학교와 옛 학교를 제대로 통합하는 위대한 역할을 했다.

혹독한 육체 훈련을 받으며 특별 선발된 남성들의 집단. 그 어떤 현대 국가도 지배계급을 이런 육체 훈련에 몰아넣은 적이 없었다. 이 집단은 냉수 목욕, 크리켓, 그리스와 로마의 역사로 훈련을 받았다.

- 필립 메이슨^{Philip Mason}(필립 우드러프^{Philip Woodruff}로도 알려져 있다)

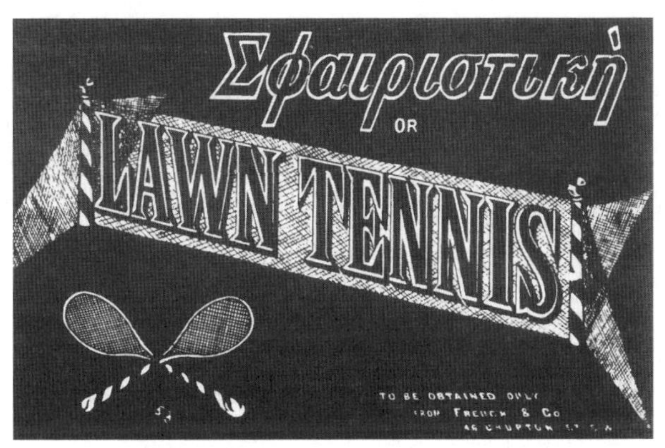

축구연합(퍼블릭 스쿨 남학생들이 하는 축구)은 1863년 차터하우스 Charterhouse에서 문서를 통해 정식으로 탄생했다. 크리켓의 바이블인 잡지 《와이즈든 Wisden》은 이듬해 창간되었다. 학교 안에서 자신만의 스타일로 하는 축구를 가리키는 럭비 규칙은 1871년 펄멀 Pall Mall 식당에서 만들어졌다. 잔디를 입힌 코트에서 하는 테니스인 '론 테니스 Lawn Tennis'를 다룬 최초의 책(1874)은 새로운 스포츠인 론 테니스가 '제대로 된 계층' 스포츠임을 증명하기 위해 고대 그리스어 이름도 제시했다.

그러나 진짜 고딕 양식으로 만들어진 것이든 고딕 양식을 대충 모방한 것이든 사각형 경기장을 벗어나면 영국인들은 기차역 플랫폼과 도시적인 쇼핑 거리에서 계급과 관계없이 서로 뒤섞이며 생활했다. 이전과는 사뭇 다른 풍경이었다. 퍼블릭 스쿨 남성들이 노골적으로 공격성을 표출하거나 탐나는 것을 훔치지 못하게 하려면, 그러면서 서로에게 연대감을 느끼게 하려면 적절하고 새로운 복장 규칙이 필요했다. 귀족 계급임을 과시하는 대신 실제로는 비싸더라도 겉으로는 소박해 보이는 복장이 나타났다. 그 옷은 때와 장소에 맞춰 갈아입어야 했다.

작은 일 하나가 잘못되어도 참담한 일이 벌어질 수 있다. 1881년 7월 아침 (워털루에서 독일 군단을 지휘했던 조상을 둔) 친영파 옴프테다 백작^{Count Ompteda}은 피카딜리^{Piccadilly}에서 사람들의 시선을 한몸에 받고 있다는 것을 알았다. 그는 혼란스러워하며 얼른 집으로 돌아와 거울을 확인했다.

> 그랬다! 그가 입은 옷은 언뜻 수수해 보이지만 프록코트 안에는 흰색 양복 조끼를 입고 있었다. 피카딜리에서 그만 흰색 양복 조끼를 입고 있었다.

양복 조끼를 제대로 갖춰 입은 남성에게 다가가 말을 건네보면 모든 것이 분명해진다. 표준 발음이라고도 불리는 억양은 1870년대부터 유일하게 허락된 귀족 계급의 표시였다. 물론 이 억양은 남부 영어의 변형이다.

> 이러한 억양은 훌륭한 사립 기숙학교에서 교육받은 남부 영국인들의 가정에서 평소 가장 많이 들을 수 있다.
> - PR 전문가 대니얼 존스^{Daniel Jones}가 정의한 내용(1916)

메이페어^{Mayfair}든 마드라스^{Madras}든 점점 새로운 엘리트 민주주의가 탄생했다. 보통사람들에게 좀 더 기회가 열려 있었지만 엄격히 정해진 기준 속에서 새롭게 길러진 엘리트들로 구성된 민주주의였다. 같은 (고전) 과목으로 교육을 받고 같은 성공회 찬송가를 부르고 같은 (제대로 된) 옷을 입고 같은 (페어플레이 정신이 있는) 경기를 하며 같은 (표준 발음)

잉글랜드의 엘리트층에 들어가는 방법, 1180년 이후

억양으로 이야기를 나누는 퍼블릭 스쿨 출신의 남성들은 코크^{Cork}에서 캘커타^{Calcutta}까지 테니스장, 크리켓 경기장, 럭비 경기장을 만들어냈다. 마치 포럼, 목욕탕, 콜로네이드(주랑: 지붕을 받치는 일렬로 세워진 기둥)를 만들어낸 로마인들처럼 말이다.

일반인들은 지나치게 자신감 넘치는 지배계층을 곧바로 모방했다. 특히 크리켓은 영국을 대표하는 스포츠가 되었다. 보통 영국인들이 귀족 계급의 동료들에게 돌처럼 단단한 공을 던지는 스포츠여서 규칙은 세심하게 정해졌다. 외국인 방문객들은 크리켓 경기 장면을 보고 놀랐다. 영국을 방문한 어느 러시아 귀족은 크리켓이 재미있어 보여 즉석에서 만든 11인 팀에 합류했다.

> 그는 심하게 얻어맞았고, 이후에는 정신적 활동이 더 바람직하다는 의견을 말했다.
>
> - 〈데일리 뉴스^{Daily News}〉, 1865년 8월 3일

빅토리아 시대 중기의 잉글랜드는 마침내 진정 하나의 국가가 된 것처럼 보였다. 보수당(1834년 비공식 명칭)은 17세기 왕당파의 계승자였

다. 자유당(1839년 비공식 명칭)은 이론적으로 의회파의 후손이었다. 하지만 이들 중 어느 쪽에도 이념이 거의 없었기 때문에 W. E. 글래드스턴은 보수당을 떠난 후 자유당을 이끌 수 있었다. 반면, 토리당의 반동파로 추정되는 사람들은 당시 의회에서 벌어지는 거대한 결투에서 글래드스턴에 맞서기 위해 대담한 유대인 작가 벤저민 디즈레일리를 선택했다. 공교롭게도 잉글랜드는 셰익스피어 이후 처음으로 상위 계급과 하위 계급 모두에게 어필할 수 있는 작가 찰스 디킨스를 배출했다.

이제 연합 왕국의 언어인 영어는 영국 내에서 저항할 수 없는 중력을 행사했다. 이제 영국 이외 다른 나라도 엘리트들이 영어를 제1언어로 채택한 지 오래되었고 평범한 사람 대다수가 그 뒤를 이었다. 1,000년 이상의 저항 끝에 영어가 색슨족의 혀를 차지한 것이다. 영어는 이제 유일한 소통수단이 되었다. 심지어 어떤 영국인들은 영어가 이 세상의 유일한 언어가 될 수도 있다고 생각하기 시작했다.

독일인, 프랑스인, 러시아인은 고대의 언어 형식을 고수하는 웨일스인과 아일랜드인처럼 자국어에 열심히 매달리겠지만 앞으로는 분명히 영어에 의해 소멸될 운명이다.

- 저널리스트 헨리 메이휴Henry Mayhew(잡지 《펀치Punch》 창간자), 1864

영국은 강국처럼 보였다! 크림전쟁(1853~1856년)에서 영국과 프랑스는 러시아 땅에서 러시아에 놀라운 패배를 안겨주었다. 인도의 항쟁(1857년)은 분쇄되었다. 제2차 아편전쟁(1856~1860년)에서 영국에게 패한 중국은 자유무역을 받아들일 수밖에 없었다.

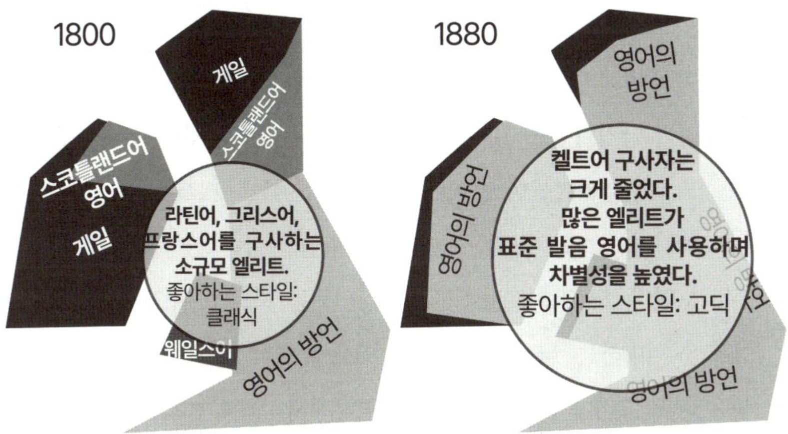

> 유럽이 위험한 상황에 놓이고 미국이 격변을 겪는 동안 영국은 다른 햇빛을 받는 것처럼 번영했다. 영국의 번영에는 설명할 수 없는 많은 이유가 있지만 중국의 개방은 분명히 그 중요한 이유 중 하나다.
>
> - 《타임스The Times》, 1864년 5월 23일

1860년대 들어 영국은 잘 시작했고, 운없는 다른 나라가 이떤 곤경에 처하든 상관없이 자신의 시장을 끝없이 넓혀 갈 수 있을 것처럼 보였다..

피할 수 없는 대륙

그러나 영국이 잘 나간다는 생각은 환상에 불과했다. 영국은 진정한 의미에서 패권국이 아니었다. 영국의 GDP는 1870년 세계 전체의 9.1%로

정점을 찍었지만 프랑스와 독일의 GDP를 합친 것보다는 전혀 크지 않았다. 이에 비해 미국은 1960년 세계 GDP의 40%를 기록했다. 대영제국은 유럽이 안정적이고 정치적으로 동의해 주어야만 순항할 수 있었다. 이는 영국의 엘리트들이 잘 알고 있는 사실이었다. 그러니 유럽이 해협을 가로질러 공격할 수 있는 능력을 갖추면 영국은 거의 히스테릭한 반응을 보였다. 1859년 프랑스는 철갑을 두른 새로운 목조 전함(이름은 '영광'을 의미하는 '라 글루아르^{La Gloire}')으로 영국 해군보다 기술적 우위에 올랐다. 그러나 1년도 되지 않아 영국에서 100% 철제로 된 HMS 전함(1860)이 나오면서 프랑스 전함은 밀려버렸다. 이와 동시에 영국은 비용이 엄청나게 들어가는 데다 지금까지 단 한 번도 시도된 적 없는 해안 요새 시스템을 만들기 시작했다.

1866년 7월 28일 영국은 분명히 세계적인 강대국 위치에 있었다. 하지만 동시에 영국은 유럽과 떼려야 뗄 수 없는 관계이기도 했다. 이후 10년 동안의 실패 끝에, 마침내 영국은 미국과 해저 전신선이 연결되면서 활기를 되찾았다. 런던과 뉴욕의 증권거래소는 단번에 단일 정보구역이 되었고 그 구역에는 세계화를 위한 IT가 자리 잡았다.

그러나 그날 대서양을 건너 전달된 최초의 중대 뉴스는 100년(1815 - 1914) 사이에 벌어진 유럽 최대 규모의 전투에서 프로이센이 오스트리아를 어떻게 격파했는지를 다룬 내용이었다. 그로부터 4년 후인 1870년 프로이센은 한 단계 더 나아가 나폴레옹 3세의 프랑스를 6주 만에 전멸시켰다. 처음에 프랑스의 패배는 희소식일지도 모른다고 생각한 영국인들도 일부 있었다. 사실 그동안 파리는 세계 금융의 중심지 역할을 하던 런던에 꾸준히 도전해왔기 때문이다.

사실상 무적이었던 이 요새들은 왕공되기 이전부터 '파머스턴의 어리석음'이라고 불렀고, 오늘날에도 코크에서 도버까지 곳곳에서 여전히 찾아볼 수 있다.

세계적으로 한창 힘을 과시하던 영국은 정말 중요한 존재가 유럽이라는 것을 알고 있었다.

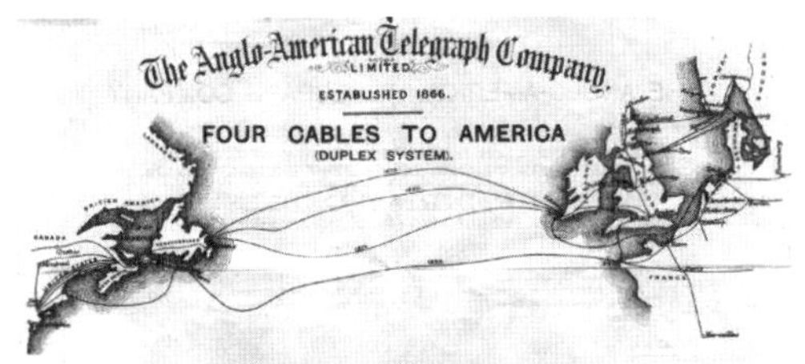

> 화폐와 자본의 문제에 관해서는, 현재의 풍요가 런던이 세계 금융 중심
> 지가 되었기 때문에 가능함을 기억해야 한다.
>
> - 『신사의 잡지Gentleman's Magazine』, 1870

그러나 영국은 곧 공포에 휩싸였다. 1871년 엄청나게 인기를 얻은 베스트셀러는 『도킹 전투The Battle of Dorking』였다. 이는 현역 중력이 쓴 소설로 새로운 독일제국의 침략과 점령을 예고한 내용으로 군사 관련 세부 사항이 설득력 있게 제시된 소설이었다. 소설 내용이 너무 현실적이어서 당시

총리였던 글래드스턴이 직접 독자들에게 소설 내용이 전부 허구임을 공개적으로 알려야겠다고 생각했을 정도였다.

한편, 신임 보수당 총리 디즈레일리는 영국은 반드시 유럽과 다시 관계를 맺어야 한다고 생각했다.

> 힘의 균형이 완전히 깨졌다. 이 거대한 변화에서 가장 큰 고통을 받는다고 느끼는 나라는 영국이다.
>
> - 벤저민 디즈레일리

1875년 디즈레일리는 아무도 상상하지 못한 일을 감행했다. 독일이 프랑스를 다시 공격하지 못하게 하려고 러시아와 동맹을 맺은 것이다. 3년 후 디즈레일리는 편을 바꾸었다. 베를린 회의(1878년)에서 디즈레일리는 독일의 '철의 재상' 오토 폰 비스마르크^{Otto von Bismarck}와 심야 담판을 벌

였다. 이 회담에서 디즈레일리는 러시아에 대항하는 전 세계적인 영-독-오스트리아 동맹 가능성을 제시했다.

비스마르크는 마음이 흔들렸다. 런던에 있는 비스마르크의 대사는 내부의 호전적인 분위기에 대해 보고했다. 그날의 뮤직홀 히트곡으로 '징고즈Jingoes'(우리는 싸우고 싶지 않지만 싸워야 한다면 반드시…)가 도시에 흘러나왔고 러시아에 반대하는 군중들이 마을을 배회하고 평화주의자 모임을 주선했으며 글래드스턴의 창문을 부수는 등 분위기가 험악했다는 것이 주 내용이었다. 철의 재상은 결국 미끼를 물었다. 디즈레일리는 빅토리아 여왕에게 편지를 보내(빅토리아 여왕은 1876년 자신을 인도 여왕으로 만들어 준 디즈레일리를 총애했다) 잠들기 전에 상트페테르부르크가 항복했다는 소식에 기뻤다는 내용을 썼다.

1875~1878년을 통해 얻은 교훈은 분명했다. 만약 영국이 해협 건너

유럽의 마지막 조약. 영국의 승리. 《뉴욕 타임즈》, 1878년 7월 20일

에서 적극적으로 판을 벌이고 그 게임에 참여하기만 한다면, 유럽의 중재자가 될 수도 있다는 교훈이었다. 영국제국의 위신은 절정에 달했다. 먼 나라의 지도자들마저 빅토리아 여왕에게 자신들의 일을 처리해 달라고 간청했다(아래 영문 내용의 경우처럼 헛된 것이었지만).

Dearest Madam,   *Cameroons River, Acqua Town, August 7, 1879.*
WE your *servants* have *join* together and thoughts its better to write you a nice *loving* letter which will tell you about all our *wishes*. We *wish* to have your laws in our towns. We want to have every *fashion* altered, also we will do according to your Consul's *word*. Plenty wars here in our country. Plenty murder and plenty idol worshipers. Perhaps these *lines* of our writing will *look* to you as an *idle* tale.
We have *spoken* to the English Consul plenty times about having an English Government here. We never have answer from you, so we wish to write you *ourselves*.
When we heard about Calabar River, how they have all English *laws* in their towns, and how they have put away all their *superstitions*, oh, we shall be very glad to be like Calabar now.

We are, &c.
(Signed)   KING ACQUA.
PRINCE DIDO ACQUA.
PRINCE BLACK.
PRINCE JOE GARNER.
PRINCE LAWTON.

승자인 디즈레일리는 1880년 총선에서 승리할 것이 확실해 보였다. 디즈레일리가 제2차 선거법 개정^{Second Reform Act}(1867)으로 추가로 100만 명(세입자, 시골 토지 소유자 등)에게 표를 주었기 때문이다.

민주주의 게임

비록 조금씩이지만 민주주의로 얼마나 많은 것이 달라졌는지 보수당은 깨닫지 못했다. 반대로 글래드스턴은 이를 깨닫고 있었다. 글래드스턴의 '미들로디언 선거운동'은 여전히 선거 전략가들 사이에서 교과서로 통한다. 그는 70세 가까운 나이에 런던을 출발해 기나긴 선거 유세를 시작했다. 그는 아직 잘 알려지지 않은 곳이었으나 지역 연구를 통해 표밭으로 밝혀진 스코틀랜드 선거구들을 마라톤 순회를 하면서 선거 운동 자체를 하나의 이야기로 만들었다.

지금까지 일반인이나 언론인에 이렇게 공을 들인 엘리트는 없었다. 글래드스턴은 대영제국이 도덕적 모범이 되어야 한다고 말했다. 진보라는 종교에 따르면 전 세계는 반드시 기독교의 평화와 풍부한 햇빛, 낮은 세금을 지향하는 고지대를 따라오게 될 것이다! 글래드스턴의 이야기가 신문 헤드라인을 장식하면서 전 세계는 영국의 선거운동에 큰 관심을 가졌다. 오늘날 전 세계가 미국의 중요 선거에 관심을 보이는 것처럼 말이다.

빅토리아와 비스마르크 모두에게 공포스러운 일이지만 글래드스턴은 압승을 거두었다. 이로써 러시아에 대항하기 위해 제안된 영국-독일-오스트리아 동맹은 사실상 좌초되었다. 비스마르크는 오스트리아를 유일한 동맹국으로 묶어 둔 채 고립되었다. 러시아는 영국에게 앙심을 품고 프랑스에 접근했다. 프랑스는 1870년의 패배를 뒤집을 수 있는 유일한 힘이 러시아가 될 수 있다고 생각해 이를 기꺼이 끌어안았다. 글래드스턴이 1880년 유럽의 일에서 손을 떼면서 1914년의 진영 구도가 만들어졌다.

'민중의 윌리엄The People's William'으로 호평받은 윌리엄 글래드스턴은 제3차 선거법 개정(1884년)에서 더 많은 남성에게 선거권을 부여함으로써 자신의 승리를 강하게 밀어 붙였다. 1885년에는 처음으로 동수 선거구제를 처음으로 도입함으로써 자신의 승리를 쐐기처럼 고정시켰다.

글래드스턴은 민주주의가 있으면 자유당이 영원히 집권할 것이라고 확신했을 것이다. 그러나 한층 더 급진적인 기대를 가진 새로운 정당도 등장했다. 노동당의 초기 전신인 사회민주연맹(1881)은 H. J. 하인드먼H. J. Hyndman에 의해 창립되어 개인 영지처럼 운영되고 자금이 지원되었다(한편, 그는 케임브리지에서 '크리켓 블루(대표선수 훈장)'라고 불리는 칭호를 얻지 못해 분노했다고 전해진다). 사회민주연맹의 대표적인 회원으로는 스타 디자이너 윌리엄 모리스, 칼 마르크스의 딸 엘리너Eleanor, 훗날 노동당 지도자가 되는 조지 랜즈베리George Lansbury가 있다. 평범한 영국인

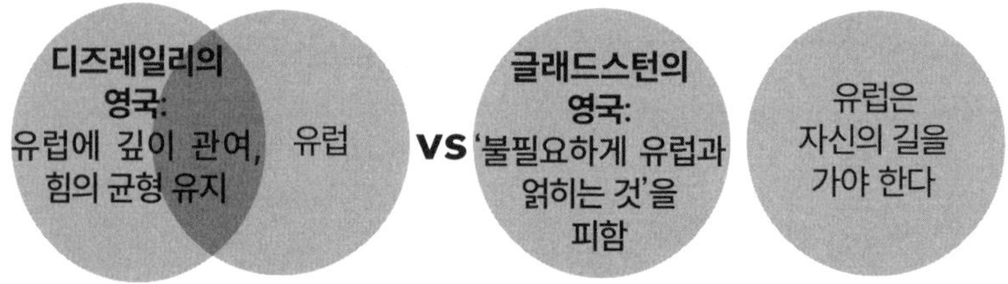

들을 얻으려 했던 모든 '이탈한 엘리트'가 그러했듯, 하인드먼 역시 잃어버린 황금시대를 선언했다.

> 간단히 말해 즐거운 영국은 소수의 이익이 아니라 다수의 이익을 위해 존재한다.

하지만 자유주의자와 사회주의자들은 모두 판단을 그르쳤다. 대중 투표는 영국인들에게 영국의 가장 치명적인 적이 누구인지 드러나게 했다. 바로 연합왕국에 통합된 예전의 서로 다른 민족들이었다.

민주주의에 따른 파멸

영국은 통합된 엘리트들을 위해 그리고 그들에 의해 세워졌다. 지금까지 민중에게 의견을 물어본 엘리트는 없었다. 하지만 1885년 아일랜드, 스코틀랜드, 웨일스의 평범한 사람들이 투표권을 갖게 되면서 공개적이든 암묵적이든 민족주의적 요구를 내세우기 위해 그 표를 사용했다.

잉글랜드인들은 처음부터 예전의 부족적 분열에 따라 표를 던졌다. 게다가 종교를 중심으로 한 지역적 복잡성도 여전히 남아 있었다. 전통적으로 서남부와 동앵글리아는 비국교도 지역이어서 토리당에 반대했다. 랭커셔에는 나름 정치가 작은 단위로나마 발달해 있었다. (1885년부터 1929년까지 매년 실질적인 아일랜드 민족주의 의원을 선출했던) 리버풀의 가톨릭 아일랜드인들을 두려워하고 혐오했던 개신교계 영국인들은 자유당으로부터 멀어졌다. 하지만 오늘날까지도 통용되는 가장 중요한 사실이 있다. 평범한 남동부 사람들은 투표권을 가질 때부터 보수당을 지지했다는 사실 말이다.

글래드스턴은 켈트족을 계속 곁에 두어야만 권력을 유지할 수 있었다. 글래드스턴을 향한 켈트족의 지지는 곧 그들이 아일랜드를 위한 최초의 자치 법안, 스코틀랜드 전담 초대 장관직 신설 등은 영국 국교회에 세금을 내는 것에 반대하는 웨일스의 시끄럽고 폭력적인 저항 운동에

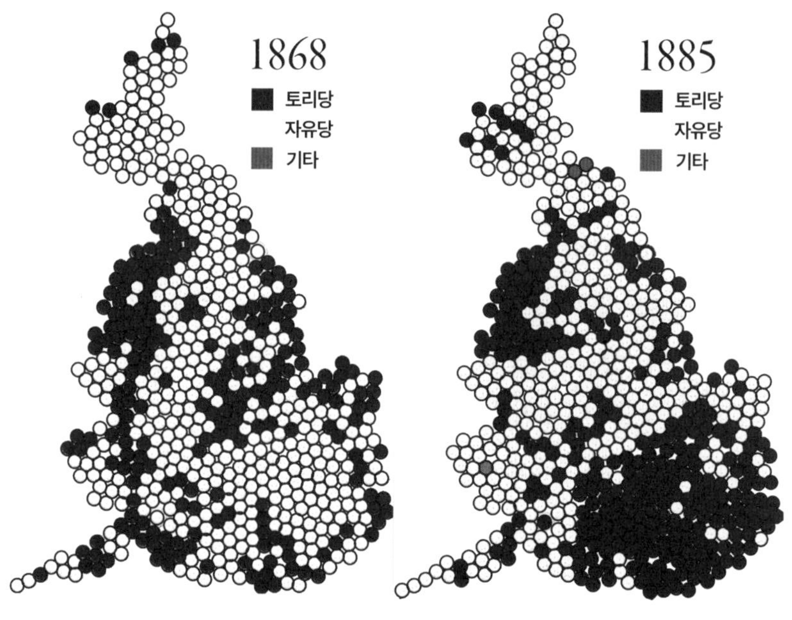

잉글랜드인들이 지역별 투표를 시작한다.
1885년부터 잉글랜드 남부 유권자들은 남동쪽에 사실상 난공불락의 토리당 진영을 구축했다.
이곳에서 자유당은 1906년 겨우 단 한 번 토리당을 이길 수 있었다.
상황이 이렇다 보니 자유당은 점점 더 북부 잉글랜드+켈트족 동맹에 의존해야 했다.
훗날 노동당이 똑같이 겪게 될 일이었다.

공개적으로 힘을 실어주는 것을 의미했다.

때로는 작은 잔물결이 깊은 물살을 일으키기도 했다. 럭비는 영국 퍼블릭 스쿨에서 교육받은 엘리트들이 전형적으로 즐기는 경기였다. 그러나 최초로 잉글랜드 이외 지역$^{Outer British}$을 아우르는 연합이 만들어졌다. 아일랜드, 스코틀랜드, 웨일스는 국제럭비축구연맹(1886)을 창설해 럭비가 잉글랜드의 전유물이 아니라며 도전했다. 그로부터 9년 후 영국 북부는 별도의 럭비 리그를 채택하면서 완전히 독립했다.

영국의 분열은 느리지만 확실히 시작되고 있었다. 이때는 때마침 확고하고 합리적인 외교 정책이 필요한 시점이었다. 1887년 무렵 유럽에서 큰 전쟁이 일어날 것인지, 만약 전쟁이 일어난다면 어떤 대결 구도가 만들어질지 예상하는 것은 별로 어렵지 않았기 때문이다.

1871년 스코틀랜드를 상대로 최초로 국제대회를 개최한 잉글랜드 15팀. 이 때는 엘리트들이 하나가 된 정점의 UK였다. 1886년이 되자 사람들은 민족적 경계에 따라 투표하기 시작했고 영국의 엘리트 스포츠맨들마저 잉글랜드 남부가 규칙을 정하는 것에 이의를 제기하기 시작했다.

그렇다면 대영제국은 어느 쪽을 지지할까? 대영제국의 거대한 힘과 부를 유럽이라는 저울에 던져 넣으면 분명히 전쟁의 균형은 기울어질 터였다. 그러나 이는 어려운 선택이었다. 프랑스와 러시아는 제국주의 분야의 경쟁자였고 독일은 산업 분야에서 경쟁자로 성장하고 있었다. 하지만 아직 고민할 시간은 충분했다. 인류 전쟁 역사에서, 이처럼 거대한 강국이 이토록 중대한 결정을 내리기 위해 이렇게 오랜 시간을 부여받은 적은 없었다.

그러나 영국은 내부의 민족주의 세력 때문에 사실상 마비 상태였다. 글래드스턴은 권력을 되찾기로 결심했는데 이를 위해서는 아일랜드의 도움이 필요했다. 바로 1886년부터 1895년까지 아일랜드 문제가 의회를 장악한 이유였다. 게다가 글래드스턴은 잉글랜드 남부에 있는 요새 같은 '토리당 세력'을 물리치기 위해 스코틀랜드와 웨일스에 대해 국교(영국성공회) 개념의 폐지를 약속했는데, 이는 빅토리아 시대식 지방분권이었다. 각 정부 운영 주체는 사활을 건 외교 정책의 선택을 피하기 위해 필사적으로 노력한 것도 놀랄 일은 아니다.

대영제국과 잉글랜드 민족주의의 대결

왜 보수당(토리당)은 스스로 민족주의로 빠져 더 소수인 민족들을 없애면서(당연히 남부에서) 잉글랜드만을 영원히 통치하지 않았을까? 그 이유는 간단했다. 남부의 엘리트들은 민족주의자가 된 적이 없었고 그렇게 될 생각도 없었다. 남부의 엘리트들이 가장 좋아하는 시인 키플링Kipling은 다음과 같이 말했다. "잉글랜드만 아는 자들이 잉글랜드에 대해 무엇을 알겠는가?"

여기서 잉글랜드는 실제로 나라 전체를 의미하는 것이 아니었다. 이때의 잉글랜드는 남부 공간으로만 이루어진 네트워크라고 할 수 있는 '제국의 본부Imperial HQ'를 뜻했다. 즉, 명문 퍼블릭 스쿨들, 옥스브리지Oxbridge, 전원 저택들, 런던의 오른쪽 지역과 런던 인근의 여러 주, 상원, 헨리, 잉글랜드의 남쪽 해안 카우즈Cowes, 법률원Ins of Court, 의회, 근위대Guards, 세인트 제임스 거리 등등을 의미했다. 그들의 잉글랜드는 마음속의 남부로 엘리트들에게 잉글랜드는 표준 영어 억양만큼 실제 장소와 연결되지 않는 개념적 남쪽이자 일종의 비전으로 남아 있었다.

---

1 톰 홀랜드에게 감사의 마음을 전하며

> 우리는 잉글랜드 남부의 구릉지에 있는 다운스의 한 모퉁이를 돌았다.
> 일행의 발치에는 서식스 광야^{Sussex Weald}의 녹색과 황금빛 카펫이 펼쳐졌다.
> 갑자기 숨겨진 길에서 사우스다운 사냥개^{South Down hounds} 무리가 새끼 여우
> 사냥을 마치고 집으로 돌아가는 길에 우리 눈앞을 가로질러 나타났다…
> 우리는 말없이 그 광경을 지켜보았다. 일행 모두 신성한 것을 보았다. '잉
> 글랜드'를을 본 것이다. 우리 중 아무도 무엇을 보았는지 절대로 말로 전
> 달하지 못할 것이다. 누구도 그 장면을 잊지 못하고 살아갈 것이다.
>
> — 영국 작가 스튜어트 페터 브로디 메이스^{Stuart Petre Brodie Mais}, 1922

제국의 통치자들은 제국을 의심하는 사람들을 '소인배 잉글랜드 사람들'이라고 조롱했다. 제국의 통치자들은 유권자들의 환심을 사기 위해 자존심을 굽히면서까지 정치적으로 사활을 걸고 싶어 하지 않았다. 그러나 이제 유권자들도 힘을 갖게 되었다. 따라서 제국의 엘리트들을 왜 계속 지지해 주어야 하는지 유권자들을 설득할 이야기가 필요했다.

그래서 1885년부터 보수당은 포퓰리즘 전략을 사용했다. 자신들이 과도한 세금, 외국인과의 경쟁, 이민자, 선량한 자유당의 몽상적인 금주법에 맞서 국민의 권리를 보호하는 정당이라고 주장하고 나선 것이다. 하지만 포퓰리즘은 언제나 잉글랜드인들에게만 호소하는 방식은 감추었다. 그 대신 그들은 연합, 왕실, 제국이라는 광범위한 애국심 속에 자신들의 메시지를 교묘히 숨긴 것에 불과했다. 그 결과 유권자들을 설득하는 과정에서 보수당은 '보수-연합주의당'이 되었다.

아일랜드, 스코틀랜드, 웨일스에서는 모두 공개적으로 혹은 암묵적으

영국의 제국주의 엘리트들은 민족주의에 전혀 관심이 없었다.
러시아(당시 영국의 최대 경쟁국) 주재 영국 대사 니콜라스 로더릭 오코너 경^{Sir Nicolas Roderick} ^{O'Conor}은 가톨릭 신자인 아일랜드 사람이었다. 하지만 옛 게일 아일랜드^{Gaelic Ireland}에서 유서 깊은 최고 귀족 가문의 후손이었기 때문에 영국제국 본부의 사교계에서도 전혀 위화감 없이 어울릴 수 있었고 평범한 잉글랜드인 의사나 변호사 정도는 거의 인사조차 받을 수 없었던 그런 자리에서도 당당한 존재였다. 그는 아랑곳하지 않았다.

로 자국의 민족주의 정치인을 당선시켰다. 그러나 잉글랜드에서 선출된 시도사들은 민족주의자가 아니었기 때문에 잉글랜드는 이들과 같은 방향으로 가지 않았다. 새로운 잉글랜드인 유권자들이 해야 할 역할은 단지 유니언 잭에 경례를 바치며 통치자들이 세계의 1/4을 계속 다스리는 일을 계속 할 수 있게 하는 것이었다. 키플링은 이를 직설적으로 표현했다.

> 흡사 증기와 연기 같은 허세와 분노, 허풍을 내뿜는 가난한 거리 출신의
> 사람들, 그들은 고요 속에서 고개를 들어 영국 국기를 향해 울부짖는

4부 산업혁명 - 1763~1914년
·

정말 그랬다. 엘리트들은 거리 출신의 가난한 사람들을 버려둔 채 앞으
로 나아갔다. 적어도 엘리트들의 돈은 그랬다.

세계화와 재분열

선진 세계는 1873년부터 1896년까지 불황을 겪었다. 거의 모든 선진국
이 보호주의를 선택했지만 영국은 보호주의로 돌아서지 않았다. 영국의
지배층은 특이하게도 영국 국내 시장보다 세계 신흥 시장에서 이익을
얻고 있었다. 그러니 영국 국내 시장과 세계 시장 사이에 장벽이 세워지
는 것을 원하는 사람이 있었겠는가? 영국의 지배층은 두 시장 사이에
장벽이 놓이는 것을 원하지 않았다.

1881	도시	인구	1901	도시	인구
1	런던	3,814,600	1	런던	6,339,500
2	리버풀	552,400	2	리버풀	702,200
3	버밍엄	400,800	3	버밍엄	543,900
4	맨체스터	341,500	4	맨체스터	522,200
5	리즈	309,100	5	리즈	429,000
6	셰필드	284,400	6	셰필드	409,100

세계의 공장이던 곳이 세계의 개발은행으로 변해 가면서, 런던과 그 배
후지는 영국 본토와 점점 분리되기 시작했다. 보이지 않는 수익의 날개
를 달고 끝이 없는 것처럼 날아오르기 시작했다.

자본을 발판 삼아 잉글랜드의 북부와 남부는 평등을 누렸으나 어디
까지나 잠시였다. 상황은 점점 악화되고 있었다. 2차 산업혁명이 시작된
것이다. 영국과 경쟁하는 나라들(특히 독일과 미국)이 전기, 화학, 자동
차 신제품을 새로 준비하는 동안 영국은 점점 뒤처지고 있었다. 1896년
부터 영국왕립해군조차 독일의 특허용 장갑판인 크루프Krupp제품을 사용
했는데 영국 회사들은 라이선스를 얻어 이를 생산만 한 것에 불과했다.
영국의 국제수지는 석탄 채굴과 수출에 더 의존하게 되었다. 오늘날 석
유와 마찬가지로 석탄을 캐는 단순 작업은 막대한 이익을 가져다주었
다. 단, 석탄층이 남아 있고 전 세계가 석탄을 사용할 때까지는 그랬다.

그 와중에 영국에서는 두 가지 경제가 발전하고 있었다. 영국 남동부에서는 세계화된 정보를 기반으로 한 금융 부문이, 한편으로는 영국 외곽의 경제가 단기적인 저숙련 일자리를 통해 성장하고 있었다.

불길이 잦아들다

1896년 빅토리아 여왕(재위: 1837~1901)은 조지 3세(재위: 1760~1820)를 제치고 영국 역사상 가장 오래 통치한 군주가 되었다. 영국인들은 (빅토리아 여왕이 60세가 되는 1897년까지 미루어 달라고 요청했던) 기념행사를 준비하면서 영국제국이 가장 위대하다고 자부심을 느끼게 되었다.

그러나 동시에 영국인들은 한 권의 책 때문에 자신들의 위대한 날이 끝났다는 것을 내심 깨닫게 되었다. 1896년부터 1897년 사이 가장 많이 팔린 책은 E. E. 윌리엄스[E. E. Williams]의 『독일산[Made in Germany]』이었다. 10년 전 소개된 공식 수입 마크(표지)를 제목으로 사용한 이 책에는 영국 독자들에게 전하는 메시지가 담겨 있었다. 독일은 단순히 상업 분야에서 영국의

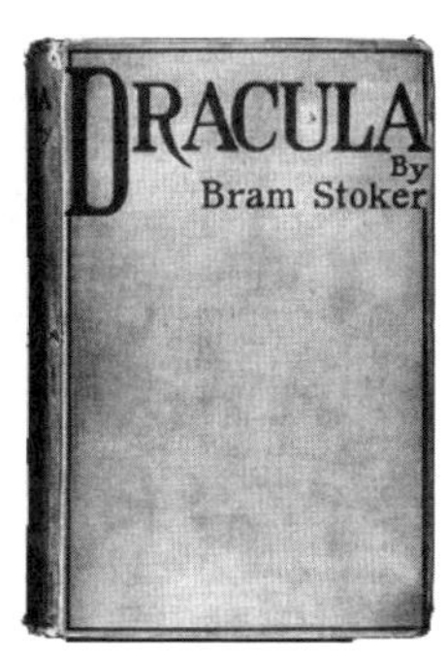

1896~1897: 영국인들이 몰락, 파괴, 붕괴를 다룬 책을 탐독하는 동안 비엔나에서 지그문트 프로이트^{Sigmund Freud}는 억압에 대한 이론을 발전시키고 있었다.

평범한 경쟁국이 아니며 고의적으로 영국과 치명적인 경쟁에 들어가 영국의 패권을 소멸시키기 위해 전력을 다하고 있다는 메시지였다.

하지만 이러한 현실적인 문제에 대한 관심은 금방 사라졌다. (순수문학) 소설을 선호하는 독자들은 여왕-여제를 기념하면서도 그해 등장한 두 가지 이야기에 흥분했다. 하나는 막기 힘든 외계의 기술로 황폐해진 서리^{Surrey}(영국 남동부 지역)의 이야기였고 또 하나는 런던이 유럽에서 온 끔찍한 전염성 성병에 걸렸다는 이야기였다.

제국의 시인 키플링은 즉위 기념 헌시에서 운명적인 기록을 선명히 남겼다.

> 멀리 소환되었던 함대들은 사라져가고
>
> 모래언덕과 곶 너머로 불빛도 저물어간다.
>
> 보라, 어제의 모든 영광은

한편, 이성적인 목소리를 내는 사람들은 상대적으로 영국이 쇠퇴했다는 실질적인 근거가 존재하며 이를 해결할 방법도 분명히 있다고 주장했다.

이는 진정한 변화를 의미했을지도 모른다. 다행히 시인 헨리 뉴볼트^Henry Newbolt^는 다른 대답을 가지고 있었다. 모두 그저 '크리켓 방식'으로 자란 용감한 기숙학교 남학생들처럼 행동한다면 군사 장비가 있든 없든 모든 것이 잘 되리라는 생각이었다.

넬슨과 웰링턴은 잘 훈련된 군사 장비의 화력을 믿었다. 불안정했던 후기 빅토리아 시대의 사람들은 퍼블릭 스쿨 엘리트들의 남다른 힘에 자신들을 내맡겼다.

신사 자본가

기술 교육이나 국내 투자가 필요하다고 아무리 주장해도 영국의 엘리트들이 신사 자본가로 변신하는 흐름을 막을 수는 없었다. 그들은 신사 자본가로 변신할 능력이 충분했기 때문이다.

반면, 영국의 주요 경쟁자인 미국과 독일의 남성들은 영국의 엘리트들처럼 신사 자본가로 변신해야겠다는 유혹을 별로 받지 못했다. 귀족이 없었던 미국에는 돈을 노골적으로 숭배하는 분위기가 팽배했다. 한편, 독일에는 진입장벽이 정말 높은 진짜 세습 귀족이 여전히 존재했다. 그래서 수백만 달러를 번 미국인과 독일인들은 귀족이 되는 대신 주로 평민으로 남아 자신들의 사업(무역)에 몰두했다.

세습 귀족사회이면서도 돈을 열린 태도로(돈을 추종하지 않는) 비리 보는 새로운 계층은 영국만 지닌 매력이었다. 색슨족 자작농이 12세기 노르만인의 지배자들에게 동화된 것처럼 19세기 영국의 산업가와 상인들은 자신의 배경을 부정하고 전원 대저택에 사는 신사로 변모해갔다.

지주 계급과 비슷하게 살 수 있는 직업을 선택하거나 그와 비슷한 정도로 수입이 많을수록 사회적 위신이 높아진다. '신사 같은 자본가'는 시

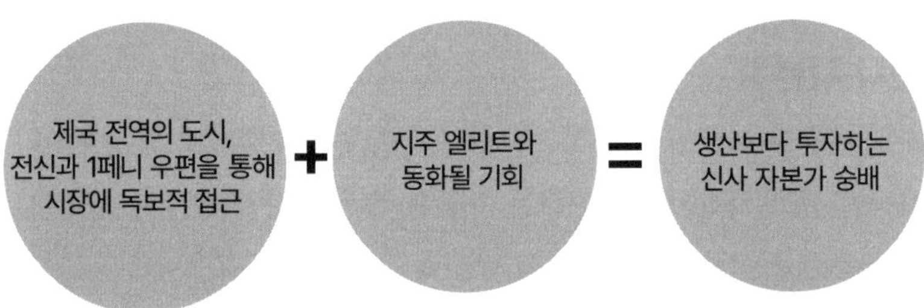

이렇게 해 기업의 주인과 부의 원천 사이에 영국 특유의 신체적, 문화적 분열이 생겨났다. 이 점이 바로 세계의 부자들에게 영국이 매력적으로 비친 이유였다. 세계의 부자들 모두 영국 신사처럼 옷을 입고 이야기하며 놀이를 즐기고 진정한 귀족들과 어울렸다. 동시에 그 자신이 일이나 사회주의자, 아나키스트 따위는 신경쓰지 않아도 되는, 농민조차 없는 평

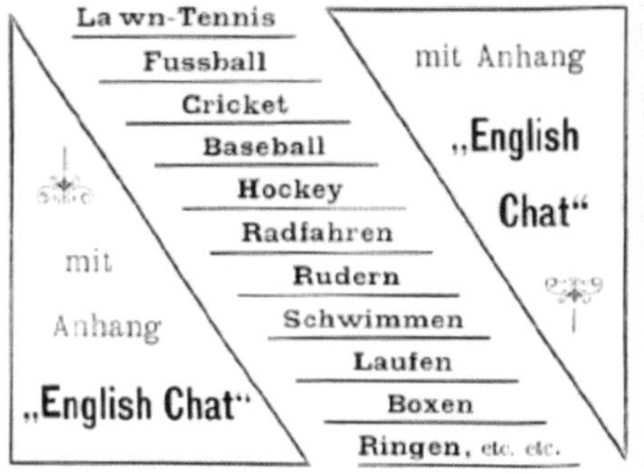

화로운 영국 전원 풍경 속에서 살고 싶어 했다.

이렇게 영국 신사가 추구하는 길은 시간이 지나도 변치 않았고 미국의 억만장자, 러시아의 과두 정치인뿐만 아니라 영국인 신흥 부자들도 여전히 그 매력에 사로잡혀 있다. 빅토리아 후기의 부유한 독일인들은 단순히 '스포츠'라는 단어와 경기 이름만 영국에서 차용한 것이 아니었다. 이 잡지는 그들에게 '영어 대화법'까지 가르쳤다.

'영국식 대화'에 전혀 문제가 없는 미국인들은 영국적 생활에 특히 매력을 느꼈다. 이제 안전하고 호화로운 대서양 횡단 여행이 가능해지면서 영국과 미국의 엘리트들은 단순한 비즈니스 동반자 그 이상이 되었다.

(왓슨은 신문을 읽어 내려간다) '영국 귀족 가문 출신의 저택 소유권이

미국 엘리트가 대체로 '한 가족'이라는 인식은 훗날 영국과 특수한 군사 동맹 관계를 만들어갔다. 1895~1897년 미국이 남미에서 패권을 휘두르겠다고 결심하면서 미국과 영국 사이에는 심각한 긴장감이 감돌았다. 하지만 1898년 마닐라만에서 영국 해군 지휘관은 본국으로부터 아무 명령도 받지 않고 본능적으로 강력한 독일 함대에 맞서 미군을 지원했다. 하지만 이때 미국과 영국이 마주한 것은 너무나 강력해 보이는 독일 함대였다. 당시 상황을 묘사한 미국 기록에서는 놀라움과 뜻밖에 얻은 깨달음이 그대로 전해진다. 미국으로서는 운이 좋은 셈이었다. 대영제국이 얼마나 취약한지 분명히 드러나고 있었기 때문이다.

THANKSGIVING DAY AT MANILA.

Observed by British as Well as Americans—Banquet to Officers.

마닐라에서의 추수감사절. 미국인들뿐만 아니라 영국인들도 기념 - 장교들을 위한 연회

퇴화하는 인종인가?

1899년 보어 공화국은 남아프리카공화국으로 들어온 영국인들을 미심쩍어했다. 영국인들이 그들에게서 높은 이익을 거둘 수 있는 다이아몬드 광산을 탈취할 수도 있다고 여긴 것이다. 결국 보어 공화국은 영국에 선제공격했다. 영국 육군은 블랙 위크^{Black Week}(1899년 12월)에서 굴욕적인 결과를 거두었고 많은 사망자가 나왔다. 전 유럽은 은근히 환호했다.

애국자들이 징집소로 몰려들었다. 하지만 영국은 유럽에서 가장 도시적이고 산업이 발달한 나라임에도 영국인들의 신체 조건이 군인의 최소 자격에 미달하는 경우가 종종 발생했다. 육군은 어떻게든 키 기준을 5피트 6인치(167.28cm)에서 5피트(152.4cm)로 내렸다. 이전 기준인 5피트 6인치를 그대로 내세우면 수천 명이 탈락할 것이기 때문이었다.

1899년 영국군의 심각한 무능을 조롱하는 독일 만화. 영국 장군들의 당나귀 이미지는 제1차 세계 대전이 아니라 이 독일 만화에서 처음 탄생했다.

인종적으로 우월하다는 영국의 생각이 어떻게든 유지되었음을 위와 같은 광고를 통해 확인할 수 있다. 완곡하게 말해서 이 사진은 전장의 현실을 상당히 부정확하게 묘사하고 있다.

영웅을 갈망하던 언론은 로버트 베이든 파월^{Robert Baden-Powell} 대령을 주목했다. 제2차 보어 전쟁에 참전했던 대령은 '마페킹' 포위작전에서 열세를 뒤집고 마을을 방어하는 데 성공했다. 대령이 포위되었던 '마페킹^{Mafeking}'은 잘 알려지지 않았던 철도 교차점이었다(사실 대령의 용감한 전령들이 빠져나가는 것을 막을 수 있을 정도로 포위가 완벽하지는 않았다). 1900년 5월 마페킹 마을의 상황이 안정되자 영국에서는 이 성공적인 작전을 기념하는 '마페킹^{maffeking}'이 기쁨과 축제를 의미하는 단어로 새로 만들어졌다.

새로운 20세기는 1900년의 카키색 선거^{Khaki Election}라는 씁쓸한 총선으로 시작되었다. 그 의제와 기조는 보어 전쟁이 장악하고 있었으며 양측 정파로부터 비방과 음모론이 오갔다. 보수당은 자유주의, 리틀 잉글랜드 주의자^{Little Englande}, 보어인에게 우호적인 자, 반역자를 하나의 이미지로 묶기 위해 황색 저널리즘 선전 캠페인을 후원했다. 한편, (노동당 창립자 키어 하디Keir Hardie를 포함한) 83명의 노동조합 간부들은 남아프리카와 영국에서 언론사를 매입하거나 고용해 전쟁을 부추기는 자본가 대부분이 유대인이라고 선언하는 결의안에 서명했다. 하지만 남부의 보수 심장부는 그 어느 때보다 견고했고 전시의 애국적인 호소도 잉글랜드 이외 지역에까지 효과가 나타났다. 그 결과, 보수당이 승리했다.

1901년 1월 22일 빅토리아 여왕이 사망하고 그녀의 아들 에드워드 7세가 왕위를 물려받았다. 1902년 영국은 소수의 보어 농부와 벌인 전쟁에서 마침내 승리했다. 영국은 일부 자국민의 반대에 부딪히면서도 민간인을 강제수용소에 가두는 새로운 전술을 사용했다. 이를 통해 대영제국은 승리를 거두었으나 5만 명의 전사자를 내면서 국민에게 깊은 불신을 남겼다. 이후 영국은 신체조건 악화 대책위원회Committee on Physical Deterioration (1903)를 만들어 영국 남성들의 남성다움이 하락한 이유를 조사했다. 다소 진보적인 인사들은 사회학과 생물학을 융합한 이론을 내세워 퇴화한 인종에 관한 글로 사색적 담론을 제시했다.

(이스트엔드East End에서) 거리를 메운 사람들은 지금까지와 다른 새로운 인종이었다. 키가 작고 불쌍한 모습이거나 맥주에 거나하게 취한 모습이었다.

- 소설가 잭 런던Jack London, 『심연의 사람들The People of the Abyss』, 1903

THE INVASION OF 1910.

WITH A FULL ACCOUNT OF THE SIEGE OF LONDON.

WHAT LORD ROBERTS SAYS TO YOU:

Speaking in the House of Lords on the 10th July, 1905, I said: "It is to the people of the country I appeal to take up the question of the Army in a sensible, practical manner. For the sake of all they hold dear, let them bring home to themselves what would be the condition of Great Britain if it were to lose its wealth, its power, its position."

The catastrophe that may happen if we still remain in our present state of unpreparedness is vividly and forcibly illustrated in Mr. Le Queux's new book, which I recommend to the perusal of everyone who has the welfare of the British Empire at heart.—ROBERTS, F.M.

1910년의 침공, 런던 포위전 전말기

의지 박약자들이 늘어나고 있습니다. 가히 인위적인 속도로 늘어나고 있죠. 그 속도는 자연이라는 오래된 구속으로는 통제할 수 없으며 문명화라는 조건에 의해 날개를 달고 있습니다. 이는 영국의 인종에게 매우 끔찍한 위협으로 다가오고 있습니다.

  — ⟨처칠이 애스키스(정치인)에게 보낸 편지Churchill to Asquith⟩, 1910년 12월

이제야 분명해진 사실이 있었다. 독일 카이저의 강력한 신규 전투 함대의 목표는 오직 '하나'일 것이라는 사실이었다. 영국 해군은 게임 판도를 바꿀 전함 드레드노트Dreadnought(1906)로 그에 대응했다. 같은 해 ⟨데일리 메일Daily Mail⟩은 윌리엄 르 쾨William Le Queux의 소설 『1910년의 침공The Invasion of 1910』을 연재했다. 이 소설에는 프로이센 군복을 입은 신문팔이들, 가짜 지도, 징병제 찬성 캠페인을 벌이는 총사령관 출신의 로버츠 경Lord Roberts의 서문 등이 실렸다.

1906년 선거에서 자유당은 잉글랜드 남부의 토리당 진영을 무너뜨렸다. 자유당이 선거에서 이긴 것은 이때가 처음이자 마지막이었다. 혼란

스러운 상황에서 불안해하던 유권자들에게 토리당의 부패, 맹목적인 애국주의, 무능이라는 문제의식을 던진 것이 승리 비결이었다. 자유당은 영국이 지도층을 바꾸고 자유무역을 고수하며 우호적이고 무난한 외교 정책을 채택했더라면 지금보다 상황이 나았을 것이라는 추측을 내놓았다. 자유당은 이러한 낙관적인 비전 덕분에 압승했다. 물론 부분적으로는 신노동당과 은밀히 맺은 어떤 비밀조약 덕분도 있었다. 노동당은 29석을 얻었으나 런던 동쪽 지역 3곳을 제외하면 트렌트강남부에서 한 석도 얻지 못했다.

안타깝게도 독일의 폰 티르피츠 제독^{Grand Admiral von Tirpitz}은 영국의 자유당이 생각한 우호적이고 온화한 새 외교 정책을 오히려 영국을 공격할 수 있는 약점으로 판단했다. 폰 티르피츠 제독은 판돈을 높일 생각으로 영국 전함 드레드노트를 참고해 새로운 독일식 전함을 대대적으로 건

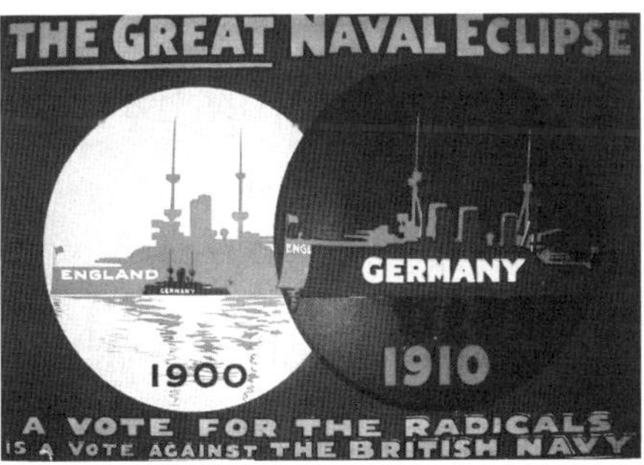

계급 전쟁, 그리고 자유당과 토리당의 선거 벽보를 놓고 벌어지는 현실전쟁의 위협(1910)

조하기 시작했다.

한편, 영국 토리당이 내세운 구호는 전함을 더 많이 만들어야 한다는 뜻의 '우리는 8척을 원하며 기다리지 않을 것입니다!'였다. 그러자 당시 자유당의 로이드 조지^{Lloyd George} 재무장관은 자신이 추진하고 싶어 했던 노령연금뿐만 아니라 원래 추진할 마음이 없던 전함 건조까지 모두 떠안게 되었다. 1909년 조지는 선거에서 이기기 위해 부유한 사람들에게 전례 없이 높은 세금을 부과하겠다는 국민 예산^{People's Budget}을 공약으로 내세웠다. 조지는 국익과 토리당(보수당)의 특권을 대결 구도로 만들어 선거운동을 펼쳤다. 그러자 보수당은 독일, 급진주의, 아일랜드 자치주의에 맞서는 영국연방을 지키는 수호자임을 자처하며 반격에 나섰다.

전쟁, 그리고 전쟁의 소문

1910년 민주주의는 마침내 영국사회를 완전히 뒤바꿔놓았다. 그 과정에서 치열한 총선이 두 번 진행되었다. 결과적으로 두 번의 총선 모두 보수당이 동남부 지역의 지지를 얻어 다수 의석을 차지했다. 반면, 트렌트강 북부에 세력이 집중된 자유당은 웨일스, 스코틀랜드, 아일랜드에서는 전폭적인 지지를 얻었다. 잉글랜드 남부는 '영국'이라는 국가의 죄수였고 간수들(즉, 나머지 지역의 연합세력)은 이제 문을 잠그고 열쇠를 버릴 방법을 생각하고 있었다. 승리한 나머지 지역들의 연합세력은 이제 아일랜드의 자치권에 만족하지 않고 그 이상을 원했다. 1405년에 (북잉글랜드, 남잉글랜드, 웨일스 간에) 체결된 3자 간 계약 이후 처음으로 영국은 아일랜드뿐만 아니라 '모두를 위한 자치'를 적용하자는 큰 계획을 마주했다. 영국은 또 다시 분열이라는 위협을 느꼈다.

이처럼 영국 전체에 연방제를 적용하자는 파격적인 전망을 내세운 인물
은 바로 윈스턴 처칠이었다. 당시 처칠은 자유당을 이끄는 지도자로, 그는
전면적 자치를 주장했다.

> 처칠은 아일랜드뿐만 아니라 스코틀랜드나 웨일스에도 연방제를 어렵
> 지 않게 적용할 수 있다고 선언했다.

켈트민족은 영국 어디를 가든 각자의 민족성을 누릴 수 있다. 하지만 잉
글랜드인들은 어땠을까?

> 잉글랜드를 돌아보면 어려움에 처해 있습니다. 잉글랜드는 매우 넓고
> 인구도 많기 때문입니다. 잉글랜드 의회와 대영제국 의회 사이에 감정이
> 나 정책의 차이가 생긴다면 막강한 권력을 가진 두 의회의 충돌은 영국
> 이라는 국가를 두 동강 낼 수도 있습니다.

잉글랜드와 나머지 지역 사이에는 분명히 불일치가 존재했다. 제3차 선거
법 개정 이후 보수당은 잉글랜드에서 8번의 선거 중 7번이나 과반 의석을
차지했다. 반면, 스코틀랜드와 웨일스는 언제나 자유당에 표를 주었고 아
일랜드는 언제나 민족주의 정당에 표를 주었다. 영연방에서 잉글랜드는
고유의 문화와 정서가 달랐고 땅도 너무 넓었다. 그렇다면 어떻게 이렇게

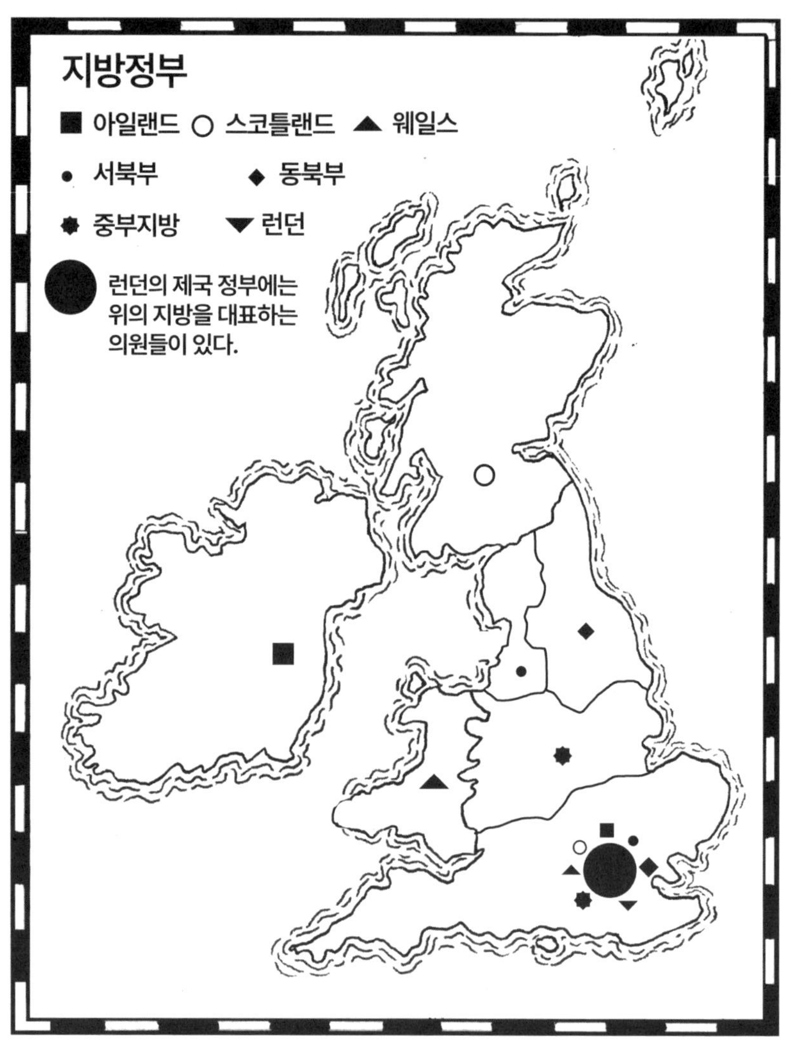

1912년 처칠이 구상한 제국 의회. 잉글랜드 남부는 자체 의회 제도를 가질 수 없었다.
하지만 처칠에게 잉글랜드 남부는 암묵적으로 영국 그 자체를 뜻했다.

다른 네 나라가 연방 속에서 공생할 수 있단 말인가? 답은 하나였다.

보수당은 영국 의회에서 다수 의석을 차지하고 있었지만 영국 전체에 적용되는 '전면적 지방자치를' 막을 방법은 없었다. 의회 밖에서 싸우지 않는다면 대안이 없었다. 보수당 당수 보너 로^{Bonar Law}는 의회 다수당보다 더 강한 존재가 있다고 선언했다. 그 존재는 바로 우직한 아일랜드인들이었다. 이 우직한 아일랜드인들이 잉글랜드 중심의 지방자치 운영에 반대하기 시작하면 그 거센 저항을 아무도 막지 못할 것 같았다. 실제로 아일랜드 커러 버랙^{Curragh Barracks} 병영에 있는 영국군 장교들은 반란을 일으킬 수 있는 존재였다. 이때 처칠은 더 불길한 결과를 예상하는 어조로

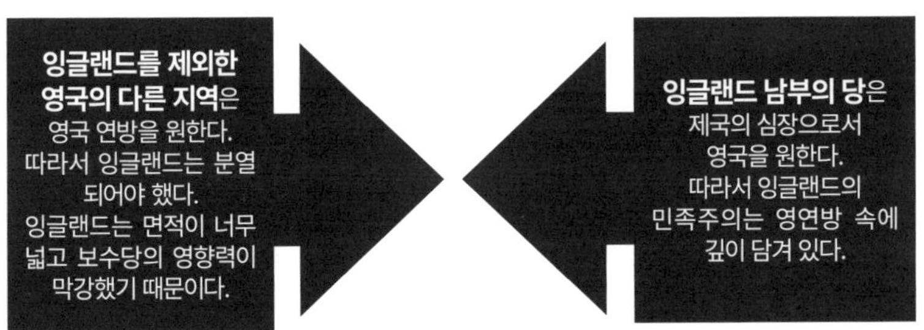

1910~1914년: 잉글랜드인들을 위한 자리는 없다. 제1차 세계대전이 일어나기 전 자유당은 작은 민족들로 나뉜 영국을, 보수당은 연합된 형태의 영국 제국을 사랑했다. 다만, 자유당과 보수당 모두 잉글랜드의 민족주의에는 반대를 표했다.

보수당에 응수했다. "자치는 필요하다면 무력으로라도 통과될 것입니다. 대규모 유혈 사태조차 감수할 만큼 중요한 일이기 때문입니다."(1914년 3월 14일)

이런 분위기 속에서 정계에서는 내전이 일어날지도 모른다는 극단적인 이야기까지 나돌기 시작했다. 산업계에서도 노동자들의 파업이 부활할 기미가 보였다. 1911년 사우스웨일스, 레드 클라이드사이드, 리버풀의 일부 지역은 준계엄령 상태에 놓였다. 이듬해에는 거의 100만 명에 가까운 인원이 동참한 광부 파업이 처음으로 전국적인 규모로 일어나 그 기세가 나라를 찢어버릴 것처럼 보였다. 1914년 광부, 철도공, 운송 노동자로 구성된 삼중동맹은 유럽의 군사동맹 이름처럼 들렸다. 이는 노동계가 다분히 의도한 것이었다.

하느님, 모든 사람의 아버지이신 하느님, 모든 사람을 한마음으로 뭉치게 하는 하느님, 간청합니다. 갈등과 불안으로 점철된 이 시기에…

- 1912년 전국 석탄 파업 전야, 캔터베리와 요크 대주교가 발표한 기도문으로 모든 교회에서 사용될 예정이던 기도문

영국이 무너져가는 혼란스러운 상황 속에서 자유당은 민족주의자인 켈트인들과 비국교도 영국인(평화주의 전통이 강하다)들로 이루어진 이 불안한 동맹에 그 무엇보다 중요한 것을 차마 말할 엄두를 내지 못했다. 처칠, 로이드 조지, 그리고 외무장관인 에드워드 그레이^{Sir Edward Grey}는 이제 유럽에서 전쟁이 일어날 가능성이 있으며 다시 한번 영국이 살아남으려면

유럽 문제에 개입해야 한다고 확신하고 있었다.

믿기 어려울 정도로, 영국 장군들은 원정군을 계획했고 제독들은 프랑스 해군과 손잡고 드레드노트 전함들을 배치했다. 하지만 영국 국민과 자유당 의원 대부분은 이런 계획이 실제로는 존재하지 않을 것이라고 확신했다. 놀라운 일이었다. 앞으로 벌어질 전쟁에 대한 그 어떤 이야기도 영국에서는 보수당이 부추기는 전쟁 소문이라는 취급을 받았다.

1912년 길드홀에서 로이드 조지는 노골적으로 자신의 의견을 밝혔는데 그다음 날 조지는 직접 맨체스터《가디언》지의 맨체스터 지부 편집장에게 독일과 관련된 자신의 발언을 부디 북부 독자들에게는 알리지 말아 달라고 간청했다.

1914년 8월 4일 교착 상태에 빠진 영국의 정치는 민주주의 시대에 역행하고 있었다. 1887년 이후 유럽에서 전쟁이 반드시 일어날 것이라는 예측은 이미 있었으나 영국 정치권은 이에 대비할 뚜렷한 대책을 마련하지 못한 상태에서 최악의 상황으로 빠져들고 있었다.

공업 사회로의 전환, 산업혁명

산업혁명^{Industrial Revolution}은 18세기 영국(그레이트 브리튼 왕국)에서 시작된 사회경제적 변화와 기술혁신, 그리고 이를 아우르는 인류 문명의 변화를 말한다. 현대 사회를 구성하는 문화와 제도 대부분이 이 시기에 완성되었는데 독일 경제학자이자 역사학자였던 엥겔스가 1780년부터 1840년대까지 진행된 산업의 기계화와 공장화를 처음으로 '산업혁명'이라고 지칭했고 역사학자 아놀드 토인비가 자신의 책에서 이 표현을 사용하면서 대중화되었다.

당시 영국이 산업혁명의 선두주자가 될 수 있었던 이유는 다양하다. 영국은 1688년 명예혁명 이후 왕권이 제한된 입헌군주제를 확립하면서 정치적으로 안정되었고 재산권 보호와 자유로운 기업 활동을 보장하는 법체계가 마련되었다. 또한, 윤작법 도입과 공유지 사유화를 골자로 하는 인클로저 운동으로 농업 생산력이 증가했고 식량 생산이 증가함에 따라 인구도 급증했다. 그 결과, 농촌에 노동력 과잉이 일어나면서 농민들이 도시로 이동해 산업 인력이 보강되었다. 해외 무역과 식민지 경영으로 막대한 자본을 축적해 경제 성장의 발판을 마련함은 물론 이를 활용할 기술 혁신과 과학 발전도 이루어졌다.

영국의 산업혁명은 크게 섬유산업, 증기기관의 발달, 교통 혁신, 공업 발전 네 단계를 거치며 진행되었다. 우선 기계의 발명으로 생산성이 급증함에 따라 면직물 가격이 하락하고 대량생산 체제가 확립되었다. 1769년에는 제임스 와트가 개량형 증기기관을 발명함에 따라 기계로 움직이는 공장 시스템이 확립되었고 제철업이 발전함에 따라 철강 생산이 증가해 각종 기계, 건설, 운송업이 성장했다. 운하가 건설되고 증기 기관차가 발명되면서 인력과 상품을 실어나르는 교통 혁신이 일어났고 몇몇 도시가 공장제 노동을 중심으로 하는 산업 도시로 발전하면서 급격한 도시화가 진행되었다.

산업혁명으로 인해 영국 사회는 다양한 변화를 겪었다. 대량생산 시스템의 확립으로 물건 가격이 하락하고 이를 소비하는 시장이 커졌으며 자본주의의 발전으로 자유시장 경제가 확립되었다. 이는 영국이 '세계의 공장'으로 군림하는 데 큰 역할을 했다. 정치적으로는 산업 부르주아 계급이 성장하면서 정치 개혁을 요구하는 목소리를 내기 시작했으며 이는 중산층의 참정권 확대로 이어졌다.

하지만 영국의 급속한 도시화는 여러 부작용을 낳았다. 도시 내 열악한 시설로 빈민가가 확산되었고 공장에서 나온 매연과 폐수로 공해 문제가 발생했다. 인구 밀집과 비위생적인 환경으로 인해 전염병이 창궐하기도 했다. 노동자 보호법이 없었던 산업혁명 초기에는 주 6일, 하루 12~16시간 근무가 만연했고 비숙련 노동자, 아동 노동자는 저임금에 시달려야 했다. 길드로 대표되는 기존 숙련 노동자들이 실업자가 되거나 농민층이 공상노동사로 전락하는 경우도 비일비재했으며 엄청난 부를 축적한 자본가 계급과 노동자 계층의 격차가 심해졌다. 이러한 문제는 19세기 후반 사회개혁과 노동자 보호정책이 도입된 후로도 한동안 이어졌다.

영국의 숙적, 나폴레옹

대영제국이라는 거대한 제국을 건설한 영국에게 프랑스의 나폴레옹은 가장 위협적인 라이벌이자 유럽 대륙의 지배자였다. 18세기 후반부터 프랑스와 패권 경쟁을 벌였던 영국은 유럽의 힘의 균형을 유지하기 위해 끊임없이 프랑스를 견제했고 가능한 한 모든 전략을 동원해 끝내 나폴레옹에게 승리를 거둘 수 있었다.

나폴레옹의 등장 이전에도 영국은 백년전쟁을 비롯해 프랑스와 지속적인 경쟁 관계였다. 특히 유럽을 중심으로 전 세계에서 벌어진 대규모 전쟁이었던 7년 전쟁에서 영국이 식민지 패권을 차지하면서 두 나라의 대립은 더 깊어졌다. 영국은 1789년 프랑스 혁명이 발발했을 때 왕정 붕괴를 우려하며 반혁명 연합을 주도했으며 프랑스를 군사적, 경제적으로 견제하고 프랑스 왕당파를 지원하기도 했다. 1801년 아미앵 조약으로 두 나라가 잠시 휴전하기도 했으나 1년이라는 짧은 기간이 지난 후 조약은 깨지고 말았다.

1804년 나폴레옹이 프랑스 황제로 등극하면서 영국과 프랑스의 대립은 또 다시 격화되었다. 유럽 대륙을 장악한 나폴레옹은 영국을 침공하려고 했고 영국도 이에 맞서 유럽 내 반(反) 나폴레옹 세력을 지원하며 저항했다. 하지만 나폴레옹 전쟁 중이던 1805년 트라팔가 해전에서 영국이 단 한 척의 함선도 잃지 않는 대승을 거두는 등 해상 전력에서 앞서자 영국을 직접 침공할 수 없게 된 나폴레옹은 1806년 무역금수 조치인 대륙봉쇄령을 통해 경제적 손실을 끼치는 전략으로 우회했다. 그러나 이것도 영국이 해군력을 바탕으로 해상 통제를 우회하며 유럽국가들과의 무역을 지속했고 불만을 품은 러시아가 영국과의 무역을 재개하는 등 대륙봉쇄령으로 인해 프랑스는 역으로 경제가 악화되고 말았다.

영국의 간접적인 개입으로 인해 나폴레옹 휘하 프랑스의 유럽 장악력은 점점 약해지고 있었다. 1807년부터 1814년까지 스페인과 포르투갈이 프랑스로부터 독립하려고 저항한 이베리아반도 전쟁에서 영국은 아서 웰즐리(웰링턴)를 보내 지원했다. 이 전쟁에서 발목이 잡힌 나폴레옹은 제6차 대프랑스 동맹 전쟁의 패배, 러시아 원정 실패가 겹치면서 몰락의 길을 걸었다.

나폴레옹 최후의 전투인 1815년 워털루 전투에서도 영국은 결정적인 역할을 했다. 1814년 엘바섬에 유배되었던 나폴레옹은 이듬해 귀환해 재기를 노렸지만 1815년 워털루 전투에서 아서 웰링턴이 이끄는 영국과 블뤼허 장군이 이끄는 프로이센군이 나폴레옹군을 상대로 결정적인 승리를 거두면서 나폴레옹은 퇴위했고 세인트헬레나 섬에 유배되어 1821년 숨을 거두었다.

나폴레옹의 패배는 곧 영국이 유럽을 넘어 전 세계 패권을 확고히 다졌음을 의미했다. 전후 영국은 세계 경제와 무역을 지배했으며 복고적 세력 균형 체제인 빈 체제를 통해 유럽 강대국 간 균형 정책을 주도했다. 트라팔가 해전 이후 해상 무역국이 된 영국은 19세기 팍스 브리타니카 시대를 열어 해가 지지 않는 19세기 세계 최강국으로 군림하게 되었다.

영국과 프로이센의 거래

프로이센은 18세기부터 19세기까지 유럽 정치의 중요한 축을 형성한 국가로 영국과 기본적으로는 상호 이익을 위한 동맹 관계를 유지했다. 하지만 두 나라는 어디까지나 비즈니스 감각으로 국제 정세와 이해관계에 따라 경쟁과 협력을 반복하는 경향을 보였고 20세기에 이르러 패권을 두고 충돌하게 되었다.

원래 프로이센은 17세기까지 작은 공국에 불과했으며 독일 지역은 신성로마제국의 일부였다. 하지만 18세기에 이르러 호엔촐레른 왕가가 프로이센을 강국으로 성장시키면서 유럽 강대국들과 관계를 맺기 시작했고 특히 프리드리히 대왕 시대에 이르러 군사력과 행정력이 강화되면서 유럽 강대국으로 부상하게 되었다.

한편, 영국은 유럽 대륙과 교류하기보다 해양을 무대로 해외 식민지 경영에 집중했는데 유럽에서 프랑스나 오스트리아 등 강대국이 지나치게 강해지는 것을 견제하기 위해 프로이센과 협력했다.

구체적으로 유럽의 동맹 구도가 변화를 겪은 시기는 오스트리아 제위계승전쟁 이후인 1756년 외교 혁명부터다. 프로이센이 오스트리아의 슐레지엔 지역을 강탈한 후 오스트리아는 200년 넘게 적대 관계였던 프랑스와 동맹을 체결했는데 기존에 오스트리아와 맺은 동맹의 실효성에 의문을 품었던 영국은 강력한 육군을 보유한 프로이센과 동맹을 맺으며 프랑스 견제에 집중했다. 이로 인해 프로이센은 프랑스와의 관계가 악화하고 7년 전쟁이 발발하게 되었다.

영국과 프로이센은 7년 전쟁에서 동맹으로 활약했다. 프로이센은 오스트리아, 프랑스, 러시아의 협공을 받았지만 영국의 지원과 전략적 수완을 통해 슐레지엔을 지켜내며 유럽 강대국으로 자리매김했다. 한편, 프랑스는 영국과의 전투에서 패배해 식민지를 대거 잃게 되어 재정 위기를 겪었다. 결과적으로 영국과 프로이센은 모두 큰 이익을 얻었고 동맹 관계는 더 강화되었다.

19세기에도 영국과 프로이센은 기본적으로는 협력을 통해 나폴레옹을 견제했다. 1806년 나폴레옹의 프랑스에 대패했던 프로이센은 개혁을 거치며 다시 강대국으로 부상했고 해방 전쟁에서 영국, 러시아, 오스트리아와 함께 프랑스를 격퇴했다. 이후 1815년 빈 회의에서 영국과 프로이센은 프랑스를 견제하는 균형을 맞추며 협력했다.

하지만 프로이센 총리 비스마르크의 주도로 프로이센이 독일제국을 건설하는 데 성공하면서 영국은 독일의 부상을 경계하고 경쟁적인 관계로 변해 두 나라의 관계는 점점 악화되었다. 1871년 독일 통일 이후 독일제국은 산업화와 경제 성장을 빠르게 이루었는데 1900년대 초에 이르러 독일은 철강, 화학, 전기 산업에서 영국을 추월했다. 특히 독일제국이 빌헬름 2세의 지휘로 적극적인 해군력 확장을 추진하면서 영국의 해양 패권에 도전장을 건냈고 1906년 드레드노트급 전함 등장 이후로 두 나라 사이에 해군 군비 경쟁이 가속화되며 자연스럽게 식민지 경쟁 문제가 발생했다. 결국 영국은 독일의 팽창을 견제하기 위해 프랑스, 러시아와 협력을 강화했고 독일은 프랑스와 러시아를 견제하기 위해 오스트리아-헝가리와 동맹을 맺으며 1914년에 발발하는 제1차 세계대전의 상반된 동맹체제가 구축되었다.

영국의 해군력 발전과 전투

영국은 19세기까지 '해가 지지 않는 제국'으로 불릴 정도로 광대한 식민지를 보유했다. 이러한 영국의 식민지 지배의 배경에는 세계 해상을 독점할 정도로 막강한 해군력이 있었는데 영국 해군이 최강이 된 것은 섬나라라는 지정학적 특성, 체계적인 왕립해군의 발전과 더불어 해군과 얽힌 오랜 역사 덕분에 가능한 일이었다.

영국이 해군을 비롯한 해상 방어의 중요성을 인식한 최초의 사건은 1066년 노르만 정복이다. 프랑스 노르망디에서 넘어온 노르만족이 잉글랜드의 지배층을 장악하면서 봉건제가 강화되었고 잉글랜드는 이후 수 세기 동안 프랑스와 긴밀한 관계를 유지했다. 이외에도 헨리 7세 시기에는 메리 로즈호를 건조하면서 초기 왕립해군의 기틀을 마련했고 헨리 8세 시기에 이르러 영국 최초로 해군 조선소를 건립해 왕립해군의 기반을 확립했다.

영국 해군이 본격적으로 성장한 것은 16세기 엘리자베스 1세 때다. 엘리자베스 1세는 해적 행위를 통해 경쟁국인 스페인과의 해상 경쟁에서 우위를 점하려고 했는데 특히 프랜시스 드레이크가 주도한 사략선 활동이 활발했다. 이러한 해상 충돌이 빈번해지자 스페인의 펠리페 2세는 130여 척의 무적함대를 파견해 영국 해군을 압도하려고 했는데 영국 해군은 기동성이 뛰어난 소형 함선을 활용해 스페인 함대를 교란했고 결과적으로 스페인을 상대로 승리하면서 새로운 해상 강국으로 떠오르게 되었다.

이후 영국은 17세기 스페인에게서 독립한 후 새로운 해상 강국으로 떠오른 네덜란드와 해상 패권을 두고 경쟁했다. 이 과정에서 세 차례에 걸친 전쟁이 진행되었는데 1차 전쟁에서는 영국이 항해조례를 발표해 네덜란드의 해상 무역을 제한하며 승리했다. 하지만 2차 전쟁에서는 네덜란드가 런던 템스강까지 진격하며 우세를 점했고 마지막 3차 전쟁에서는 영국이 프랑스와 동맹을 맺고 네덜란드를 공격했으나 네덜란드의 저항으로 전쟁이 종결되었다. 하지만 이 과정에서 네덜란드는 해상 패권을 점점 상실해갔고 결국 영국이 상업과 해군력의 주도권을 장악하는 데 성공했다.

18세기와 19세기 영국의 주요 경쟁자는 프랑스였다. 영국은 유럽뿐만 아니라 북아메리카, 인도에서도 프랑스와 충돌했는데 결과적으로 영국은 해군력을 바탕으로 캐나다, 인도 해역에서 프랑스를 압도하며 식민지를 확보했고 프랑스 식민지를 대부분 차지하며 세계적인 해상 강국으로 자리잡았다. 19세기에는 나폴레옹 전쟁으로 프랑스와의 해상 경쟁이 절정에 달했는데 나폴레옹은 영국을 침공하기 위해 스페인과 연합함대까지 조직했지만 결과적으로 영국이 압승을 거두며 이후 100년 동안 해군 최강국 지위를 유지했다. 이 패배로 나폴레옹의 프랑스는 해군력을 상실했고 이후 유럽 정복 전략에도 큰 차질이 발생했다.

하지만 영국의 막강했던 해군력도 20세기 제1차 세계대전과 제2차 세계대전을 거치며 대영제국이 쇠퇴함에 따라 점점 그 규모가 축소되었고 미국에게 해군 최강국 지위를 넘겨주게 되었다.

대영제국의 패권 쇠퇴기

영국은 지난 19세기 세계 최강국으로 군림했지만 어느 시기를 기점으로 점점 국력이 쇠퇴하기 시작했다. 영국 패권 쇠퇴기의 시작을 구체적으로 어느 시기로 볼 것인가에 대해서는 의견이 분분하지만 일반적으로 독일과 미국이 급속도로 산업화를 이루기 시작한 1870년대부터 1890년대가 자주 언급된다.

사실 1890년대까지도 영국은 여전히 굳건한 자리를 지키고 있었다. 하지만 경제 성장 둔화와 독일과 미국의 급성장으로 영국의 경제적 우위가 상대적으로 약화되었으며 전기, 화학, 기계공업 같은 2차 산업혁명을 주도하지 못한 것이 문제로 작용했다. 1871년 통일 이후 독일은 강력한 중공업, 화학, 전기 산업을 바탕으로 빠르게 성장했으며 미국도 대륙횡단철도와 대량 생산 시스템을 구축하며 경제 대국으로 부상했다. 1890년대에 이르자 영국의 철강 생산량은 미국과 독일에 뒤처졌으며 특히 독일이 화학, 전기 산업에서 영국을 크게 앞서나가게 되었다.

독일과 미국 해군력의 급성장도 영국을 위협하는 요인이었다. 독일은 빌헬름 2세의 적극적인 해군 확장 정책으로 대규모 해군력을 구축하게 되었고 전통적으로 해군력을 통해 제국을 유지했던 영국은 큰 도전을 받았다. 미국도 1898년 스페인과의 전쟁 이후 본격적으로 해군력을 증강하며 영국과의 격차를 줄여갔다. 1906년 위기를 감지한 영국이 신형 전함인 드레드노트를 개발하면서 군비 경쟁이 격화되었는데 이는 결과적으로 영국의 군비 부담이 증가하는 원인이 되었다.

영국은 식민지 문제에서도 골치를 앓아야 했다. 영국의 식민지는 여전히 광대한 부를 가져다주었지만 동시에 막대한 통치 비용과 군사적 부담을 초래했고 인도와 이집트, 아일랜드 등에서는 민족주의 운동이 격화되면서 영국제국 유지가 어려워졌다. 대표적으로 영국은 1899년부터 1902년까지 남아프리카의 보어 공화국을 정복하고 식민지로 편입하는 과정에서 네덜란드계 이민자들(보어인)과 전쟁을 벌였는데(보어 전쟁) 결과적으로 영국은 전쟁에서 승리했으나 그 과정에서 2억 파운드가 넘는 전쟁 비용을 부담했으며 잔혹한 전술로 국제 사회의 비난까지 받아야 했다.

보수당과 자유당으로 대표되는 영국 내부의 정치적, 사회적 문제도 있었다. 제국주의 강화, 해군력 증대, 보호무역 확대를 추진했던 보수당은 노동계층의 불만과 아일랜드 문제를 잠재우지 못했고 자유당도 아일랜드 자치 문제 등으로 내부 분열을 겪으며 잦은 정권 교체가 이루어졌다. 또한, 산업혁명 이후 영국 내 노동자 계층이 성장하면서 노동조합과 사회주의 운동이 활발해지고 대규모 노동쟁의가 발생했다. 그 결과, 1900년대 초부터 실업보험, 연금 같은 사회복지 정책이 확대되면서 정부 재정에 부담이 가해졌다.

이처럼 1890년대 영국은 독일과 미국이라는 국제적 라이벌의 급부상, 해군력 약화와 식민지 문제로 대두되는 제국주의의 쇠퇴, 정치적 혼란이 겹치면서 세계 최강국 지위가 흔들리기 시작했다. 게다가 이러한 문제는 20세기 들어서면서 더 심화되었고 제1차 세계대전 이후 영국의 쇠퇴가 본격화되는 결말을 낳았다.

5부
이글즈와 트럼펫과의 작별

1914~2020년

제1차 세계대전

다행히 대영제국은 무너지지 않았고 여전히 진정한 강국으로 존재했다. 1890년대부터 태평양에서 독일군을 항상 경계하고 있던 호주와 뉴질랜드는 전쟁 발발 소식을 듣자마자 곧바로 전쟁을 단독 선포했다.

전쟁 발발로 영국은 갑자기 하나로 뭉쳤다. 배와 총을 최대한 빨리 만들어야 했기 때문에 그동안 경제의 '신데렐라'로 취급받던 외곽산업지역이 중심 무대로 떠올랐다. 수년 동안 해외에 있던 영국의 투자금이 본국으로 회수되었다. 전쟁으로 경제의 불균형이 메워지고 있었다. 기존 균열 위를 임시방편으로 덧칠한 것이다.

그러나 이것도 일시적이었다. 아무리 다함께 무기를 만들어야 하는 전시 상황이더라도 전쟁이 터지기 전에 있었던 내부 분열의 기억은 영국에 여전히 남아 있었다. 다만, 이 시기에 영국에서는 내부 계급 분쟁은 별로 중요한 논쟁거리가 아니었는데 심지어 '볼셰비키'라는 이름을 들어본 사람이 아직 아무도 없을 정도였다. 영국에서 일어난 분쟁은 순수하게 자국 산업을 놓고 벌어졌다.

> 고용주와 노동자들 사이에서 '전쟁 이후'라는 말이 끊임없이 나오고 있다. 세계 역사상 가장 큰 전쟁을 치르고 나면 경제 분야에서도 똑같이 대규모 분쟁이 뒤따를 것이라는 확신이 유난히 널리 퍼져 있다.
>
> -《이코노믹 저널Economic Journal》, 1916년 3월

전쟁에서 영국 사람들은 하나가 되어 함께 목숨 바쳐 싸웠으나 문화적으

로는 여전히 서로 다른 문화적 세계에서 살고 있었다. 1915년 영국인 병사들은 그들 모두 '풋볼^{Football}'이라는 게임으로 장교들에게 도전했다.

병사들이 가장 남성다운 경기로 생각하던 럭비는 단순한 '이름'에 불과한 낯선 운동이었다. 장교들이 경기장에 나타났을 때 병사들의 태도는 관용적인 우월감에 가까웠다. 마치 땅 파는 것을 도우러 조장이 참호 안으로 내려올 때 건장한 광부가 종종 보이는 약간의 으스댐 말이다. 하지만 5분 만에 그들의 입에서는 충격적인 놀람의 외침이 터져 나왔다... 장교들이 병사들을 노골적으로 야만적이고 잔혹하게 대하자 그 섬세한 영혼의 병사 관중들은 깊은 충격에 빠졌다. 도덕적으로 분개한 사람들이 울분을 터뜨리는 소리가 들려왔다.

— 영화감독 존 헤이^{John Hay}, 1915

그럼에도 전시이던 첫 18개월 동안 아일랜드 사람들을 포함한 영국 사람들은 다함께 뭉쳤다. 그러나 안타깝게도 육군 원수 키치너^{Field Marshals Kitchener}와 고위 장교 헤이그^{Haig}가 세운 계획은 이후에 일어난 여러 사건으로 인해 실현되지 못했다. 자유당 정부는 전쟁이 임박했다는 사실을 인정하지 않았고 영국군은 유럽군보다 상대적으로 규모가 작았다. 따라서 영국군은 천천히 전쟁을 준비하면서 훈련한 다음 결정적인 순간에 공격하자고 생각했다. 나쁘지 않은 생각이었지만 그 결정적인 순간이 너무 빨리 찾아온 것이 문제였다.

1915년 말 프랑스 군대는 잔혹할 정도로 심하게 공격당했고 차르는 영국 본토 크기의 넓고 풍요로운 영토를 잃었으며 체펠린 비행선^{Zeppelins}들이 런던을 폭격했다. 결국 독일과 오스트리아가 우세한 국면이 되면서 1916년 키치너(육군 원수)와 헤이그(제1군단장)는 미흡하게나마 반격하는 움직임을 취할 수밖에 없었다.

1916년 7월부터 11월까지 솜^{Somme}에서 그 규모에 비해 훈련이 턱없이 부족한 자원병 위주의 군대는 용기를 찬양하는 영국 특유의 전통에 걸맞게 터무니없이 높은 비율의 퍼블릭 스쿨 출신의 젊은 장교들을 따라야 했다(전쟁 중 사망한 장교 비율은 17%였던 반면, 전쟁 중 사망한 일반 병사 비율은 12% 정도였다).

끔찍했던 사상자 수에 비해 점령한 땅은 미미했다. 그러나 사기만큼은 떨어지지 않았다. 이 전투에서 영국은 나름 교훈도 얻을 수 있었다. 독일군에게도 분명히 허점이 있다는 사실이었다. 한편, 카이저의 함대는 우유부단했던 유틀란트^{Jutland} 해전(1916년 5~6월) 이후 무력화되었고 도저히 뚫을 수 없는 해상 봉쇄가 독일군의 목을 점점 조르기 시작했다.

이제 독일의 최대 적국은 영국이었다. 독일 해군은 영국에게 중요한 미국과의 무역을 방해하기 위해 무제한 잠수함 유보트^{U-boat} 작전을 시행했다. 그 결과, 1917년 마침내 구세계의 문제를 해결하기 위해 미국이라는 새로운 세계가 전쟁에 개입하게 되었다. 독일의 루덴도르프^{Ludendorff} 장군은 미군이 병력을 갖추고 도착하기 전에 승리하기 위해 모든 노력을 쏟아부었다. 그러나 영국과 제국의 병사들은 헤이그 제1군단장의 절박한 명령에 응답하며 임전무퇴의 정신으로 싸웠다.

1914년 모든 프로이센 장군들이 경멸했던 영국 군대가 8월 아미앵 전투에서 독일군(힌덴부르크)에게 암흑일(최악의 상황)을 안겨주는 데 성공했다. 이 검은 날을 기점으로 독일제2제국(프로이센)은 군사적, 사회적, 도덕적 붕괴를 겪게 되었다. 이어서 주변 제국들도 무너져갔지만 대영제국은 그 와중에도 꿋꿋이 버텼다(다만, 아일랜드가 문제였다).

모든 것이 무너지기 시작하다

제1차 세계대전의 결과는 영국의 승리처럼 보였다. 야수같은 프로이센은 정복되었고 영국제국은 그 어느 때보다 공대해 보였다. 그러나 현실 속 영국은 실제로 거대한 전쟁 빚(총과 식량에 소진된, 주로 미국에 진 빚) 때문에 이전보다 훨씬 가난해졌다. 게다가 영국은 1913~1914년 내전으로 발전할 뻔했던 내부 분열 때문에 여전히 골머리를 앓고 있었다. 전쟁을 치르는 동안 멈추었던 분열은 종전 후 다시 시작되었다. 아일랜드 독립전쟁(1919~1921년)이 일어난 2년 동안 영국의 내부 분열은 점점 더 심해졌다. 결국 아일랜드 자유국은 아일랜드 32개 지역 가운데 26개 지역을 영국연합에

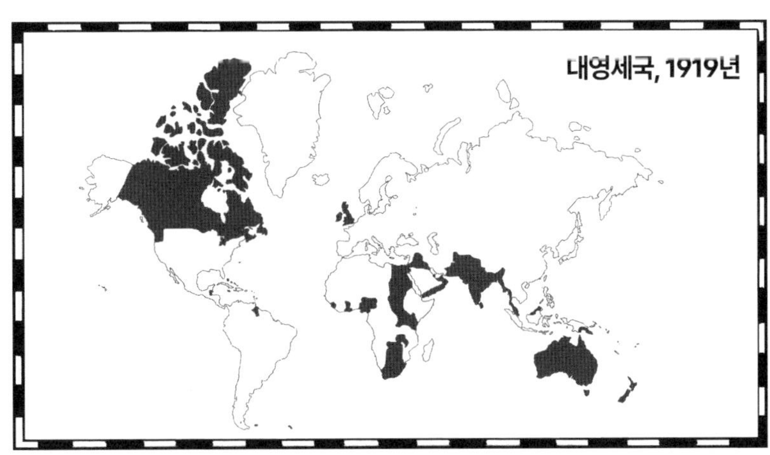

서 이탈시켰다.

민주주의가 도래한 시대에 영국의 이러한 상황은 꽤 이상하게 비칠 수 있다. 1536년부터 1801년까지 영국은 제국의 중심인 잉글랜드 남부에 기반을 둔 정치 엘리트들을 통해 기틀을 잡았다. 따라서 영국의 일부를 잃는다는 것은 정치 엘리트들에게는 분명히 엄청난 타격이었다. 실제로 그들은 아일랜드에 집착하는 모습을 보였다. 그러나 그들의 집착이 무색하게 아일랜드가 자치 지역이 되면서 남부의 정당인 보수당은 훨씬 강해졌다. 그 사실은 전쟁 이후 처음 정상적으로 치러진 선거를 통해 체감할 수 있었다. 1910년 보수당은 의회에서 344석을 얻었으나 과반수를 차지하지는 못했다. 하지만 1922년에는 남아일랜드의 92석이 의회에서 사라지면서 보수당 의석이 과반을 충분히 확보할 수 있게 되었다.

이처럼 선거 이후 새로운 균형이 찾아오자 남북의 정치적 견해차는 더 뚜렷해졌다. 전쟁이 일어나기 전까지 보수당은 세 개의 켈트 민족과 본질적으로 적대 관계에 있었다. 따라서 선거전은 북부에서 치열하게 전개되었다. 잉글랜드가 다른 3개국과 싸운 후 새로워진 영국의 크기는 더 줄어들었다. 그러나 전쟁 후 규모가 더 작아진 새 영국에서 보수당이 해야 할 일은 남부의 핵심 지지층만 만족시키면 족했다.

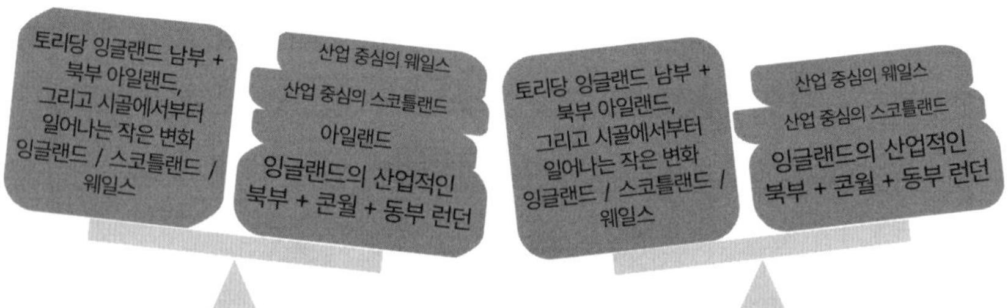

영국이 작아질수록 잉글랜드 남부는 강해진다.

북부를 침묵시키다

우연인지는 모르겠지만 잉글랜드 남부의 엘리트들은 이제 새로운 방식으로 영국 전체를 자기들 것으로 만들려고 했다. 그 행동은 훌륭한 연기 또는 자기 목소리를 내는 것 중 하나로 보였다. 1921년 헨리 경^{Sir Henry}이 주도한 보고서에 담긴 주제는 '영국의 영어교육에 관한' 것이었다. 보고서에는 '게임하듯이 놀면서 아이들에게 영어를 가르쳐야 한다'라는 주장도 담겨 있었다. 뉴볼트 경은 잉글랜드의 모든 아이가 필요하다면 제2외국어를 배우듯 표준 발음(PR)의 영어를 배워야 한다고 주장했다.

> 사투리를 사용하는 아이들이 흔히 그렇듯, 동시에 표준 영어도 말할 수 있는 이중언어 사용자가 되어야 한다.
>
> ─『뉴볼트 보고서^{Newbolt Report}』, 1921

1922년 새로 설립된 방송국 BBC는 표준 영어 발음을 채택했고 1926년까지 방송 허가를 받은 225만 대의 라디오에서 전국 퍼블릭 스쿨(영국 상류층 사립학교)의 억양이 흘러나왔다. 라디오 속에서는 다음과 같은 잉글랜드의 야심이 들려오는 것만 같았다. '자, 우리처럼 말하세요. 그렇게 해 고향 사람들과의 차별성을 길러 보세요.' 표준 영어 발음은 곧 잉글랜드 남부 억양이었기 때문에 그곳에 사는 사람들은 비교적 쉽게 습득할 수 있었다. 하지만 북부 사람들은 표준 영어 발음을 구사하기 위해 원래의 말투를 완전히 뜯어고쳐야 했다. 그렇지 않으면 그저 웃기는 촌놈 취급을 받기 십상이었다.

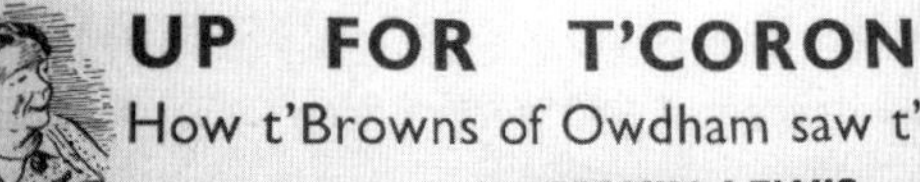

대관식을 향해 올덤의 브라운 가족이 본 위대한 사건
- 에드윈 루이스

BBC가 이끈 표준 영어 발음 캠페인은 영국 역사의 거대한 두 가닥을 하나로 묶었다. 그 가닥들은 바로 남부의 지배와 공공장소에서 어떤 영어를 사용하느냐에 따라 이루어지는 문화 분열이었다.

남북 분열에 이념이 더해지다

1924년 선거에서 이전에 잉글랜드 남부에서도 자유당을 지지하던 유권자들은 다시 보수당으로 가 정착했고 반대로 이전의 북부 자유당 유권자들은 노동당으로 가 정착했다. 이 뒤섞임 덕분에 정치적으로 분열되던 남부와 북부 상황은 마침내 굳어져 버렸다.

자유당은 1707년 연합 이전으로 거슬러 올라가는 뿌리깊은 정당이었다. 자유당은 19세기 투쟁 기간 중 잉글랜드 외곽과 함께 싸우며 그 정체성이 동일시되기는 했지만 잉글랜드 남부에서 영향력을 완전히 잃어본 적은 없었다. 반면, 노동당은 자유당과는 매우 달랐다. 노동당은 연합왕국 형태였던 영국에서 탄생했으며 초기 지도자 5명 모두 스코틀랜드인이었다. 설립 후 처음 20년 동안 노동당은 거대 도시국가 같은 런던의

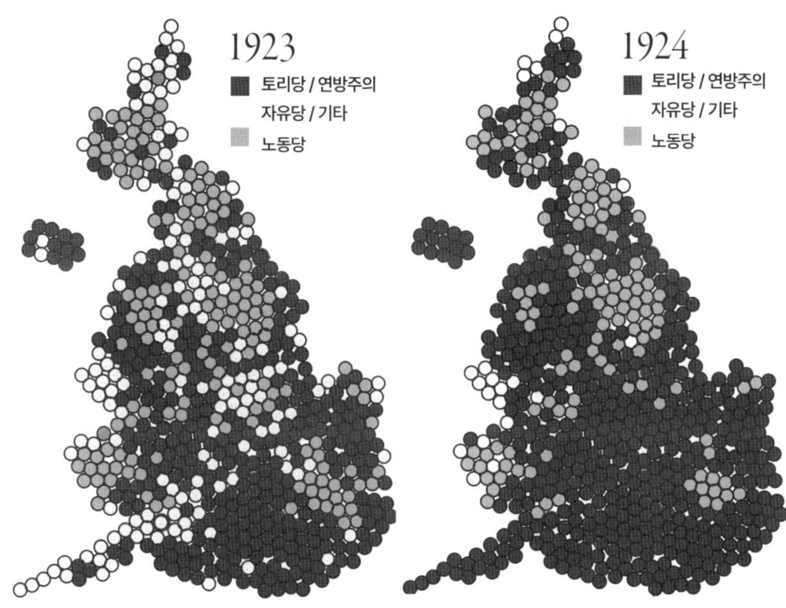

가난한 몇몇 지역을 제외하면 트렌트 남부에 영향을 전혀 미치지 못했
다.

보수당은 자유당을 여전히 진정한 경쟁자로 생각했으나 더 이상 그
들과 대결하지 않았다. 현재의 보수당과 첨예하게 대립하는 당은 잉글
랜드 이외 북부 지역을 대표하는 당(북부 잉글랜드+켈트) 즉, 노동당이
었기 때문이다. 이 때문에 오랫동안 남부 사람들은 같은 잉글랜드에 속
해 있으면서도 한편으로는 북부 사람들이 순수 잉글랜드인과 다른 생
각을 하고 있을지 모른다고 의심했다. 기본적으로 1461년, 1642년,
1848년과 동일한 정치적 전선이 형성되었다(참회왕 에드워드의 통치 시
절 웨식스의 고드윈 가문에 대항해 북부의 왕과 웨일스의 왕세자들이
연합했을 때와 마찬가지였다).

이 해묵은 투쟁은 20세기 유행 사조인 것처럼 외피로 치장되었다. 영국 외곽 동맹의 새로운 정치적 화신이 된 노동당은 그들의 당원이자 지지자들이었던 영국 외곽 지역의 사람들이 본능적으로 평화를 사랑하고 공동체주의적이며 국제주의적이라고 주장했다. 이러한 노동당의 자아상은 많은 스코틀랜드인, 웨일스인, 북부 잉글랜드인을 중심 정체성으로 남아 있다.

사람들은 이익과 자기중심적인 충동이 아니라 관대함과 충성심으로 살아간다. 우리의 노동운동에 힘을 보태주는 사회주의적 영감을 목표로 살아가는 것이다.

— 램지 맥도날드^{Ramsay MacDonald}, 노동당 당수, 1924

한편, 보수당은 자신들이 순수 잉글랜드를 대표한다고 주장했다. 바버코트^{Barbour Coats} 같은 패션, 코츠월드^{Cotswolds} 같은 자연 등을 사랑하는 사람들은 여전히 보수당의 이러한 비전을 공유한다.

잉글랜드 개개인을 보존해야 잉글랜드인 전체를 보존할 수 있습니다... 제게 잉글랜드는 시골이고 시골은 곧 잉글랜드입니다... 잉글랜드의 소리는 이런 것들입니다. 시골 대장간에서 망치를 두드리는 소리, 이슬이 맺힌 아침에 메추라기, 뜸부기가 우는 소리, 숫돌에 부딪히는 낫 소리...

— 스탠리 볼드윈^{Stanley Baldwin}, 보수당 당수, 1924

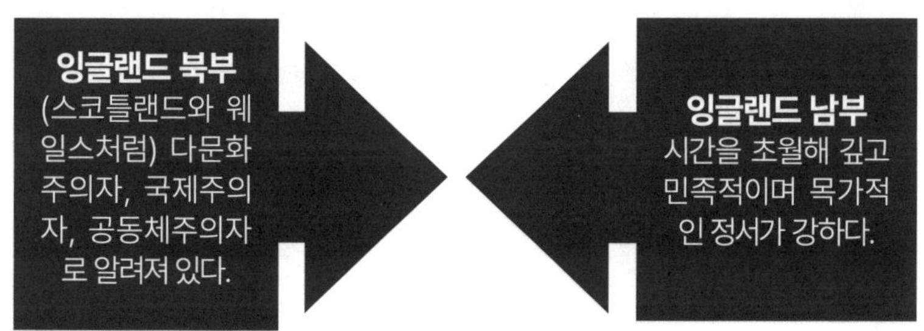

영국의 남북 분열은 1924년에 끝났고 이는 20세기 초반의 고전적인 이데올로기인 즉 국제주의에 대한 판타지와 민족주의 대결이라는 신화로 재구성되었다.

두 경제 이야기

영국 권력을 이루는 틀은 기본적으로 잉글랜드 남부가 관리하고 있었다. 이에 따라 잉글랜드 남부는 잉글랜드 지역의 경제 부흥을 최우선으로 삼았다. 전쟁 기간 동안 금본위제(통화마다 고정된 양의 실제 금괴 정도의 가치가 있다는 생각)가 폐기되었고 영란은행은 사람들이 설득될 만큼의 파운드화를 발행할 수 있게 되었다. 그러나 당시 사람들은 여전히 달러를 금에 고정시킨 미국을 믿고 싶어 했다.

런던은 다시 미국과 경쟁하기로 결심했다. 1925년 금본위제가 다시 채택되었는데 파운드-달러 환율은 1914년 수준인 파운드당 거의 5달러로 고정되어 있었다. 아무것도 변하지 않은 것처럼 보였다. 현실적인 환율은 파운드 대비 3달러 50센트에 가까웠을 것이다. 그러나 런던이 과거에 머물도록 허용한 결정은 산업화된 영국에 큰 타격을 주었다.

그 후 금본위제로 복귀하면서 수출가격은 믿지 못할 수준으로 올라갔 북부에서는 실업률이 치솟았다. 영국에서 두 경제권을 이루는 남과 북은 이제 직접적인 대립 관계에 있었다. 즉, 한쪽에 좋은 것이면 다른 쪽에는 해악으로 작용하는 식이었다.

승자는 오직 하나

영국 총파업(1926년)에서 수백만 명의 노동조합원들이 광부들의 임금을 지키기 위해 투쟁했으나 소용없었다. 남부에서는 파업이 순식간에 중단되었으나 탄광지대에서는 몇 달이라는 시간이 암울하게 흘러갔다. 결국 노조의 패배였다.

　제1차 세계대전 이전 잉글랜드의 산업은 에너지 수요 때문에 언제나 탄광지대와 긴밀히 연결되어 있었다. 이제 완전한 전기화(1925년 중앙 전기위원회가 설립됨)가 이루어졌고 현대적인 전화 통신이 등장해 어디든 새공장(혹은 본사)을 세울 수 있게 되었다. 런던 금융가와 가까운 남부지역에 세우기로 했다. 가급적 우중충한 데다 노조 분쟁이 툭하면 발생하는 북부에서 벗어나 사회 인프라, 금융, 국제무역의 중심지에서 가까운 곳에 말이다.

왼쪽: 런던, 1932년 후버 빌딩. 오른쪽: 레버 브라더스^{Lever Bros}는 잉글랜드 북서부에 있는 머지사이드^{Merseyside}주의 관심사인 큰 산업 중 하나였다. 하지만 1929년 본사는 런던으로 이전했다.

미국 월스트리트 대폭락으로 인한 대공황(1929~1935년)은 북부에 결정적인 한 방을 날렸다. 미국 주식시장이 폭락하면서 세계의 거대한 대출자본의 원천이 동결된 것이다.

> 산업가들은 침체된 지역에 대한 편견이 있었다. 침체된 지역은 궁핍해 사업하기에 맞지 않다는 편견 말이다. 이러한 편견을 극복하기 위해 할 수 있는 일은 거의 없었다. 가장 적극적인 기업가도 침체된 지역에서 사업하는 데 겁을 먹었다.
>
> - 침체지역 장관 회의, 1930~1931년

막간: 선한 자들의 등장

1928년 미국 영화 〈재즈 싱어^{The Jazz Singer}〉가 런던에서 처음 선보인 후 여러 유성 영화가 연달아 상영되었다. 유성 영화로 전 세계 모든 사람이 놀랐으나 특히 영국에서는 배우들의 대사가 더빙되지 않았기 때문에 영국인들에게 더 특이한 재미를 주었다. 미국은 평범한 영어를 미국 나름의 방식대로 구사했는데 이는 영국식 표준 영어 발음과 달랐다.

게다가 미국인들의 목소리는 무의식적으로 심오한 영국 이야기를 들려주고 있었다. 옛날에 문화적 분열을 겪던 영국을 떠나 대서양을 건너 아메리카 대륙으로 넘어간 사람들이 있음이 영화를 통해 밝혀졌다. 〈로빈 후드〉와 〈스미스 씨 워싱턴에 가다〉부터 〈카사블랑카〉를 거쳐 〈람보〉와 〈스타 트렉〉에 이르기까지 부패한 엘리트든 나치든 사악한 주모자든 러시아인이든 외계인이든 미국 대중문화에 등장하는 '악당'은 잉글랜드 엘리트들의 프랑스어가 섞인 반쪽짜리 영어를 사용했다. 그들은 부패한 엘리트, 나치, 사악한 천재 러시아인, 외계인 등으로 묘사되며 차갑고 거리감 있는 언어를 쓴다. 영화 속 '착한 자들'이 구사하는 언어는 노르만 정복 이전 사용되던 말, 일반인들이 대부분 이해할 수 있는 토속적

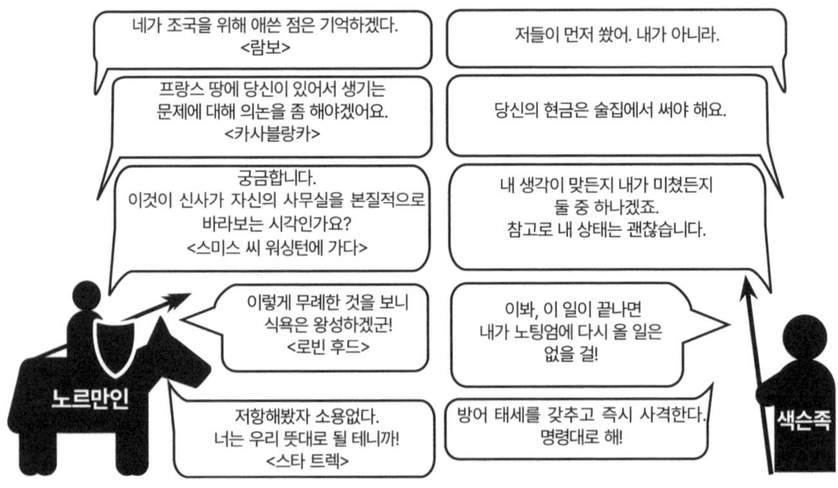

이고 직설적이며 따뜻한 말투, 그것이 '정의'의 언어가 된 것이다.

2등 시민이라는 계급으로 생활한 지 900년이 지난 후에야 평범한 잉글랜드인들은 영웅들이 자신들과 같은 말을 사용하는 세계를 다시 발견할 수 있었다. 좌파와 우파를 막론한 모든 잉글랜드 엘리트들이 두려워할 정도로 잉글랜드 서민들은 자연스럽게 미국 문화를 '가다[80]'라는 기초적인 단어부터 흡수하기 시작했다.

북부인가, 남부인가?

한편, 실제로 잉글랜드에서는 남북 격차를 두고 치열한 논쟁이 벌어졌다. 1933년 베스트셀러 작가인 J. B. 프리스틀리는 잉글랜드를 여행하면서 대성당과 대학, 코츠월드 정원 풍경처럼 커다란 매력을 지닌 전통적인 잉글랜드를 찾아갔지만 이러한 명소는 단지 관광객을 위해 꾸며진 것에 불과했다.

프리스틀리는 런던을 제외한 잉글랜드가 실제 생활에서 두 부분으로 나뉘어 있음을 발견했다 비록 침체되어 있지만 전통을 간직한 것은 북부와 중부였다. 런던 북서부에 있는 새로운 경공업 지역은 모든 것이 너무 현대적이었다.

> **북부와 중부에서**
>
> 19세기 잉글랜드 하면 떠오르는 석탄, 철, 면화, 양모, 철도의 산업화된 잉글랜드… 우울하고 음침한 작은 마을들, 그리고 아직도 평온하고 우

울한 요새 같은 도시들. 이러한 잉글랜드는 중부와 북부의 상당수를 차지한다. 그 지역은 더 이상 확장되지 않았고 새로운 생명이 더해지지도 않았다. 하지만 사실 그 지역에 새로운 생명이 더해질 필요가 있는 것도 아니었다.

런던 북서부의 신흥 경공업 지대에 대하여

이곳의 발상지는 미국이라고 생각될 정도다. 간선도로와 우회도로, 전시 건물처럼 생긴 주유소와 공장들, 거대한 영화관과 댄스홀과 카페들, 작은 차고가 있는 방갈로들로 된 잉글랜드다. … 이곳은 계급이 없는 사회에 가깝다. 다만, 너무 싸구려 느낌이 나 안타깝다.

- J. B. 프리스틀리,《잉글랜드 기행^{An English Journey}》, 1933

계급 이론에 따르면 새로 경공업이 발달한 북부와 중부의 남쪽지역이 합해진 지역, 한마디로 중부 잉글랜드는 공업지역인 북부와 공통적인 관심사를 지녔다고 느낄 수 있어야 했다. 하지만 농촌도시에서 농업이 산업으로 바뀌었더라도 이 지역의 남북 간극은 여전했다. 이러한 배경으로 인해 새로운 중부 잉글랜드의 유권자들은 남녀할 것 없이 너무 다른 두 정치 세력 중 하나인 잉글랜드 남부의 토리당 또는 북부 잉글랜드와 켈트족이 합해진 노동당을 선택해야 했다. 무엇보다 정말 중요한 문제는 유권자들이 어느 세력에 공감했느냐였다. 이를 현대 정치 용어로 표현하면 '가치 동일성 투표^{valence voting}(정책이 아닌 역량 등 다른 요인에 의해 선택하는)'라고 한다.

조지 오웰은 이를 확신했다. 1937년 『위건 부두로 가는 길^{The Road to Wigan Pier}(1937)』을 쓰기 위해 자료 조사차 북부로 간 오웰은 버밍엄을 지나기 전까지 보이는 풍경 속 모든 것을 안전하고 친숙하게 느꼈다.

이튼 칼리지와 옥스퍼드에서 학창 시절을 보낸 오웰은 지저분한 북부 기숙사에서 런던 동부 하층민 출신 남학생 코크니^{Cockney}와 함께 지내게 되었다. 그 남학생은 키가 작고 검은 머리에 코가 날카로웠다. 사회계급의 간극이 이보다 더 클 수는 없었지만 그는 문득 오웰의 눈을 마주치더니 오웰이 같은 남부 출신임을 단번에 알아챘다.

런던 토박이였던 남학생은 북부 사람들보다 이튼 칼리지 출신들에게 더 친근감을 느꼈다. 그리고 산업화되어 거의 계급이 없는 중부 잉글랜드에서 온 사람들 역시 북부 사람들이나 켈트족보다 남부 사람들을 더 친근하게 느꼈다. 그 결과, 중부 잉글랜드인들이 보수당을 버린 것은 세 번뿐이었다. 그중 두 번은 사회적으로 거대한 변화가 있는데도 보수당이 구체적인 전망을 내놓지 못했을 때였고(1945년과 1964~1966년) 마지막은 보수당이 자멸했을 때(1997~2005년)였다. 이런 사건만 빼면 중부 잉글랜드인들은 대체로 남부 사람들과 마찬가지로 보수당에 투표했다.

분열된 잉글랜드는 우여곡절 많은 이 영국을 통합할 힘이 없었다. 실질

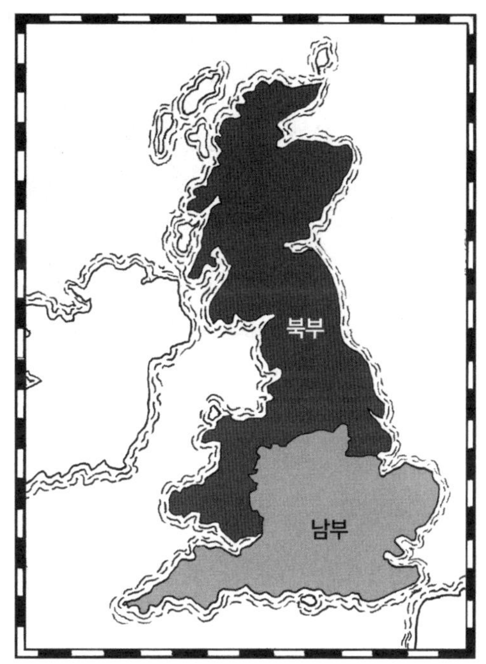

1937년 노동부의 공식적인 구분에 따른 영국

적으로 종신 총리와 다름없는 인물이 지배하는 북아일랜드는 독립적인 종교와 군사조직을 갖춘 자치국과 같았다. 1934년에는 스코틀랜드 국민당이 창당되었으며 1936년 웨일스 민족당(1925년 창당)은 웨일스의 영국 공군 기지를 상대로 첫 번째 방화 공격을 감행했다. 분열된 왕국인 영국은 이제 가장 큰 시험대 앞에 서게 되었다.

재난의 직전

나치 독일이 무장했다. 이러한 상황에서 보수당은 유럽에서 지상전을

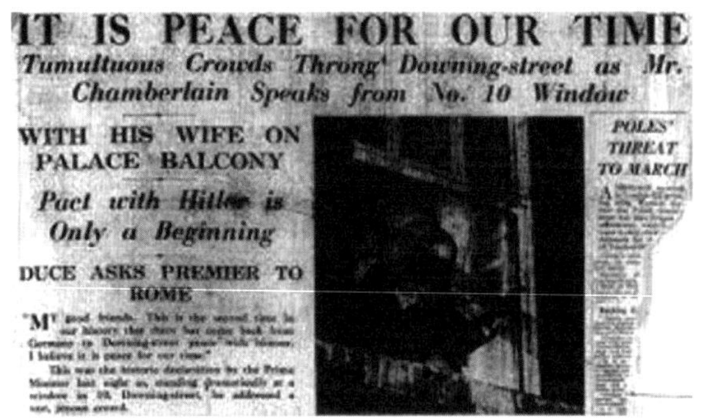

준비할지 (본토) 섬 요새(영국)를 방어적으로 지킬지 결정을 내리지 못했다. 대부분의 영국 국민은 후자를 선택했다. 협력하는 것만 전쟁을 완전히 피할 길이라고 확신한 노동당과 자유당이 반대했지만 1935년부터 새로운 비행기와 전함이 주문되었다. 그들은 히틀러가 유럽에서 원하는 것이라면 뭐든지 주면서 전쟁을 막으려고 했다. 미국 대통령 프랭클린 루스벨트^{Franklin D. Roosevelt}는 당시 영국 총리였던 네빌 체임벌린^{Neville Chamberlain}에게 전보를 보냈다. "잘했습니다". 총리가 뮌헨에서 협정에 합의하고 돌아와 히틀러의 약속을 손에 들고 개선장군처럼 돌아왔다. 이는 (매우 강한 군대와 산악 방어선을 가진) 체코인들에게 나라의 절반을 독일제국에게 넘겨주라고 강요한 직후였다.

처칠은 영국과 유럽이 공동 운명이라는 것을 깨달은 몇 안 되는 인물 중 한 명이었다.

침묵과 슬픔에 잠긴 채 버림받고 부서져 어둠 속으로 빠져드는 체코슬로바키아... 영국도 이렇게 될까 봐 두렵습니다. 영국의 안전과 독립이

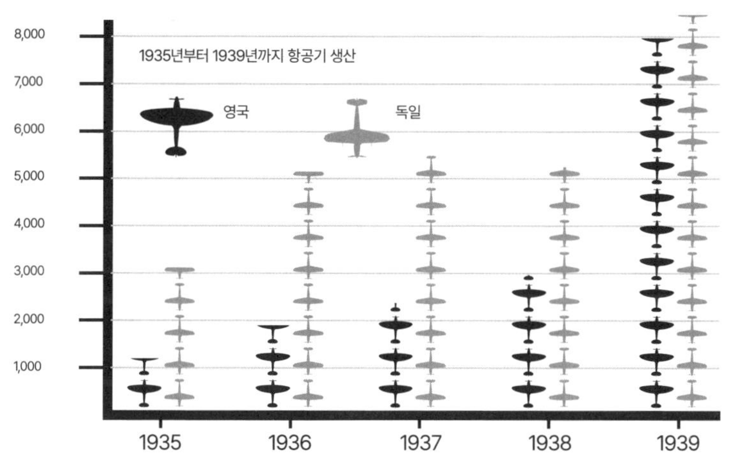

그러나 이 지연은 뜻밖의 결과를 낳았다. 1939년 9월까지 '유대인 아이들 구하기 운동Kindertransport'을 통해 1만 명의 유대인 어린이들이 안전하게 구출되었다. 영국 공군은 새로운 항공기를 더 많이 준비했다. 준비된 새 항공기는 독일 공군과 싸우기 위해 레이더를 탑재한 전투기였다. 그러나 1938년 이미 독일 공군(루프트바페)은 막강한 화력을 과시할 수 있게 되었다.

'요새 같은 섬'이라는 신화에 갇혔던 영국군은 예산 배분에서 후순위로 밀려났다. 1918년 독일을 무찔렀던 바로 그 영국이 말이다. 이제 영국은 도움이 필요한 상황이었다. 뒤늦게 영국군은 프랑스와 손잡았지만 독일이 수년간 최우선으로 길러낸 기갑사단을 마주한 영국군에게는 독일에 맞설 작전 계획이 거의 준비되지 않은 상태였다.

1940년 5월 7일 영국군의 문제가 더 드러나면서 처칠의 위밍업 연설을
하는 인물로 알려져 있던 하원의원 레오 에이머리[Leo Amery]가 나섰다. 에이
머리는 총리 체임벌린에게 올리버 크롬웰의 말을 인용하면서 하느님의
이름으로 사퇴하라고 요청했다. 다만, 그 전에 에이머리는 영국의 정치
혼란부터 극복해야 한다고 주장했다.

25년 만에 두 번째로 영국은 전쟁을 계기로 유럽과 같은 길을 걷게 되었다.

제2차 세계대전

1막: 가장 위대한 순간

1940년 6월 프랑스가 나치에게 무너졌다. 대영제국은 스탈린의 러시아
마저 동맹으로 삼은 나치 독일에 맞서 1년 동안 홀로 싸우며 버텼다. 미
국이 세계사에서 한 자리를 차지할 기회가 될 참전을 여전히 꺼리는 동

'영국의 전투가 빠르게 상승 곡선을 타고 있다.
지금부터 10월 사이에 가을 안개가 잉글랜드 해협 해안의 백악질 절벽 위에 자리잡으면
우리가 알고 있던 대로 영국과 세계의 운명이 결정될지도 모른다.'
《뉴욕 타임스^{New York Times}》, 1940년 8월 17일

안 서구 문명은 아슬아슬한 생존의 벼랑 끝에 서 있었다.

처칠의 연설은 국민의식을 고취시켰다. 프랑스 됭케르크^{Dunkirk} 해안에 고립된 영국군은 기적적으로 탈출에 성공했다. 영국 해군의 전력은 루프트바페가 해협 상공의 제공권을 장악하지 않는 한 히틀러의 침공이 불가능하다는 점을 보여주었다.

독일 공군은 영국을 침공하려면 우선 해협 상공부터 장악해야 했다. 공중전(1940)이 시작되었고 영국왕립공군(RAF)은 독일 루프트바페(공군)의 침공을 막아냈다. 역사적 순간이었다.

영국 공군이 승리하면서 세계가 구원되었다. 당시 영국에게 중요한

것은 군인들의 사기와 제조업이었다. 금융이 발달한 남부의 이해관계는 다시 뒷전으로 밀려났다. 이제 영국 중부와 외곽 지역의 공장, 조선소, 제철소, 광산이 선봉에 섰다. 오랫동안 침체에 빠져 있던 주변 농촌 지역들도 이제 영국을 먹여 살리는 데 필수적인 역할을 하게 되었다. 배급제 덕분에 이제 가장 가난한 사람들도 과거 어느 때보다 더 나은 식사를 있게 되었다.. 사람들은 제2차 세계대전 초기에 이루어진 단결을 애타게 되돌아보고 분열보다 협력이 힘이 되었음을 깨달았다.

단결된 영국은 강했다. 히틀러는 동맹국 이탈리아의 지중해 점령을 기대했지만 1941년 초 이탈리아는 영국 육군과 해군에게 육로와 해상 모두에서 패했다. 화가 난 히틀러는 1941년 6월 동맹국으로 여겼던 러시아를 공격했다. 히틀러가 장군들에게 러시아를 공격한 여러 이유 중 하나를 설명했는데 그중 하나는 러시아 공격이 영국을 꺾는 최적의 방법이었기 때문이다. (영국에게 러시아가 독일을 견제해 주리라는 희망을 차단하기 위해)

러시아가 살아남을 것이라고 예상한 사람은 거의 없었다. 처칠은 이러한 상황을 자신의 개인적인 야심에 활용했다. 그 야심은 바로 뉴잉글랜드(미국 북동부 지역의 6개 주)와의 돈독한 관계였다. 뉴잉글랜드에서 처칠은 자신감이 넘쳤고 물려받은 영미계 혈통, 이탈리아에 대한 승리를 소중히 생각했다. 처칠은 희망의 끈을 놓지 않고 미국이 즉시 도와주어야 한다고 루스벨트를 설득했다. 이런 식으로 처칠은 차근차근 필요한 과정을 밟아 나갔다. 하지만 미국이 결정적으로 참전하게 된 것은 일본의 진주만 공격 때문이었다(1941년 12월).

2막: 시작의 끝

엘 알라메인El Alamein의 공식적인 재건.
이 유명한 사진이 보여주듯이 육군은 군인 24명마다 장교 계급이 필요하다고 확신했다(독일군은
그 비율이 약 100:1이었다). 이러한 장교 수요에 맞추어 전직 퍼블릭 스쿨 남학생들이
제1차 세계대전보다 제2차 세계대전에서 더 많이 목숨을 잃었다.

미국이 본격적인 준비에 들어가는 동안 영국은 여전히 1년간 요새 역할을 무사히 하면서 나라를 지킬 수 있었다. 해군의 몰타 공성전(1942년 8월), 대영제국이 엘 알라메인에서 마지막으로 육지에서 거둔 승리(1942년 10~11월), 독일의 잠수함 작전과 대서양 전투에서 거둔 승리(1943년 5월)는 세계사에 길이 남을 사건이다. 만약 영국이 이 전투들에서 모두 이기지 못했다면 제2차 세계대전에서 연합국은 패했을 것이다.

마침내 신세계의 거대한 힘이 동원되었다. 영화 속에서 튀어나온 듯한 외모와 말투마저 '새로운 잉글랜드의 반신'같은 미국 군인 200만명이 나타났고, 그들 주머니에는 달러가 가득했다.

> 나는 미 하사관 한 명을 하원으로 데려와 그의 봉급을 물어 보았다. 그가 버는 돈이 영국 의원 한 명이 받는 돈보다 훨씬 많음을 알게 되었다.
>
> - 카잘레 대령^{Colonel Cazalet}(치프넘), 1942년 11월 19일

> 우리는 적이 아니라, 동맹국의 침략을 받았다. 바로 이 순간부터 영국 전통의 힘, 영국 제복의 마법, 영국 상류층 목소리에 깃든 권위, 영국의 의식이 지닌 힘이 무너지기 시작했다.
>
> - 크리스토퍼 히친스^{Christopher Hitchens}

1943년 말이 되자 전쟁의 승패는 거의 명확해졌다.

3막: 머나먼 다리

평범한 영국인들은 군복을 입었다는 사실만으로 왠지 나라를 위해 해야 할 일을 다 했다고 느꼈던 것 같다. 영국이 이탈리아와 싸우는 동안 (1943~1944년) 일부 군인들은 명령불복(명령을 받았는데도 공격하지 않으려고 함)을 행했고 전선을 이탈하기까지 했다. 심지어 이러한 문제를 견디다 못해 일부 장군들은 군법에 따른 사형제를 부활시켜 달라고 요청했다.

한편, 영국 안에서는 복지국가의 개요를 설명하는 베버리지 보고서 Beveridge Report (1942) 단행본이 전국에서 베스트셀러가 되었다. 파업도 광범위하게 벌어졌다. 하지만 영국의 지도자들은 (1917~1918년과 달리) 자국이 전쟁에서 패할 위험이 없었기 때문에 속도를 늦추고 전후를 준비했어야 마땅했다. 다만, 처칠과 부하 지도자들은 전승국 3강 Big Three (3인의 거두)의 자리를 유지하려는 의지가 강했고 가속 페달이 바닥에 닿을 만큼 힘껏 밟으며 긴장을 늦추지 않았다.

게임 판도를 뒤바꿀 기술이 발전하고 있었다. 앨런 튜링 Alan Turing 과 동료들이 블레츨리 파크 Bletchley Park 암호해독센터에서 만든 기술이 사용된 예로 세계에서 가장 진보된 초기 컴퓨터가 있었다. 이러한 획기적 기술을 영국은 미국과 공유했다. 미국이 영원히 함께 협력하리라고 기대하는 듯했다.

> 1943년 8월 윈스턴 처칠과 프랭클린 D. 루스벨트 사이에 맺어진 퀘벡협정은 겉으로는 협력처럼 보였지만 영국 핵 연구를 미국에 헐값에 넘긴 최악의 거래였다.
>
> – 맥스 헤이스팅스 Max Hastings

영국은 자체적으로 전투기와 폭격기만 만들되 수송기 제작은 모두 미국에 맡겨야 한다는 내용에 동의했다. 이렇게 해 영국의 군사적 영향력은 보존되는 대신 미국은 전후 민간항공 시기에 더글러스 DC3 같은 항공기로 항공계를 주름잡을 길이 열렸다. 이에 희생된 것은 영국이 미래에 누릴 경제적 혜택 같은 가능성뿐만은 아니었을 것이다. 흔히 디데이[D-Day]로 불리는 노르망디의 영웅적인 사건 이후 전쟁의 결과가 미칠 영향은 시간 문제였다. 그러나 육군 참모총장 몽고메리는 아른햄[Arnhem]에 대한 공중 공격을 무모하게 주장했다. 영국은 여전히 자신이 '대영제국'임을 미국에게 보여주려고 했고 이 과정에서 영국의 엘리트 군인들이 의미 없이 희생되었다.

> 몽고메리는 영국의 고위 장교 대부분이 알고 있던 사실을 인정하지 않으려고 했다. 영국은 이제 미국의 동맹국 중에서도 별로 중요하지 않은 위치였다… 1944년 9월이 곧 영국이 미국의 발아래 놓이는 끔찍한 상황의 시작이었다고 주장하는 사람도 있을 것이다.
>
> - 영국 군사 역사학자 앤서니 비버[Anthony Beevor]

아른헴: 작전 개시 직전 공군 소장^{Major General} 우르쿠하트는 중장^{Lieutenant General}
브라우닝을 만나 '자살 임무' 작전이 될 것 같다고 알렸다.
영국 역사학자 댄 스노우, 『히스토리 히트 History Hit』

독일 무기인 V1과 무적의 V2 로켓이 거의 마지막까지 런던을 괴롭히던 암울한 상황으로부터 6개월이 지났다. 유럽에서 일어난 전쟁은 마침내 1945년 5월 연합군의 승리로 끝났다. 영국군은 미국이 일본을 완전히 무찌르는 데 도움을 주기 위해 지원군을 파병할 예정이었지만, 미국의 원자폭탄 투하로 인해 실제로 싸울 필요가 없어졌다.

미래 직면(알기)

유럽에서 영국이 승리를 거둔 이후 처칠은 국민정부 연장을 안건으로 국민투표를 실시하려고 했다. 하지만 노동당 당수 클레멘트 애틀리 Clement Attlee(1942년 이후 부총리가 됨)는 총선을 치르자고 주장했다.

하지만 처칠은 치명적인 실수를 저지르고 말았다. 자신의 오랜 동료이자 부총리였던 애틀리 소령(클레멘트 애틀리가 제1차 세계대전 당시 영국군에 복무했을 당시의 계급. 이전에 그는 헤일리버리와 옥스퍼드대학에서 공부했다)이 정권을 잡으면 영국에도 게슈타포 같은 것이 등장할 것이라고 주장해버린 것이다. 이 터무니없는 주장은 영국을 1930년대의 악명 높은 정당 정치의 수렁 속으로 다시 끌어당기는 듯했다. 영국인 대부분은 전쟁 중에 이루어진 중앙집권적 국가 운영 방식에 대체로 만족하고 있었다. 이제 애틀리는 오히려 보수당의 일을 진전시키는 데 필요한 선택지처럼 보였다.

참으로 애틀리의 말투도 그렇게 들렸다. 잉글랜드 이외의 지역연합을 대변하는 정당이 잉글랜드 남부 엘리트 출신으로 검증된 국가 지도자의 지휘 아래 선거를 치르게 되었다 애틀리의 표준 영어 말투가 라디오를 통해 전국의 가정에 방송된 덕분에 노동당은 의회에서 처음으로 과 반 의석을 차지할 수 있었다.

영국에서도 마침내 잉글랜드 외곽지역 정당이 승리하면서 단결된 연합왕국이라는 미래를 꿈꿀 수 있을 것 같았다. 하지만 불행하게도 그 지도부는 현실적 위협과 경제적 한계를 직시하지 못하고 환상에 사로잡혀 있었다.

전후 환상: 10센트 좀 동냥해줄래?

우파 지도자들은 영국이 제국 형태로 계속 유지될 것이라고 생각했다. 좌파 지도자들은 영국이 세계 무대에서 도덕적인 통솔력을 발휘할 수 있을 것으로 기대했지만 한편으로는 우파와 좌파 지도자 모두 미국이 전략적으로든 재정적으로든 자신들의 일부처럼 영국을 생각하며 행동할 것이라고 여겼다.

영국의 체면 손상이 있다고 하더라도 어쩌면 세계에서 여전히 중요한 존재일 수도 있었다. 애틀리가 자신의 내각에 한 말처럼 말이다.

앞으로는 우리는 동쪽으로 바라보는 유럽 강국이 아니라 북미를 중심으로 한 서방 블록의 동쪽 연장선으로 인식해야 할지도 모릅니다.

1945년, 애틀리가 본 세계: 영국은 미국을 중심으로 한 영어권의 동쪽 팔

1945년 당시 세계적인 경제학자 존 메이너드 케인스^{John Maynard Keynes}는 역사상 최대 채무국인 영국이 재정에서도 제2차 세계대전 중 됭케르크 같은 상황에 직면했다고 보았다. 처음에 케인스는 미국을 설득하면 영국을 구제할 수 있다고 확신했다. 그런데 정작 미국에서는 현재의 영국이 (이전보다 세력이 약해졌지만) 여전히 세계적인 강대국이며 다시 무역 분야에서 경쟁국이 될지도 모른다는 환상을 품었다. 1945년 미국이 영국에 수십억 달러를 빌려준 대신 영국이 시장 금리로 성실히 이자를 갚아야 하며 2년 안에 영국이 미국의 기업과 금융에 시장을 개방하는 조건을 받아들이라고 요구했다. 이처럼 미국의 기업과 금융에 시장을 개방하는 것을 '세계무역체제'라고 한다.

> 케인스의 동료 한 명은 이렇게 쓴소리했다. "화성에서 온 방문객이 우리를 두고 패배에 따른 경제적 불이익이나 논의하는 패권주의 대표라고 착각해도 무리가 아닐 것이다."
>
> – 영국 교수 니얼 퍼거슨

그러나 그것은 불가능했다. 그러던 외중에 영국이 충격을 받는 사건이 발생했다. 미국이 맥마흔법^{MacMahon Act}(1946)을 통해 미국의 모든 핵 연구(영국과 공유한 프로젝트라도)를 미국 내에서 기밀로 규정해버린 것이다. 이는 전시 중 핵 연구가 공유 프로젝트였다는 명확한 합의가 있었음에도 불구하고 나온 조치였다. 복지국가 개념이 시작되고 큰 비용을 투자해 산업이 국유화되는 동안 영국은 사실상 혼자 남겨졌다. 그리고 그 짐을 감당할 수 없었다.

1946년 영국의 국방비 지출은 실제로 전쟁 때의 정점을 넘어 GDP의 44%에 달하는 놀라운 수준까지 증가했다. 1945년 미국의 막대한 차관은 '새로운 예루살렘(복지국가)'과 대영제국의 유지라는 이중 과제에 삼켜져버렸다. 이제 영국에는 파괴된 주택을 재건하거나 무너져가는 기반시설을 현대화하는 등 사업을 활성화할 때 필요한 자금이 금고에 남아 있지 않았다.

1947년이 되자 영국은 사실상 미국에게 패배한 독일의 자국 점령지와 동지중해의 역할을 대신해주길 애원하고 있었다. 심지어 전쟁 중에도 없던 빵 배급제가 이 시기에 시작되었다. 제국은 붕괴하고 있었다. 8월 영국은 인도에서 철수했다. 급조된 분할 협정 속에서 수십만 명이 참혹하게 학살되는 가운데 현대의 인도와 파키스탄이 태어났다.

영국에게 인도를 잃는 것은 그냥 땅 하나를 잃는 것이었다. 하지만 백인 자치령의 충성심까지 잃는 것은 상상할 수 없는 일이었다. 그래서 영국은 시민권법^{Citizenship Act}(1948)으로 이들의 정신과 마음(그리고 은행 계좌)을 영국에게 계속 묶어두려고 노력했다. 영국과 식민지의 모든 시민은 이제 영국 국민이 된다는 내용이었다.

그런데 예상 밖의 결과가 나타났다. 제국을 위해 군복무를 하는 과정에서 백인들이 아닌 비백인 사람들이 자신의 권리에 대한 인식을 갖게되었고 법안이 통과되기 5주 전 엠파이어 윈드러시호^{Empire Windrush}가 틸버리^{Tilbury}에 정박했을 때 배 안은 나름 계획을 갖고 조국을 향해 출발한 서부인도인들로 가득 차 있었다. 전쟁으로 수송선 공급이 크게 넘쳐나면서 장거리 여행이 훨씬 저렴해진 덕분이었다. 이 배는 그들 스스로 결정해 '모국'을 향해 떠난 첫걸음이었다.

윈드러시Windrush호가 자메이카를 떠나기도 전에 애틀리 총리가 검토한 사안이 있었다. 출항을 막거나 배에 타고 있던 이민자들을 동아프리카로 이동시킬 가능성 여부였다.

많은 서부인도인에게 충격으로 다가온 것은 영국의 제국주의가 아니라, 오히려 그 부재였다. 영국인들은 제국이 공식적으로 내세우는 구호와 달리 서부인도인들을 제국의 동료, 평등한 주체로 인정하지 않았다.

그 후 20년 동안 50만 명에 달하는 서부인도인들이 그 뒤를 이었고 옛 인도제국 출신에서 다시 그에 맞먹는 수의 사람들이 영국으로 건너왔다. 다문화 영국은 엘리트들이 제국을 포기하지 않아 생겨났다. 미국이 영국을 지원하기로 마음을 바꾸기로 한 덕분에 영국은 그 환상을 유지할 수 있었다.

무료 달러!

워싱턴은 대영제국 시대가 끝났음을 뒤늦게 깨달았다. 소련의 등장으로 세계적인 새 경쟁자를 마주하게 된 미국은 다음 선택지 중 하나를 고르면 되었다. 독일, 그리스, 튀르키예, 아프리카, 중동, 싱가포르, 말라야(오늘날 말레이시아)에 있는 모든 곳을 점령하거나 완충지대이자 대리인으로 영국을 지원하는 것이다. 미국은 후자를 선택했다. 이에 따라 1948년 영국은 마셜 계획(미국의 대외 원조 계획)의 혜택을 받았다. 이번에는 단순한 차관^{借款}을 넘어 그야말로 선물에 가까웠다. 영국은 심지어 전쟁으로 폐허가 된 독일보다 더 많은 원조를 받았다.

그야말로 소중한 기회가 영국에 생겼다. 수출 분야에서 영국과 경쟁관계이던 국가들(독일, 일본 등)은 아직 완전히 쓰러져 있었다. 식민 지배로 오랫동안 구축된 무역망은 덕분에 실제로 영국 기업들이 인도, 호주, 아프리카의 많은 지역에 거의 독점적인 방식으로 접근할 수 있었다.

왼쪽 위: 드 하빌랜드 코멧^{De Havilland Comet}(1952)은 최초의 제트 여객기였다.
오른쪽 위: 재규어^{Jaguar}의 C-타입^{C-Type}이 1951년과 1953년 자동차 경주대회 르망^{Le Mans}에서 우승했다.
왼쪽 아래: 로버^{Rover}의 1949년식 가스터빈^{JET-1}은 놀라울 만큼 대담했다.
오른쪽 아래: 1956년 지구상에서 가장 빠른 초음속 비행기는 페어리 델타^{Fairey Delta}였다.

> 마셜 원조 계획으로 받은 달러 덕분에 영국은 마지막 기회를 얻었다. 오
> 랜 무역 경쟁자들이 전쟁 패배와 나치 점령의 후유증을 딛고 회복하기
> 전에 미리 선수를 쳐 산업 강국으로 현대화할 마지막 기회 말이다.
>
> - 코렐리 바넷^{Corelli Barnett}, 『전쟁의 영향 평가^{The Audit of War}』

이제 영국에는 사람, 기계, 미국의 돈도 있었지만 안타깝게도 모든 나라가 필요로 하는 단 한 가지가 없었다. 바로 현명한 통치 방식이었다.

1950년대 마침내 양당, 남북으로 분열된 영국 정치는 굳어져 버렸

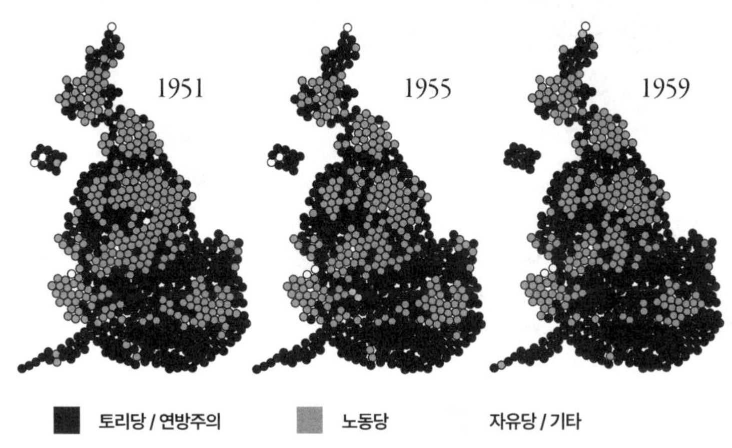

다. 분열은 지역 다수의 힘을 과장하는 소선거구제 때문에 더 심해졌다. 만약 의원들이 전국 득표율에 따라 배분되었다면 자유당은 1950년부터 모든 총선 후 1955년과 2019년을 제외하면 두 번째로 큰 정당과 연정을 구성할 수 있었을지도 모른다. 그렇게 되었다면 영국은 진정한 전국 정당 정치를 실현할 수도 있었다. 하지만 현실 속 영국에는 문화적, 경제적으로 뿌리가 다른 두 지역 정당의 갈등으로 분열 속에 갇혀버리고 말았다.

영국은 이러한 치명적인 국내 정치의 악순환에 더해 외교에서도 절망적이었다. 영국이 한국전쟁 때 자국 군대를 파병하고 원자폭탄을 만든 것(1952년 처칠이 총리였을 때 애틀리가 승인한 첫 원자폭탄 실험이 성공했다)은 미국을 영국 편에 묶어두기 위한 필사적인 노력의 일환이었다.

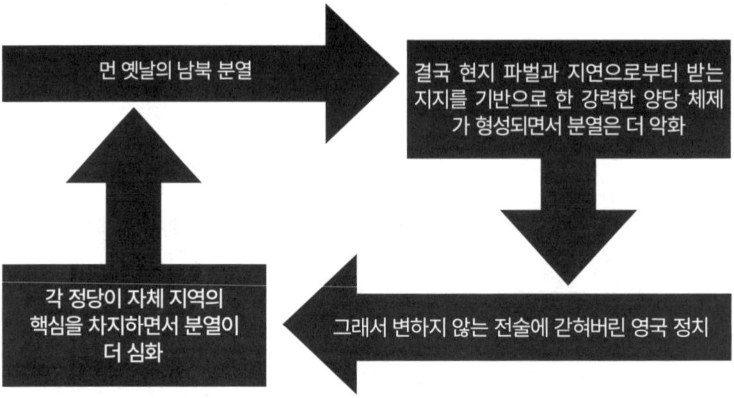

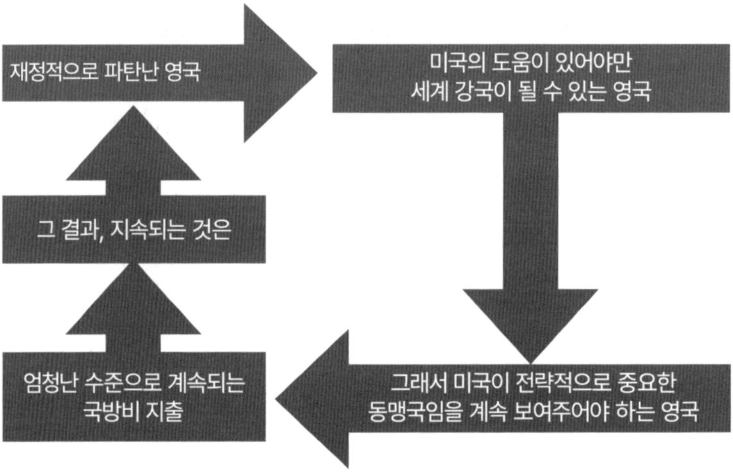

국내외 악순환

국민총생산(GNP)의 연간 성장률 1951~1973년

일본	9.5%
독일	5.7%
이탈리아	5.1%
프랑스	5.0%
네덜란드	5.0%
캐나다	4.6%
덴마크	4.2%
노르웨이	4.2%
미국	3.7%
영국	2.7%

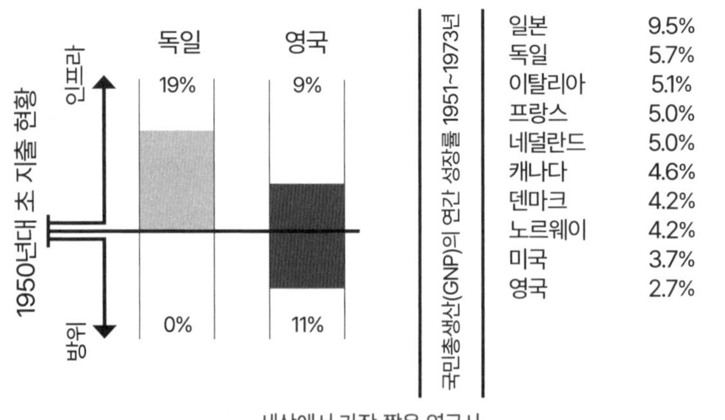

독일에 승리를 거둔 지 8년 후인 1953년이 되어서야 영국은 독일처럼 현대적인 도로를 만들기 시작했지만 이 도로를 정작 뭐라고 불러야 할지 알 수 없었다. 하지만 적어도 영국에는 원자폭탄과 함께 영화 <댐 버스터The Dam Busters> (독일 루르 댐을 폭파하는 데 성공한 이야기를 담은 영국 영화)가 있다!

우리는 여전히 미국에게 특별히 중요한 동맹국이다. 유럽에서 침략전쟁이 감지된다면 우리야말로 미국이 실제로 의지할 수 있는 유일한 국가다.

– 페이비언 협회Fabian Society pamphlet, 존 프리먼John Freeman과 데니스 힐리Denis Healey, 1951

결국 영국은 전쟁에서 승리했고 평화는 사라졌다.

상류층 언어를 사용하는 영국인,
상류층 언어를 사용하지 않는 영국인 혹은 미국인?

그래도 잉글랜드 남부는 막대한 국방비 덕분에 본연의 전통적 문화를
바탕으로 사회를 지배하는 질서를 굳게 지탱해 주었다. 국민복무제
(1945~1963년) 하에 모든 청년이 징집되었는데 그중 약 4%가 장교 후
보였다.

> 장교로 임명될 가능성은 영국 남부 출신 남성들이 가장 높았다. 육군에
> 서는 특히 억양이 중요했다... 퍼블릭 스쿨 교육은 가장 중요한 자산이
> 었다. 1935년 평범한 배경의 가정에서 태어난 소년은 척탄 근위대^{Grenadier}
> ^{Guards}의 소위보다 각료가 될 가능성이 더 높았다.
>
> — 영국 역사가 리처드 바이넌^{Richard Vinen}

국민복무제는 엘리트들이 영국 자영농 계급에게 낡은 제안을 새롭게 할
수 있게 해 주었다. 즉, '고유문화를 버리고 사회의 최하층 사다리에 올
라가라!'라는 것이었다. 위에서 언급한 예로 1953년 사망한 한 소위는
평범한 베드퍼드셔^{Bedfordshire}의 농부이자 자영업자 집안에서 태어나 문법
학교에 다니던 남학생에 불과했다. 그러나 억양은 표준 발음 영어에 가
까웠고 영국 국교회 신자로 키가 크고 테니스를 잘 쳤다. 그리고 유명
한 해군 대위와 사촌 관계였기 때문에 장교로 무난히 임명되었다. 2년간
지중해를 순항한 후 그는 부모조차 완전히 낯설어할 정도로 이전과 다
른 취향과 야망을 품고 나타났다.

1954년 한 영국 언어학자가 잘 알려지지 않은 핀란드 저널에 기사를 기고해 영국의 영어 계급과 억양에 대해 반쯤 농담조로 설명했다. 그 기사는 1950년대 느낌으로 입소문을 탔고 여전히 사람들의 기억 속에 남아 있다.

많은 영국인에게 '상류층 영어와 인연이 없던 사람이 상류층 영어를 구사하는 사람이 될 수 있을까?'라는 질문은 매우 중요하다. 이에 대한 답은 '성인이 되어서는 절대로 완전히 구사할 수 없다'라는 것이다. 화자가 젊은 나이라면 목소리에 변화를 주는 것도 방법이다. 이는 먼저 예비학교에 보낸 다음 좋은 퍼블릭 스쿨에 보내는 것이다.

- 영화배우 앨런 로스 Alan Ross

이 사실을 알게 된 중산층은 문법학교를 멸시했고 종합 중등학교(1954년에 시작)에도 신경을 쓰지 않았다. 중산층 부모들은 상류층 영어를 구사하지는 못했지만 아이들은 상류층 영어를 익힐 수 있도록 사립학교에 보냈다.

진짜 상류층 영어 구사자가 세상을 지배했고 그 안에 들어가려고 애쓰는 이들은 발버둥쳤다. 하지만 정작 평범한 영국인들은 이에 전혀 신경 쓰지 않았다. 정작 평범한 영국인들이 동경한 대상은 미국인이었다. 영국에서 할리우드 영화를 찾는 수요가 얼마나 많았던지 미국 영화 수입이 늘어나면서 영국의 국제수지에도 문제가 생길 정도였다. 영국의 대중음악가들은 하나같이 미국인처럼 차려 입고 노래하려고 애썼다.

영국의 엘리트층은 이러한 미국의 추종자들을 경멸했지만 정작 그들 엘리트층도 대서양을 넘나드는 미국의 열렬한 팬인, '대서양주의자'들이었다. 특히 수에즈 위기$^{Suez\ Crisis}$(제2차 중동전쟁, 1956년)에서 미국 없이 스스로 해보려던 마지막 시도가 실패로 돌아간 후에는 더욱 그랬다. 영국은 프랑스, 이스라엘과 함께 이집트에서 정권 교체가 이루어지도록 강요하려고 했지만 미국이 이를 공개적으로 거부했다. 그 결과, 영국에게는 매우 굴욕적인 후퇴를 감수해야 했다.

(외교관들이 애정 섞어 부르던 그 자리는) '톱 테이블(강대국의 지위)'에서 영국의 위치는 치명적인 위험에 처했다. 오직 수소폭탄만이 위기를 해결할 희망의 구원투수였다. 수소폭탄 실험은 1957년 태평양 크리스마스섬에서 성공을 거두었지만 이 과정에서 수천 명의 군인이 엄청난 수준의 방사능에 노출되었다.

5부 이글즈와 트럼펫과의 작별 - 1914~2020년

375

미국은 깊은 감명을 받았고, 1958년 미국이 자국 핵무기를 구매할 수 있는 특별한 혜택을 주었다. 영국에서 자체 개발한 블루 스트릭$^{Blue\ Streak}$ 미사일 시스템은 막대한 비용만 들인 채 중단되었고 1962년 미국 폴라리스^{Polaris} 미사일로 대체되었다. 이제 영국이 산업 분야에서도 우위가 사라졌음을 알려주는 분명한 신호였다. 그 후 몇 년 동안 영국 국영 항공사^{BOAC}는 해트필드^{Hatfield}의 코멧^{Comets} 항공기가 아니라 미국 일리노이에서 만든 보잉 707을 구매했다. 미국 전투기를 선호한 영국 공군은 국산 TSR-2를 포기했다. 한편, 독일은 세계 제2위 자동차 제조국으로 영국을 추월했다.

당시 영국에서는 제2차 세계대전 이후 다시 남부로 경제의 중심이 이동했는데 이 현상은 남부 자체에 문제가 될 정도였다. 1962년 보수당 총리 해럴드 맥밀런$^{Harold\ MacMillan}$이 꾸린 팀은 가난한 북부와 부유하고 인구가 과밀한 남부, 이렇게 지리적으로 분열되는 현상을 막을 필요가 있다고 생각했다.

하지만 이루어진 것은 아무것도 없었다. 미국의 제1 동맹국이 된 영국에게 보상이 주어졌기 때문이다. 미국 연방준비제도이사회가 조용히 파운드화를 지지해준 덕분에 영국은 식량, 에너지, 원자재 등을 능력 이상으로 계속 수입할 수 있었다. 영국인들은 착각에 빠진 채 잠시나마 사회적 유동성이 황금기처럼 느껴지던 시절을 누릴 수 있었다.

스윙잉 60년대 The Swinging Sixties
(연방준비제도이사회의 은총)

계급 이동으로 빈자리를 대신하는 것은 베이비붐 세대였다. 서민층은 완전고용이라는 혜택을 누렸다. 중산층은 현대적 캠퍼스를 가진 신설 대학에 무료로 다닐 수 있었다. 당시 대학 진학자가 워낙 적었기 때문에 전공이 뭐든지 학위 하나만으로도 전문직 커리어가 거의 보장되었다. 일반적으로 4년 동안 버는 월급으로도 평균적인 가정용 주택을 살 수 있었다.

반면, 부자들은 높은 소득세로 휘청거렸다. 이 고액의 소득세를 피할 요령을 아는 사람은 거의 없었다. 대대로 부자였던 사람들은 평소 잘 사용하지 않는 시골 저택을 헐값에 내놓거나 유지가 힘들어지면 철거했다. 이제 무엇을 가지고 태어났는지는 별로 중요해 보이지 않았다. 영국은 현대화를 받아들일 준비가 되어 있었다.

1964년: 토리당(보수)이 집권 중이었지만 오래된 것은 뭐든지 사라지는 분위기였다.
왼쪽: 레스터셔^{Leicestershire}의 소방관들이 소유주 가문에서도 더 이상 유지하기 힘든 가렌던 홀^{Garendon Hall}을 부수고 철거 중이다.
오른쪽: 심지어 이튼 스쿨 출신들도 미국을 정복한 리버풀 출신의 멋진 젊은이들처럼 되고 싶어 했고 그들은 반쯤 미국인처럼 보였다.

5부 이글즈와 트럼펫과의 작별 - 1914~2020년

하지만 보수당은 그 시대를 맞이할 준비가 되어 있지 않았다. 1963년 한 이튼 칼리지의 '마법 서클(가입에 실패한 토리당원의 희망자가 쓴소리로 부르던 이름)'이 부유한 귀족인 흄 백작^{Earl of Home} 15대손이 영국의 새로운 총리가 될 것이라고 발표해 많은 사람에게 놀라움을 안겨주었다. 결과적으로 1964년 선거에서 흄 백작 가문 출신의 총리 후보는 훗날 TV에서의 이미지, 대중음악, 대중적으로 인기 있는 비트 콤보('팝 그룹'의 영국식 표현)의 힘을 이해하는 최초의 총리가 되는 후보와 대결했다.

보수당이 사회의 발전 속도를 쫓아가지 못해 고전하는 동안 노동당은 불필요한 정책을 축소하고 기술의 중요성을 부각하면서 정치색이 거의 없는 현대 정당을 새로운 브랜드로 내세우려고 했다. 언제부터인지 리버풀 억양은 사람들에게 멋진 억양으로 비치기 시작했다. 선거가 치러

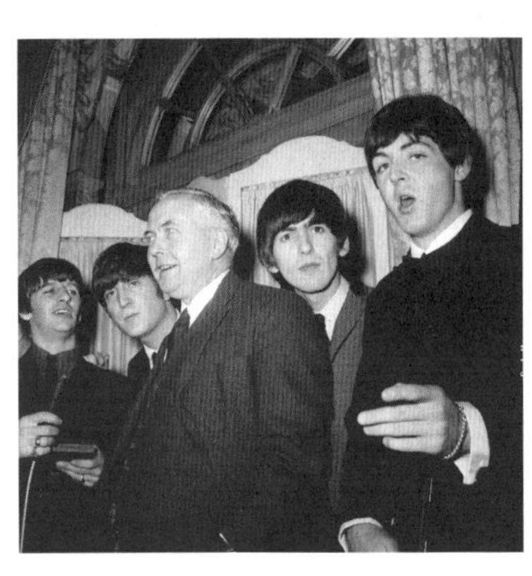

해럴드 윌슨^{James Harold Wilson}(선거 6개월 전)은 비틀스와 함께 TV에 나오는 것이 얼마나 가치 있는지 잘 알고 있었다. 반면, 알렉 더글러스 흄^{Alec Douglas-Home}은 그 가치를 전혀 알지 못한 채 그저 품위있고 성실한 이미지만 보여주었다.

지는 동안에도 '팹 포Fab Four'라는 별명을 지닌 비틀스는 영국 순회공연을 하고 있었다. 더글러스 흄 같은 귀족 출신의 억양과 비교했을 때 옥스퍼드에서 여러 해를 보내면서 한층 부드러워진 윌슨의 요크셔 억양은 남부 사람들에게도 좋은 의미에서 매력적으로 다가왔다.

1964년과 1966년 선거에서 런던은 유독 노동당에 많은 표를 주었다. 이렇게 해 노동당은 잉글랜드 의석의 간신히 과반을 차지할 수 있었다. 비록 노동당이 전체 의석 수는 2위이지만 말이다. 미국은 런던을 '스윙잉 시티Swinging City(활기차고 멋진 도시)'라고 불렀다. 1966년 잉글랜드가 월드컵에서 우승했을 때도 세인트 조지 깃발은 거의 보이지 않았다. 잉글랜드인들은 여전히 자신들이 영국인이라는 데 자부심을 느끼며 행복해했다.

1950년대의 잃어버린 기회가 원래의 보금자리로 슬슬 돌아오고 있었고, 그 대가를 청구하기 시작했다. 사실 영국은 생산성 분야에서 더 이상 프랑스와 독일보다 우위를 차지하지 못했다. 더 나쁜 것은 국가 전체의 통계(평균)가 지역간 격차를 가려버린 것이다. 남부는 서비스 분야에서 항상 훨씬 앞섰으며 이제는 제조업에서도 북부를 추월해 버렸다.

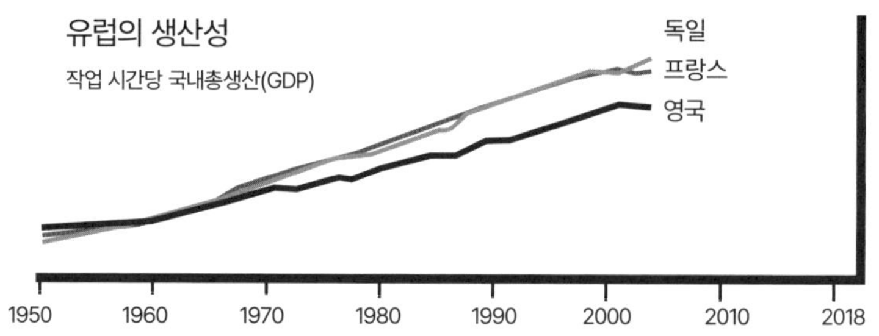

1960년대 중반까지 영국의 '남부와 동부'는 영국에서 제조업 중심지로 부상했다.

– 론 마틴Ron Martin, 1988

그 와중에 해럴드 윌슨 총리는 미국과 암묵적인 협약을 깼다. 윌슨이 국방비를 대폭 삭감하는 바람에 영국은 제국의 마지막 전초기지를 더 이상 지킬 여유가 없었다. 영국이 더 이상 국제 무대에서 군사적으로 미국을 도울 수 없다면 당연히 미국도 더 이상 영국에게 보조금을 지급할 필요가 없지 않을까? 미국 연방준비제도이사회가 칼을 뽑아 들었다. 1967년 윌슨 총리는 1949년 이후 처음으로 파운드화를 평가절하해야 했다. 윌슨은 파운드가 평가절하되어도 개인 주머니 속 파운드화에는 별로 변화가 없다는 식으로 국민에게 비굴하게 주장했다. 이 순간부터 영국의 몰락은 본격적으로 시작되었다.

포퓰리즘의 탄생

북아일랜드가 치명적인 상황에 직면하던 중 영국의 핵심제도인 의회는 가장 기본적인 원리에 도전받기 시작했다. 즉, 국민이 의원들을 선출하지만 의원들은 스스로 선택할 수 있는 자유, 나아가 의무가 있다는 개념 말이다.

> 의원은 유권자에게 빚을 졌습니다. 의원의 근면함뿐만 아니라 판단력도 마찬가지입니다. 그러나 의원이 자신의 판단을 버리고 대중의 의견에 따라 이를 희생한다면 유권자에게 봉사하는 것이 아니라 그들을 배신하는 것입니다.
>
> — 영국 보수주의 정치가 에드먼드 버크Edmund Burke,
> 브리스톨 선거인단 연설, 1774

동성애 처벌폐지(1967)나 낙태 합법화(1967)는 공적 여론수렴과정 없이 이루어졌고 여론조사에 따르면 유권자들은 사형제를 지지했지만 의회는 사형제를 폐지했다(1965). 십진법화Decimalisation는 대중에게 정말 인기가 없었지만 어쨌든 계획대로 강행되었다. 의회제는 여전히 민주주의와 단순한 포퓰리즘 사이에서 필터 역할을 했다.

그 후 1968년 보수당의 그림자 내각Shadow Cabinet(영국에서 야당이 정권을 잡는 경우를 예상해 각료 후보로 조직한 내각) 소속인 스타 의원이 의회를 뛰어넘어 유권자를 대상으로 이민 문제를 말하기 위해 의회로 갔다.

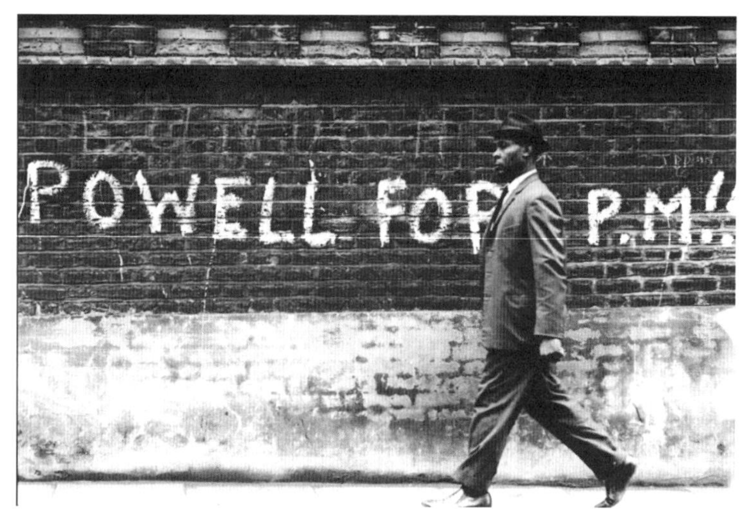

우리는 말 그대로 국민으로서 화가 나야 합니다. 이 상황은 한 국민이 자신의 장례식을 치르느라 분주히 움직이는 것을 보는 기분과 같기 때문입니다... 앞을 내다보니 여러 가지를 예상할 수 있었습니다. 제가 티베르강에 피맺힌 거품이 이는 장면을 보는 로마인이 된 것만 같습니다.

- 영국 정치인 에녹 파월^{Enoch Powell}, 1968

평범한 영국인들은 파월의 고전적 암시를 완전히 이해하진 못했지만 적어도 큰 그림을 볼 수는 있었다. 놀랍고 만족스럽게도 한 번은 보수를 많이 받는 엘리트 한 명이 평범한 영국인들에게 직접 말을 걸었던 것이다. 많은 사람이 파월의 말을 믿고 달려들었다. 오래된 런던 도클랜즈 부두^{Docklands}의 소멸이 임박한 것은 이민과 아무 관련이 없었으나 노동당 유권자들로 추정되는 수천 명의 항만 노동자들이 사납게 의회로 행진했다. '우리는 에녹^{Enoch}을 원한다!'라는 구호와 함께.

그리고 유럽 문제가 있었다. 양당 지도부 모두 유럽공동체 가입을 원했다. 하지만 두 지도부는 일반 영국인들이 불안해한다는 것을 알고 있었기 때문에 1970년 공약을 통해 가입 전에 강력하고 힘있는 협상부터 하겠다고 약속했다. 물론 두 지도부 모두 국민투표를 제안하지는 않았다. 국민투표는 영국적이지 않았기 때문이다.

1970년 선거에서 보수당이 승리했다(남부 유권자들은 기본 성향으로 돌아갔다. 이것이 전부였다). 이에 따라 1972년 에드워드 히스^{Edward Heath} 총리 하에 '유럽공동체법'을 도입하는 것은 보수당 몫이 되었다. 노동당은 이를 당리당략의 기회로 보며 반대했다. 39명의 보수당 의원은 영국의 유럽경제공동체 가입을 막기 위해 자신들의 당인 보수당 정부를 파괴할 준비가 되어 있었다. 그러나 거꾸로 당의 지침에 반기를 들고 나온 노동당 의원은 영국을 유럽경제공동체로 끌어들이기 위해 보수당 총리를 구할 준비가 이미 되어 있었다. 유럽 문제만큼은 양대 정당의 '두 파벌 간 전쟁'을 초월한 사안이었다.

1970년대

희망의 시대였던 1960년대는 끝났다. 오래된 금기는 깨졌지만 이를 대체할 새로운 행동 규범은 없었다. 축구 경기장은 전쟁터와 같았고 알코올과 마약 소비는 심각하게 증가했다. 제2차 세계대전을 주제로 한 폭력적인 영상과 소프트 포르노가 영국의 주류 대중문화가 되었다. 지미 새빌Jimmy Saville과 게리 글리터Gary Glitter 같은 남성들은 TV에만 나오면 뭐든지 마음대로 할 수 있다는 것을 깨달았다.

유럽경제공동체EEC에 가입하자마자 영국은 대규모 광부 파업(1972년), 석유파동, 주3일 근무제, 또 다른 광부 파업(1973~1974년)이라는 변화에 휩싸였다. 때로는 이러한 파업들이 북부의 정치적 도전으로 보이기도 했다. 한 노동당 의원은 요크셔 탄광지대에 또 다른 얼스터Ulster(북아일랜드의 분쟁지역을 의미)가 있다고 공개적으로 발언했다. 보수당은 고전했고 노동당은 민족주의와 유럽을 무기로 내세웠다. 1974년 10월

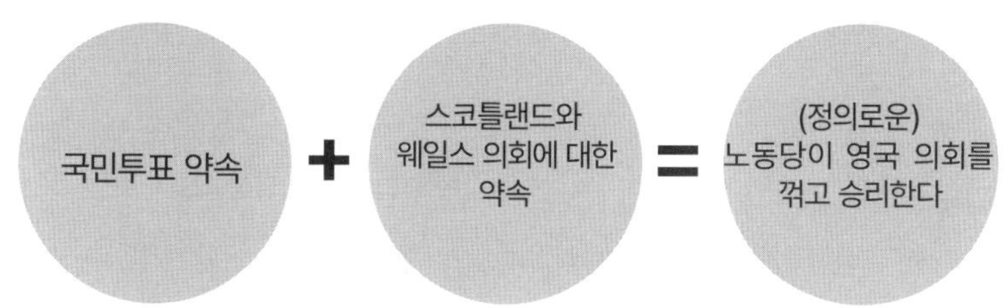

1974년은 글래드스턴 시절부터 사회에 잠복해 있던 부조리가 드러난 해였다. 바로 잉글랜드 외 지역 동맹은 영국을 속여야만 영국을 이길 수 있다는 사실이었다.

노동당의 공약은 웨일스와 스코틀랜드에 자치 의회를 주고 영국 전체에는 영국의 유럽연합 잔류 여부를 결정하는 국민투표를 제안했다.

아무도 켈트족에게 진정으로 선출된 권력을 약속한 적도, 그 어떤 사안에 대해서도 국민투표가 이루어진 적도 없었다. 노동당이 핵심을 유지하면서도 남부를 무너뜨리기 위해 영국 의회의 권위에 전면적인 포퓰리즘과 민족주의적 공격을 가하고 있었다. 실제로 이러한 공세는 효과가 있었다. 민족주의적 성향이 강한 스코틀랜드와 웨일스는 노동당을 계속 지지했고 파월은 일반 잉글랜드 유권자에게도 노동당에 표를 달라고 말했다(영국 타블로이드지 《더 선The Sun》은 이렇게 강조했다. '파월의 태도는 단호했다!').

실제 국민투표에 대해 의회 엘리트들의 의견은 대체로 단결되어 있었고 유권자 대부분은 여전히 의회 엘리트들이 현황을 가장 잘 이해하고 있다는 사실을 받아들였다. 강경 좌파와 파월 지지자들만 유럽경제공동체에서 빠지고 싶어 했다(그리고 그들은 서로 협력하는 데 전혀 거리낌이 없었다.)

토니 벤^{Tony Benn}이 이끄는 좌파 노동당은 유럽연합 탈퇴를 가장 격렬히 주장했다. 노동당은 현재 우파 성향의 브렉시트파들이 사용하는 탈퇴 논거들과 비슷한 주장을 많이 했다.

- 도미닉 샌드브룩^{Dominic Sandbrook},
『태양의 계절 - 영국 전투^{Seasons in the Sun – The Battle for Britain}』, 1974~1979년

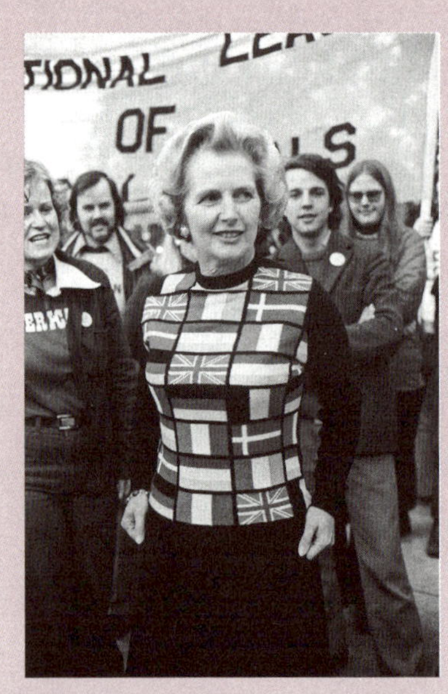

만약 우리가 지금 유럽연합에서 탈퇴한다면 이렇게 말해야 할 겁니다. "이제 우리는 하나의 조약을 어겼으니 우리에게 자유 무역 지역으로서의 또 다른 기준을 가진 조약을 주면 좋겠습니다." 이러한 행동 방침은 영국의 평판을 심하게 훼손시킬 것입니다... 만약 친유럽적인 대의가 승리하려면 그 조약을 믿는 모든 사람은 투표소로 가 찬성 표를 던져야 합니다.

- 마거릿 대처^{Margaret Thatcher},
《데일리 텔레그래프^{Daily Telegraph}》, 1975년 6월 4일

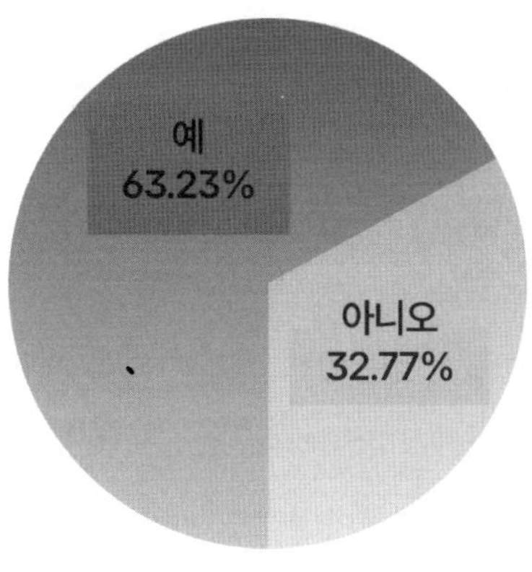

그래서 스코틀랜드인과 웨일스인들보다 훨씬 많은 잉글랜드인들이 유럽 잔류에 찬성표를 던졌다.

다시 궁지에 몰린 남부

우여곡절 끝에 영국은 유럽경제공동체에 가입했지만 그렇다고 이미 시작된 쇠퇴를 막을 수는 없었다. 이민 오는 사람보다 이민가는 사람이 더 많았다. 런던 인구는 계속 감소해 거리 전체가 폐허에 가까웠다. 인플레이션 증가율은 26%에 달했다. 아일랜드 독립무장조직(IRA)이 영국의 도시들을 마음대로 폭격할 것처럼 보였음에도 북아일랜드 영국군은 폭력을 허용할 수 있는 수준으로 억제하는 데 그쳤다. 영국은 IMF로부터 구제금융을 받아야 했고 '유럽의 병자'라는 조롱을 감수해야 했다.

노동당은 총선과 보궐선거로 인해 미미한 의석 차마저 줄어들었지만 필사적으로 권력을 유지하려고 애썼다. 스코틀랜드와 웨일스를 위한 완전한 자치 국민투표, 얼스터(북아일랜드)에 하원의원 수 증가, 바넷 공식Barnett Formula에 따른 스코틀랜드, 웨일스, 잉글랜드 세 지역 모두에 대해 불균형적으로 많은 공공지출을 약속하며 필사적으로 매달렸다.

1910년과 마찬가지로 보수당은 잉글랜드에서 과반 의석을 차지했지만 국가의 쇠퇴와 분열을 무기력하게 바라볼 수밖에 없었다. 그 결과, 정치적 분열과 증오도 그때처럼 다시 고조되었다. 월터 워커 경Sir Walter

정말 잉글랜드 남부의 대중음악인가?

^{Walker}은 『데일리 텔레그래프』에 편지를 보내 우리 안에 들어온 공산주의라는 트로이 목마에 대항해 애국적인 민간인들을 모집하자고 제안했다. 그 트로이 목마의 뱃속에서는 동조자들이 구더기처럼 꿈틀거렸다.

영국의 대중문화도 국가의 쇠퇴와 다가오는 갈등의 기운을 반영했다. 1950년대와 1960년대까지만 해도 영국인들은 미국인들처럼 평화, 사랑과 희망을 노래했다. 그러나 이제 펑크족들은 그저 화를 내고 툭하면 파괴를 원했다. 그들은 표준 남부 억양 발음 영어와는 거리가 먼 남부 영어로 노래했다.

1978년 '불만의 겨울'(파업 때 전국을 마비시켰던 시기)에는 시신이 매장되지 못했고 쓰레기가 쌓여갔다. 이러한 상황에서 영국은 다시 '과거로의 회귀'한 듯했다. 1979년 당시 마거릿 대처의 승리는 혁명처럼 느껴졌지만 이는 그저 디폴트(기본값 초기화)로 다시 돌아가는 것에 불과했다.

돌아온 남부

정치 지도에서 1979년은 1959년과 똑같았지만 사실 영국 정치가 얼마나 고착되어 있는지를 보여주었다. 의회 밖에서는 상황이 전혀 달랐다. 실업 문제는 광범위하게 퍼져 다루기 어려웠고 사회 기강은 무너지고 있었다.

그런데 대처가 임기 초반 전투를 치르고 있을 때도 잉글랜드 남부의 문화는 다시 부활했다. 거의 하룻밤 사이에 오래되고 고급스러운 것이 모두 멋져 보였다. 1954년의 상류층 영어 구사자와 비 구사자처럼 『슬로운족 레인저 핸드북^{Sloane Ranger Handbook}』(1980)은 중세 노르만인이 1170

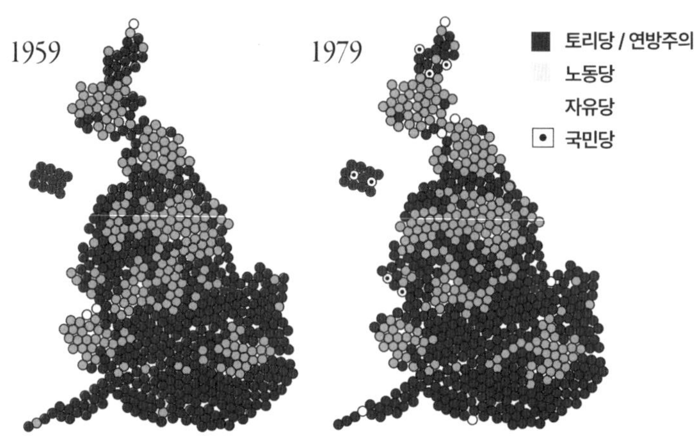

1960년대와 1970년대에는 딱 그 정도였다. 작지만 궁극적으로 중요한 차이점은 1979년까지 스코틀랜드와 웨일스에는 민족주의 하원 의원들이 있었다는 점이다.

년대의 영국 자유민에게 신분상승 비법을 설명하듯 공적 공간에서 올바른 문화를 들어내면 엘리트 집단에 받아들여질 수 있다고 가르쳤다. 교외에 사는 영국인들은 전에 없던 헌터 웰링턴[Hunter Wellington] 부츠와 바버 코트 패션을 소속감의 표시로 뽐내기 시작했다.

어쩌면 모두 한때 유행에 지나지 않는 문화였는지도 모른다. 총리 취임 2년 만에 이루어진 대처의 여론조사 결과는 최악이었다. 그리고 대처의 국방력 축소에 용기를 얻은 아르헨티나 군사정권은 성공을 간절히 바라는 대중의 응원과 함께 포클랜드 제도[Falkland Islands]를 침공했다. 이 침공에 맞서 유엔, 영연방, EEC 모두 영국을 지지했다. 심지어 해군이 동원된 후에도 아무도 전쟁이 일어날 거라고 예상하지 못했다. 하지만 어느 정부도 물러설 준비가 되어 있지 않은 상황이었다. 그 결과, 사태는

1981년 브릭스턴^{Brixton} 폭등과 리버풀의 톡스테스^{Toxteth} 폭동은 모두 경찰과 흑인 청년들 사이의 충돌에서 시작되었으며 곧이어 백인 청년도 폭동에 가담했다.

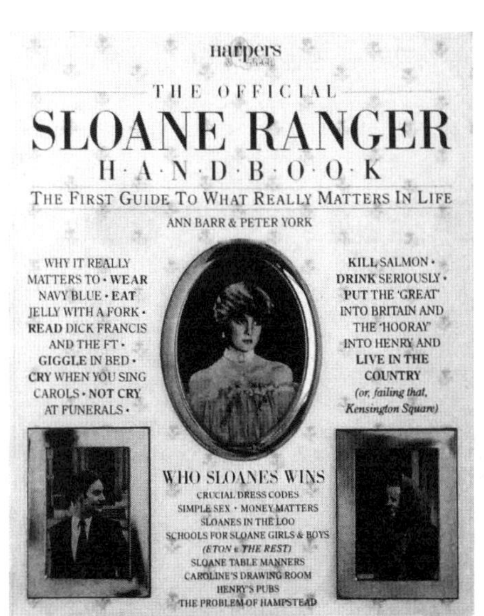

5부 이글즈와 트럼펫과의 작별 - 1914~2020년
·
391

그야말로 작지만 '진짜 전쟁'으로 번졌다.

놀랄 것도 없이 영국은 1981년 국내총생산의 4.71%를 국방비로 썼기 때문에(서독의 2.63%보다 많았다) 군대는 여전히 굳건했다. 군사적으로 승리하면서 지도자의 위상이 달라졌다. 많은 이들에게 이 군사적 승리는 수십 년 동안 영국의 쇠퇴를 바라보며 느낀 절망을 치유하는 처방전처럼 느껴졌다. 1983년 선거 이후 대처를 지지하는 영국(잉글랜드)지역의 보수당 의원 수는 노동당 의원 수의 두 배가 훌쩍 넘었다. 남부의 정당 보수당은 이제 자신들이 원하는 대로 뭐든지 할 수 있었다.

돈 벼락 시대

산업혁명 이후 생겨난 석탄과 그 석탄을 연료로 하는 산업 덕분에 잉글랜드를 제외한 영국의 다른 외곽 지역의 동맹은 남부의 정치적 패권에 도전할 수 있었다. 전국광산노동자연맹^{National Union of Mineworkers}은

1972~1974년 마지막 남부 출신 정부를 무너뜨린 것으로 널리 알려져 있다. 이제 그 싸움에 종지부를 찍을 시간이 온 것이다.

1984년에는 20만 명의 광부들이 탄광 폐쇄 계획에 반대하며 파업에 돌입했다. 시위하는 광부들을 이끈 인물은 아서 스카길Arthur Scargill이었다. 요크셔 출신의 선동가 아서 스카길이 당시 전국광산노동자연맹 본부를 런던에서 자신의 세력 기반인 셰필드로 옮긴 지 얼마 되지 않았다. 스카길과 함께하는 파업 광부 중 단 1%만 남부(켄트Kent) 출신이었기 때문에 전선은 명확했다. 영국 내부에서 대처의 내부 적은 영국 북부(물론 켈트족 동맹국들도 포함)였다.

싸움은 너무나 격렬했다. 이 와중에 IRA가 브라이튼Brighton 호텔 폭탄 테러 사건을 일으켰고 대처 총리는 가까스로 살아남았다. 그 와중에도 IRA가 성공하기를 내심 바랐던 영국인들도 있었다. 하지만 승리한 것은 영국 정부였다. 광부들은 패배했고 북부 탄광들은 폐쇄되었다. 이에 따라 남부는 산업혁명 이전처럼 다시 우위를 되찾았다. 이제 필요한 것은 원자재가 아니라 교육과 기술이었다.

1986년까지 남부에서는 44만 9,000개의 일자리가 생겼다. 반면, 북부에서 생긴 일자리는 8만 3,000개에 불과했다. 게다가 집을 싸게 살 수 있도록 허용한 대처 총리의 주택 구입권 프로그램(1980년 이후) 때문에 해묵은 문화적 균열이 더 심해졌다. 지방정부 임대주택의 세입자가 집을 싸게 살 수 있게 해준 이 프로그램이 잠재적 이득 가능성이 거의 보이지 않는 북부보다 세입자들이 종종 인근에서 고가의 부동산을 볼 수 있는 남부에서 훨씬 인기 있었기 때문이다.

이는 남부의 경제 붐 이전이었다. 1986년 10월 27일 '빅뱅'이라고 불

로드사머니^{Loadsamoney} TV쇼는 (창작자에게는 실망스러운 일이겠지만) 신흥 부자가 되어 새로 부동산을 소유한 남동부 사람을 상징하는 아이콘이 되었다.

린 런던 금융시장 대변혁이 일어났다. 전자거래가 도입되었고 브로커와 딜러의 구분이 사라지고 가진 사람들과 중개인들 사이의 지분 분할이 폐지되고 외국 회사들도 주식거래를 허용했다. 런던의 자연적인 우위가 이제 빛을 발했다. 1930년대 상황처럼 남북 격차는 다시 공론의 대상이 되었다. 런던에 있는 축구 클럽의 홈 팬들이 북부 원정 팬들에게 "당신들은 모두 실업수당이나 받고 있겠지."라는 구호를 외치며 인사할지도 모른다!

1987년 세 번째 선거에서 승리한 후 대처는 강직함을 뽐내며 이 항해를 계속할 의사가 있다고 선언했다. 하지만 그 결과, 대처가 남긴 것은 무엇이었을까? 북부는 패배했고 호황을 누리는 남부가 영국을 완전히 장악했다. 대처는 '그녀의 전설적인 핸드백을 휘두르며(실제로 논쟁에서 자주 그랬다)' 유럽경제연합에 대한 영국의 분담금을 크게 줄였다. 여전히 영국은 미국의 가장 중요한 파트너였고 냉전은 분명히 끝나가고 있었다. 대처는 이제 러시아의 새로운 지도자 고르바초프를 자신들과 거래할 수 있는 사람이라고 처음 말한 인물이었다.

진정한 대처주의

대처가 여전히 할 일이 있다고 생각한 데는 나름 이유가 있었다. 대처는 전형적인 영국 보수주의자와 달랐기 때문이다. 대처에게 가장 큰 영향을 미친 인물은 디즈레일리나 솔즈베리, 처칠이 아니었다. 바로 미국 우파가 숭배하는 오스트리아의 노 경제학자 프리드리히 폰 하이에크[Friedrich von Hayek]였다.

> 내가 당시(1940년 대 후반) 읽은 사회주의 계획과 사회주의 국가에 대한 가장 강력한 비판은 F. A. 하이에크[F. A. Hayek]의 저서 『노예의 길[The Road to Serfdom]』입니다.
>
> — 마거릿 대처

> 영국 보수당은 오랫동안 자유시장주의를 거부해왔고 특히 기성 특권을 유지할 수 있는 큰 정부를 선호해왔다. 그래서 하이에크는 '진정한 보수주의'를 자유의 적으로 보았다.
>
> — 경제문제연구소[Institute of Economic Affairs]

대처 총리는 벨기에 브뤼헤에 있는 유럽대학에서 기조연설을 한 적이 있다(1988년). 연설을 듣던 강한 보수 성향의 독일 총리 헬무트와 몇몇 EU 지도자들은 그 모습에 깜짝 놀랐다. 그녀의 연설에는 유럽의 통합 프로젝트 전체를 사회주의와 비슷한 음모인 것처럼 비난하는 내용이 담겨 있었기 때문이다.

"우리는 영국에서 국가의 개입을 성공적으로 축소(작은 정부)해 왔습니다. 다만, 유럽 차원에서 다시 국가의 개입이 강요되는 것은 용납할 수 없습니다." 어떤 기득권 단체도 제아무리 오랜 역사를 가진 민간기구도 이제 대처 총리의 개혁에서 안전하지 않았다.

> 마거릿 대처 정부는 거의 1,000년 동안 존재해온 영국의 법률 전문성을 미국 모델에 맞추기 위해 영국의 사법제도를 사실상 폐지할 것을 제안하고 있다.
>
> - 《LA 타임스》, 1989년 4월 2일

> 대처는 메시아적이고 격렬하지만 그만큼 관용이 부족했다. 그것이 그녀를 무너뜨렸다.
>
> - 데이비드 캐너딘David Cannadine

1989년부터 1990년 사이 호황이 절정에서 불황으로 기울기 시작했음에도 대처는 여론조사를 기반으로 세금Poll Tax 도입을 주장했다. 이 세금은

부유한 사람이든 가난한 사람이든 모든 사람에게 똑같은 금액을 부과하는 것으로 대처는 의회에도 이러한 세금을 강요했다. 노동당이 장악한 지방의회들은 지출을 대폭 삭감해 스스로를 축소하든가, 아니면 주민들에게 미움을 받든가, 둘 중에서 하나를 선택해야 한다.

이 제도는 분명히 하이에크적으로는 흠잡을 데 없지만, 대다수 영국인은 대처의 처사가 매우 불공정하다고 생각했고 이는 대규모 시민 불복종 사태로 이어졌다. 기억하건대 런던 중심부에서 일어난 가장 큰 폭동으로 시민의 불만은 극에 달했다. 대처 총리의 지지율은 급락했고 내각도 대처에게 등을 돌렸다. 이전에는 충성도 높던 의원들도 유권자들이 처음으로 '역마진 주택 대출'이라는 무서운 단어들을 알게 되면서 자신들의 미래를 염려하기 시작했다. 그리고 1990년 11월 대처 총리는 자리에서 밀려나기 전 스스로 뛰어내렸다.

대중의 지지를 되찾기 위해 필사적으로 노력한 보수당은 브릭스턴

1984년 셰필드에서 나온 영상과 소리는 남부 영국인들의 마음에 깊은 울림을 남겼다.
의도적이든 아니든 영국 국기는 웨일스와 세인트 패트릭 국기 뒤에 놓였다.
유니언 잭은 아무도 신경쓰지 않았다.

출신의 문법학교를 졸업한 존 메이저^{John Major}에게 힘을 실어주었다. 다만, 1992년 총선에서 그의 승리를 예상한 사람은 거의 없었다. 실업률 증가, 10%가 넘는 금리, 주택시장 붕괴 상황이었고, 현대 영국 정치에서 네 번 연속으로 총선에서 승리한 정당은 없었기 때문이다.

그러나 메이저는 영국 정치계에서 가장 오래된 요인인 남북 분열 덕분에 구원받았다. 야당이 이 분열을 유권자에게 상기시키는 전략을 택했기 때문이다. 선거 일주일 전 스코틀랜드 의회와 웨일스 의회의 즉각적인 설립을 약속했던 노동당 소속의 웨일스어 억양이 강한 노동당 대표(닐 키녹)는 전국에 생방송으로 송출되는 TV 앞에 섰다. 그는 셰필드에서 11,000명의 지지자들이 환호하는 가운데 구호를 외치며 승리를 자축하는 듯한 모습을 보였다. 이곳은 사실 8년 전 스카길이 남부와 마지막으로 격렬한 폭력적 대립을 이끌었던 장소였다.

흔들리는 남부인들은 켈트족+북부인 동맹의 또 다른 화신이 자신들 앞에 진을 치는 모습을 보았다. 그 결과 보수당은 전례 없는 4선 연임에 성공했지만 이는 동시에 보수당의 파멸, 영국이라는 나라 자체의 균열을 예고하는 신호탄이었다.

당을 망치는 영어권 전사들

존 메이저 정부는 승리로 기록되어야 했다. 1992년의 영국인들은 여전히 1980년대에 살고 있었고 깊은 불황에 빠져 있었다. 그러나 1997년에는 모두 호황을 누리는 땅에서 이메일을 보내고 휴대전화기로 전화를 걸었다.

1993년 시작되어 오랫동안 이어진 경기 호황은 사실 미국으로부터 공짜로 받은 또 다른 선물이었다. 3차 산업혁명에서 인터넷과 세계화의 공용어가 바로 영어였기 때문이다. 남부의 서비스 경제도 자동으로 호황을 누렸다. 음악에서는 오아시스^{Oasis}와 블러^{Blur}가 브릿팝^{Britpop}(1990년대 유행한 영국 팝)의 왕관을 놓고 경쟁했고 예술가 허스트^{Hirst}와 에민^{Emin}이 손잡고 브릿아트^{Britart}(1990년대 유행한 영국 아트)를 창안했다. 그리고 웨일스^{Welsh}, 혼비^{Hornby}, 풀만^{Pullman} 같은 출판사가 영국 문학 '브릿릿 ^{Britlet}(1990년대 유행한 영국 문학)'에 새로운 활력을 불어넣었다. 세계가 영국을 주목하고 있었다.

그러나 이러한 영국 문화 붐은 확실히 남부에 집중되어 있었다. 오아시스와 블러의 대결(투박한 북부 사람들과 예술학교 출신인 남부 사람들의 대결 구도)은 예술성과 재미를 겸비한 남북 분열의 또 다른 버전이

1995년 아마존과 이베이가 설립된 해다. 영어로 된 인터넷 시대에 영국 문화는 전혀 새로운 방식으로 전 세계가 즐기는 대상이 되었다.

었다. 하지만 현실에서 벌어지는 남북 분열은 별로 즐겁지 않았다. 북부가 다시 한번 영국의 회복을 막는 것 같은 모양새였기 때문이다. 보수당은 그런 걱정을 할 이유가 없다고 보았다.

사실 보수당은 아무것도 걱정할 필요가 없다고 생각했다. 보수당은 선거에서 패배할까 봐 두려워할 필요가 전혀 없었다. 따라서 북부를 그대로 내버려둘 수 있었고 노골적인 개인적 풍요로움(졸속으로 알려지게 된)을 받아들였으며 특히 이념적 환상에 빠져들 수 있었다.

대처를 계승하는 세력, 즉 온건한 보수당 거물인 더글러스 허드가 1990년에 '마치 정신 나간 마르크스주의 분파 같다'고 묘사한 열성적 추종자들은 이제 멸시받는 전통주의 동지들로부터 대처의 유산을 지켜

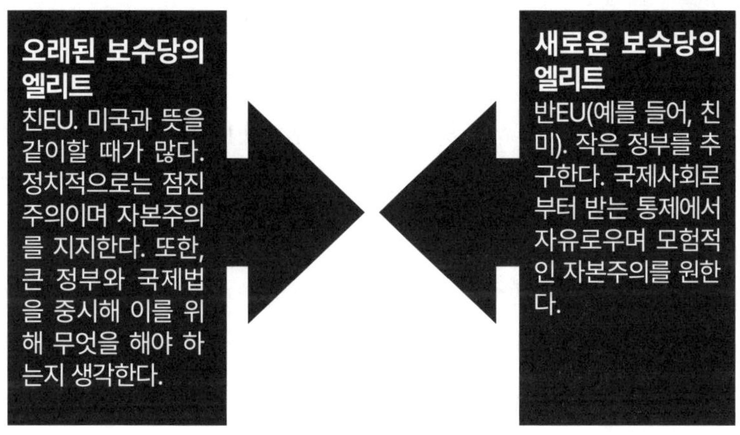

보수당의 내부 분열(1992~2019년)

내겠다고 결심했다. 그들의 꿈은 '미국'이었다. 소련 붕괴(1991)와 함께 미국의 정치 전문가들은 '역사의 종말'과 '세계 질서의 재편'을 선언했다. 제1차 걸프전(1991)에서 영국은 워싱턴의 군사적 수비대 역할을 하며 자신들이 제국주의적 역할을 다시 할 수 있음을 깨달았다. 영어 중심의 세계화 덕분에 런던과 뉴욕은 한층 더 가까워졌다. 확실히 앞으로의 미래는 강력하고 자유시장을 추구하는 미국이지 나약하고 은밀한 사회주의 유럽이 아니었다.

1990년대 '영어권 전사들'은 여전히 영국을 믿고 있었다. 북아일랜드 출신의 팀 콜린스$^{Tim Collins}$ 대령이 사담 후세인과의 전투 전날 성서 구절을 인용했던 연설(우리는 그의 정당한 파멸을 가져오는 것이다)은 미국 부시 대통령 집무실에 걸려 있었다고 한다. 이 연설 덕분에 콜린스는 화제의 인물이 되었다. 미국의 패권은 아일랜드 개척자 정신$^{Ulster Scots}$, 즉 영국계 이민자들의 개척정신 위에 세워졌다는 생각을 강화시켰다. 사실상 미국은 대영제국의 '2.0 버전'이며 영국은 당연히 그 일부가 되어야 한다는 생각이었다.

궁극적으로 영국의 운명을 결정지은 반란은 EEC를 EU로 바꾼 마스트리히트 조약(1993년)의 의회 비준으로 시작되었다. 영어권 전사들은 (1972년과 마찬가지로) 유럽을 국가적 문제가 아니라 정당 정치적 기회로 취급한 노동당에 거의 파괴될 뻔했다. 메이저 총리는 예상치 못한 강경함을 보이며 이들을 가까스로 물리쳤다.

복수심에 찬 그의 적들이 뭉쳐 영국독립당^{UKIP}, 유럽연구그룹(1993), 국민투표당(1994) 같은 압력단체들을 설립했고 자신들이 여론의 대세라고 착각했다. 하지만 그것은 자신들만의 아집이었다. 사실 1989년부터 1994년 사이의 여론조사를 보면 친유럽 성향의 여론이 가장 오래되었으며 강했다는 사실을 분명히 알 수 있다. 반EU 운동은 억압된 대중의 분노에서 비롯된 것이 아니라 어디까지나 적대 관계인 토리당원들의 이념에서 비롯된 것이었다. 심지어 대중운동이 아니라 강박관념에 사로잡힌 부유한 소수파 개인들이 일으킨 정치 수단이었다. 이를 알게 된 유권자들은 당황했다.

영국 이야기

'보수당'이 분열되면서 마침내 '잉글랜드를 제외한 영국 지역 동맹'에 다시 기회가 찾아왔다. 노동당 홍보 책임자인 '피터 맨덜슨^{Peter Mandelson}'은 '잉글랜드 남부 유권자'를 안심시키는 동시에 '잉글랜드 외부의 영국인들'을 이끈다는 특별한 목적을 위해 만들어진 듯한 인물 한 명을 알고 있었다. 바로 '앤서니 찰스 린턴 블레어^{Anthony Charles Lynton Blair}'였다.

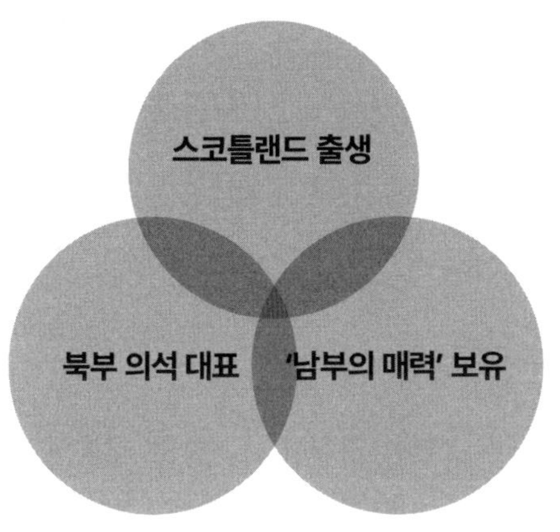

맨덜슨의 성 삼위일체

> 그 일을 할 의원은 스코틀랜드에서 태어났고 북부 의석을 대표했지만 (맨덜슨의 표현에 따르면) '남부의 매력'을 가진 가정적인 남성일 것이다.
>
> - 찰리 윌런^{Charlie Whelan}, 〈가디언^{Guardian}〉, 1999년 1월 6일

줄곧 미미한 세력이었던 노동당은 거의 20년이 지난 지금 절박한 나머지 블레어 총리가 당의 전통을 무너뜨리는 것을 허락했다. 그래도 한 가지는 변하지 않았다. 선거 예상 조사 결과, 그렇게 할 수 없다고 나왔기 때문이다. 노동당은 여전히 '잉글랜드를 제외한 외곽지역의 영국 정당'이 되어야 했다.

과거 총리들인 글래드스턴, 애스키스, 윌슨, 캘러헌^{Callaghan}과 킨녹^{Kinnock}이 앞서 했던 것처럼 블레어 총리는 권력 이양을 약속하며 켈트인들을 자기 편으로 만들었다. 이 약속은 1994년과 1995년 두 번의 콘퍼런스

연설에 모두 포함되어 있었다.

블레어 총리는 그 어느 연설에서도 잉글랜드나 잉글리시라는 단어를 언급하지 않았다. 그는 그렇게 할 수 없었다. 처칠이 1912년에 깨달았듯이 영국이 켈트 민족주의에 대처하는 것은 가능할지 몰라도 영국의 잉글랜드 민족주의는 분명히 영국을 파괴할 가능성이 있었다. 그래서 블레어는 웨일스와 스코틀랜드에 준자치를 제안했지만 북부 잉글랜드 군대는 그들의 조상이 그랬던 것처럼 브리튼의 위대함을 위한 찬가에 만족해야만 했다.

그러자 지금까지 상황을 지켜보던 잉글랜드인들은 국민투표가 시작된 이래 계속되었던 위선에 종지부를 찍었다. 1996년 유럽축구선수권 대회에서 처음으로 잉글랜드인들은 자신들을 '잉글랜드 팬'이라고 인식했다. 스코틀랜드와의 경기에서 잉글랜드인들은 유니언 잭을 버리고 잉글랜드를 지지하며 성 조지 십자가 깃발을 흔들었고 이후에도 계속 이 깃발을 사용했다. 그들은 이제 깃발을 흔들며 과거의 승리 분위기를 충분히 내지 못한다는 이유로 제쳐두었던 낯선 응원가를 부르기 시작했다.

잉글랜드 축구협회^{FA}는 응원가 '삼사자^{Three Lions}'를 처음 듣고는 썩 마음에 들어 하지 않았다. "우리가 그냥 내팽겨쳐버릴 거라고? 그게 다 뭐야?"라는 식이었다. 선수들의 반응도 처음에는 똑같았다.
- 그룹 '더 라이트닝 시드^{The Lightning Seeds}'의 이안 브라우디^{Ian Broudie}

사실 이 노래는 축구가 주는 기쁨이나 승리의 희망을 노래한 것이 아니었다. 얼마나 많은 농담과 상처를 입었는지, 30년이 넘는 세월 동안 수없이 농담의 대상이 되고 조롱을 당해온 한 민족이 영광스럽고 꿈같은 과거를 지닌 채 어느 순간 어딘가에 빼앗긴 뭔가(축구)를 되찾고자 간절히 바라는 그 마음을 노래했다. 다시 말해 삼사자는 곧 '축구가 집으로 돌아온다'라는 내용이었다. 이 곡의 작사가는 자신도 모르게 평범한 잉글랜드 사람들이 어렴풋이 느껴왔던 깊은 감정을 정확히 짚어낸 셈이다. 즉, 그들의 정당한 유산이 언젠가 어쩌다 외부의 누군가에 의해 도난당했다는 데서 오는 억울함이었다(로저 스크루턴^{Roger Scruton}).

블레어의 정치적 촉각이 반응했다. 1996년 당대회에서 그는 17년간의 상처를 이야기하며 노동당의 귀국을 선언했다. 그리고 마침내 조심스럽게 잉글랜드를 뜻하는 'E'가 붙은 단어(잉글랜드)에 대해 언급했다. 하나같이 두려움을 주는 단어였다. 그는 1912년 처칠의 연설 대본을 직접 인용했다. 웨일스와 스코틀랜드 사람들에게 권력 이양은 하나의 민족 전체를 위한 것이었지만 잉글랜드에게 허용된 권력 이양은 오직 지방분권뿐이었다. 만약 영국을 구성하는 지역들이 시간이 흐르면서 더 큰 발언권을 원한다면 그것도 가능할 것이다.

그래서 잉글랜드를 포함하는 외곽 동맹이 조직되었고 의심 많은 잉글랜드 남부 유권자들에게도 마치 자신들과 같은 부족 출신처럼 보이는 지도자가 그 선두에 서게 되었다.

쿨 브리타니아^{Cool Britannia}: 마지막 보루

1997년 역사상 세 번째에 지나지 않지만 노동당이 영국의 의석 과반수를 차지했다. 처음으로 보수당이 스코틀랜드와 웨일스에서 완전히 패배한 셈이다. 블레어 총리는 서민 편에 선 왕세자빈을 연설에 활용해 즉각 자신의 지위를 공고히 다져나갔고 다이애나 왕세자빈 장례식에서 대중이 느끼는 감정을 완벽히 전달했다. 그 결과, 블레어의 지지율은 믿기 힘들 정도로 높아져 93%를 기록했다.

아일랜드, 스코틀랜드, 웨일스의 켈트민족주의자들은 분권 국민투표에서 승리했고 새로운 권력을 맛보기 시작했다. 블레어 총리는 미국 빌 클린턴 대통령의 가장 친한 친구이자 독일 총리 슈뢰더가 끈질기게 모방한 대상이었다. 이러한 블레어였기 때문에 영국은 유럽과 미국 사이에서 연결고리 역할을 할 수 있었다. 이는 과거 처칠조차 꿈꾸었던 역할이기도 했다. 그 덕분에 블레어는 전쟁을 벌이던 북아일랜드 사람들을 성금요일 협정(벨파스트 협정, 1998)으로 끌어들일 수 있었다. 이는 블레어의 영원한 공적으로 남았다.

오랜 보수당 지배 하에 놓였던 영국에서 노동당의 승리는 혁명처럼 느껴졌을지 모르지만 사실 1990년대 중반 영국의 문화적 슬로건이자 트렌드였던 '쿨 브리타니아'에 담긴 진짜 의미는 '자유주의적 보수주의'였다.

리얼 스쿨 숍Real school shop, 이튼과 상상의 스쿨 숍Eton and imaginary school shop, 해리포터의 세계

블레어 총리의 전성시대에 이루어진 최고의 문화 수출 두 가지는 할리우드를 통해 이루어졌다. 하지만 영국 문화는 미국 문화와 달랐다. 전세계는 J.R.R 돌킨이 1950년대에 쓴 판타지, 산업시대 이전의 잉글랜드(샤이어)를 지키는 이야기에 빠졌는데, 시골 젠트리(지방 지주 계층)의 젊은 후계자와 하얀 수염의 마법사가 주인공이다. 그리고 그보다 더한 열광은 J.K롤링이 그려낸 꿈이다. 고대의 기숙학교(호그와트)를 지키는 이야기로 세습 엘리트의 젊은 후계자와 하얀 수염의 마법사가 몰입도 강한 장면을 풀어낸다. 호그와트는 특별한 계급을 위해 특별한 계급이 세운 학교였지만, 능력과 단호한 결심 그리고 역경을 감수하는 강인함을 갖추고, 난해한 문화(변칙 라틴어까지 포함)를 기꺼이 자기것으로 만들어 낼 수 있는 소수의 '평범한' 사람들에게도 문이 열려있다는 메시지를 던지고 있다. 단지 보통사람으로 태어나 엘리트그룹으로 소속되기 위해서는 결혼이라는 과정을 거치기는 했으나, 마법의 이면에는 중요한 통찰이 숨어 있다. 즉 매우 특정한 형태의 교육을 통한 사회적 이동이 가능하다는 찬가이다. 바로 1170년 무렵부터 잉글랜드에서 실천되어온 그 방식의 교육을 나타낸다. 독자들은 요점을 알아차렸다.

해리포터는 단순한 소설이 아니었다. 영국의 실제 기숙학교들의 운명을 바꾸어 놓은 작품이었다.

밀레니엄이 다가오면서 영국은 1870년대 이후 어느 때보다 건강해 보였다. 서로 화해하고 자신들의 과거를 사랑하는 민족들이 자발적으로 이룬 연합, 그리고 세계와 미디어를 장악한 '하나의 국가'의 지도자, 디즈레일리 이후 가장 디즈레일리다운 수상, 바로 토니 블레어가 있었다.

그러나 쿨 브리타니아의 잔치에 드리운 하나의 망령이 있었으니 그것은 바로 잉글랜드였다.

잉글랜드의 문제

이제 잉글랜드 팬들은 모두 세인트 조지의 십자가를 흔들며 하나가 된 듯 보였지만 이는 어디까지나 스포츠 경기 안에서만 가능한 일이었다. 다만, 이러한 일이 정치 현실이 되면 항상 그랬듯이 북부 잉글랜드+켈트와 잉글랜드 남부의 오래된 전선은 여전히 뚜렷이 남아 있었다. 1997년 총선에서도 세계적인 도시 런던을 제외하면 노동당이 절대 다수를 차지한 지역은 스코틀랜드, 웨일스, 잉글랜드 북부뿐이었다. 중부지방에서는 보수당 득표율이 더 높았으며 런던을 제외한 남부 전역에서는 보수당이 제1당이었다. 남동부에서는 보수당이 사실상 절대 다수였다. 블레어는 '새로운 새벽'을 외쳤지만 현실은 전혀 새롭지 않았다.

1997년 신노동당이 처음으로 거둔 승리는 보수당의 남부 잉글랜드를 핵심 영토로 몰아 넣었다. 이 핵심부의 지도는 1851년 인구조사에서 잉글랜드 국교회(C of E)에 가장 충성심이 높은 지역과 거의 일치했다. 또한, 1230년 영국의 시장밀도 지도나 300년 로마 빌라문명 지도와도

상당히 유사했다.

쿨 브리타니아가 성대한 파티를 여는 동안 영국에서 가장 넓은 지역을 차지하고 부유한 단일 지역구인 잉글랜드 남부는 자신만의 울타리에 갇혀 불만을 삭이고 있었다. 그들은 자신들만 '진짜 잉글랜드'라고 확신했다. 한편, 북부 잉글랜드인들은 곧 블레어가 약속을 지킬 것을 요구하기 시작했다.

밀레니엄 시대가 되면서 블레어는 내부에서도 공개적 압력을 받게 되었다. 그 결과, 블레어는 재무장관 고든 브라운과 함께 급진적인 구상을 내놓았다. 투자를 남동부에서 빼내려고 노력하는 대신 그 흐름을 적극적으로 활용하자는 전략이었다. 브라운은 가벼운 규제(사실상 규제가 거의 없는 수준)를 통해 런던(금융가)이 과감히 성장하도록 장려했다. 이 금융호황에서 나온 돈으로 '영국 외곽'을 먹여 살릴 자금을 대도록 만들겠다는 구상이었다.

영국의 경제는 오래전부터 분열되어 있었지만, 이제는 완전히 기묘한 구조가 되었다. 세계적인 런던시의 자금 지원을 받는 북부는 국가의존도가 매우 높은 지역이 되었다. 동시에 잉글랜드는 야심만만한 보통사람들을 통치 질서의 최하층에 동화시키려던 가장 최근에 있었던 최대 프로젝트로 인해 다시 분열되었다.

기숙학교에 이어 등록금뿐만 아니라 숙박시설을 제공하는 대학에서 최소 3년을 보내는 영국의 엘리트 교육 시스템은 오랫동안 유일무이한 모델이었다(오직 미국만 이 시스템을 일부 모방했다). 1960년대에 이르러 중산층에게 대학의 문호가 열렸다. 1992년에는 더 많은 대학이 정식 대학이 되었고 모두 이전 교육 모델보다 저렴한 새 모델을 제공하려고

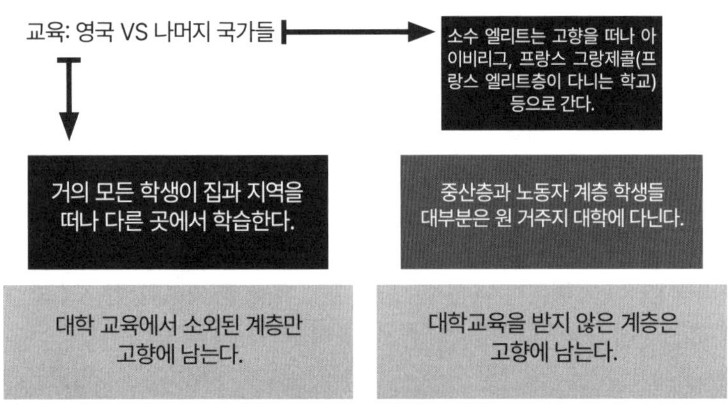

애썼다. 2000년에는 인구의 25%가 대학에 진학했고 (그리고 빠르게 증가하는) 임계점이 형성되었다. 야망을 품은 10대들은 이제 원래의 집, 가족, 친구, 지역을 떠나 야심차고 세계적인 젊은이들의 단일문화 속에서 자아 형성기를 보내는 것을 당연하게 생각했다. 다른 어느 선진국에서도 찾아보기 힘든 영국만의 특이한 풍경이었다.

수백만 명의 학생들은 부모나 학교, 친구들과 다른 가치관을 흡수했다. 모든 것에서 개인의 선택, 국제주의와 정치적 자유주의 같은 가치관 말이다. 진정한 엘리트들에게 이러한 가치관들은 세계화된 세상에서 활용하는 도구였다. 하지만 학생 대다수에게 이러한 가치관들은 도심 통근자에게 랜드로버가 무용지물인 것처럼 실질적으로 별 도움이 되지 않았다. 마치 중세 잉글랜드에서 프랑스어를 배우는 것과 같았다. 즉, 이러한 가치관은 엘리트층에 합류하려는 야망을 나타내는 표시에 가까웠다. 신조어인 '차브chav'는 새로운 대학생들이 문화적, 지리적으로 떠나온 계층을 조롱하고 경멸하는 용어로 사용되었다. 2004년 대학진학률이 30%에 달하면서 옥스퍼드 사전 출판사는 이를 '올해의 단어'로 선정했다. 이에 반응해 BBC의 인기 있는 풍자 코미디 쇼 '리틀 브리튼'은 서민을 조롱하는 문화의 일환이 되었다.

> 한때 부유했던 경영인들은 빈곤 실태를 조사하거나 이러한 상황에 대한 사람들의 분노를 일으키려고 했지만 이젠 오히려 웃음거리로 만든다.
>
> — 닉 코헨Nick Cohen, 2008

이번에는 가난한 북부 주민들과 남부 주민들이 하나로 뭉쳤다. 신노동당 시절 남부의 통근 거리를 넘어선 소도시들이 두 가지 타격을 입었다. 이 주민들은 런던의 금융호황에 낄 수 없었고 브라운 총리가 주도한 공공부문 일자리를 얻을 자격도 없었다. 노동당이 애착을 가지는 지역이 아니었기 때문이다. 남부 외곽 지역은 경제적으로 척박하고 정치적으로 무능하며 북부 사람들이 종종 느꼈던 것처럼 문화적으로 멸시받는 느낌을 받기 시작했다. 안타깝게도 보수당 지도자들이 연달아 집권하면서 이 동남부 핵심 지역의 애국적 수사에 기대어 호소했다.

- 윌리엄 헤이그William Hague, 『야당 지도자Leader of the Opposition』, 2001

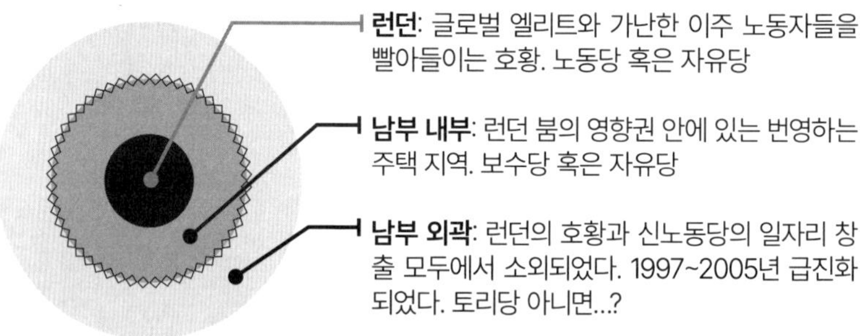

1992년 남부는 연합해 여전히 영국을 지배하고 있었다. 2000년대 들어 런던과 남부 주변부는 다른 방향으로 가면서 분열되기 시작했다.

하지만 이러한 수사는 글로벌화된 런던 즉, 신노동당의 핵심 지지층에게는 맹독과 같았다. 이 시기 런던은 노동당의 요새가 되어 가고 있었다.

잉글랜드의 (의도하지 않은) 재통합

블레어의 치명적인 패착은 그가 자신의 '미국의 제국주의적 조력자 역할'을 사랑했다는 점이다. 심지어 그는 미국 대통령이 누구든 개의치 않았다. 이미 세르비아 폭격(1999)과 아프가니스탄 점령(2002)에 참여했던 그는 조지 W. 부시를 따라 걸프전(2003)의 전략적 재앙(2003) 속으로 들어갔다. 그 근거는 허술한 정보 문건이었다.

　블레어의 인기가 그야말로 박살나면서 영국은 다시 이전 상태로 돌아가기 시작했다. 2005년 선거에서 남북의 정치적 분열은 그 어느 때보다 극명했다. 보수당은 남부 심장부를 벗어나지 못했지만 남부 지역에서는 여전히 압도적 다수를 확보했기 때문에 만약 비례대표제였다면 잉글랜드

전체에서 승리했을 것이다. 보수당의 핵심층은 자유주의 성향의 남부 사람들에게 더 다가가기 위해 새로운 지도자를 선택했다.

그리고 2007년 영국의 저명한 사회지리학자가 지도를 발표했다. 이 지도는 잘나가던(스윙잉) 60년대, 암울한 70년대, 대처주의 80년대, 쿨 브리타니아, 그리고 신노동당이 런던 금융가의 이익을 북부로도 빼돌린 정책들에도 불구하고 일어났음에도 그 이후로도 영국의 상황이 거의 변하지 않았음을 여실히 보여주었다.

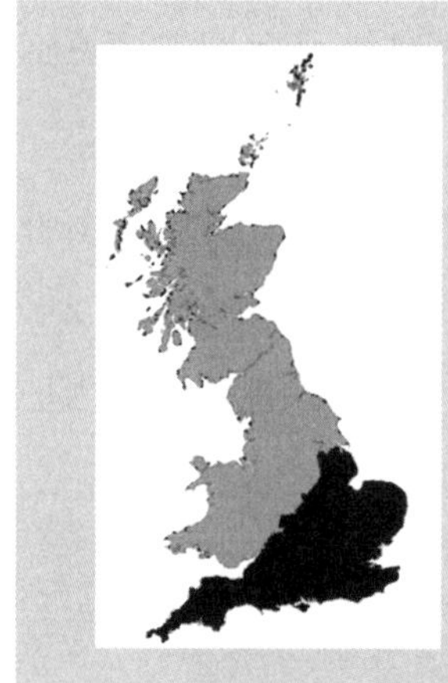

하지만 수면 아래에서는, 블레어의 두 번째 커다란 실수처럼 보이던 행위가 오히려 영국을 하나로 묶는 출발점이 되었다. 2004년 블레어는 구 바르샤바 조약에 가입한 새 EU 회원국들에 영국 고용시장을 즉시 개방하겠다고 선언했다. 블레어는 다른 EU 지도자들도 자신을 따를 것이라고 생각했다. 하지만 EU 지도자들은 블레어처럼 하지 않았다. 2002년까지만 해도 일자리를 찾아 독일로 향한 폴란드 인 수는 영국의 12배였지만 2006년에는 영국이 폴란드 노동자들에게 가장 인기 있는 나라가 되었다.

이전 대규모 이주는 위험에 처한 사람들을 구한다는 내용(1970년대 우간다에서 추방된 아시아인, 1990년대 소말리아인)으로 미화할 수 있었다. 또는 옛 제국주의적 연결고리(크리켓을 좋아하는 서인도 제도인, 파키스탄계, 인도계)로 설명될 수도 있었다. 하지만 폴란드인의 경우는 달랐다. 영국인을 포함한 모든 폴란드인들은 그저 돈을 벌기 위해 영국에 왔다는 사실을 잘 알고 있었다.

영국 경제가 호황을 누린다면 상관없었다. 하지만 2008년 발생한 '대규모 금융위기'로 모든 것이 멈추자 영국인들은 아직도 폴란드인들이 영국에 왜 남아 있어야 하는지 자연스럽게 의문을 가지게 되었다. 가뜩이나 일자리도 부족한 와중에 영국인은 폴란드인과 일자리를 두고 경쟁하는 처지가 되었다.

이 새로운 대규모 이민을 지켜보는 영국인들의 냉담한 태도는 인종차별이나 문화적 차이와는 아무 관련이 없었다. 폴란드인들은 축구를 사랑하고 맥주를 마시는 백인 기독교인들이었고 그들의 할아버지들은 허리케인 전투기를 타고 제2차 세계대전 때 영국군과 함께 싸운 전우였다. 또한, 폴란드는 북대서양조약기구NATO(나토)의 열성적인 회원국이기

남동부 '화이트 밴 맨(영국의 노동 계급을 비유)'의 집에 대한 한 고위 노동당 의원의
조롱 섞인 트윗은 가난한 백인 영국인들에 대한 정치적 계급의 경멸을 요약한 것 같았다.

도 했다. 하지만 역사의 모든 이들이 그랬듯이 평범한 영국인들은 다른 언어를 사용하며 자신들이 '당연히 누려야 할 것들'에 대해 경쟁자가 된 외부인들을 환영해야 할 분명한 이유를 요구하게 되었다.

2009년 유럽의회[EU] 선거에서는 이를 명확히 확인할 수 있었다. 양대정당들은 자신들의 핵심 유권자들을 너무 당연하게 여겼던 것이다. 나이절 패라지[Nigel Farage]가 이끄는 영국 독립당은 남부로 돌진했다. 거의 노골적으로 네오 나치 성향을 보이던 영국 국민당[BWP]은 북부에서 2석을 차지했다. 우파 포퓰리스트 정당으로 EU 탈퇴가 주 목적이던 영국 독립당[IKOP]도 같은 결과를 냈다. 하지만 주요 정당들은 여전히 큰 혼란이 발생할 것이라고는 예상하지 못했다. 소속 하원 의원들과 참모들은 지금까지 양당 체제 하에서 태어나고 자랐다. 이들의 사고는 어디까지나 자신이 아는 것과 본 것에 갇혀 있었다.

2010년 총선 때도 상황은 이전과 매우 비슷했다. 다시 한번 '잉글랜드 남부를 제외한 잉글랜드 외곽^{outerbritain}'과 잉글랜드 남부의 대결이었다. 유일한 뉴스거리는 보수당이 여전히 다소 기피 대상이어서 상당한 수의 남부 유권자가 자유당에 투표했다는 점이다. 그 결과, 영국 최초의 자유당-토리당(보수당) 연립정부가 탄생하게 되었다.

이 남부연합은 긴축정책을 대공황 치유책으로 받아들이면서 공공지출의 수도꼭지를 잠갔다. 이전까지 공공지출은 주로 잉글랜드 외곽에 투입하는 데 사용되었기 때문에 긴축의 영향은 그 지역에서 가장 크게 나타났다.

오래 전부터 계획되었던 런던올림픽 개막식(2012)에서 영국은 편안하고 자신과 화해를 이루는 나라라는 긍정적인 이미지를 보여주려고 했다. 하지만 실제로는 한 시대의 송가(애가)나 다름없었다. 신노동당과 연립정부(보수당 + 자민당)는 의도치 않게 남부와 북부 잉글랜드에 실질적으

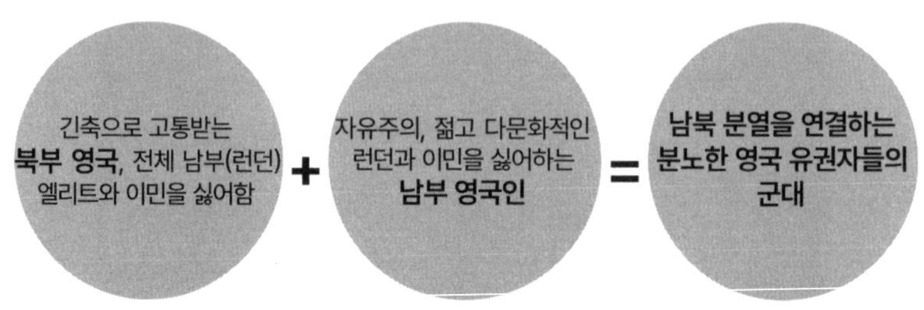

쿨 브리타니아, EU 이민, 긴축정책으로 탄생한 대기 중인 영국 유권자들의 새로운 군대

로 공통된 경험과 이해를 만들어주었다.

두 개의 잉글랜드, 하나의 당

하지만 성난 영국인들, 북부와 남부가 하나가 되어 같은 정당에 투표하는 것이 가능할까? 새 천년의 20년 동안 영국인들의 국가에 대한 충성심은 그 어느 때보다 약화되어 국가가 아닌 소속 지역(부족적)을 기반으로 했다.

> 노동당의 북부와 보수당의 남부 때문에 영국은 점점 두 나라로 갈린 것처럼 보였다. 문화적 정체성과 정치적 정체성이 그 어느 때보다 더 뚜렷이 나타났다.
>
> - <이코노미스트 Economist>, 2013년 9월 18일

심지어 대결 구도의 투표는 남북의 분열을 그대로 보여주었다. 영국 국

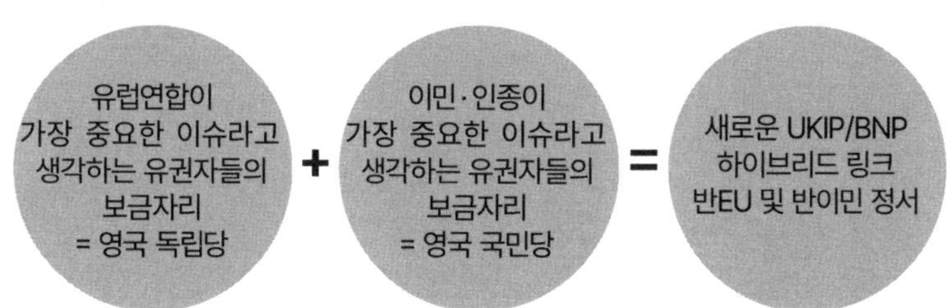

민당[BNP]과 영국 독립당[UKIP] 모두 유일하게 가장 강세를 보인 곳은 '브렉시트의 수도'가 된 에식스[Essex]였다(대니 돌링 교수).

영국 독립당 나이절 패라지 의원은 길을 보여주었다. 그러나 유럽연합 문제는 평범한 유권자들에게 별로 관심 있는 이슈가 아니어서 패라지의 영국 독립당은 인기를 얻는 데 한계가 있었다. 하지만 이민 문제는 전혀 다른 이야기였다. 2012년 영국 국민당은 파벌 싸움으로 스스로 무너졌다. 패라지는 영국 국민당을 지지하던 유권자들을 흡수하려고 노력했다. 새로운 하이브리드라고 할 수 있는 영국 국민당과 영국 독립당의 연합은 대중이 불안해하는 문제를 공략해 과거의 남북 분열선을 넘어서기 시작했다.

> 영국 독립당의 인기 급증은 반유럽 정서와는 비교적 관련이 적다. 유럽문제는 대중의 일상 관심사 순위에서 상위 10위권에도 들지 못하는 이슈다.
>
> ─《파이낸셜 타임스[Financial Times]》, 2013년 3월

보수당 의원 다니엘 해넌[Daniel Hannan]은 패라지가 낡은 분열을 타파한 것을 보았다. 해넌은 훗날 《파이낸셜 타임스》를 통해 '브렉시트의 배후에

있는 두뇌'라고 불리게 되는 인물이다. 20년 동안 허망한 음모를 꾸미던 유럽연합 반대파 세력은 마침내 영국인들에게 족쇄를 채울 수 있었다. 해넌은 영국 독립당과 보수당 연합을 제안했고 유럽연합 반대 이야기(브렉시트 찬성)를 완전히 다시 썼다.

1990년대 원래 버전의 브렉시트는 자유로운 자본주의를 위한 이념적 성전이었다. 그러나 이는 당시 유권자들의 관심을 끌지 못했고 패라지의 '신형군New Model Army'의 관심도 끌지 못했는데 유권자 대부분은 영어를 사용하고 일자리 경쟁도 덜하고 저렴한 주택과 의료복지 혜택을 누릴 수 있는 안정적인 공동체만 원했기 때문이다. 그래서 대본이 바뀌었다. 유럽연합을 떠난다고 해서 모든 영국인이 자유시장이라는 배를 타고 과감히 유럽과 결별하는 것은 아니라는 것이었다. 브렉시트는 잉글랜드인들과 유럽연합을 지지하는 영국 엘리트들 간에 벌어진 필사적인 문화계급 전쟁이었다. 그 두 그룹 간 최후의 문화전쟁이었다는 것이다.

1990년대 유럽연합EU을 반대하는 세력은 영국해협에 걸친 자유로운 무역과 영국의 자본주의를 찬양해왔다. 이제 그들은 방어적인 사고를 가진 노동자 계층을 설득하려고 했고 자신의 이야기를 영국적 저항으로 바꾸었다.

해넌은 다음과 같은 글을 썼다. '잉글랜드인들은 자유의 정신을 독일이라는 숲의 안쪽 깊숙한 곳에서부터 지니고 왔다. 하지만 노르만인이 영국을 정복함에 따라 잉글랜드인들은 그야말로 가난과 예속의 상징이 되었다'. 해넌은 지금까지도 영국인들에게 생생한 기억을 소환하며 이렇게 주장했다. 심지어 가까운 과거에도 "영국 해군 병사들은 상급장교(제독)가 귀족 출신이면 오히려 프랑스 편일 것이라고 가정했다고 한다." 유럽연합은 가장 최근 유럽 대륙에서 일어난 독재 말이다. 유럽연합에 찬동하는 엘리트들이 처지가 좋지 못한 영국 서민들을 대상으로 펼치는 독재였다.

다니엘 해넌이 말하는 문화적 계급 투쟁

해넌의 주장은 기본적으로 진실을 담고 있었기 때문에 효과 만점인 '대중선동'처럼 잘 통했다. 그의 주장은 평범한 잉글랜드인들이 대대로 경험해온 일상이 다른 언어를 구사하는 엘리트들에게 지배되었다는 것이었다.

> 영국에서 노르만인이 집권한 지 거의 1,000년이 지났다. 지금까지도 권력의 언어(의회, 정부, 공무원, 경찰, 법원, 판사), 군대(육군, 해군, 군인, 전투, 작전)와 금융(이자, 임대료, 돈, 세금, 저당권, 자산, 재산, 상속)은 여전히 강한 프랑스어 색채를 띠고 있다… 반면, 앵글로색슨에게서 유래된 단어들은 여전히 일상언어의 어휘를 이루고 있다.
>
> – 제임스 미크 James Meek

2013년 런던경제대학(LSE)이 놀라운 연구서를 출간했다. 이 연구서를 통해 그 역사가 얼마나 생생히 살아 있는지가 밝혀졌다. 연구자들은 옥스퍼드와 케임브리지대학의 과거 및 현재 학생명단을 대상으로 알고리즘을 적용해 사회적 지위의 지속성을 추적했다. 그 결과는 충격적이었다. 흑사병, 종교개혁, 산업혁명, 두 번의 세계대전조차 1100년대 후반 기록이 시작된 이래 영국 엘리트층의 신분을 근본적으로 흔들지는 못했다. 《데일리 메일 Daily Mail》이 그 내용을 다음과 같이 요약했다.

> 정복자 윌리엄이 침략한 지 1,000년이 지난 지금까지도 '다아시 Darcy' 혹은 '퍼시 Percy' 같은 노르만식 이름을 가져야만 출세할 수 있다.
>
> – 《데일리 메일》

EU가 왜 악인가에 대한 반엘리트층의 새로운 이야기가 들려왔을 때 변화와 이민, 긴축재정으로 포위당했다고 느끼던 평범한 영국인들은 그 이야기를 믿기 시작했다. 그리 놀라운 일은 아니었다.

스코틀랜드 퇴장, 보리스 등장

마치 공산주의자들이 노동당에 은근히 스며드는 방식처럼 자금이 풍부한 운동가들은 영국 독립당이 가장 강력한 지역에서 보수 선거구 연합(주로 소규모 고령 회원을 보유한 보수 선거구 연합을 뜻한다)을 목표로 삼았다. 그래서 보수당 지역협회는 급진화되었고 소속 의원들에게 압력을 가했다. 데이비드 캐머런David Cameron 총리는 광기 어린 눈으로 기회를 포착하려는 극우파 세력에 쫓기듯이 굴복하게 되었다(이는 그의 측근이 한 말이다). 그는 자신이 재선되면 국민투표를 실시하겠다고 약속했고 그로인해 보수당의 연합당으로의 변신이 본격적으로 시작되었다.

당시는 2014년 실시된 국민투표에서 스코틀랜드의 연방 잔류를 확인한 지 얼마 되지 않은 때였나. 당시 스코틀랜드 국민당은 의회에서 고작 6석을 차지했다. 반면, 2015년 선거운동에서는 1745년 이후 처음으로 잉글랜드 민족주의가 (겉으로는 감춰졌지만 사실 명백히) 스코틀랜드를 겨냥해 정치적으로 활용되었다. 스코틀랜드 사람들은 사실상 적국처럼 묘사되었고 그들과 손잡은 북부 잉글랜드·런던 출신 정치인들은 '어리석은 배신자' 취급을 받았다.

전통적인 보수주의자들은 이를 걱정했지만 다른 이들은 훌륭한 전술이라고 생각했다.

보리스 시장의 인터뷰가 가진 효과는 컸기 때문에 모든 것이 달라졌다.
스코틀랜드가 민족주의 정당SNP에 넘어갔고 영국은 사실상 종말 선고를
받았다. 글래드스턴이 1885년 노동당을 탄생시킨 이유가 위, 연방주의자
'잉글랜드를 제외한 외곽 연대'인데 이 동맹의 의미가 사라진 것이다. 이제
잉글랜드 남부는 완전히 승승장구하고 있었다. 무한한 지배의 가능성 덕

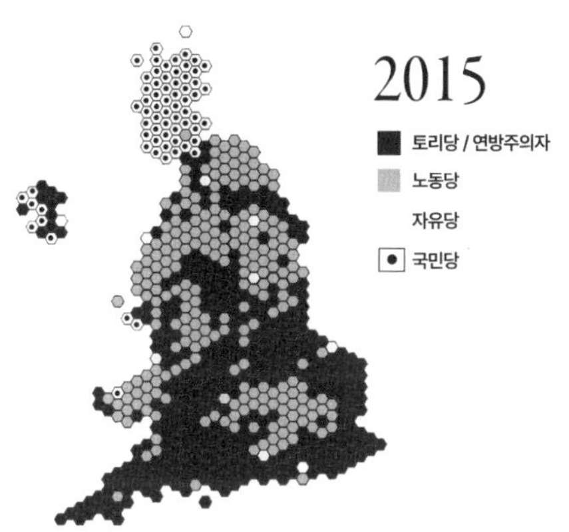

분에 거대한 토리당 거물들의 마음은 그들 자신들의 개인적인 미래에 집 중하게 만들었다. 이것으로 브렉시트 국민투표의 향방이 결정되었다.

브렉시트를 가장 열정적으로 주도한 인물은 알렉산더 보리스 드 페 펄 존슨Alexander Boris de Pfeffel Johnson 즉, 보리스 존슨이었다. 그는 이제 인기 있 는 코미디 캐릭터인 보리스(플로피 머리에 자전거를 타고 다니는 고전 학자라는 뜻으로 '난봉꾼 보리스Bonking Boris'라는 별명으로 불린다)의 모 습을 완성했다. 얼굴과 눈을 찌푸리며 툭하면 사람을 자르고 거짓말하 고 말로 사고치는 보리스는 특권 의식을 가진 연극 무대의 '즐거운 군 주'처럼 보였다. 런던은 보수당(토리당)에 반대하는 유권자가 다수이지 만 보리스가 두 번이나 런던 시장으로 뽑혔고 2012년에는 차기 보수당 지도자로 널리 알려지기도 했다.

하지만 정작 승리한 것은 캐머런이었다. 보리스가 캐머런을 몰아내기 위해서는 대의명분이 필요했다. 극우로 눈을 돌리며 기회를 엿보던 보리 스 세력은 마침내 자신들의 치어리더(응원군)를 찾아냈다. 보리스도 다 른 정치인과 마찬가지로 '브렉시트'라는 추악한 이야기를 문화계급 전쟁이라고 그럴듯하게 유쾌하게 표현할 줄 알았다. 국민투표 캠페인 (2016)에서 브렉시트에 반대하고 유럽연합에 잔류해야 한다고 주장하는 전문가가 브렉시트를 할 경우에 나타날 수 있는 부정적 결과를 논리적으로 지적할 때마다 브렉시트 탈퇴를 지지하는 진영은 오히려 기뻐했다. 정의상 그 전문가들은 주로 외국 피가 섞인 엘리트였기 때문이다.

> 이 나라 사람들은 이제 전문가들에게 질렸다.
>
> - 마이클 고브Michael Gove, 『법무장관Justice Secretary』, 2016

반면, 보리스의 레토릭은 마치 노르만 정복 직후의 절망에 빠진 앵글로색슨 민중에게도 먹힐 만한 서정적 선동이었다.

> 우리 일생에 한 번뿐인 햇살 가득한 초원을 볼 수 있는 문으로 걸어갈
> 기회를 잡지 못한다면 당연히 화가 날 것이라고 생각합니다.
>
> - 보리스 존슨, 2016년 5월 9일
> (정복 전 잉글랜드에서 온 것이 유일한 기회는 아니었다)

보리스는 당연한 것으로 생각되는 것에 신물난 평범한 영국인들(공개적으로 저급한 패션을 즐기는 '차브'라고 조롱받지는 않더라도)을 '세상의 소금'이라고 띄워주었다. 그러면서 영국의 모든 병폐는 유럽과 유럽의 협력자들 때문이라고 주장했다. 보리스는 어쩌면 거의 500년 전 발표된 반유럽적인 영국 민족주의 선언문에서 따온 듯한 언어로 말하고 있었다.

영국인들은 다시 한 번 초대받았다. 유럽을 사랑하고 자유를 빼앗고 외국 말을 잘하는 엘리트들을 호되게 걷어차주라고, 그 초대를 한 자가 바로 그 엘리트 집단의 일원이었음에도 불구하고 그리고 영국인들은 이번이 처음도 아닌 것처럼 그 초대에 기꺼이 응했다.

부조리의 환원

브렉시트는 실제로 무엇을 의미할까? 거의 3년간 의회가 교착된 결과, 보리스 존슨은 총리가 되었고 보수당 내 반대 세력을 숙청했다. 영국의 정치는 이제 터무니없는 것(불합리한 상태)으로 전락했다. 부조리만 남은 것이다. 1885년 이래로 영국 남부에 대항하는 영국 외곽 지역의 동맹들이 많았지만 이번에는 토리당 진영과 나머지의 싸움이었다. 그리고 나머지는 얼스터 연합주의자들, 스코틀랜드 민족주의자들, 노동당과 자유당 등 서로 다른 이해관계를 가진 집단들이 꾸린 전술적이고 심지어 냉소적이기까지 한 당파의 동맹이었다는 것이 그렇게 명백한 적은 없었다.

2019년 선거에서 보수당은 마침내 1885년 이래 처음 맞닥뜨린 운명의 순간을 받아들였고 이름을 제외하고 모두 잉글랜드 민족당[ENP]이 되었다. 보리스는 트렌트강 너머를 순회하며 북부 사람들이 브렉시트를 완수하는 것을 돕는다면 마침내 잉글랜드인과 동등한 수준으로 대우받을 것이라고 약속했다.

보리스 존슨은 '남북 격차'를 끝내는 것이야말로 자신의 정부가 해야 할 일이라고 말했다.

- 『뉴캐슬 연대기Newcastle Chronicle』, 2019년 10월

남부 영국인들은 직관적으로 무슨 일이 일어나고 있는지 파악했고 이에 찬성했다. 보수당을 분명히 지지하는 유권자들의 다수는 브렉시트가 보수당과 영국을 모두 파괴하더라도 할 가치가 있다고 말했다.

브렉시트는 영국 보수주의의 마지막 의식을 집전했다.

《파이낸셜 타임스》, 2019년 9월 4일

영국의 민족주의는 효과가 있었다. 켈트족의 옛 동맹국들이 이미 버린 북부 사람들은 처음으로 남부와 보조를 맞추어 투표하도록 설득되었다.

우리 스스로, 홀로

1912년 처칠은 잉글랜드가 독자적인 길을 가면 대영제국은 영원히 불가능한 일이 될 것이라며 경고했다. 결론적으로 처칠의 말이 맞았다. 보수당이 포퓰리즘적인 '잉글랜드 민족당'으로 변모하면서 다국적이지만 하나가 된 대영제국, 세계를 아래로 내려다보던 대영제국은 국민투표가 시작되면서 삐걱대다가 마침내 2019년 12월 파멸의 길을 걸었다.

하지만 실제로 영국이 무너지기 전에 코로나 팬데믹으로 전 세계가 봉쇄되면서 모든 것이 살얼음판 위에 놓이게 되었다. 영국이라는 시체가 채 땅에 떨어지기도 전에 잉글랜드인들은 역사적 필연이라도 따르듯이 서로에게 등을 돌렸다. 남과 북이 다시 맞섰다. 보리스 존슨의 명백한 승리로 보였던 순간이 지난 지 겨우 열 달 만에 전 세계적 전염병을 다루기 위한 과학적 논의는 어찌된 일인지 939년 애설스턴의 죽음 이후부터 마거릿 대처가 '내부의 적'과 싸우던 때까지 계속 남부 지도자들을 괴롭혀온 그 외침으로 변질되었다.

위대했던 영국은 역사 속에 묻히고 영국은 자국의 엘리트 제국 내에

NORTHERN REVOLT

'북부 지역의 저항', 《데일리 미러》 헤드라인(2020년 10월 16일)

오랫동안 잠겨 있던 자신들로부터 눈을 깜빡이며 나타나 크고 나쁜 세상에 홀로 남게 될 것이다. 도시와 농촌, 젊은이들과 노인들 사이의 분열은 선진국에서 흔한 일이다. 하지만 지리적, 역사적으로 쪼개진 나라로 유럽에서 이런 분열을 겪은 것은 이탈리아와 독일뿐이었다(두 나라 모두 19세기 후반 겨우 통일되었다). 그리고 일반 영국인들과 엘리트들을 갈라놓는 노르만 정복 이후 1,000년의 문화적 격차, 이렇게 심각한 분열이 다른 나라에는 없었다.

기본적으로 잉글랜드의 남북 분열은 프랑스식과 비슷했다. 잉글랜드의 남북 분열에 대해 급진적인 생각을 가진 케임브리지 경제지리학 교수가 있다.

> 불균형한 공간에서 보이는 지리학은 종종 '남북 분열'이라는 특징으로 나타났다. 남북에 존재하는 광범위한 차이에는 논란의 여지가 없다. 영국의 중앙집권 통치 방식이 더 나은 방향의 지방자치 시스템(지방분권화)이 되면 더 큰 자유, 유연성, 자원, 재정 능력이 생겨날 것이다.
>
> − 론 마틴 외,
> 『공간적으로 영국 경제의 균형을 되찾다Spatially Rebalancing the UK Economy』, 2015

위 글에서 앵글로색슨어에서 온 명사는 오직 하나다. 바로 'Freedom(자유)'이다. 평범한 영국인들이 보리스에게 빠져든 것은 놀랄 일이 아니다.

지식이 있는 사람들은 이제 진짜 영어로 말하기 시작해야 한다. 아직 영국에는 희망이 있기 때문이다. 새로운 잉글랜드 민족당은 거의 모든 24세 이하 사람들과 대부분의 50세 이하 사람들에게 너무나 혐오스러운 존재로 다가온다. 그래서 이들은 지난 선거에서 아무리 엉망이라도 새로운 잉글랜드 민족당에 반대하는 당을 뽑은 것이다.

> 24세 이하가 유일한 유권자였다면 노동당은 영국의 거의 모든 의석을 차지했을 것이다. 25~49세만 투표할 수 있었다면? 노동당: 310석 (43%), 보수당: 240석(34%)
>
> 《데일리 메일》, 2020년 1월 1일

어쩌면, 한때 '외각 영국 정당'이었던 노동당 역시, 자기가 탄생한 영국이 사라지면 자유로와질지도 모른다. 영국 남부 출신의 키어 스타머$^{Keir Starmer}$라는 새로운 지도자가 있는데 보수주의자를 뜻하는 '작은 c' 자가 그의 이력서(바스 기사단장과 여왕의 변호사였다) 곳곳에 적혀 있다. 그가 멍청한 눈을 가진 사람들의 폐단을 제거할 수 있다면 젊은 영국을 위한 새로운 정당을 만들 수 있을지도 모른다. 또한 처칠이 1912년에 제안했듯이 연방 영국이 될지도 모르는 일이다. 어쩌면 영국은 더 이상 돈벌이 수단에 휘둘리지 않고 세상을 정직하게 살아가려고만 노력하는 나라가 될지도 모른다.

한 가지는 분명하다. 새로운 엘리트들은 쉽게 물러나지 않을 것이다. 세계 지배를 꿈꾸는 영어권 동맹(앵글로스피어) 속에서 지배자가 아닌 주니어 파트너로 남으려는 그들의 꿈은 낡고 좀먹은 1990년대식 환상일지도 모른다. 하지만 지금 이 무대는 분명히 그들의 차지다. 브렉시트가 잘못될 경우, 이들이 무엇을 할지는 공정한 내기와 같다. 그들이 어떻게 나올지는 뻔하다. 더글러스 허드^{Douglas Hurd}가 '정신나간 마르크스주의 분파'라고 묘사했던 것처럼 그들은 전력을 놓지 않기 위해 '국민의 뜻'이라는 명분과 '배신한 옛 엘리트'라는 허상을 앞세워 문화계급 전쟁을 더 부추길 것이다. 결국 옛 정치인들이 쿠데타를 일으켜 권력을 잡는 방식이 바로 그것이었기 때문이다.

어떻게 될지 두고 보자. 대영제국은 역사 속으로 사라지고 있고 영국 안에서는 또 다른 역사의 전투가 시작되려고 한다!

영국의 엘리트 교육

영국은 오늘날까지도 계급 구조가 사회 전반에 영향을 미치며 그에 따른 엘리트 교육 시스템이 확고히 자리잡은 국가로 손꼽힌다. 특히 다른 유럽 국가들이 20세기 이후 평등주의적 교육 개혁을 거친 것과 달리 영국은 여전히 특정 계층이 사회적 지위를 독점하고 이를 엘리트 교육으로 보강하는 경향이 강하다.

영국은 여전히 뚜렷한 계층과 귀족 계급을 보유한 나라다. 영국의 귀족 계급은 공작, 후작, 백작, 자작 등 세습 귀족과 명예직 귀족으로 구성되어 있으며 이들은 신흥 자본가들을 포함해 영국의 상류층Upper Class을 구성한다. 영국의 상류층은 주로 퍼블릭 스쿨Public School인 옥스퍼드+케임브리지옥스브리지로 대표되는 교육 코스를 거치는 것이 특징이다. 교육받은 전문직 계층으로 대표되는 중산층Middle Class은 크게 상위 중산층과 하위 중산층으로 나뉘는데 이들 사이에서도 사립교육을 받은 사람과 국립학교 출신이 차별되는 경향을 보인다. 블루칼라 노동자 중심의 노동계급Working Class은 일부 숙련 노동자가 교육을 통해 중산층으로 이동할 수 있지만 매우 제한적이다.

영국 엘리트 교육의 역사적 과정을 살펴보면 19세기 퍼블릭 스쿨 체제의 확립을 그 뿌리로 볼 수 있다. 영국의 퍼블릭 스쿨은 다른 국가의 공립학교와 달리 '전통 있는 사립학교'를 의미하는데 이튼, 윈체스터, 해로우 등이 대표적이다. 이 퍼블릭 스쿨은 상류층과 귀족 계층 자녀들의 기숙학교 역할을 하며 정치, 군사, 법조계 인재를 주로 배출했다. 20

세기 초까지 옥스퍼드와 케임브리지는 이러한 퍼블릭 스쿨 학생들이 거의 독점했으며 중산층과 노동계급은 이에 접근하는 것이 어려웠다. 1944년 모든 어린이들이 무료 교육을 받을 권리를 포함한 교육법이 제정되었지만 여전히 퍼블릭 스쿨 출신자들이 우세를 보였다.

교육 격차를 줄이기 위한 영국 정부의 노력은 계속되었다. 1960~1970년대 노동당 정부는 자신이 가지고 있는 능력과 상관없이 모든 학생이 함께 교육을 받는 종합중등학교 시스템Comprehensive School을 도입했다. 하지만 영국의 엘리트 계층은 여전히 퍼블릭 스쿨과 문법학교Grammar School를 통해 상위 대학에 진학했고 이는 1980년대 대처 정부 이후 더 강화되어 오늘날에 이르렀다.

2000년대 이후에도 영국의 정계, 재계, 법조계, 언론계의 핵심 인물들은 퍼블릭 스쿨 출신이 압도적인데 2019년 한 조사에 따르면 전체 영국 인구 중 약 7%인 퍼블릭 스쿨 출신이 상위 직업군 종사자의 39%를 차지하는 것으로 나타났다. 이러한 영국의 계급사회와 엘리트 육성 시스템은 수준 높은 교육과 강력한 네트워크를 형성해 세계적으로 경쟁력 있는 인재를 배출하고 영국의 국제적 영향력을 유지한다는 평가와 함께 사회적 갈등과 불평등을 심화시키고 능력보다 출신 배경을 우선으로 하는 왜곡을 낳았다는 평가를 동시에 받고 있다.

영국의 신사도

오늘날 다양한 매체에서 접하게 되는 개념인 '신사도^{Gentleman's Code}'는 단순히 개인의 예의범절을 넘어 영국의 사회적 지위, 윤리적 규범, 엘리트 문화, 군사적 전통을 모두 포함하는 영국 사회의 핵심 가치관이다. 단정한 양복과 지팡이, 절제된 몸짓과 상대방을 존중하는 태도로 대표되는 영국의 신사도는 19세기 빅토리아 시대를 거치면서 세계적인 문화 코드로 자리잡았으며 지금까지도 영국 사회에서 중요한 미덕으로 유지되고 있다.

일반적으로 영국 신사도는 중세시대 기사도^{Chivalry} 정신이 이어진 것으로 알려져 있다. 영국에는 1066년 노르만 정복 이후 프랑스-노르만식 기사도 전통이 자리잡았는데 여기서 발전한 중세 기사도는 기독교적 신념과 용기, 약자 보호 등의 미덕을 강조하는 것이 특징이다. 중세 기사도는 14~15세기 중세 봉건사회가 붕괴한 후 무력보다 교양과 학식 같은 귀족 계층이 지녀야 할 이상적 덕목으로 변화했으며 계몽주의와 산업혁명으로 대표되는 18세기에는 경제적으로 성공한 중산층을 포함한 상류층이 지녀야 할 덕목인 신사도로 확립되었다.

이처럼 이상적인 정신과 규범을 상징하는 영국의 신사도는 영국 사회의 여러 방면에서 다양한 특징을 보이는데 사회적으로는 명예와 예절을 아는 태도를 유지하며 거짓말을 하거나 비겁한 행동을 삼가는 것을 덕목으로 삼는다. 군사적으로는 전장에서 명예롭게 행동하고 포로를 정당하게 대우하는 등 용기와 책임감을 강조하며 축구나 럭비 같은 스포츠에서는 비겁한 수단을 배제하고 상대방을 존중하는 '페어플레이' 개념으로 통용된다. 특히 교육적으로는 체육, 교양, 학식을 모두 중시해 신사적 태도를 기르는 것을 중시하는데 퍼블릭 스쿨, 옥스브리지 같은 엘리트 교육기관을 중심으로 그 개념이 퍼져 있다.

하지만 제1차 세계대전 이후 영국 사회에서는 신사도에 대한 회의감이 생겨나기 시작했는데 귀족 장교들이 신사적 이상을 내세우며 전쟁에 임했지만 무의미한 참호전 속에서 수많은 병사들이 희생되는 등 신사적인 전쟁 개념이 현실과 맞지 않다는 비판이 커졌기 때문이다. 특히 제2차 세계대전 이후에는 영국에 복지국가 체제가 확립되면서 더 평등한 사회로 변화하게 되었고 여성의 독립성을 무시하고 보호 대상으로 여기는 특유의 가부장적 문화와 계층적 배타성, 식민주의적 사상이 비판받기에 이르렀다. 일례로 영국은 스포츠에서 페어플레이 정신을 강조하면서도 실제 경기에서는 신사 계층에게 유리한 규칙을 만들고 유지하는 경우가 많았다. 그 결과, 자연스럽게 귀족과 상류층으로 대표되는 신사도의 영향력이 약화되었다.

의무에 가까운 전통적 신사도 개념은 쇠퇴했지만 그 대신 '영국적인 품격'이라는 분위기는 남아 오늘날에도 그 가치를 이어가고 있다. 스포츠, 외교, 정치, 비즈니스에서는 여전히 신사적 태도를 중시하며 국제적으로 존중받는 규범의 하나로 자리하고 있다.

제1차 세계대전 속 영국과 미국의 개입

영국은 1914년부터 1918년까지 벌어진 제1차 세계대전의 주요 참전국으로 전쟁을 처음부터 끝까지 주도하며 승리를 거머쥐었지만 그 결과, 정치적, 경제적으로 다양한 변화를 겪었다. 한편, 미국은 영국과 달리 뒤늦게 참전했지만 결정적인 역할을 수행하며 새로운 국제 질서를 주도하는 강대국으로 떠올랐다.

제1차 세계대전 이전 영국은 프랑스, 러시아와 3국 협상을 맺고 독일, 오스트리아-헝가리, 이탈리아의 3국 동맹과 대립하고 있었다. 독일과의 해군력 경쟁, 유럽 내 식민지 패권 다툼이 심화되면서 전쟁의 위험이 높아져가던 1914년 6월 28일 오스트리아-헝가리 제국의 황태자 프란츠 페르디난트가 세르비아계 민족주의자에게 암살당하면서 전쟁 방아쇠가 당겨졌다. 오스트리아-헝가리는 세르비아에 선전포고했고 러시아가 세르비아를 지원하면서 유럽 전역이 전쟁의 소용돌이에 휘말리게 되었다. 이때 영국은 벨기에를 침공한 독일에게 1839년 벨기에의 중립을 보장한 런던 조약을 명분으로 선전포고했으며 영국군을 프랑스에 파병했다.

제1차 세계대전에서 영국은 독일을 상대로 서부전선과 해상에서 격돌했다. 영국군은 서부전선에서 프랑스군과 함께 마른 전투에서 독일군의 파리 진격을 저지했는데 이후 서부전선은 참호전으로 고착되어 장기전 양상을 보였다. 특히 영국군은 1916년 솜 전투와 1915~1917년 제2차 이프르 전투에서 막대한 희생을 치렀는데 두 전투에서 전사한 영국군만 20만 명이 넘는 것으로 추정된다.

한편, 영국 해군은 독일 경제를 압박하기 위해 해상봉쇄를 강화하며 물자 부족을 유도했는데 이에 맞서 독일은 1917년 유보트를 있는 대로 무제한 출격시켜 상선과 군함을 격침시킨다는 무제한 잠수함 작전을 실행했다. 1917년 1월 16일, 독일 외무장관 아르투어 침머만^{Arthur Zimmermann}은 미국의 유럽 전선 개입을 차단하고자 멕시코 주재 대사에게 은밀한 암호 전보를 발송했다. 이는 멕시코와 군사 동맹을 맺어 미국 본토를 공격하도록 유도하려는 계획이었다. 그러나 영국 정보부가 이를 감청하여 2월 말 미국 정부에 전달함으로써 상황은 급변했다. 이 '침머만 전보'는 오히려 미국 내 반독일 여론을 폭발시키는 기폭제가 되었다. 결국 미국은 오랜 고립주의 노선을 폐기하고, 1917년 4월 6일 독일에 선전포고를 하며 제1차 세계대전에 공식적으로 참전하게 되었다.

미국의 참전으로 새로운 병력과 물자가 보강되면서 전세는 영국이 포함된 연합국으로 기울기 시작했다. 미국의 압박으로 위태로워진 독일은 1918년 서부전선에서 마지막 대규모 공세 작전인 루덴도르프 공세마저 실패하며 패색이 짙어졌다. 이후 영국군과 연합군은 1918년 8월부터 11월까지 대규모 반격 작전인 100일 공세를 펼쳐 독일군에게 항복을 받아냈고 마침내 제1차 세계대전이 종결되었다.

선후 영국은 승전국임에도 심각한 군사적, 경제적 피해를 입었다. 전쟁에 동원된 500만 명 중 50% 이상이 전사하거나 부상을 입었으며 젊은 인력 상당수를 잃어 노동력 부족과 경제 회복이 지연되는 문제가 발생했다. 영국의 전쟁 지출 총액은 534억 달러에 달했는데 이 때문에 정부 부채가 6년 만에 1,150% 증가해 사실상 국고가 파산 상태에 이르렀다. 전후 미국의 최대 채권국에서 채무국으로 전락한 영국은 미국 금융력에 종속되어 파운드화의 금본위제가 중단된 반면, 최대 채권국으로 발돋움한 미국 달러는 1920년대부터 국제무역의 중심 화폐로 자리잡았다.

영국 BBC의 역사

세계에서 가장 오래된 공영 방송사이자 국제적으로 신뢰받는 언론기관 중 하나인 BBC^{British Broadcasting Corporation}는 1922년 창립 이후 영국을 비롯한 해외에 공공 서비스 방송 모델을 정립하는 등 미디어 역사에서 중요한 역할을 해내고 있다.

1920년대 초 무선통신 기술의 발전으로 라디오 방송이 대중화되면서 영국에서는 미국과 달리 정부가 공공기관을 통해 방송을 관리해야 한다는 인식이 강해졌다. 영국 정부는 무분별한 방송 확산 방지와 신뢰할 수 있는 정보, 교육적인 콘텐츠를 제공할 수 있는 독립적 공영방송의 필요성을 느꼈고 마침내 1922년 10월 18일 영국 내 주요 무선통신사들의 공동출자로 BBC가 설립되었다. BBC는 설립 당시부터 정부의 허가와 규제를 받는 방송기관이었지만 1927년 영국 국왕인 조지 5세로부터 칙허장을 받아 국영기업이 되어 오늘날까지 이어지고 있다.

공영방송인 만큼 BBC는 광고수익이 아닌 TV 수신료를 기반으로 운영되며 정치적 독립성과 공정성을 유지하기 위해 특정 기업이나 정당으로부터 영향을 받지 않고 정부로부터 편성 관련 간섭을 받지 않는 것이 특징이다. 시각장애인은 수신료 50% 감면이 이루어지며 75세 이상이라면 무료 시청이 가능하다. BBC 초대 총재인 존 라이스는 '공영방송의 3대 원칙'을 제시했는데 바로 교육^{Educate}과 정보 제공^{Inform}, 오락 제공^{Entertain}이다. 이 원칙은 오늘날에도 BBC의 핵심 가치로 유지되고 있다.

BBC가 지닌 위상은 국제적으로 상당하다. BBC 월드 서비스는 세계 각국에서 방송되는 BBC의 국제방송 네트워크로 영어를 포함한 여러 언어로 방송된다. 또한, BBC는 세계적인 뉴스 네트워크를 구축해 각종 사건이 발생하면 실시간으로 전 세계로 보도가 가능하다. 그래서 각국 정부와 방송사들은 BBC 보도를 참조하거나 협업하는 경우가 많다. 정보의 신뢰성 면에서도 BBC는 매우 높은 평가를 받고 있는데 정치적 독립성을 토대로 언론자유지수에서도 세계적으로 신뢰받는 방송사로 자주 등장한다.

그러나 오늘날 BBC의 방송 모델은 경제적, 정치적 측면에서 도전을 받고 있다. 온라인 스트리밍 서비스가 대중화되면서 TV를 보지 않는 가구가 늘어남에 따라 수신료 불만이 증가하고 있으며 일부 보수적인 정치인은 BBC의 수신료를 개혁하거나 폐지하는 방안을 제시하고 있다. 또한, 정치적으로 영국 내 보수 진영과 진보 진영에게 상대방 진영과 가까운 편향적인 방송을 한다는 이유로 비판받으며 BBC 고유의 독립성과 신뢰성을 위협받고 있다. 이를 해결하기 위해 BBC는 디지털 플랫폼을 적극적으로 수용하는 등 시대 요구에 발맞추어 다양한 변화를 모색하고 있다.

영국 화폐 발달사

영국 화폐의 공식 단위인 파운드는 세계에서 가장 오래된 통화 중 하나로 고대 로마의 금속 화폐에서 시작되었다. 파운드라는 단어는 라틴어로 '무게 단위'를 의미하는 파운디에서 초기에 화폐 가치를 금속의 무게를 측정한 데서 유래되었다.

영국의 초기 화폐는 주로 금과 은을 재료로 만들어졌는데 중세 시대에는 노르만 왕국이 영국을 정복하면서 화폐 시스템을 통합했고 이에 따라 화폐 가치는 왕의 통치력을 바탕으로 정해졌다. 14세기에 이르러 잉글랜드 왕국에서 본격적인 화폐 발행이 시작되었으며 17세기 말 '영란은행'이 설립되면서 영국 화폐 시스템의 중앙집중화가 이루어졌는데 영란은행은 화폐 발행 권한을 바탕으로 은행권을 발행해 영국 내 상업활동 촉진을 일으켰다. 영국의 최전성기인 19세기에는 자국 화폐 가치를 금으로 뒷받침하는 금본위제를 통해 국가경제의 신뢰성과 안정성을 강화했다. 하지만 1944년 브레튼우즈 협정으로 미국 달러와 금을 중심으로 하는 국제통화기금^{IMF}이 설립됨에 따라 금본위제를 포기하고 IMF 시스템에 통합되었으며 1971년 리처드 닉슨 미국 대통령이 금본위제를 폐지하면서 영국도 금본위제를 종료하게 되었다.

오늘날 영국 화폐의 공식 단위는 파운드 스털링(£)인데 1파운드는 100펜스^{pence}로 나뉘며 다양한 크기와 색상의 동전과 지폐로 유통된다. 파운드는 국제적으로 강한 신뢰성을 바탕으로 많은 국가에서 기준(확인) 통화로 사용되기도 한다. 영국의 중앙은행인 영란은행은 고유 권한으로 지폐를 발행하는데 영국 내에서 금리를 토대로 화폐 공급을 조절하거나 통화정책으로 경제를 관리하는 중요한 역할을 맡고 있다.

영국은 한때 유럽연합[EU] 회원국이었지만 유로존에 가입하지 않아 유로화를 사용한 적이 없다. 2002년부터 유통이 시작된 유로는 EU 회원국 중 상당수가 사용하는 공식 통화로 오늘날 미국 달러 다음으로 세계에서 두 번째로 크고 많이 거래되는 기준(확인) 통화다. 영국이 유로 도입을 거부한 데는 여러 이유가 있었지만 주 이유는 유럽중앙은행의 정책에서 벗어나 영국의 경제 주권과 통화정책의 독립성을 유지하기 위해서였다.

오늘날에도 영국 화폐인 파운드는 미국 달러와 함께 중요한 세계 기축통화 중 하나로 여겨지고 있다. 영국 금융시장도 여전히 세계적인 금융 중심지로 런던은 최대 외환 거래 시장 중 하나로 기능하고 있다. 하지만 브렉시트 이후 영국이 EU를 떠나면서 통화 불안정성이 증가했는데 실제로 브렉시트 당시 파운드 스털링의 가치가 크게 하락했고 유로화 도입 이후 상대적으로 입지가 줄어드는 추세다. 특히 아시아와 중동, 아프리카 지역에서는 파운드보다 달러와 유로가 더 많이 사용되고 있다.

❧

영국 내 4개 지역의 관계

오늘날 영국을 구성하는 국가는 잉글랜드, 스코틀랜드, 웨일스, 북아일랜드로 총 4개 지역이다. 이들은 주권 국가가 아니며 편의상 컨트리^{Country}, 혹은 홈 네이션스^{Home Nations}라고 불린다. 이 4개국은 독자적인 의회와 행정부를 가지고 있으며 문화적으로도 단독 총괄 단체가 있다. 다만, 정치학적으로는 미국 같은 연방국가가 아니라 단일 국가로 분류되는데 최종적인 주권은 런던 웨스트민스터의 영국 의회가 가지고 있다.

이러한 영국 역사의 중심에 잉글랜드가 있다. 오늘날의 영국은 잉글랜드를 중심으로 합병과 정복을 거치며 형태가 이루어졌는데 1282년에는 잉글랜드의 국왕인 에드워드 1세가 웨일스를 정복했고 그 후 튜더 왕조가 1536년 웨일스 합병법을 통해 웨일스를 잉글랜드에 완전히 통합시켜 '잉글랜드 왕국'을 형성했다. 반면, 오랜 기간 독립 왕국으로 유지되었던 스코틀랜드는 1603년 잉글랜드의 엘리자베스 1세가 후손 없이 사망한 후 스코틀랜드 왕 제임스 6세가 잉글랜드 왕 제임스 1세로 즉위하면서 같은 왕을 모시는 '동군연합'이 이루어졌다. 이후에도 두 국가 체제로 유지되던 잉글랜드와 스코틀랜드는 1707년 연합법이 통과되면서 마침내 '그레이트 브리튼 왕국'으로 완전히 합쳐졌다.

한편, 잉글랜드와 아일랜드는 다른 두 국가에 비해 상대적으로 마찰이 잦았다. 12세기 이후 잉글랜드의 침략과 점령을 받았던 아일랜드는 1801년 연합법으로 완전히 합병되며 '그레이트 브리튼 및 아일랜드 연합왕국'이 되었다. 하지만 기존에 존재했던 종교적 갈등에 더해 아일랜드 대기근으로 대표되는 역사적 사건으로 아일랜드 주민 수백만 명이 굶주리고 100만 명 이상이 사망하면서 기존 아일랜드 내 반영감정이 더 심해졌다. 이후 아일랜드 독립운동가들의 1916년 부활절 봉기와 아일랜드 독립전쟁을 거쳐 1921년 영국-아일랜드 조약이 체결되었고 오늘날 아일랜드 공화국의 전신인 아일랜드 자유국이 1922년 독립했다. 다만, 조약 조건 때문에 북부 6개 주의 북아일랜드 지역이 영국에 남게 되었고 오늘날까지 영국의 국가로 유지되고 있다.

4개 구성국은 각자 고유한 언어, 문화, 전통을 지니고 있는데 공식적으로는 영어가 사용되지만 웨일스어, 스코틀랜드 게일어, 아일랜드어 같은 토착 언어가 일부 지역에서 사용된다. 스코틀랜드와 웨일스는 여전히 영국이라는 정체성보다 자국민이라는 독립 성향이 강하며 특히 북아일랜드는 영국과 아일랜드 사이에서 여전히 정체성 갈등을 겪고 있다. 아일랜드 독립 후에도 북아일랜드의 가톨릭계 아일랜드 민족주의자는 아일랜드 통합을, 개신교계 영국 연방주의자는 영국에 남기를 원했고 1998년 벨파스트 협정이 체결될 때까지 아일랜드와 영국군 사이에 무력 충돌이 이어지기도 했다. 이처럼 오랜 역사적 타협의 산물이었던 영국의 연합은 오늘날에도 꾸준히 도전받고 있으며 브렉시트 이후 북아일랜드와 스코틀랜드에서는 영국과의 분리 요구가 다시 커지고 있다.

미국 대공황과 영국

미국 대공황$^{\text{The Great Depression}}$은 1929년 주식시장 붕괴로 발발한 경제 위기로 미국을 넘어 전 세계에 심각한 영향을 미쳤다. 이 사건은 경제적 붕괴를 넘어 정치, 사회 구조까지 변화시켰는데 특히 영국은 제1차 세계대전 후 경제가 불안정한 상황에서 미국 대공황의 직격탄을 맞았다.

제1차 세계대전에서 미국은 유럽 국가들에게 무기를 공급하며 경제적 호황을 누렸다. 전후 영국을 포함한 유럽 국가들이 복구와 채무 상환 문제로 경제적 어려움을 겪는 와중에도 미국은 소비와 산업 생산이 급성장해 '광란의 20년대$^{\text{Roaring Twenties}}$'라는 번영기를 보냈다.

하지만 미국 내 제조업은 급격히 성장한 반면, 노동자들의 임금 상승 수치는 생산 증가 속도를 따라잡지 못했다. 기업들은 제품을 계속 만들어냈지만 이를 구매할 소비자가 점점 줄어들면서 과잉생산 문제가 발생하고 말았다. 게다가 1920년대 후반 미국 경제는 주식시장 투기 열풍으로 과열되었는데 기업 실적과 상관없이 주가가 급등했으며 이를 많은 투자자들이 빚을 내 구매하는 신용거래가 일반화되었다. 결국 1929년 '검은 목요일'에 뉴욕 증권거래소에서 주가가 폭락하자 투자자들이 주식을 대량 매도하면서 시장이 불안정해졌고 5일 후인 '검은 화요일'에 주식시장이 완전히 붕괴해 수백만 명의 투자자들과 금융기관이 재산을 잃고 말았다.

주식시장 붕괴의 여파는 자연스럽게 미국 내 은행으로 번져갔다. 많은 은행이 대출금을 회수하려고 했지만 기업과 개인이 이를 상환할 수 없었고 은행 수천 개가 파산하면서 경제활동이 급격히 위축되었다. 기업 도산으로 대규모 해고가 발생해 1933년까지 미국의 실업률은 25%에 달했고 수많은 이들이 생활고에 시달려야 했다. 이에 미국은 1930년 자국 산업보호를 위해 수입품에 고율의 관세를 부과하는 스무트 홀리 관세법을 도입했고 유럽 국가들도 보복 차원에서 관세를 올리며 국제 무역이 축소되고 영국을 포함한 세계 경제 침체가 가속화되었다.

미국의 대공황발 금융 불안이 영국으로 퍼지면서 영국 파운드화에 대한 신뢰가 급격히 떨어졌다. 이후 영국은 1931년 기존 금본위제를 포기하고 말았다. 결과적으로 영국은 파운드화 가치 하락으로 수출 경쟁력이 높아졌지만 단기적으로는 경제적 충격을 받았다. 또한, 영국의 주요 산업이던 중공업이 심각한 타격을 입었는데 1932년 영국의 전체 실업률은 22%, 일부 지역에서는 60%에 달했다.

이후 영국도 자국 경제를 보호하기 위해 외국 상품에 높은 관세를 부과하면서 보호무역주의를 강화했다. 정치적으로는 실업문제 해결을 위해 공공사업 확대, 주택건설 촉진 등의 정책을 내놓았으며 1930년대 후반에는 심각해진 빈부격차를 계기로 사회복지에 대해 논의하기 시작했는데 이는 1940년대 복지국가의 토대가 되었다. 한편, 영국은 군비 지출을 줄였지만 1935년 이후 독일의 재무장과 국제 정세의 악화로 다시 군비 지출을 늘리게 되었다.

영국 영어와 미국 영어

영어는 원래 잉글랜드에서 발전한 언어이지만 17세기를 기점으로 영국이 본격적인 식민활동을 펼치면서 세계 전역으로 퍼졌다. 그중에서도 영국의 식민지였던 미국은 17세기부터 독자적인 변화를 겪으면서 영국 영어와 다른 특징을 형성하게 되었다. 그 결과, 오늘날 영국과 미국은 서로의 언어를 이해하는 데는 큰 어려움이 없지만 발음과 철자, 어휘, 문법 등에서 크고 작은 차이를 가지게 되었다.

영어의 기원인 고대 영어는 5세기경 앵글로색슨족이 브리튼 제도로 이주하면서 그 뿌리가 형성되었다. 이후 9세기 바이킹의 침략과 11세기 프랑스 노르만 왕조의 영국 지배를 계기로 노르드어와 프랑스어가 영어에 녹아들면서 다양한 변화가 이루어졌고 15세기 인쇄술의 발달과 셰익스피어의 영향으로 오늘날에 가까운 근대 영어 문법의 형태가 자리 잡게 되었다.

아메리카 대륙에 영어가 전파된 것은 1607년 북아메리카 버지니아주에 첫 번째 영구 식민지인 제임스타운이 건설되면서부터다. 이후 1620년 청교도인 35명을 포함한 잉글랜드 출신 이민자 102명이 메이플라워호를 타고 매사추세츠주 플리머스에 정착하면서 미국식 영어의 기초가 형성되기 시작했다. 초기 미국 식민지에는 다양한 지역 출신의 영국인들이 모여들었는데 이를 통해 미국식 영어에 일부 방언적 차이가 생겼다.

미국식 영어가 독립적인 체계를 확립한 시기는 1776년 미국 독립 이후로 보는데 미국이 영국과 정치적으로 분리되면서 점진적으로 독자적인 변화를 겪었다. 특히 미국 사전 편찬자 노아 웹스터는 미국식 교과서의 필요성을 느껴 18세기 후반부터 19세기까지 『영문법 강화』 3권과 『영어 사전』을 간행했는데 이를 통해 미국 영어만의 독립적인 철자 체계가 확립되었다. 그 후 미국은 산업혁명과 경제적 성장을 통해 미국식 영어를 국제적으로 퍼뜨렸고 오늘날 미국 문화가 세계로 퍼지면서 영국식 영어보다 널리 보급되는 결과를 낳았다.

영국 영어와 미국 영어의 주요 차이점은 철자부터 발음, 어휘와 문법에 이르기까지 다양하다. 미국 영어는 영국 영어와 비교했을 때 더 간결한 철자법을 사용하며 'r' 발음을 더 강하게 사용하고 /t/를 'd'처럼 발음하는 특징이 있다. 또한, 일상적인 단어에서도 다른 단어를 사용하거나 문법에서도 현재완료 시제를 자주 사용하는 영국과 달리 단순 과거 시제를 선호하는 경향이 있다.

영국 영어와 미국 영어는 같은 뿌리임에도 시대와 환경에 따라 변화했으며 이는 캐나다 영어와 호주 영어, 인도 영어에서도 비슷하게 나타난다. 오늘날 미국은 헐리우드 영화, 팝 음악, 인터넷 같은 대중문화의 영향으로 국제적 표준이 되었지만 영국 영어도 유럽과 과거 식민지 지역에서 여전히 영향력을 고수하고 있다. 한편, 영어 학습자들은 영국식 영어와 미국식 영어 중 하나를 선택해 학습하는 경우가 많은데 국제공인시험인 아이엘츠[IELTS]는 영국 영어를, 마찬가지로 미국 ETS 주관 하에 시행되는 영어능력시험인 토플[TOEFL]은 미국 영어를 중심으로 구성되어 있다.

제2차 세계대전과 영국

제2차 세계대전에서 영국은 나치 독일과의 전투에 연합국으로 참전해 가장 핵심적인 역할을 했다. 영국은 1939년 전쟁 초기부터 독일의 유럽 지배를 저지하는 데 중심적인 역할을 했으며 이후 미국, 소련과 함께 연합군의 승리에 기여했다. 하지만 전후 경제적 어려움을 겪는 동시에 미국과 소련 중심의 냉전체제로 세계 질서가 재편되면서 세계 최강국이라는 과거의 영광을 잃고 말았다.

제1차 세계대전 이후 경제적으로 큰 타격을 입고 국제적 영향력이 상대적으로 감소했던 영국은 이어지는 1929년 미국 대공황으로 경제적 어려움을 연이어 겪어 적극적인 군비 확장을 주저하고 있었다. 특히 영국은 베르사유 조약을 무시하고 군사력을 키워온 독일을 상대로 1938년 뮌헨협정을 체결하는 등 유화정책을 시행하면서 충돌을 최대한 피하려고 했다. 결과적으로 히틀러의 나치 독일이 1939년 체코슬로바키아를 완전히 점령하면서 영국의 유화정책은 실패로 돌아갔고 같은 해 9월 1일 나치 독일이 폴란드를 침공하면서 전쟁의 불씨가 당겨졌다.

그러나 전쟁 초기 영국과 프랑스는 즉각적인 군사적 대응을 하지 못했고 1940년 독일이 전격전으로 벨기에, 네덜란드, 프랑스를 공격하면서 전황은 추축국을 중심으로 유리하게 돌아갔다. 영국군은 프랑스군과 함께 저항했지만 독일군의 기동전에 밀려 됭케르크 철수작전을 감행했고 영국이 30만 명 이상의 병력을 구출하는 데 성공했지만 프랑스는 독일에 항복하고 말았다. 프랑스를 점령한 히틀러는 영국 침공을 준비하며 영국 공군과 전투를 벌였지만 결국 점령에 실패했고 1941년 소련 침공으로 전략을 변경했다.

　이번에도 전황을 뒤집은 것은 미국이었다. 1941년 12월 일본이 진주만 공격을 감행하면서 참전하게 된 미국은 이후 영국과 긴밀한 협력을 통해 연합군을 결성했다. 영국군은 몽고메리 장군 지휘 하에 독일 롬멜 장군의 아프리카 군단을 상대로 승리했고 이는 연합군 승리를 위한 전환점이 되었다. 1943년에는 미군과 함께 시칠리아를 점령한 후 이탈리아 본토로 진격했으며 같은 해 9월 이탈리아의 항복을 받아냈다. 독일군의 저항은 계속 이어졌지만 1944년 노르망디 상륙작전을 통해 영국, 미국, 캐나다 연합군이 서부 전선을 돌파했고 1945년 소련군이 베를린을 점령하고 히틀러가 자살하면서 독일은 마침내 항복했다. 그리고 같은 해 8월 마지막 추축국인 일본마저 항복하면서 제2차 세계대전이 끝났다.

　영국은 제2차 세계대전에서 윈스턴 처칠의 리더십과 외교력을 바탕으로 독일의 영국 본토 상륙을 막아내고 미국과 소련을 연합국으로 끌어들이며 승리를 견인했다. 하지만 영국은 막대한 전쟁 비용으로 경제적 어려움을 겪었으며 이후 인도와 말레이시아 등 많은 식민지들이 영국으로부터 독립하게 되었다. 결정적으로 전후 미국과 소련이 초강대국으로 떠오르면서 영국은 국세적 영향력이 쇠퇴하게 되었다. 그러나 영국은 1949년 북대서양 조약기구[NATO]를 창설하는 등 냉전 상황에서 서방 진영의 중심 역할을 해냈다.

영국과 미국 관계의 짧은 역사

영국 식민지에서 시작한 미국은 17세기부터 독립전쟁, 동맹 형성, 두 번의 세계대전과 냉전기 협력, 오늘날 국제 관계에 이르기까지 다양한 역사를 공유해왔다. 영국과 미국은 초기에는 지배와 반목의 관계였지만 이후 현대에 이르러 세계적으로 가장 강력한 동맹 중 하나로 발전했다.

미국의 역사는 1607년 영국이 최초의 영구적 북아메리카 식민지인 버지니아주 제임스타운을 건설하면서 시작되었다. 이후 1620년 메이플라워호를 타고 온 청교도들이 매사추세츠주 플리머스에 식민지를 건설하면서 청교도 정신과 민주적 전통을 형성했는데 이러한 정신은 미국이라는 국가 정신의 뿌리가 되었다. 이후 1733년까지 아메리카 대륙에 13개 식민지가 형성되면서 미국이라는 국가의 뼈대가 형성되기 시작했다.

영국은 프렌치 인디언 전쟁에서 프랑스를 상대로 승리를 거두며 북미 식민지 전쟁 참전국 중에서 가장 큰 발전을 이룰 수 있었다. 하지만 전쟁 비용을 충당하기 위해 미국 식민지에 과세하면서 갈등이 발생하기 시작했다. 1765년 영국은 북미 13개 식민지에 모든 인쇄물에 영국 정부의 공식 인지를 붙이도록 한 인지세법을 발표했다. 거센 반발로 이듬해 영국 의회는 인지세법을 폐지하는 대신 선언법을 통해 '영국 의회는 식민지를 언제든지 통제할 권리가 있다'라고 선언했다. 영국과 미국 식민지 주민들의 갈등이 점점 심화되던 중 1773년 찻잎 수입권을 통제하는 영국의 차법에 반발한 식민지인들이 보스턴 항구에 정박한 영국 동인도회사 배에서 차 상자를 바다에 던져버리는 보스턴 차 사건이 발생했다. 이에 영국 정부는 보스턴 항구를 폐쇄하고 매사추세츠 식민지 자치권을 박탈하는 등 강력한 보복을 시도했고 결국 1775년 독립전쟁이 시작되었다.

1776년 미국이 독립 선언을 발표한 후 프랑스와 스페인이 미국을 지원하면서 영국은 불리한 형세에 놓였다. 결정적으로 1781년 요크타운 전투에서 패배한 영국은 1783년 미국의 독립을 승인하는 파리조약을 체결했다. 미국은 강한 연방정부를 만들기 위해 1787년 미국 헌법을 제정했고 1789년 초대 대통령으로 조지 워싱턴이 취임했다. 이후 미국은 영국과 '제2의 독립전쟁'이라는 미영전쟁을 1812년부터 1815년까지 치렀는데 여기서 영국과 승자없는 종전협상을 이끌어낸 미국은 국제적으로 확실한 중립국이자 주권국의 위치를 인정받게 되었다.

전후 미국과 영국의 관계는 서서히 개선되기 시작했다. 영국은 미국 남북전쟁에서 남군을 지원했으며 제1차 세계대전에서는 미국이 독일의 무제한 잠수함 작전으로 중립에서 영국 측의 연합군으로 참전했다. 제2차 세계대전에서도 미국은 영국을 지원했으며 노르망디 상륙작전에서 함께 서유럽을 해방시켰다. 1945년 종전 후에는 함께 UN 창설을 주도했다. 냉전기에도 두 국가는 철의 장막을 통해 함께 반공 노선을 강화했으며 1949년에는 북대서양 조약기구[NATO]를 창설했다. 또한, 소련이 붕괴될 때까지 영국과 미국은 신자유주의 경제정책을 공유했으며 현재까지도 '특별한 관계'를 지속하고 있다.

마거릿 대처와 대처주의

마거릿 대처는 영국 정치인으로 1979년부터 1990년까지 영국 총리를 역임한 보수당 소속 정치인이자 영국 최초의 여성 총리다. 대처는 강경한 보수주의 정책과 함께 철저한 시장경제 중심의 경제정책을 추진해 '철의 여인Iron Lady'이라는 별명을 얻기도 했다. 이러한 그녀의 정치철학과 정책 기조는 이후 '대처주의Thatcherism'로 불리며 현대 보수주의의 기틀을 다졌다는 평가를 받고 있다.

잉글랜드 그랜섬의 전형적인 미들 잉글랜드 출신인 대처는 옥스퍼드 대학 서머빌 칼리지에서 화학을 전공한 후 잠시 화학자로 일하다가 법학을 공부해 변호사가 되었다. 그녀의 본격적인 정계 진출은 1959년 보수당 소속 하원 의원으로 당선되면서 시작되었으며 1970년 보수당이 재집권에 성공한 가운데 교육과학부 장관에 임명되었고 1975년에는 영국 최초로 여성 당수로 선출되었다. 그리고 1979년 노동당 집권 기간에 발생한 사회 문제로 보수당이 재집권에 성공하면서 영국 최초로 여성 총리직에 올랐다.

마거릿 대처는 강경한 보수주의 정책을 내세우는 한편, 소련을 강하게 비판하며 냉전시대 서방 진영의 대표적인 강경 지도자로 활동했다. 또한, 영국의 기존 국가주도형 경제에서 자유시장 중심의 경제체제로 대전환을 이루는 경제 개혁을 단행했으며 이를 시행하는 과정에서 흔들리지 않는 신념과 정치적 결단력으로 국내외에서 강한 지도자로 평가받았다.

이처럼 마거릿 대처가 추진한 경제, 사회 정책은 흔히 '대처주의'로 불렸는데 대처주의의 핵심 기조는 자유시장 경제, 작은 정부, 국가 개입 최소화, 노동조합 약화로 정의할 수 있다. 1970년대 영국은 높은 실업률과 경기 침체로 인해 '영국병British Disease'에 걸렸다는 평가를 받았는데 대처는 이를 해결하기 위해 철도, 전기, 가스, 통신 등 국영기업을 대거 민영화해 시장 경쟁을 촉진했고 감세 정책 추진과 함께 정부 지출을 줄여 경제 개혁을 시도했다.

한편, 대처는 광산노조 파업을 강경 진압하는 등 당시 강력했던 노동조합을 약화시킴으로써 기업 경영진과 자본가들의 영향력을 키웠고 복지 예산을 대폭 삭감하고 정부 지원을 줄이며 '자조自助' 정신을 강조했다. 외교 정책에서도 마거릿 대처는 미국의 로널드 레이건 대통령과 긴밀한 관계를 맺으며 소련을 '악의 제국'이라고 비판하는 등 강력한 반공정책을 추진했다. 반면 유럽경제공동체(현재의 EU)에 대해서는 신중한 태도를 유지했는데 대처는 영국의 독립적인 경제정책을 고수하며 거리를 두었다.

마거릿 대처의 강경한 정책으로 영국은 경제 위기를 극복하고 '영국병'을 완치하는 데 성공했다. 또한, 정부 개입을 줄이고 시장 경쟁을 활성화해 경세 성장을 촉진시켰고 서방 진영을 강하게 이끌며 국제적인 리더십을 발휘했다. 하지만 동시에 공공 서비스와 복지 시스템이 약화되면서 영국 노동자 계층의 삶이 더 힘들어지고 빈부격차가 심화되었다. 결과적으로 대처의 강경한 노동정책과 갈등을 일으키는 리더십은 많은 사회적 반발을 불러일으켰다.

영국의 정당사

영국은 세계에서 가장 오래된 의회 민주주의 전통을 가진 나라 중 하나다. 영국에서는 오늘날의 양당제인 보수당과 노동당이 자리잡기까지 다양한 정당과 정치 세력이 등장하고 소멸했으며 오랜 세월 동안 정치적 갈등과 변화 속에서 영국 고유의 정치를 뿌리내렸다.

영국 정당정치의 기원인 의회 제도의 발전과 정당 형성의 기초에는 마그나 카르타(대헌장)가 있다. 이 헌장을 통해 귀족들은 국왕의 권한을 제한하고 의회의 중요성을 강조하면서 정당정치의 기초를 마련했고 13~14세기에 이르러서는 귀족을 비롯해 성직자, 기사, 시민이 모여 국왕에게 조언하는 의회가 발전했다. 결정적으로 청교도 혁명에서 왕당파와 의회파 간 내전이 벌어지면서 정치 세력이 분열했는데 이들은 훗날 각각 왕당파에서 비롯된 보수당의 전신인 토리당, 의회파에서 비롯된 자유당의 전신인 휘그당이 되었다.

1688년 명예혁명 이후 영국은 입헌군주제로 전환되면서 토리당과 휘그당이 번갈아 가며 권력을 장악했다. 토리당은 왕권과 성공회를 지지하며 귀족과 지주 계층에 기반을 둔 반면, 휘그당은 의회 중심 정치로 상업 계급과 신흥 부르주아 계층의 지지를 받았다. 그리고 19세기에 이르러 의회 개혁과 산업혁명으로 정치 지형이 변하면서 토리당과 휘그당은 개혁을 통해 각각 보수당과 자유당으로 발전했다. 토리당은 왕권과 보수적 질서에서 노동자 보호법, 선거법 개정 같은 점진적 개혁과 기존 전통적 가치를 동시에 유지하는 보수당이 되었다. 반면, 휘그당은 기존 휘그당 정치인과 급진파 정치인, 자유주의적 토리당 일부 정치인이 합쳐져 새로운 자유당으로 탈바꿈했다. 이들은 자유무역과 의회 민주주의, 가톨릭 해방 등 자유주의적 정책을 추진했다.

20세기 산업혁명 이후 노동자 계급이 성장함에 따라 이들의 목소리를 대변할 집단이 필요해지자 자유당 내 진보 성향의 정치인들이 1900년 노동당을 창당했다. 이들은 사회주의 정책을 강조하며 대중적인 정당으로 점점 성장했는데 1945년 영국 총선에서는 복지정책을 앞세워 윈스턴 처칠 수상의 보수당을 이기고 집권에 성공했다. 이후 노동당이 노동자 계층의 지지를 흡수함에 따라 자유당의 영향력이 감소했고 1988년에는 자유당이 사회민주당과 공식적으로 합당해 사회자유민주당(자유민주당)이 되었다.

오늘날에는 보수당과 노동당이 주요 정당으로 자리잡았지만 그 속에서도 자유민주당, 스코틀랜드 국민당, 녹색당 등 지역 정당이 부상함에 따라 다당제 경향 속에서 양당제를 유지하고 있다. 2010년 총선에서는 보수당이 과반을 차지하지 못해 자유민주당과 연정을 구성했으며 2016년 브렉시트 국민투표 이후에는 보수당이 정치적으로 우위를 점하면서 노동당과 격차를 벌였다.

이처럼 휘그낭과 토리당의 대립에서 시작된 영국의 양당제는 전 세계적으로 큰 영향을 미쳤는데 특히 미국, 캐나다, 호주 등이 영국식 정당제를 모방했다. 영국 의회는 선거법 개정을 통해 점진적인 민주화를 이룬 한편, 노동당 정책을 통해 세계적인 복지국가 모델을 수립하는 등 여전히 세계적인 민주주의 모델로 인식되고 있다.

영국의 산업변천사

산업혁명의 발상지인 영국은 18세기부터 세계 경제의 중심지 역할을 해왔으며 이후 다양한 산업 발전과 변화를 거쳐 현대적인 경제 구조를 형성했다. 앞서 해외 진출과 식민지 개척으로 원자재 공급과 시장 확대에 성공한 영국은 인클로저 운동을 통해 노동력이 도시로 이동하면서 산업화가 촉진되었고 공장제 대량생산 체제가 확립되면서 세계 최초의 산업사회로 변모했다.

영국 최초의 산업은 면직물과 철강, 석탄 등 원자재 중심이었다. 증기기관 보급에 의해 철도, 선박, 건축용 철강 수요가 증가했고 이 공장을 가동하는 주요 에너지원인 석탄의 중요성도 높아졌다. 자연스럽게 맨체스터(면직물), 버밍엄과 셰필드(철강), 웨일스와 요크셔(석탄), 리버풀과 글래스고(조선업) 등 지역이 이 산업을 기반으로 발전하게 되었다.

19세기 후반부터는 대영제국이 식민지를 확장함에 따라 원자재 공급과 시장이 더 확대되었고 전기, 화학, 석유, 철강 기술이 발전함에 따라 2차 산업혁명이 일어나게 되었다. 영국은 해군력 강화와 무역 증가로 세계 최대 조선업 강국이 되었으며 철도와 전신망의 확대로 석탄업과 철강업이 지속적으로 성장했다. 특히 무역과 금융 시스템의 확립으로 금융업이 발전함에 따라 런던은 세계 금융 중심지로 부상하게 되었다.

하지만 20세기 중반에 이르러 제2차 세계대전을 겪은 영국은 전쟁으로 인해 산업기반이 파괴되는 동시에 식민지들이 독립함에 따라 원자재 수급과 시장 축소를 겪었다. 더욱이 미국과 소련의 냉전 체제에서 영국의 경제력이 약화되어 산업에서 다양한 변화가 일어났다. 이 시기 영국은 미국과 독일, 일본의 산업 발전으로 전통적인 제조업들이 쇠퇴를 겪자 이를 국유화하는 동시에 국민건강서비스^{National Health Service, NHS} 도입으로 사회복지를 확충했다. 또한, 정부의 강력한 지원으로 고부가가치 산업인 자동차 산업에 매진해 여러 영국 자동차 브랜드를 성장시켰다.

1980년대부터는 마거릿 대처의 강력한 신자유주의 정책이 도입됨에 따라 공기업 민영화가 이루어지는 등 산업 구조가 재편되었다. 이 시기 영국은 금융, 서비스업 중심으로 산업을 전환하고 런던은 세계 금융시장의 허브로 성장했다. 또한, 1990년대 이후에는 반도체 및 소프트웨어 산업에 진출하거나 케임브리지를 중심으로 바이오, 제약업이 발전하는 등 첨단 산업을 중심으로 성장했다. 다만, 영국의 전통적인 제조업은 몰락을 겪게 되었고 자동차 산업도 일본과 독일과의 경쟁에서 밀려 쇠퇴했다.

오늘날 런던은 뉴욕의 뒤를 잇는 세계 2위 금융 중심지로 영국은 금융, 서비스업이 전체 GDP의 80% 이상을 차지하고 있다. 또한, AI, 핀테크, 클라우드 산업과 옥스퍼드, 케임브리지를 중심으로 바이오, 제약 연구가 활발히 진행되고 있다. 이외에도 영국은 풍력, 태양광 등 재생에너지 투자를 확대하고 있다.

브렉시트와 그 후의 영국

브렉시트^{Brexit}는 영국^{Britain}과 탈퇴^{Exit}의 합성어로 영국이 유럽연합^{EU}에서 탈퇴할 때까지의 전 과정을 의미한다. 2016년 국민투표를 통해 탈퇴가 결정된 후 2020년 1월 31일을 기점으로 영국은 공식적으로 EU를 떠났다. 이 사건은 영국의 정치, 경제, 유럽의 통합체제, 국제 관계에 막대한 영향을 미쳤으며 영국 역사상 가장 중요한 정치적 결정 중 하나로 평가받는다.

브렉시트가 국민투표로 결정되기 이전 영국 내에서는 EU의 규제와 이민 문제, 경제 부담이 커지면서 EU 회의론이 증가하고 있었다. 이에 보수당 총리였던 데이비드 캐머런이 브렉시트와 관련해 국민투표를 시행할 것을 약속했고 마침내 2015년 보수당이 총선에서 승리하면서 브렉시트의 국민투표 공약이 현실화되었다.

당시 영국에서는 브렉시트 국민투표를 두고 EU 탈퇴파와 잔류파가 첨예하게 대립했다. 탈퇴파는 EU의 과도한 규제로 영국의 경제발전이 저해되었으며 이민자 유입 증가로 영국인의 일자리가 위협받는다고 주장했다. 반면, 잔류파는 EU 시장에서 벗어나면 경제적 타격이 클 것이며 국제적 영향력이 줄어들고 외교적으로 고립될 위험을 언급했다. 2016년 6월 23일 국민투표를 통해 찬성 51.9%, 반대 48.1%로 영국의 EU 탈퇴가 결정되었다. 하지만 이후 영국은 탈퇴 협상과 무역협정을 체결하는 데 무려 4년 이상 소요되었는데 투표 직후 새로 취임한 테레사 메이 총리 정부는 2018년 EU와 탈퇴 협정을 체결했지만 이를 영국 의회가 세 번이나 거부해 난항을 겪었다. 2019년에는 보리스 존슨 총리가 새로 취임해 EU와 협상을 추진했지만 이 역시 영국 의회에서 논란이 발생했다. 이후 같은 해 12월 총선에서 보수당이 압승하면서 영국은 마침내 브렉시트를 강행하기로 결정하고 2020년 1월 31일 EU에서 공식 탈퇴했고 12월 영국과 EU가 자유무역협정^{FTA}을 체결하면서 2021년부터 완전한 브렉시트가 발효되었다.

그러나 EU의 단일 시장과 관세동맹에서 공식적으로 이탈한 영국은 EU와의 무역장벽 증가를 비롯해 다양한 문제를 겪었다. 파운드화 가치가 하락해 영국의 경제 성장이 둔화되었으며 EU와의 무역 절차가 복잡해짐에 따라 수출입 비용도 증가했다. 북아일랜드와 아일랜드 문제로 영국 내 통합성이 약화되었으며 EU 잔류를 지지했던 스코틀랜드의 독립 요구도 증가했다.

브렉시트의 여파는 오늘날까지 지속되고 있다. 영국의 GDP 성장률은 EU 국가들보다 낮으며 투자 감소로 기업들은 유럽으로 이전하는 경향을 보이고 있다. EU 출신 노동자들이 영국을 떠나면서 건설, 농업, 서비스업 등에서 인력 부족 사태가 발생했고 공급망 문제로 소비자 물가가 상승했다. 정치적 혼란도 지속되어 2022년 취임한 리즈 트러스 총리는 경제정책 실패로 45일 만에 사임하기도 했다. 이후 영국에서는 EU와의 관계 개선을 위해 노력하고 있으며 국민들도 협력 강화를 요구하고 있는 상황이다.

에필로그

단숨에 읽는 영국 역사

오늘날 우리가 잉글랜드라고 부르는 곳은 자연을 기준으로 나뉘는데 여기서 자연은 지질학, 기후, 지리다. 이 세 가지 모두의 혜택을 받은 곳은 동남부(런던) 지역이다. 로마제국은 잉글랜드 동남부를 유럽 문화의 일부로 만들었다(로마 브리튼). 이후 해안가의 게르만 부족(앵글로색슨)들이 건너와 정착했다. 게르만족은 잉글랜드 여기저기에 정착하면서 '남부^{suðan}'와 '북부^{norðan}'가 나타났다. 이후 게르만족은 스칸디나비아인 (바이킹)에게 모두 정복당할 뻔했지만 남서부에 있던 어느 왕가(알프레드 대왕)가 침략자들을 물리치고 오늘날의 잉글랜드인 모든 곳을 지배하면서 영국 역사의 빛을 밝혔다.

잉글랜드(앵글로색슨)는 처음에 덴마크(데인족)로부터 그리고 다음에는 프랑스(노르만족)로부터 지배를 받았다. 윌리엄 정복왕 이후 다음 3세기 동안 식민지의 귀족들은 프랑스어를 사용하며 연합했다. 이때 잉글랜드 엘리트들은 왕실의 절대주의를 견제할 기구로 '의회'를 발명했다. 이후 잉글랜드 엘리트들은 잉글랜드의 언어인 영어를 말하기 시작했고 라이벌이던 군벌과 같은 사고로 생각하기 시작했다. 잉글랜드의 통합은 반란과 내전으로 위협을 받았다. 새로운 왕조(튜더 왕조)는 유럽 르네상스 교육을 통해 엘리트층을 만들어 질서를 다시 세웠다. 그 다음 500년 동안 잉글랜드의 지배층은 고대 그리스어, 라틴어, 프랑스어를 구사했다.

남동부를 중심으로 활동한 새로운 엘리트들이 북부 엘리트들을 무찌르고 동화시키는 데 150년 넘게 걸렸다. 때때로 잉글랜드의 평민들은 잃어버린 자유를 되찾겠다는 환상에 빠져 싸움에 동참했다. 한때 잉글랜드는 통제 불능 상태였다. 잉글랜드의 엘리트층 사이에서 일어난 분열은 너무 심했고 그 결과, 국왕도 참수당했다. 이후 잉글랜드의 엘리트들은 자연스럽게 잉글랜드 남부의 통치 질서 하에서 다시 연합했다. 이후 네덜란드에서 그다음에는 독일에서 잉글랜드를 통치할 새로운 국왕들을 선택했다. 마침내 잉글랜드의 엘리트들은 브리튼 섬의 다른 엘리트들을 동화시켜 오늘날의 영국을 만들었다. 고전적인 유럽 문화를 내세운 새로운 지배 계급이 등장한 셈이다. 이 지배 계급은 광대한 세계 여러 곳을 정복했고 마침내 영국의 평민들은 자신들의 전통적인 땅과 삶의 방식을 포기했다.

유용한 광물이 가득한 북부가 약 1세기 동안 번성하면서 산업혁명이 일어났다. 특이한 시기였다. 황금기를 맞은 북부의 종교지도자와 정치 지도자들이 남부의 오만함에 도전했지만 남부는 남부식 영어를 구사하는 지도자들을 포괄적인 엘리트층으로 기르는 데 성공했다. 이때 잉글랜드 남부를 본부로 둔 대영제국은 세계의 1/4을 지배하고 있었다.

이제 엘리트들은 서민들에게 권력을 넘기기 시작했다. 서민들은 곧바로 고대로부터 내려온 같은 민족의 정당에게 투표하기 시작했다. 여기서 한 세기가 넘는 기간 동안 떠오른 문제가 있었다. '잉글랜드 남부, 잉글랜드 북부-잉글랜드 이외 국가들'과 같은 구도로 나뉘었다. 여기서 잉글랜드 남부가 잉글랜드 북부와 다른 지역들 사이에 맺어진 전략적 동맹에 맞서 계속 영국을 지배할 수 있느냐가 문제로 떠올랐다.

에필로그
·

463

남북 분열로 무기력해진 영국은 표류했다. 영국이 정신을 차리고 다시 살아남기 위해 유럽의 일에 다시 개입할 수밖에 없는 상황이 될 때까지는 말이다. 한 세대에 두 번의 거대한 전쟁에서 승리했지만 이후 영국(현재 아일랜드가 자치권을 얻은 영국)은 군사, 경제, 문화 분야에서 미국의 대리인(완충지대)이 되었다. 영국을 유럽과 더 강하게 연결하려는 시도가 있었지만 항상 강력한 반대에 부딪혔다.

대영제국은 사라졌다. 원래의 켈트 식민지에서는 반연방제로 운영되었다. 잉글랜드 남부와 북부는 서로 자신이 잉글랜드 전체인 영국을 통치할 수 있다고 믿었다. 나아가 이들의 파벌 간 전쟁으로 스코틀랜드가 독립을 선언하기 전까지는 잉글랜드 남부 정치 세력은 영국이라는 연방이 사라져야 잉글랜드를 통치할 수 있다고 확신하게 되었다. 그래서 잉글랜드 남부 정치 세력은 민족해방이라는 공약을 과도하게 남발하며 북부와 남부의 일반인들을 자기 편으로 만들기 위해 애썼다.

이제 잉글랜드인은 무엇이 지나가버린 과거이고 현재는 어떤 상황이며 앞으로 어떤 일이 벌어질지 분명히 생각해봐야 한다. 이미 과거가 된 역사 자체는 바꿀 수 없지만 앞으로의 역사는 우리 스스로 만들어 갈 수 있다.

감사의 말

발행인 벤 야르데 불러[Ben Yarde-Buller], 담당 편집자 맷 베일리스[Matt Baylis]에게 감사의 인사를 드리고 싶다. 그 어떤 저자도 더 이상 요구할 것이 없을 정도로 두 분이 정말 많이 도와주었다. 모든 저자가 이상적으로 바라는 도움이었다. 제임스 넌[James Nunn]의 일러스트레이션은 단순히 책을 멋지게 보이게 하는 장식에 그치지 않았다.

제레미 나이트 박사[Dr. Jeremy Knight, FSA] 덕분에 이 책이 나올 수 있었다. 나이트 박사는 나를 고고학 현장 감독관과 연구원으로 뽑아주는 따뜻함을 보여주었다. 최근 통찰력을 얻는 데 도움을 준 분들이 있다. 키런 오코너 박사[Dr. Kieran O'Conor], 스테판 시만스키 박사[Dr. Stefan Szymanski], 피터 톰슨 박사[Dr. Peter Thompson], 리처드 퍼시벌 교수[Professor Richard Percival], 카렌 리더 교수[Professor Karen Leeder], 존 홈[John Holme], 존 맥터닌[John McTernan], 큰아들 오웨인[Owain]과 그의 파트너인 마톤[Marton]이 연구에 큰 도움을 주었다. 형제와 누이들이 내 이야기를 친절하게 들어주었다. 나와 결혼해 3년간 모든 것을 인내하며 살아준 아내 카롤린 폰 오펜 박사[Dr. Karoline von Oppen]에게도 감사를 전한다.

옮긴이의 말

영국 역사가 궁금했다

세계사 무대에서 19세기를 돌아보면 나폴레옹 전쟁이 끝난 1815년부터 제1차 세계대전이 발발한 1914년까지 영국은 '팍스 브리타니카'라고 불릴 만큼 세계의 중심에 서 있었다. 섬나라에 불과한 영국이 그토록 광대한 제국을 어떻게 이끌 수 있었을까. 그것은 단순히 군사적 제국주의의 힘 때문만은 아니었다. 의회를 중심으로 한 입헌 정치, 산업혁명을 토대로 한 자본주의 경제, 과학적 합리주의와 기술 혁신, 그리고 사회적 다양성까지 즉, 오늘날 문명사회를 떠받치는 거의 모든 기둥 위에서 영국이 한 발 앞서 있었던 이유를 알아보고 싶었다.

- 문화적 다원성 속에서 배태된 실용주의

많은 학자들은 영국인의 정체성을 논할 때 문화적 혼합과 다원성을 중요한 특징으로 꼽는다. 한 국가의 정체성을 이해하려면 오랜 역사 속에서 지리와 민족, 언어와 종교, 이념과 문화, 경제와 대외 관계를 종합적으로 살펴봐야 한다. 영국사는 바로 그러한 다층적 만남과 충돌, 그리고 그 속에서 길러진 실용적 적응의 역사였다. 이러한 경험은 단순히 외세의 침입에 수동적으로 적응한 것이 아니라 매 시기마다 다양한 요소를 능동적으로 조율하며 새로운 균형을 만들어낸 과정이었다.

오늘날 영국이 위치한 도서 지역은 고대부터 '브리튼Britain'으로 불렸다. 고대 지리학자들은 켈트족인 프리타니Pritani의 이름에서 유래한 '프레타니아'라고 기록했다. 이후 로마 제국은 이 땅을 정복해 '브리타니아'라고 명명했고 라틴 전통은 훗날 '브리튼'이라는 이름으로 이어졌다. 이름의 변화는 단순한 언어적 전환이 아니라 이 지역이 외부 세계와 어떻게 연결되었는지를 보여주는 문화적 지표였다.

신석기 시대에 농경과 거석문화가 자리잡은 브리튼은 철기시대에 이르러 켈트족의 언어와 문화로 채워졌다. 그러나 가장 큰 변화는 로마의 도래였다. 기원후 43년 클라우디우스 황제의 원정으로 브리튼 남부는 로마의 속주가 되었고 도로망·도시·법과 행정이 들어왔다. 하드리아누스 방벽은 로마 지배의 북방 한계를 보여주었고 라틴어와 화폐경제가 확산되었으나 로마의 철수 이후 상당 부분 사라졌다. 그럼에도 로마가 남긴 제도적 유산은 후대 영국의 행정과 법 질서 속에서 재해석되며 살아남았다.

410년 로마군이 철수하자 브리튼은 다시 외부의 침략과 내부 분열에 시달렸다. 앵글족, 색슨족, 주트족이 정착하며 새로운 질서를 세웠고 로마화된 문화와 언어는 쇠퇴했다. 그 대신 고대 영어가 뿌리를 내리고 기독교 선교와 문학 전통이 결합해 앵글로색슨 사회가 형성되었다. 이 시기의 전환은 영국 문화가 언제나 외래적 영향과 토착적 전통을 융합하며 새로운 정체성을 만들어왔음을 보여준다.

793년 린디스판Lindisfarne의 수도원 약탈은 바이킹 시대의 시작이었다. 이들은 수도원과 상업 중심지를 약탈하다가 9세기 후반에는 아예 영토를 장악해 '데인로Danelaw'라 불리는 지배 지역을 세웠다. 그러나 웨식스의 알프레드 대왕은 에딩턴 전투의 승리와 『앵글로색슨 연대기』 편찬으로 잉글랜드의 부흥을 이끌었다. 그의 손자 애설스탠Athelstan은 937년 브루난버 전투에서 승리하며 최초의 잉글랜드 통일왕으로 자리매김했다. 바이킹의 침입은 파괴와 동시에 해양적 역동성을 남겼고 훗날 영국이 바다를 제국의 터전으로 삼는 배경이 되었다.

11세기 초에는 덴마크 왕조가 잉글랜드를 지배했으나 곧 새로운 도전자가 등장했다. 프랑스 노르망디 공국에서 성장한 윌리엄은 1066년 헤이스팅스 전투에서 승리하고 잉글랜드 왕으로 즉위했다. '노르만 정복'은 잉글랜드 사회를 근본적으로 바꾸었다. 귀족 사회는 프랑스어를, 행정은 라틴어를, 평민은 영어를 사용하며 언어적 단절이 이어졌으나 시간이 흐르면서 세 언어는 융합되어 중세 영어로 발전했다. 1086년 편찬된 '둠스데이북'은 새로운 행정 질서의 상징이었다. 이처럼 언어적 분열과 제도의 혼합은 영국이 문화적 갈등을 새로운 창조의 원천으로 전환하는 방식을 잘 보여준다.

헨리 2세는 플랜태저넷 왕조의 창시자로 아키텐의 엘레오노르와의 결혼을 통해 프랑스 서부의 광대한 영토를 지배했다. 이는 훗날 백년전쟁의 씨앗이 되었다. 헨리 2세는 관습법을 제도화하며 근대 영국법Common Law(판례 중시)의 기초를 세우고 순회 재판과 배심제의 기틀을 마련했다. 이러한 제도적 혁신은 후대 민주주의와 법치주의의 초석이 되었다.

노르만 프랑스어, 라틴어, 영어가 공존하는 언어적 분열 속에서도 점점 영어가 부활했고 14세기 이후에는 행정과 문학에서 다시 주류가 되었다. 이는 영어가 단순한 민중 언어에서 국가 정체성의 핵심 언어로 성장했음을 보여준다. 헨리 8세 시대에는 웨일스가 잉글랜드에 통합되었지만 웨일스어와 전통은 여전히 살아남았다. 이는 영국 사회가 소수의 전통을 완전히 말살하기보다 일정 부분의 공존을 허용하며 다원적 구조를 유지했음을 의미한다.

1603년 엘리자베스 1세가 후계자 없이 사망하자 스코틀랜드 왕 제임스 6세가 잉글랜드 왕위에 올라 두 왕국은 동군연합을 이루었다. 1707년에는 잉글랜드와 스코틀랜드가 연합해 '그레이트 브리튼 왕국'이 성립했고 1801년에는 아일랜드까지 합쳐 '그레이트 브리튼 아일랜드 연합왕국'이 되었다. 그러나 1916년 부활절 봉기와 1921년 아일랜드 자유국의 독립으로 오늘날의 영국은 축소된 형태로 남았다. 이 과정은 영국의 정체성이 끊임없이 확장과 수축, 타협과 재편 과정을 거쳐 형성되었음을 잘 보여준다.

영국의 역사는 켈트족의 공동체 전통, 로마의 법과 행정, 앵글로색슨의 언어와 관습, 바이킹의 해양성과 상업성, 노르만의 중앙집권적 제도를 차례대로 흡수하며 전개되었다. 이러한 만남과 충돌은 단순한 혼합이 아니라 제도와 언어, 사회 운영 방식 속에서 실용적으로 재편된 과정이었다. 이러한 경험은 영국이 극단적 단절보다 점진적 개혁을 선호하는 정치 문화를 낳았으며 이는 훗날 명예혁명과 입헌군주제의 성립으로 이어졌다.

영국적 정체성은 혈통의 순수성보다 다양한 문화의 융합과 현실적 타협, 그리고 점진적 개혁을 통해 형성되었다. 그것이 바로 영국사의 밑바탕에 깔린 특질인 '문화적 다원성 속에서 배태된 실용주의'다. 영국은 이 유산을 바탕으로 전통과 변화를 조화시키며 근대 세계사의 주인공으로 부상할 수 있었다.

- 의회제도의 기원과 민주주의의 발전

영국 민주주의의 뿌리를 흔히 1215년 존 왕의 『마그나 카르타』에서 찾는다. 그러나 왕권을 견제하려는 움직임은 이미 그 이전부터 영국사의 전통 속에 깊이 자리잡고 있었다. 앵글로색슨 시대의 왕들은 원로회의 '위탄Witan'과 귀족·성직자들의 합의를 거쳐 통치해야 했으며 왕위 계승조차 단순한 혈통이 아니라 위탄의 선택에 의해 좌우되었다. 이러한 합의의 전통은 후대 의회제도의 원형으로 작용했다. 노르만 정복 이후에도 왕권은 전제적이지 않았다. 정복왕 윌리엄은 노르만 귀족들에게 토지를 나눠주고 충성을 요구하는 계약적 관계를 유지했으며 헨리 1세는 즉위하면서 '자유 헌장Charter of Liberties(1100년)'을 발표해 세금 남용을 제한하고 교회와 귀족의 권리를 존중하겠다고 약속했다. 비록 지켜지지는 못했지만 이는 왕권 제한을 성문화하려고 한 최초의 시도로 『마그나 카르타』의 선례가 되었다.

이러한 전통은 존 왕(1199~1216)의 무능한 통치 속에서 결정적인 순간을 맞았다. 그는 대륙 영토 대부분을 프랑스에 상실하고 과도한 세금으로 귀족과 국민의 반발을 샀다. 1215년 귀족들은 왕에게 『마그나 카르타』를 강제로 승인시켰다. 이 문서는 왕도 법의 지배를 받아야 한다는 원칙, 세금 부과에는 합의가 필요하다는 규정, 자유민의 권리 보장 등을 명문화했다. 『마그나 카르타』는 단순한 중세의 정치 타협이었으나 후세에 법치주의와 민주주의의 상징으로 자리잡으며 영국 의회제도의 초석이 되었다.

그러나 왕과 귀족의 갈등은 계속되었다. 헨리 3세 시대(1216~1272)에는 1258년 '옥스퍼드 조례'가 제정되어 왕권이 제약되었고 1265년 시몽 드 몽포르는 기사와 평민 대표까지 참여한 의회를 소집했다. 이는 근대 의회의 기원을 보여주는 사건으로 평가받는다. 그의 뒤를 이은 에드워드 1세(1272~1307)는 웨일스를 정복하고 법률을 정비했으며 1295년 '모범 의회Model Parliament'를 열어 귀족·성직자뿐만 아니라 평민 대표까지 포함시켰다. 잉글랜드 의회가 제도적으로 정착하기 시작한 것이다.

에드워드 2세(1307~1327)는 무능과 사치로 귀족의 불만을 샀고 왕비 이사벨라와 로저 모티머의 반란으로 퇴위당했다. 의회가 공식적으로 퇴위를 승인한 것은 왕권이 절대적이지 않음을 보여준 역사적 전환점이었다. 그의 아들 에드워드 3세(1327~1377)는 왕권을 강화했으나 프랑스 왕위 계승을 주장하면서 시작된 백년전쟁(1337~1453)은 국가 정체성과 언어·의회의 역할에 새로운 변화를 불러왔다. 전쟁 비용을 조달하기 위해 왕은 의회에 의존해야 했고 그 결과, 의회의 권한은 점점 강화되었다. 1341년 의회는 상원과 하원으로 분리되었으며 1362년 『영어 소송법』이 제정되어 영어가 법정 언어로 공식 인정되었다. 이는 잉글랜드인의 정체성을 더 공고히 하는 계기가 되었다.

17세기 들어 왕권과 의회의 갈등은 절정을 맞았다. 찰스 1세가 왕권신수설을 내세우며 절대왕정을 강화하자 의회는 청교도혁명으로 맞섰고 결국 왕은 처형되었다. 잠시 크롬웰의 공화정이 들어섰으나 1660년 왕정은 복고되었다. 그러나 제임스 2세가 가톨릭 정책을 강화하고 전제

정치를 시도하자 의회는 네덜란드의 윌리엄과 메리를 불러들였다. 1688년 군사적 충돌 없이 제임스 2세가 퇴위하고 윌리엄과 메리가 즉위한 사건이 바로 '명예혁명'이다. 이듬해 제정된 『권리장전^{Bill of Rights}』(1689)은 왕권을 법 아래 두고 의회의 권한을 제도적으로 확립했다.

이로써 영국은 입헌군주제로 변모했다. 국왕은 더 이상 절대적 권력을 가질 수 없었고 의회가 정치의 중심으로 자리잡았다. 이후 내각책임제가 정착되면서 영국은 오늘날의 민주주의로 나아갔다. 명예혁명은 미국 독립혁명(1776)과 프랑스 혁명(1789)에 큰 영감을 주었으며 피를 흘리지 않고 정권이 교체된 평화적 혁명의 모델로 세계사에 남았다.

결국 영국 민주주의의 발전은 한 순간의 혁명이 아니라 앵글로색슨 시대의 합의 전통, 노르만 왕조의 자유 헌장, 마그나 카르타, 귀족과 평민의 의회 참여, 왕 퇴위 선례, 백년전쟁 속 의회 권한의 강화, 그리고 명예혁명으로 이어지는 점진적 타협과 제도화의 역사였다. 그것은 영국 정치문화의 특질인 '실용주의적 개혁'과 '법치에 기반한 민주주의'의 가장 오래된 증거이기도 하다.

- 영국의 종교 갈등과 성공회 탄생

영국의 종교사는 언제나 정치 권력과 얽힌 갈등과 타협의 역사였다. 로마 이전 켈트인들은 자연신을 숭배하며 드루이드가 종교적 권위를 가졌다. 로마 제국 시기(1~5세기)에는 다신교와 황제 숭배가 전파되었고 4세기 초 콘스탄티누스 대제의 밀라노 칙령 이후 기독교가 브리튼에도 확산되었다. 3세기 말 순교한 성 알반^{St. Alban}은 영국 최초의 기독교 순교자로 추앙받았다.

그러나 로마의 쇠퇴 이후 앵글로색슨의 이교 문화가 다시 확산되자 가톨릭 교회는 선교를 통해 기독교를 재전파했다. 597년 교황 그레고리오 1세가 파견한 성 아우구스티누스는 켄트 왕 애설버트를 개종시키고 캔터베리 대주교가 되어 영국 교회의 기틀을 마련했다. 1066년 노르만 정복 이후 교황청의 권위는 더 강화되었고 왕권과 교황권의 충돌도 빈번했다. 대표적으로 존 왕은 대주교 임명 문제로 인노첸시오 3세와 대립하다가 파문당했고 끝내 잉글랜드를 교황의 봉신국으로 바치며 굴복했다.

헨리 2세는 왕권 강화를 위해 1164년 '클라렌던 헌장'을 제정해 교회 재판권을 제한하려고 했으나, 캔터베리 대주교인 토머스 베케트가 이를 거부하다가 1170년 성당에서 살해되었다. 그의 죽음은 교회의 권위를 오히려 높였고 왕권과 교황권 갈등의 상징적 사건으로 남았다.

16세기 헨리 8세 치세는 영국 종교사의 중대한 분수령이었다. 그는 처음에는 루터의 종교개혁을 반대해 교황에게서 '교회의 수호자'라는 칭호를 받았으나 왕위 계승 문제와 이혼 갈등으로 교황과 결별했다. 1534년 「수장령^{Act of Supremacy}」을 통해 국왕을 영국 교회의 수장으로 선언하고, 교황권으로부터 독립시켰다. 이어 「수도원 해산령」을 통해 교회의 막대한 재산을 몰수하고 반대 세력을 숙청함으로써 국왕 중심의 영국 국교회 체제를 확립했다.

헨리 8세의 뒤를 이은 메리 1세(재위 1553~1558)는 잉글랜드 최초의 단독 여왕이었다. 그는 가톨릭 신앙으로 회귀해 국교회를 해체하고 개신교를 탄압했다. 캔터베리 대주교인 토머스 크랜머를 비롯한 많은 개신교 지도자들이 화형에 처해졌으며 이로 인해 '피의 메리^{Bloody Mary}'라는 오명을 얻었다. 그러나 이러한 강경책은 오래 지속되지 못했고 그녀의 죽음과 함께 가톨릭의 영향력도 약화되었다.

엘리자베스 1세(재위 1558~1603)는 종교적 절충을 통해 새로운 길을 열었다. 1559년 「수장령」과 「통일령」을 제정해 교황으로부터 독립한 영국 교회의 정체성을 확립하고 가톨릭적 전통과 개신교적 교리를 절충한 '엘리자베스 종교 정^{Settlement}'를 마련했다. 그러나 1570년 교황 비오 5세의 파문 이후 가톨릭의 반란과 암살 음모가 이어지면서 오히려 가톨릭 탄압은 강화되었다. 그럼에도 엘리자베스 시대는 스페인 무적함대 격퇴(1588)를 통해 영국을 해상 강국으로 만들었고 셰익스피어 등 문학과 예술이 번성한 문화적 황금기로 기억된다.

1603년 즉위한 제임스 1세는 스코틀랜드 왕을 겸한 동군연합의 군주였다. 그는 "주교 없이는 왕도 없다^{No bishop, no king}라는 말로 국왕의 권위를 지탱하는 수단으로 성공회를 활용했지만 청교도의 개혁 요구를 거부하면서 갈등이 심화되었다. 가톨릭에 대해서도 처음에는 관용을 표방했으나 1605년 화약음모사건 이후 가톨릭 탄압을 강화했다. 1611년 그가 승인한 「킹 제임스 성경」은 이후 영어 성경의 표준으로 자리잡았으나 성공회·청교도·가톨릭 사이의 갈등은 더 깊어졌다.

청교도 중 급진적 분리파는 신앙의 자유를 찾아 해외로 떠났고 1620년 메이플라워호를 타고 신대륙 플리머스에 정착했다. 그들이 서명한 「메이플라워 서약」은 자치정부와 다수결 원칙을 명문화한 문서로 훗날 미국 민주주의의 기원으로 평가받았다.

제임스 1세와 그의 뒤를 이은 찰스 1세는 성공회를 강화하며 왕권을

지키려고 했으나 청교도들은 더 철저한 종교개혁을 요구했다. 1628년
의회가 제출한 「권리청원」은 왕의 전제정치에 제동을 걸었으나 찰스 1
세는 이를 무시하고 11년 동안 의회 없이 통치했다. 그러나 재정 위기로
1640년 의회를 소집하면서 갈등이 폭발했고 1641년 「대반항」을 계기로
왕과 의회의 대립은 내전으로 이어졌다.

청교도혁명(1642~1651)은 영국 정치사에서 절대왕권을 근본적으로
제약한 중대한 전환점이었다. 왕당파는 귀족과 보수적 성공회 신자, 북
부와 서부의 지지층을 기반으로 했고 의회파는 중산층과 청교도, 상공
업자, 도시민, 남부·동부 지방에 뿌리를 두었다. 초반에는 왕당파가 우
세했으나 1645년 올리버 크롬웰이 지휘한 신형군^{New Model Army}의 활약으로
전세가 역전되었다. 네이스비 전투에서 결정적 승리를 거둔 의회군은 왕
당파를 몰락시켰고 결국 찰스 1세는 1649년 반역죄로 공개 처형되었다.
이는 인류가 걷게 될 근대 민주주의의 먼 여명을 밝힌 큰 사건이었다.

이후 잉글랜드는 공화국^{Commonwealth}을 선포했지만 안정은 오래가지 못
했다. 크롬웰은 아일랜드와 스코틀랜드를 정복하고 왕당파를 제거했으
나 1653년 의회를 해산하고 '호국경^{Lord Protector}'으로 군림하며 사실상 군
사 독재를 펼쳤다. 청교도적 규율을 강요하고 1651년 「항해법」을 제정
해 네덜란드와 무역 패권을 다투었지만 그의 사망 이후 후계자는 지도
력을 발휘하지 못했다. 결국 1660년 왕정복고로 찰스 2세가 즉위했으
나 가톨릭 동조와 왕권 강화 시도로 다시 의회와의 긴장이 이어졌다.

제임스 2세(재위 1685~1688)는 가톨릭을 노골적으로 옹호하며 전제
정치를 강화하려고 했고 이는 의회와 국민의 반발을 불러왔다. 1688년
의회는 그를 폐위하고 네덜란드의 윌리엄과 메리를 공동 군주로 추대하

는 '명예혁명Glorious Revolution'을 단행했다. 이듬해 제정된 「권리장전」은 왕권을 법 아래 두고 의회의 동의 없이는 법 제정이나 세금 부과가 불가능함을 명문화하며 입헌군주제를 확립했다.

청교도혁명은 단순한 내전이 아니라 영국 정치 체제에서 절대왕권의 길을 원천적으로 차단한 사건이었다. 이어진 명예혁명은 이를 제도적으로 완성시켜 의회가 국가 운영의 중심이 되는 입헌군주제의 기틀을 굳혔다. 이로써 영국은 종교적 갈등을 넘어 정치적 안정과 제도적 기반을 다지며 산업혁명과 민주주의 발전을 향한 길로 나아갈 수 있었다.

- 산업혁명과 부의 축적

18세기 후반 영국은 인류 문명사의 새로운 전환점을 맞이했다. 이는 총칼로 이루어진 정복이나 군주의 권력 강화가 아니라 보이지 않는 기계의 톱니바퀴와 증기기관의 박동으로 전개된 혁명이었다. 우리가 오늘날 '산업혁명'이라고 부르는 이 거대한 사건은 단순한 기술적 진보를 넘어 사회와 경제, 정치와 문화의 구조를 근본적으로 바꾸어 놓았다. 그리고 이 변화의 진원지는 다름 아닌 영국이었다.

영국이 다른 유럽 국가들보다 먼저 산업화의 길에 오를 수 있었던 배경에는 몇 가지 조건이 있었다. 무엇보다 17세기 후반부터 본격화된 인클로저 운동은 빈농에게는 위기였으나 농업 생산성을 높이는 동시에 농촌 인구를 도시로 몰아넣었다. 밀과 보리, 감자 같은 작물은 넓은 울타리 안에서 효율적으로 재배되었고 일자리를 잃은 농민들은 값싼 노동력이 되어 공장으로 흘러 들어갔다. 풍부한 석탄과 철광석 자원, 해양무역과 식민지에서 쌓인 자본, 그리고 1688년 명예혁명 이후 확립된 입헌군주제가 보장한 정치적 안정은 산업혁명이 뿌리내릴 토양을 제공했다.

과학혁명으로 길러진 실험 정신과 기술 응용의 전통도 중요한 밑거름이었다. 뉴턴 이후의 과학적 합리주의는 발명가들의 손끝에서 방직기계, 증기기관, 철강기술로 구체화되었고 새로운 생산양식이 서서히 현실로 다가오기 시작했다.

산업혁명의 불씨는 방직산업에서 타올랐다. 1733년 플라잉 셔틀, 1764년 스피닝 제니, 1769년 수력 방적기, 1779년 뮤울^{Mueul} 방적기의 등장은 직물 생산을 폭발적으로 늘렸고 영국의 면직물이 인도의 전통 직물을 압도하게 만들었다. 여기에 1769년 제임스 와트가 개량한 증기기관이 결합하면서 혁명은 더 가속화되었다. 이제 기계는 인간의 팔과 다리를 대신해 쉼 없이 돌아갔고 광산, 방직공장, 철도, 증기선으로 그 힘이 확산되었다.

1784년 헨리 코트^{Henry Cort}의 제강법은 저렴한 철 생산을 가능케 했고 철은 교량과 기계, 건축물을 지탱하는 산업사회의 골격이 되었다. 1825년 스톡턴-달링턴 철도가 개통되고 1830년 리버풀-맨체스터 철도가 뒤를 잇자 교통 혁명은 사람과 상품, 사상을 전례 없이 빠른 속도로 이동시켰다. 도시에는 인구가 몰려들었고 공장 굴뚝은 끊임없이 연기를 뿜어 올렸다.

산업혁명은 영국 사회를 뿌리째 바꾸었다. 농민은 노동자가 되었고 신흥 산업 부르주아는 정치적 영향력을 요구하며 등장했다. 아동 노동과 열악한 위생은 새로운 사회문제를 낳았지만 동시에 노동운동과 사회개혁의 싹을 틔웠다. 1832년과 1867년, 1884년에 이르는 선거법 개정은 점점 참정권을 확대하며 민주주의 발전을 이끌었다.

영국의 공장은 국내를 넘어 세계로 뻗어 나갔다. 값싼 면직물과 철강 제품은 인도와 중국, 아프리카 시장으로 쏟아져 들어갔고 식민지는 원료 공급지로 편입되었다. 영국은 '세계의 공장'이라고 불리며 세계 경제의 중심에 섰고 19세기 '팍스 브리타니카' 시대가 열렸다. 산업혁명은 군사적 우위도 뒷받침했다. 철강으로 무장한 함대와 증기선은 전 세계 바다를 장악했고 1805년 트라팔가 해전에서 증명된 해군력은 곧 제국의 기둥이 되었다.

사상적으로도 산업혁명은 자유주의와 자본주의 이론의 토양이 되었다. 1776년 애덤 스미스의 『국부론』은 보이지 않는 손의 자유시장을 설파했고 리카도의 『비교우위론』과 맬서스의 『인구론』은 산업사회의 구조적 문제와 가능성을 설명했다.

산업혁명은 영국을 세계사의 무대 위로 끌어올린 거대한 사건이었다. 농업혁명에서 비롯된 인구 이동, 자원과 자본의 축적, 과학적 합리주의와 제도의 안정이 빚어낸 이 변화는 기계와 증기, 철과 면직물, 도시와 철도의 모습으로 현실화되었다. 그 결과, 영국은 세계 최초의 산업국가이자 근대 자본주의의 모범으로 자리매김했으며 19세기 인류 문명의 방향을 선도했다. 산업혁명은 단순한 기술적 전환이 아니라 영국을 강대국으로 만들고 인류사 전체를 새로운 궤도에 올려놓은 역사의 거대한 분수령이었다.

- 해양 팽창과 세계 지배

역사에서 바다는 단순한 물길이 아니라 교류와 정복, 문명과 제국을 연결하는 무대였다. 영국이 섬나라라는 지정학적 제약을 숙명처럼 안고 있었던 만큼 바다의 의미는 더 각별했다. 유럽 대륙의 강대국들 사이에서 살아남으려고 했던 영국은 일찍이 바다를 생존의 경계선으로 삼았고 시간이 흐르면서 그것을 세계로 뻗어 나가는 출발점으로 전환시켰다. 산업혁명 이전부터 시작된 해양 팽창은 19세기 '해가 지지 않는 제국'을 만들어내는 원동력이 되었다.

영국의 본격적인 해양 진출은 엘리자베스 1세(재위 1558~1603) 시대에 뿌리를 내렸다. 유럽은 이미 대항해시대에 돌입해 있었다. 포르투갈과 스페인은 아프리카와 아메리카, 아시아로 해로를 개척하며 막대한 부를 축적했고 영국은 뒤늦게 경쟁에 뛰어들었다.

프랜시스 드레이크와 월터 롤리 같은 탐험가들은 해적과 무역상, 국가의 밀명을 띤 모험가라는 여러 얼굴을 지녔다. 드레이크는 1577~1580년 세계 일주를 성공하며 영국의 해양 역량을 과시했고 스페인의 은 보물선을 공격해 왕실에 막대한 이익을 안겼다. 롤리는 신대륙에 식민지를 건설하려고 했고 그의 시도는 훗날 북아메리카 식민지 개척의 단초가 되었다.

이 시대의 절정은 1588년 스페인 무적함대[Armada] 격퇴였다. 엘리자베스 치세의 영국 해군은 작은 함선의 기동성과 신형 화포로 대규모 스페인 함대를 무찔렀다. 이는 단순한 전투 승리가 아니라 영국이 해양 패권 가능성을 현실로 보여준 상징적 사건이었다.

해양 제국을 지탱한 힘은 단순한 군사적 승리만이 아니었다. 1600년 설립된 동인도회사는 인도와 동남아시아로의 무역을 독점하며 영국 상업 제국의 기둥이 되었다. 네덜란드·스페인과 치열한 경쟁 속에서 향신료, 면직물, 차, 은 같은 상품은 런던을 세계 무역의 허브로 만들었다. 또한, 1651년 제정된 「항해법Navigation Act」은 영국 선박을 이용해야만 영국과 그 식민지에서 무역할 수 있도록 강제함으로써 국내 해운업을 비약적으로 성장시켰다. 이는 네덜란드와의 해상 경쟁을 촉발했으나 결과적으로 영국 상선단의 우위를 공고히 했다.

17세기와 18세기에 걸쳐 영국은 북아메리카 동부 해안에 13개 식민지를 건설했다. 이곳은 훗날 미국으로 독립하지만 당시는 유럽 이민자와 원주민, 아프리카 노예가 얽힌 '대서양 세계'의 한 축을 이루었다. 특히 노예무역은 제국의 부와 해양 지배를 떠받친 어두운 기둥이었다. 아프리카 서해안에서 노예를 실어와 아메리카 플랜테이션에 공급하고, 그곳에서 생산된 설탕·면화·담배를 다시 유럽으로 들여오는 '삼각무역'은 영국 상인과 항구도시에 막대한 부를 축적시켰다. 브리스톨, 리버풀 같은 항구는 이 무역의 중심지로 번영했고 런던은 금융 심장으로 성장했다.

18세기 유럽의 전쟁은 더 이상 대륙에서만 벌어지지 않았다. 스페인 왕위 계승 전쟁(1701~1714), 오스트리아 제위 계승 전쟁(1740~1748), 7년 전쟁(1756~1763) 등은 모두 식민지와 해양 패권을 놓고 벌어진 사실상 세계대전이었다. 특히 7년 전쟁에서 영국은 프랑스를 누르고 인도와 캐나다를 장악했다. 1763년 파리 조약은 영국이 북아메리카와 인도에서 우위를 차지했음을 확인했고 이는 대영제국의 토대를 마련한 결정적 사건이었다.

18세기 말 산업혁명이 본격화되자 영국의 해양 지배력은 새로운 차원으로 강화되었다. 증기선은 항해 속도와 안정성을 크게 높였고 철제 군함은 세계 어디서나 압도적인 군사력을 과시할 수 있게 했다. 1805년 트라팔가 해전에서 넬슨 제독이 프랑스·스페인 연합 함대를 격파하자 영국 해군은 19세기 내내 유럽 열강 가운데 단연 독보적 지위를 차지했다.

해군은 단순히 국방의 도구가 아니었다. 그것은 세계 무역로의 안전을 보장하고 식민지의 반란을 억누르며 아편전쟁(1839~1842, 1856~1860) 같은 무력 개입을 통해 아시아 시장을 개방하는 제국의 앞잡이였다. 19세기 중반 영국 상선단은 전 세계 선박 톤수의 절반을 차지했고 '세계의 공장'에서 생산된 상품은 바다를 따라 지구 구석구석으로 퍼져나갔다.

1815년 나폴레옹 전쟁이 종식된 이후 1914년 제1차 세계대전이 발발하기까지의 한 세기는 흔히 '팍스 브리타니카^{Pax Britannica}'라고 불린다. 이 시기 영국은 단순한 국가가 아니라 사실상 세계 질서를 관리하는 제국이었다. 인도는 '대영제국의 보석'으로 불렸고 홍콩·싱가포르 같은 항구는 아시아 무역의 관문이 되었다. 아프리카에서는 '케이프에서 카이로까지'를 잇는 식민지 지배의 야망이 현실화되었으며 대서양과 인도양, 태평양을 아우르는 해상 네트워크는 제국의 동맥처럼 세계를 연결했다. 영국의 해양 지배는 군사력과 경제력뿐만 아니라 문화와 가치의 확산으로 이어졌다. 영어는 세계 공용어로 자리잡기 시작했고 영국의 법과 의회주의, 자유무역 사상은 국제 질서의 규범이 되었다.

영국의 해양 팽창은 단순한 지리적 확장이 아니었다. 그것은 생존 전략에서 출발해 무역과 군사, 산업과 제국 건설을 결합시킨 거대한 역사적 여정이었다. 대양을 가로지르는 함대와 상선, 식민지와 무역항은 영국을 '해가 지지 않는 제국'으로 만들었고 바다 위에서의 지배는 곧 세계사적 주도권을 의미했다. 그러나 그 영광은 식민지 민중의 피와 눈물, 불평등한 교환 위에 세워졌다. 영국이라는 해양 제국은 인류에게 세계화를 앞당겼지만 동시에 제국주의의 그늘을 드리웠다. 그럼에도 분명한 사실은 바다야말로 영국을 세계사의 중심으로 이끈 무대였으며 산업혁명과 더불어 해양 지배가 결합할 때 비로소 '팍스 브리타니카'라는 세계사의 새로운 장이 열렸다는 것이다.

- 19세기 영국, 세계사를 주도하다

이제 영국 역사상 가장 찬란한 부흥의 시대가 열렸다. 18세기에는 종교적 관용이 확산되었고 가톨릭과 개신교 간 갈등은 점점 완화되었다. 이는 수세기에 걸친 역사적 경험과 시행착오의 값비싼 대가였다. 1829년 「가톨릭 해방령Catholic Emancipation Act」의 제정으로 가톨릭 신자들에게 정치적 권리가 부여되면서 오랜 정치적 억압이 해소되었다. 19세기 중반 산업혁명의 영향으로 종교 갈등은 더 희석되었고 영국 사회는 다양한 종교를 포용하는 방향으로 나아갔다. 오늘날 영국은 국교회(성공회)를 유지하면서도 가톨릭, 개신교, 이슬람교, 힌두교 등 여러 종교가 공존하는 종교적 자유의 나라가 되었다. 2013년 왕위계승법 개정으로 가톨릭 신자와 결혼한 배우자도 왕위 계승권을 유지할 수 있게 된 것은 그러한 변화의 상징적 장면이다.

1815년 나폴레옹 전쟁 이후부터 1914년 제1차 세계대전 발발까지 영국은 세계 최강국으로 군림하며 '해가 지지 않는 나라'라고 불렸다. 이 시기 영국은 정치·경제·사회·문화·예술 전반에서 중요한 변화를 맞았다. 입헌군주제를 기반으로 한 안정적인 정치 질서 속에서 1832년과 1867년의 선거법 개정을 통해 참정권이 확대되었고 노동당의 등장으로 노동자 계층의 정치적 입지도 강화되었다. 빅토리아 여왕(1837~1901) 치세에는 제국주의 정책이 강화되며 해외 식민지가 대대적으로 확장되었다. 그러나 20세기 초에는 여성 참정권 운동, 사회주의 사상의 확산, 제1차 세계대전의 충격이 정치·사회적 변동을 가속화시켰다.

산업혁명을 통해 영국은 세계 경제의 중심에 섰다. 철도·증기선·섬유·철강업이 눈부시게 발전했고 자유무역 정책과 식민지 개척으로 국제 무역을 주도했다. 19세기 후반까지 영국은 독일과 미국이 부상하기 전까지 '세계의 공장' 역할을 수행했다. 그러나 20세기 초 경쟁 심화와 노동 문제, 전쟁으로 인한 부담이 산업 성장을 둔화시켰다.

급격한 산업화는 도시화와 노동자 계층 형성을 가져왔지만 아동 노동과 열악한 환경이라는 사회 문제도 낳았다. 이에 노동조합과 사회개혁운동이 확산되었고 1870년 초등교육법 제정을 계기로 공교육이 정착했다. 여성의 사회 진출과 참정권 운동도 활발히 전개되었다. 빅토리아 시대는 도덕적 엄격함과 가정 중심 가치관이 강조된 동시에 과학·문학·예술이 번성한 시기였다. 다윈의 『종의 기원』(1859)은 진화론 논쟁을 불러일으켰고 찰스 디킨스·제인 오스틴·토머스 하디는 산업화 사회를 비추는 문학을 남겼다. 터너와 러스킨은 영국 미술의 지평을 넓혔고 엘가는 음악에서 황금기를 열었다.

철학도 경험주의에서 출발해 계몽주의와 자유주의로 이어졌고 존 스튜어트 밀은 개인의 자유와 사회적 책임을 연결하는 사상을 펼쳤다. 20 세기 초에는 러셀과 비트겐슈타인의 분석철학으로 이어지며 영국 사상은 세계 철학사의 중요한 흐름을 형성했다. 이 100년은 단순한 '영국의 시대'가 아니라 세계사의 방향을 규정한 시기였다. 정치적 안정과 제국주의 확장, 산업화와 도시화의 도전, 사회개혁과 문화적 발전 속에서 현대 영국 사회의 기틀이 형성되었다.

여기까지 우리는 영국 역사의 핵심 요소(다원성을 기반으로 한 복합 사회, 의회주의와 민주주의의 발전, 종교개혁과 성공회의 성립, 산업혁명과 부의 축적, 해양 팽창과 세계 지배)를 살펴보았다. 이는 단순한 사실의 나열이 아니라 영국이 어떻게 세계사의 무대에서 주도적 역할을 하게 되었는지를 보여주는 맥락이다. 영국의 역사에서 중요한 것은 사건 자체보다 그것이 '사회 구조와 인간의 삶을 어떻게 변화시켰는가'라는 점이다. 변화의 중심에는 늘 갈등과 화해, 혁신과 보존이 교차하며 만들어 낸 긴장과 균형이 있었다.

역사는 인류의 발자취이자 자신과 사회를 이해하는 거울이다. 과거의 사건을 원인과 결과로 해석하는 것은 현재와 미래를 보는 힘을 길러준다. 특히 영국의 경험은 작은 섬나라가 어떻게 거대한 제국으로 성장했는지를 보여주는 귀중한 사례다. 다양한 시대와 문화 속에서 인간이 선택한 길을 이해할 때 우리는 미래에 대한 통찰을 얻는다. 역사를 공부한다는 것은 단순히 기억하는 행위가 아니라 인간의 선택과 그 결과를 통해 '어떻게 살아야 하는가'라는 질문에 대한 답을 찾는 과정이다.

대영제국의 역사에는 빛과 그림자가 공존한다. 식민지 지배라는 아픔이 있었지만 의회 민주주의, 법치주의, 산업혁명, 과학기술 혁신, 세계화의 기반을 마련한 것도 사실이다. 오늘날 영국의 유산은 영국 내부에만 머물지 않고 인도에서 아프리카, 아메리카 대륙까지 다양한 지역에서 다른 방식으로 변주되어 남아 있다. 역사가 에드워드 기번은 "역사는 인류의 경험을 기록한 보고서이며 그 속에서 우리는 미래를 대비할 지혜를 얻는다."라고 했다. 또한, "과거를 기억하지 못하는 자는 그것을 반복할 수밖에 없다."라는 말은 역사를 탐구해야 하는 이유를 분명히 말해준다. 역사는 단순히 추억이나 과거의 기록이 아니라 미래를 열어가는 지도와 같다.

이 책에는 독자의 이해를 돕기 위해 영문 원서에 없는 '역사 속 역사', '영국 유네스코 문화유산', 그리고 '영국 여행자를 위한 핵심 가이드'가 특별부록으로 실려 있다. 이는 단순한 덧붙임이 아니라 편집자의 땀이 배어있는 역사를 현재와 연결하는 다리가 될 것이다. 영국의 역사는 결국 세계사의 중요한 흐름을 이해하는 데 열쇠가 된다. 산업혁명, 민주주의, 과학혁신, 세계화는 오늘날 인류가 직면한 문제와도 밀접히 연결되어 있다. 끝으로 이 역서의 감수를 맡아 세밀하게 내용을 보완해 주신, 고려대학교 역사학과 홍용진 교수님께 감사드린다.

이 책을 덮는 순간 독자 여러분이 국가나 개인이 역사의 패배자가 아니라 승자가 되는 방법에 대한 인문학적 통찰을 얻길 희망해본다.

옮긴이 박상진

역자 소개

박상진

대학 졸업 후, 10년 직장생활 후에 벤처회사를 창업하여 대표이사로 재직하면서 성공적으로 회사를 경영했다. 혁신형 중소기업과 모범납세자로 선정되었고, 우리나라 혈액진단 의료산업 발전에 기여했다. 한국기업경영학회 부회장, 한국수사학회 부회장을 역임했으며 고려대학교 경영전문 대학원(MBA) 졸업 컨설팅 프로젝트(ELITE) 최우수상, 서울대학교 인문학 최고위과정(AFP) 최우수 논문상을 받았다. 현재 (주)제이에스지인베스트먼트 대표이사, 회장 그리고 사단법인 건강인문학포럼 이사장, 미국 Invent Medical Inc 등기이사 등으로 활약하고 있다.

번역한 책으로는 『스마트 싱킹』, 『승리의 경영전략』(공역), 『퍼스널 MBA』(공역), 『스피치 에센스』, 『탁월한 전략이 미래를 창조한다』, 『생각의 시크릿』, 『당신의 경쟁전략은 무엇인가?』(공역), 『신제품 개발 바이블』(공역), 『커리어 하이어』, 『세상에서 가장 짧은 독일사』 등이 있다.

이미 미국 50개 주, 500개 도시를 직접 자동차로 여행한 경험을 살려 앞으로 『비즈니스맨의 세계인문기행(가제)』을 시리즈물로 발행할 예정이다. 이 책은 미래의 한국 청년들이 출장시 잠시 여유시간을 내어 미국 각 지역을 여행할 때 어김없이 참조할 수 있는 미국의 역사, 문화, 인문학, 지형과 지질학, 주요 기업의 흥망, 최신 경영이론, 건강, 의학 관련 정보를 두루 담을 예정이다. 세계는 광대하고 여행할 곳은 너무 많다. 그러나 아는 만큼 보이는 게 바로 여행이다!

블로그 주소: https://blog.naver.com/sebia3145

부록

영국 유네스코 문화유산

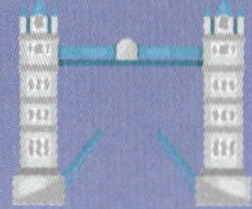

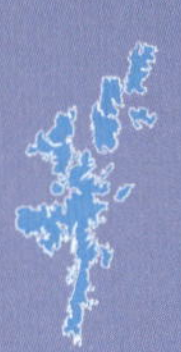

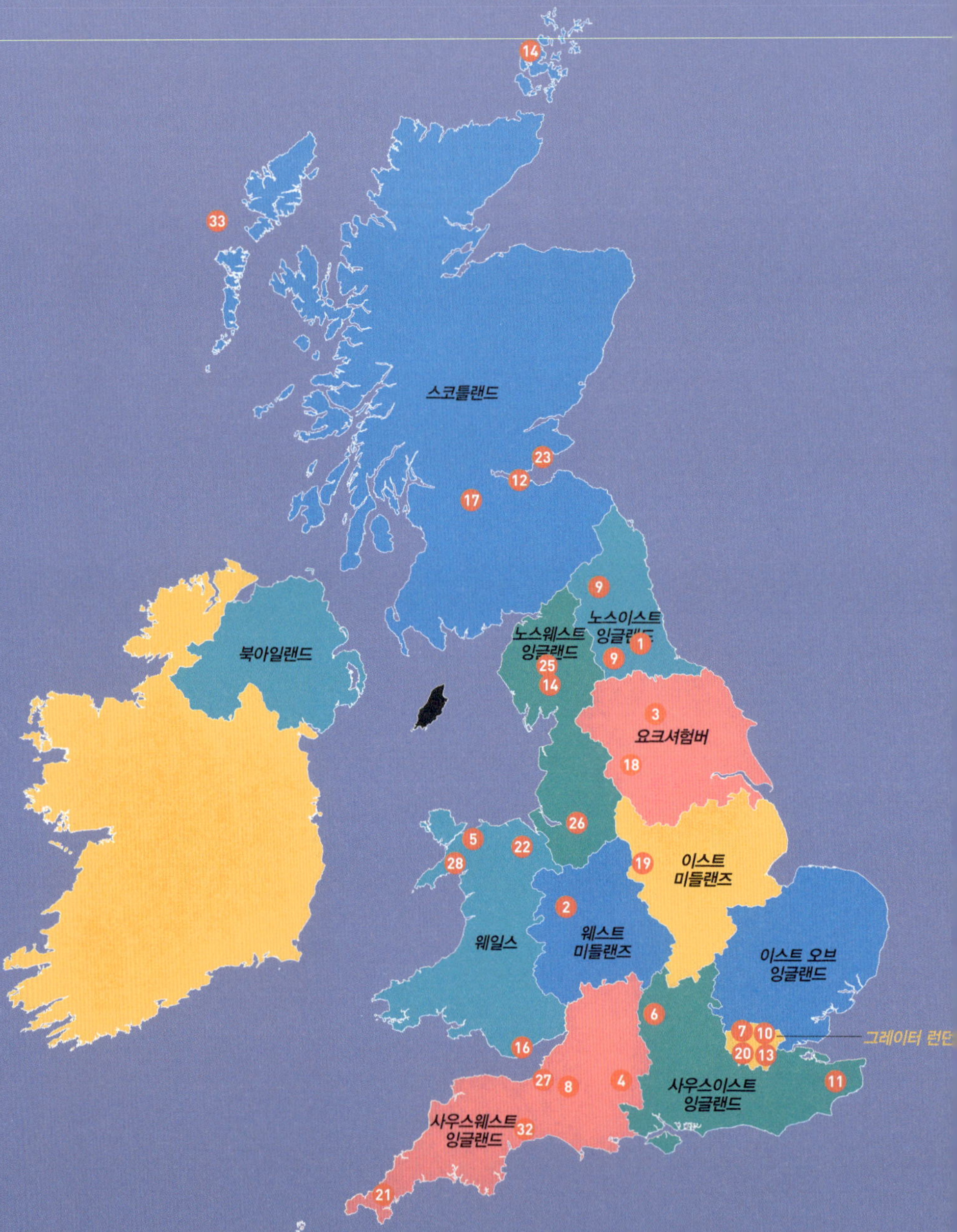

스코틀랜드
북아일랜드
노스이스트 잉글랜드
노스웨스트 잉글랜드
요크셔험버
이스트 미들랜즈
웨일스
웨스트 미들랜즈
이스트 오브 잉글랜드
그레이터 런던
사우스이스트 잉글랜드
사우스웨스트 잉글랜드
14
33
23
12
17
9
1
9
25
14
3
18
26
5
22
28
19
2
6
7
10
20
13
11
16
27
8
4
32
21

1 더럼 성과 대성당
Durham Castle and Cathedral

지정일: 1986년
DH1 3RW Durham(더럼 성)

2 아이언브리지 계곡
Ironbridge Gorge

지정일: 1986년
Hodge Bower, Ironbridge, Telford TF8 7JP

더럼 성과 대성당은 영국 잉글랜드 북동부 더럼 카운티의 주도 더럼에 있는 고대 노르만의 요새와 중세시대의 대성당이다. 시가지를 둘러싼 더럼 성은 11세기부터 수세기 동안 잉글랜드 북부에서 왕의 패권을 강화하기 위해 건설되어 요새도시인 더럼이 북방민족을 막는 국경요새가 되었다. 1072년 윌리엄 1세가 더럼 주교들에게 성을 양도한 이래 1836년까지는 주교 및 고위 성직자들이 살았으며 1940년 더럼대학교에 편입되었다. 한편 더럼 성 앞 건너편에 자리 잡은 더럼 대성당은 1093년 주교 윌리엄이 착공해 12세기 초에 건설된 성당으로, 영국 로마네스크 건축을 대표하는 '앵글로 노르만 양식'의 전형이다.

아이언브리지 계곡은 잉글랜드 샐럽주에 있는 공업 유적지로, 영국이 '세계의 공장'이라 일컬어지던 빅토리아 여왕 시대의 유적을 간직하고 있다. 대표적으로는 콜브룩데일의 용광로를 비롯해 아이언브리지, 철박물관을 비롯한 여러 산업기술 역사를 보여주는 박물관이 있다. 콜브룩데일은 제철산업의 중심지로 노동자마을과 성당, 교통기관 등이 남아있는데, 특히 세번강에 놓인 아이언브리지는 세계 최초의 철교로 1779년 완성되었다. 이 철교는 전체 길이 60m, 너비는 약 7m, 무게는 400t에 이른다. 이 밖에도 벽돌로 숭세의 성처럼 창을 높게 낸 세번강철박물관, 콜포트차이나 박물관, 1880년대에 세워진 잭필드타일 박물관 등이 있다.

3 스터들리 왕립 공원과 파운틴스 수도원 유적

Studley Royal Park including the Ruins of Fountains Abbey

지정일: 1986년
Fountains, Ripon HG4 3DY(스터들리 왕립 공원)

잉글랜드 노스요크셔주 리폰에 있는 역사 유적. 스터들리 왕립 공원은 18세기에 만들어진 전형적인 영국식 정원으로, 완만한 언덕 위에 인공 폭포와 그리스 양식의 정자, 로마양식의 조각상, 다리, 기둥들을 배치하였다. 정원 내에 16~17세기 초반 세워진 별장 파운틴스홀에는 17~18세기 유행하던 가구 및 수집품이 보존되어 있다. 공원 근처에는 1130년 무렵 건설된 파운틴스 수도원 유적이 남아 있다. 이 수도원은 처음 요크의 시토회 수사 13명이 구도를 위하여 삶을 시작한 터전이었으나 점차 공동체가 커지면서 큰 규모가 되었다. 성당은 1135~1147년 건설되었는데 아케이드와 기둥머리 등 장식은 앵글로노르만의 영향을 받은 것이 특징이다.

4 스톤헨지와 에이브베리 거석 유적

Stonehenge, Avebury and Associated Sites

지정일: 1986년
Salisbury SP4 7DE

스톤헨지를 비롯한 에이브베리의 거석 유적은 윌트셔 솔즈베리 평원 및 에이브버리에 있는 선사시대 거석기념물이다. 이들이 만들어진 연대는 대략 기원전 3000년부터 2000년경으로 추정되는데, 인공적으로 깎은 돌을 정밀한 기하학적 구조에 따라 계획적으로 배치한 것으로 보아 나름의 용도가 있을 것으로 추측된다. '공중에 걸쳐 있는 돌'이라는 의미의 스톤헨지는 세계에 퍼져 있는 환상열석 중에서 가장 유명한데, 바깥쪽은 동심원 안쪽은 말발굽 형태의 석주들이 이중으로 늘어서 있는 형태다. 중심에는 제단으로 추정되는 돌이 놓여 있다. 한편, 에이브버리의 거석유적은 비록 스톤헨지보다는 덜 유명하지만 규모 및 건조 연대는 오히려 스톤헨지를 앞선다.

5 귀네드의 에드워드 1세 시대 성곽군
Castles and Town Walls of King Edward

지정일: 1986년
Castle Ditch, Caernarfon LL55 2AY(카나번)

6 블레넘 궁전
Blenheim Palace

지정일: 1987년
Woodstock OX20 1PS

웨일스 중심부 여러 곳에 에드워드 1세가 세운 성채들. 이 성채들은 웨일스인들의 독립운동을 막고 외경심을 불러일으키고자 건설되었다. 비잔틴양식의 영향을 받았으며 성 주변에는 잉글랜드인만 거주할 수 있도록 새로운 도시를 만들었다. 당시 세운 10개의 성 가운데 할렉성, 보매리스 성, 카나번성, 콘위성 등은 여전히 옛모습을 간직하고 있다. 카나번성은 1330년 완성하였으며 성 둘레에 해자를 파서 수비태세를 갖추었다. 성 내에는 독수리탑, 여왕의 탑, 체임벌린탑 등을 세웠고 주변 거리는 반듯하게 구획하였다. 콘위에 있는 콘위성은 1.5km 길이의 성벽과 함께 외벽에는 21기에 탑을 설치하였다. 총 8개의 아치가 지붕을 지탱하고 있다.

잉글랜드 옥스퍼드셔 우드스톡에 있는 18세기 대저택으로 1704년 블레넘 전투에서 승리를 거둔 존 처칠의 공로를 기리기 위해 건립되었다. 뛰어난 바로크 양식의 이 궁전은 영국의 전 총리 윈스턴 처칠의 출생지로도 유명하다. 1700년 합스부르크 왕가 마지막 왕인 카를로스 2세가 후사 없이 죽자 혼란이 일어났고, 유럽은 1701년 스페인계승전쟁에 돌입하게 되었다. 이후 말버러 공작 1세 존 처칠이 이끄는 영국-오스트리아 연합군대가 블레넘 전투에서 크게 승리했고, 영국 의회와 왕실은 그의 공로를 치하하기 위해 이 궁전을 지었다. 일종의 거대한 국가 기념비와 같은 이 건물의 왼편에는 글라임강이 있으며, 건물 상단 작은 탑들처럼 보이는 것은 대포알과 프랑스 왕실을 상징하는 붓꽃을 뒤집어놓은 것이다.

7 웨스트민스터 궁전, 웨스트민스터 사원과 성 마거릿 성당

Westminster Palace, Westminster Abbey and Saint Margaret's Church

지정일: 1987년
SW1A 0AA London(웨스트민스터 궁전)

8 바스

City of Bath

지정일: 1987년
Abbey Churchyard, Bath BA1 1LZ(로마 욕탕)

웨스트민스터 궁, 사원과 성 마거릿 교회는 역사상 가장 오래된 입헌군주국 중 하나인 영국의 역사와 의회, 헌법 제도의 발전을 압축적으로 보여주는 유산이다. 웨스트민스터 사원은 영국 고딕 예술과 건축가 찰스 배리, 오거스터스 웰비 퓨진의 작품 영감을 훌륭히 계승하였다는 평가를 받는다. 신고딕 양식의 건축물인 웨스트민스터 궁전은 19세기 구상대로 기념비적인 국가적 성격을 보여주기 위해 영국 건축의 잠고 자료에 따라 건설된 것으로, 입헌군주국의 위엄 및 양원제의 원칙을 표현했다. 매력적인 수직 양식 건축물인 성 마거릿 교회는 오늘날 하원의 교구 교회로 사용되고 있으며, 웨스트민스터에 없어서는 안 될 일부로 자리 잡았다.

바스는 잉글랜드 서머싯 카운티에 있는 온천 도시로, 로마시대부터 온천 목욕탕으로 유명했던 곳이다. 이 도시의 이름에서 목욕이라는 뜻의 영어단어 'bath'가 유래했다. 바스에는 약 2000년 전 세워진 로마시대 유적과 18세기 신고전주의 양식의 독특한 건축물이 많은 것이 특징이다. 로마인들은 1세기 초 브리튼 섬을 정복한 후 이곳에 공중 목욕탕과 미네르바 신전을 지었고, 이후 바스는 온천 휴양도시로 발전했다. 로마 욕탕에는 온탕과 냉탕은 물론 운동시설까지 마련되어 있었다고 전해진다. 이후 바스는 종교적인 중심지로 주요 역할을 해오다 18세기 중반 로마시대 유적들이 다시 빛을 보게 되면서 영국 상류계급들이 즐겨 찾는 영국의 대표 온천도시가 되었다.

9 로마 제국 국경

Frontiers of the Roman Empire

지정일: 1987년
Brampton CA8 7DD(하드리아누스 방벽)

10 런던 타워

Tower of London

지정일: 1988년
London EC3N 4AB

로마 제국의 국경을 방어하던 방어벽. 영국에는 하드리아누스방벽이, 독일에는 오버게르만-래티아 국경이 포함되어 있다. 이중 하드리아누스방벽은 1987년 유네스코 세계문화유산으로 등록되었다. 하드리아누스방벽은 로마 제국 당시 국경 방어의 목적으로 영국을 가로지르는 형태로 건축되었다. 돌로 된 담과 성곽 망루 등으로 이루어져 있는 이 방벽은 오랜 세월 로마 제국의 최북쪽을 지키는 경계선이었다. 전체 길이는 약 117km 정도로 오늘날 스코틀랜드와 잉글랜드 경계 근처에 있다. 하드리아누스방벽은 영국 서쪽 해안가에 있는 바우네스 온 솔웨이라는 작은 마을에서 시작되어 칼아일, 코브리지, 뉴캐슬 등을 지나 타인강 하류까지 이어진다.

런던 템스강 북쪽변에 있는 중세시대의 대표 성채 유적. 영국 왕권의 상징이자 노르만 군사건축의 전형적인 형태를 보이고 있다. 이 탑은 11세기 처음 세워진 이래 왕궁은 물론 방어용 성채, 국제사범의 감옥 및 처형장, 무기고이자 왕실 보물 저장고, 조폐국 등으로 다양하게 이용되어 영국 역사와 밀접한 관련을 맺고 있다. 정복왕 윌리엄이 1078년 중앙의 핵심 건물인 화이트 타워를 세운 뒤 증축과 개축이 반복되면서 14세기 무렵 현재와 같은 형태가 되었다. 런던 탑은 견고한 외부 성곽과 해자 내에 크고 작은 탑들이 모인 복합체로, 왕족을 비롯한 여러 고위층이 이곳에서 유폐되거나 처형된 '피의 역사'로 세간에 널리 알려져 있다.

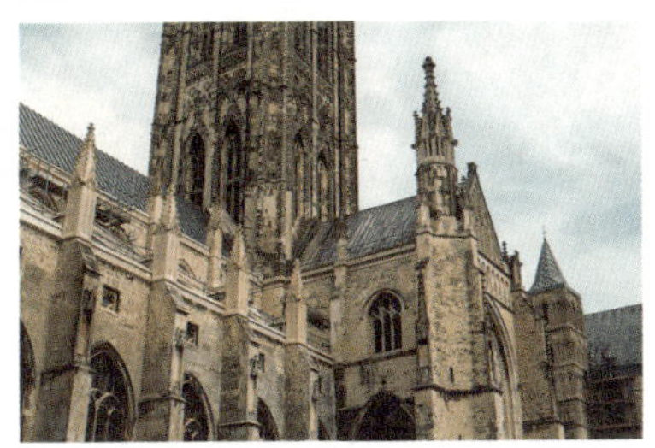

11 캔터베리 대성당, 성 어거스틴 수도원 및 성 마틴 성당

Canterbury Cathedral, St. Augustine's Abbey, and St. Martin's Church

지정일: 1988년
Cathedral House, 11 The Precincts, Canterbury CT1 2EH(캔터베리 대성당)

캔터베리 대성당은 중세기에는 영국의 정신적 중심지였으며 오늘날에는 영국 교회의 정신적 지주이다. 최초의 성당은 1070~1089년 세워진 로마네스크 양식의 건축물이었으나 이후 여러 번 증, 개축하여 오늘날의 이중 본전식 대성당이 되었다. 1174년의 화재 이후에는 프랑스인 윌리엄 오브 센즈에 의해 일부가 증축되어 프랑스 번성기의 고딕양식이 도입되었다. 성 어거스틴 수도원은 7세기 초 캔터베리 대주교가 된 베네딕투스회 수사 아우구스티누스가 성벽 밖 부지에 세운 수도원이다. 현재는 성 어거스틴대학 구내에 건물 흔적만 남아 있다. 도심지 외곽의 성 마틴 성당은 영국에서 가장 오래된 성당으로 8세기 이전 건립된 것으로 추정되는데, 일부는 로마 시대의 벽돌이 사용된 것으로 추정된다.

12 에든버러 구시가지와 신시가지

Old and New Towns of Edinburgh

지정일: 1995년
Castlehill, Edinburgh EH1 2NG(에든버러 성)

11세기에 건설된 유서 깊은 도시인 에든버러는 15세기부터는 스코틀랜드 왕국의 수도로 각종 행정, 문화의 중심지 역할을 했다. 이곳은 고풍스런 중세 분위기의 구시가지와 18세기 이후 신고전주의 양식으로 조성된 주택 및 상업지구 중심의 신시가지가 프린스 거리라는 길 하나를 사이에 두고 조화롭게 펼쳐져 있다. 11세기 성채가 만들어지기 시작한 구시가지에는 에든버러성을 비롯한 많은 관광 명소가 있는데, 특히 서쪽 화산암 위에 자리잡은 에든버러성은 이 도시를 대표하는 상징물이다. 구시가지의 중심도로라 할 수 있는 로열마일 주위에는 왕가의 거처 이외에도 에든버러에서 가장 높은 첨탑을 지닌 톨부스 교회, 스테인드글라스로 유명한 과거 스코틀랜드 국회의사당 등이 있다.

13 그리니치 해변

Maritime Greenwich

지정일: 1997년
Romney Rd, London SE10 9NF(퀸스 하우스)

14 오크니 제도 신석기 유적

Heart of Neolithic Orkney

지정일: 1999년
Sandwick,Stromness KW16 3LR(스카라 브레)

잉글랜드 그레이터런던주 런던 보로 그리니치의 해변지역. 왕립해군사관학교를 비롯해 왕립 천문대 등 17~18세기 영국의 예술, 과학을 상징하는 건축물들로 유명하다. 대표적인 건물은 1616년 이니고 존스가 로마 및 르네상스 건축인 A.팔라디오의 고전주의 건축을 연구하고 양식을 도입하여 지은 최초의 팔라디오풍 건축물인 퀸스 하우스다. 이는 제임스 1세가 왕비를 위해 세운 건물로 17세기 영국 건축의 기초를 확립했으며, 이후 영국 건축 양식에 많은 영향을 미쳤다는 평을 받는다. 영국에서 가장 오래된 왕립공원인 그리니치 공원 외곽에는 1675년 작품인 과거 그리니치 천문대라 불리던 왕립천문대가 있는데, 현재는 옛건물에 본초자오선의 표주와 고전적 관측기계만 보존하고 있다.

스코틀랜드 그레이트브리튼 섬 북쪽 앞바다 오크니 제도는 약 70개의 섬으로 이루어져 있는데, 그중 가장 큰 섬인 메인랜드에 있는 신석기 유적이다. 거대한 방으로 조성된 무덤인 '메스 호웨', 의식용 돌판들인 '스테니스의 돌', '브로드가의 반지', '스카라 브레' 외에도 수많은 미발굴 무덤, 제례장소, 거주지들로 구성되어 있다. 메스 호웨는 돌을 쌓아 만든 거대한 무덤으로 오크니 제도에서 가장 큰 무덤에 속한다. 의식용으로 추정되는 브로드가의 반지는 지름 104m의 돌 원형으로, 원래는 60개의 돌로 만들어졌지만 지금은 27개만 남아 있다. 석기시대 마을인 스카라 브레에는 돌로 지은 집이 10호 있는데, 이들의 조성 시기는 기원전 3100~2500년으로 추정된다.

15 버뮤다의 세인트 조지 역사도시와 방어물

Historic Town of St. George and Related Fortifications, Bermuda

지정일: 2000년
19 Fort George Hill, St.George's, Bermuda(조지 요새)

영국령 자치식민지인 버뮤다 제도에 있는 도시. 신대륙에서 가장 오래된 영국 도시로 17세기 초부터 점령당하고 요새화된 식민도시의 전형을 보여준다. 세인트조지 역사도시는 버뮤다 제도 중 최초 영구 정착지였던 세인트조지 행정구역 내에 있다. 1612년부터 정착이 시작되어 버뮤다 제도가 1684년 영국령이 되기 전인 1620년부터 1815년까지 수도였다. 1620년에 지어진 버뮤다 최초의 석조건물이자 현재 가장 오래된 건물인 올드스테이트하우스, 언피니시드 처치, 올드 교구목사관저 등 많은 역사적 건물이 시내에 흩어져 있다. 버뮤다 방어물은 제도 23개소에 있는 17~20세기 식민시대 방어물로 요새, 참호, 탄약고, 화로 등이 있어 당시 영국 군대 및 포병 기술 발달을 생생하게 표현하고 있다.

16 블래나번 산업경관

Blaenavon Industrial Landscape

지정일: 2000년
Church Rd, Blaenavon, Pontypool NP4 9AS(블래나번 세계 유산 박물관)

웨일스 남동부 블래나번에 있는 제철 및 석탄광업 관련 산업경관으로, 19세기 당시 산업의 사회, 경제적 구조를 잘 보여준다. 지금은 박물관이 된, 1788년 문을 연 제철소를 기반으로 발전했으며 당시에는 제강과 석탄광업이 뒤따르면서 인구가 갑작스럽게 증가했다. 이 일대는 19세기 사우스 웨일스의 과거 모습을 보여주는 좋은 예시로, 석탄 및 광석 광산, 채석장, 철도 시스템, 근로자 숙소 등 당시 블래나번의 산업경관을 구성했던 요소를 잘 보존하고 있다. 한때 2만 명에 이르렀던 블래나번의 인구는 1900년 제철소, 1980년 석탄광산이 문을 닫으면서 줄어들었는데, 현재는 웨일스 지역의 2번째 북 타운(book town)으로의 도약을 노리고 있다.

17 뉴 래너크

New Lanark

지정일: 2001년
New Lanark Rd, Lanark ML11 9DB(문화유산 박물관)

스코틀랜드 스트래스클라이드주 클라이드 강에 있는 마을로, 래너크로부터 2.2km 떨어져 있다. 영국의 사회주의자 로버트 오언이 이곳에서 경영한 방적공장을 모범 삼아 산업공동체로 만들었다. 오언은 당시 이윤 추구만을 목적으로 하는 사업경영 풍조를 비판했으며, 노동조건 개선과 함께 세계 최초의 유치원을 1816년 설립한다. 또한 협동조합 등 근로자 복지후생 시설을 만들어 생산능률을 향상시켰다. 하지만 1829년 공동경영자와의 분쟁으로 이후 뉴 래너크에서 손을 뗀다. 뉴 래너크는 좋은 시설이 근로자의 육체적, 정신적 부분을 고취한다는 사실을 보여주는 사례이다. 방적공장은 1968년까지 운영되었으며, 1975년에는 마을 붕괴를 막기 위한 뉴 래너크 보전 트러스트가 창설되어 대부분의 건물이 보존되고 있다.

18 솔테어

Saltaire

지정일: 2001년
Victoria Hall, Victoria Rd, Saltaire, Shipley BD18 3JS(빅토리아 홀)

잉글랜드 북부 웨스트요크셔 카운티 브래드퍼드 메트로폴리턴보로에 있는 빅토리아 시대 산업마을이다. 1853년 계몽 실업가인 타이터스 솔트 경에 의해 찰설되었는데, 솔테어는 발견자의 성과 에어강을 합한 이름이다. 솔트 경은 자신의 사업체 내 근로자들에게 더 나은 근로환경을 제공하고, 또 운하와 철도를 활용하기 위해 전체 사업을 시플리 근처 솔테어로 옮겼으며, 도서관, 독서실, 음악당, 당구장 등 각종 여가, 교육 시설과 목욕탕, 병원 등을 지었다. 심지어 마을에는 극빈자 수용소, 채소밭, 공원까지 마련했다. 이러한 도시계획의 흔적은 빅토리아 시대의 박애주의와 가족주의를 생생하게 보여준다. 솔테어 마을의 구획은 이후 가든 시티 발달에 큰 영향을 미쳤다.

19 더웬트 계곡 방적 공장

Derwent Valley Mills

지정일: 2001년
BELPER MILL, Derbyshire, Belper DE56 1BE

잉글랜드 더비셔 카운티의 더웬트강 계곡을 따라 18~19세기 면 방적공장들이 모인 곳이다. 더웬트 계곡은 더웬트강을 따라 24km 이어져 있으며 역사적, 기술적으로 중요성이 큰 산업 경관을 간직하고 있는데, 이 지역은 크게 크롬퍼드, 벨퍼, 밀퍼드, 달리애비 마을, 롬브스 방적공장 지역으로 이루어져 있다. 또한 메이슨 방적공장, 매틀록 배스 마을, 더비의 산업박물관 등 867개 건물 및 장소도 포함된다. 이는 훗날 영국 면빙적 공업의 창시자인 리처드 아크라이트가 새로운 방적기술을 개발하는 데 큰 영향을 주었는데, 그가 산업체 규모의 생산을 최초로 시작한 크롬포드 방적공장은 현대적인 공장 시스템이 탄생한 곳이라 할 수 있다.

20 큐 왕립 식물원

Royal Botanic Gardens, Kew

지정일: 2003년
Richmond TW9 3AB

런던 남서부 교외에 있는 식물원으로 1759년 개원한 이래 수세기에 걸쳐 수집한 식물과 광범위한 관련 자료를 보유하여 식물 다양성 및 실용식물학 연구에 공헌해 온 곳이다. '큐 가든' 또는 '큐'라고 불리는 이 식물원은 템스강 남쪽 강변을 따라 조성되어 있는데, 원래는 캐플 가문의 소유로 16세기 중반에는 이미 훌륭한 정원이었다. 이후 1731년 웨일스 공 프레더릭이 이곳을 양도받았고, 이후 여러 사람의 손을 거쳐 정원이 확장되었다.1761년 오렌지온실이 지어졌고, 1773년 조지프 뱅크스가 식물원 체계를 세워나가며 국제적으로 명성을 얻기 시작했다. 이후 1802년에는 이웃한 왕립식물원인 리치먼드정원과 담장을 허물어 통합하였다. 식물원 안에는 35만 분류군의 700만 점이 넘는 표본을 보유한 식물표본실과 고산식물온실, 진달래온실 등을 비롯해 75만 권 이상의 장서와 17만 5,000개 이상의 식물 그림 및 판화를 소장한 도서관 등이 있다.

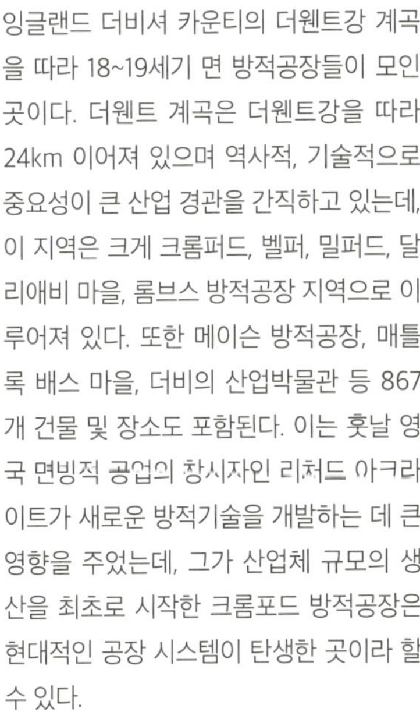

21 콘월과 서부 데번 광산 경관
Cornwall and West Devon Mining Landscape

지정일: 2006년
South Crofty Mine, Dudnance Ln, Pool, Redruth
TR15 3QT(사우스 크로프티 광산)

잉글랜드 남서부에 있는 콘월 카운티와 데번 카운티 서부 광산지대. 이는 18~19세기 세계 구리 생산량의 3분의 2를 차지했던 영국의 위상을 보여주는 경관으로 알려져 있다. 콘월 카운티와 데번 카운티 서부지역은 구리 및 주석 광업의 급격한 성장으로 발전했는데, 1800년대 말에는 비소를 이용하며 세계 수요의 절반을 공급할 정도로 규모가 커졌고, 19세기 초에는 증기 기술의 혁명으로 경암 채광으로 전환이 가능했다. 기관차, 기관차 차고, 주조소 등 다양한 혁신이 낳은 이 지역의 기술은 전 세계로 수출된 바 있다.1860년대 구리 가격 폭락 이후 광업 규모가 대폭 줄었으며 1998년 유럽 최후의 주석광산인 풀 마을의 사우스 크로프티 광산이 폐장되며 금속광산업은 끝을 맺는다.

22 폰트치실트 다리와 운하
Pontcysyllte Aqueduct and Canal

지정일: 2009년
Station Rd, Trevor, Llangollen LL20 7TY(폰트치실트 다리)

폰트치실트 다리는 산업혁명 시기 토목공학의 대표적 건축물로, 첨단기술의 걸작으로 꼽히는 폰트치실트 수도교와 그 위를 흘러가는 길이 18km의 랭골렌 운하로 이루어져 있다. 1805년 완성된 폰트치실트 수도교는 디강을 가로질러 렉섬 카운티보의 렉섬에 위치한 트레버와 프런치실트 마을을 연결한다. 이는 영국에서 가장 길고 높은 수도교로, 다리 위로 흐르는 운하에서 배를 타고 건너는 관광이 유명하다. 이 수도교는 까다로운 지리적 지형에 건설하기 위해 견고하면서도 과감한 토목공학 기술이 적용되었는데, 특히 고정장치가 사용되지 않은 점이 특징이다. 건설자는 가볍고 강한 아치 설치와 우아하면서도 기념이 될 다리를 위해 주철 및 단철을 사용했다.

23 포스교
Forth Bridge

지정일: 2015년
Queensferry, South Queensferry

24 고램 동굴군
Gorham's Cave Complex

지정일: 2016년
4MC5+45M, Gibraltar

스코틀랜드 동해안 포스만을 횡단하는 철도교. 길이는 2,529m이며 최초의 캔틸레버식 다리 중 하나다. 1890년 완공 당시에는 경간의 길이가 541m로 세계에서 가장 길었다. 스코틀랜드 동부 파이프주와 에든버러를 철도로 연결하기 위해 건설되었으며 여전히 승객과 화물 운송에 사용되고 있다. 개통 125주년을 맞은 2015년 유네스코 세계문화유산으로 지정되었다. 독특한 산업적 미학과 눈에 띄는 붉은 구조물이 특징인 포스교는 영국의 도목 기시인 죤 파울러와 벤자민 베이커가 설계를 맡았다. 포스교는 그 형태와 디자인 면에서 건설 초기의 모습을 완전히 유지하고 있으며, 오늘날까지 본래의 용도대로 지속적으로 사용되어 왔다는 점에서 문화적 유산으로서의 가치가 높으며, 최고 수준의 법적 보호를 받는 A등급 건축물 목록에 올라 있다.

이베리아 반도 남서쪽 끝, 북아프리카 해안으로부터 약 21km 떨어진 영국령 지브롤터에 있는 천연 해식동굴. 이곳은 유럽에서 네안데르탈인이 가장 마지막까지 거주했던 중요한 유적지로, 뱅가드 동굴, 하이에나 동굴, 베넷 동굴과 함께 고램 동굴까지 동굴군이라는 명칭으로 불린다. 이 동굴에서 발견된 유물들은 네안데르탈인이 어떻게 살았는가를 증명하는 자료로, 이 자료를 토대로 그들이 새와 해양 동물을 식량으로 삼고 깃털을 사용하며 암각화를 남겼다는 사실이 드러났다. 네 곳의 동굴 중 고램 동굴과 함께 가장 중요한 고고학적 가치를 지녔다고 평가받는 뱅가드 동굴은 17m 정도 깊이의 매장층을 보유하고 있으며, 네안데르탈인의 유적은 물론 오랜 기간 이 지역의 기후 및 환경 변화에 대한 자료를 찾을 수 있다.

25 영국 레이크 디스트릭트
The English Lake District

지정일: 2017년
28 Castle Cres, Kendal LA9 7AN

영국 내 열 다섯 곳의 국립 공원 가운데 하나로, 1951년 국립공원의 지위를 얻은 후 영국에서는 최초로 유네스코 세계문화유산으로 지정되었다. 지정된 면적은 약 2,292km2에 이른다. 레이크 디스트릭트는 빙하로 덮인 산들과 거대한 호수들, 오랜 세월에 걸쳐 조성된 농경지가 조화된 독특한 자연 환경을 자랑하는데, 빙하기에 형성된 빙하가 흘러내리며 U자 형의 계곡을 만들고, 이곳에 물이 모이며 거대한 호수가 형성되었다. 레이크 디스트릭트는 18세기 및 19세기 영국 낭만주의 문학가들에게 큰 영감을 주었는데, 18세기 영국 시인 토머스 그레이, 영국 계관시인 윌리엄 워즈워스,아동문학가 베아트릭스 포터 등이 유명하다. 오늘날 이 지역의 주요 산업은 관광 산업으로 연간 약 1천 2백만 여 명의 관광객이 이곳을 찾는다.

26 조드럴 뱅크 천문대
Jodrell Bank Observatory

지정일: 2019년
Bomish Ln, Cheshire, Macclesfield SK11 9DW

잉글랜드 체셔 맨체스터대학교에 있는 이 전파 천문 관측소는 세계적으로 가장 역사가 긴 전파 천문 관측소 중 한 곳이다. 우주 광선을 연구하기 위하여 1945년 설립되었으며 이후 유성과 달 연구, 준항성체 발견, 양자광학, 우주선 추적 등 분야에서 매우 중요한 역할을 했다. 특히 전통적인 광학천문학에서 전파천문학으로의 변천을 이끌어냈으며 우주에 대한 이해의 급격한 변화를 가져오는 역할을 맡았다. 천문대에서 가장 중심이 되는 것은 러벨 망원경인데, 1957년 제작 당시 세계 최초로 완전 조향이 가능한 전파망원경으로 약 15년 동안 세계에서 가장 큰 전파망원경의 지위를 누렸다. 이곳 천문대는 여전히 세계 최고 수준의 연구를 진행하고 있으며, 영국 전역 일곱 개의 전파망원경을 연결하여 우주를 관측하는 프로젝트의 허브이다.

27 유럽의 거대 온천 도시들
The Great Spa Towns of Europe

지정일: 2021년
Abbey Churchyard, Bath BA1 1LZ(영국 바스 시 로마 욕탕)

유럽의 여러 온천 마을들을 포함하는 초국경 연속유산으로, 영국의 바스 시를 비롯하여 오스트리아의 바덴바이빈, 벨기에의 스파, 체코의 프란티슈코비 라즈네, 카를로비바리, 마리안스케 라즈네, 프랑스의 비시, 독일의 바트엠스, 바덴바덴, 바트키싱엔, 이탈리아의 몬테카티니테르메 등 7개국 11개 도시의 온천마을로 구성된다. 이 도시들 모두 천연광천수 온천을 중심으로 개발되었다. 이 유산은 18세기 초부터 1930년대까지의 유럽 온천 문화를 입증힘과 동시에, 이를 기반으로 하는 각종 의료, 문화, 위락 시설을 통해 온천치료학의 발전과 인간의 가치의 중요한 교류를 입증한다. 이 연속유산은 유럽 내 온천 현상 발전의 주요 단계를 보여주는데, 18세기 가장 영향력 있던 온천 마을들을 시작으로 20세기 초 유럽 온천 현상의 마지막 발달 단계를 확인할 수 있다.

28 웨일스 북서부의 슬레이트 광산 경관
The Slate Landscape of Northwest Wales

지정일: 2021년
LL55 4UL Caernarfon(스노든 대산괴)

스노든 대산괴에 있는 6개 지역의 슬레이트 경관은 모두 슬레이트(점판암)를 채석 및 채광하고, 그것을 국내외 시장으로 운송하면서 뚜렷하게 형성된 산업경관의 이례적 사례이다.1780년부터 1940년까지 이 지역은 지붕용 슬레이트의 세계 생산량을 주도했으며, 이곳 거주민들의 환경 및 공동체를 변화시켰다. 슬레이트 경관의 채석장 및 광산 규모는 광범위하며, 계단식 언덕의 작업장, 채취장, 지하 갱도, 경사지, 정교한 물 관리 시스템과 같이 다양한 산업용 건물로 이루어져 있다. 한편 유력 산업가가 건축한 전원주택 및 사유지는 노동자들의 일반 주택 양식 및 정주지와 대조적으로, 노동자들의 정주지에는 그들의 전통적인 생활양식과 강력한 소수민족 언어가 사용된 사례가 나타난 건축물 등이 있다.

29 자이언츠 코즈웨이와 해안

Giant's Causeway and Causeway Coast

지정일: 1986년
Bushmills BT57 8SZ(자이언츠 코즈웨이)

북아일랜드 북동부 앤트림 카운티, 포트러시와 밸리캐슬 사이의 해안에 있는 현무암 각주로 이루어진 절벽을 의미한다. 자이언츠 코즈웨이는 부시밀스로부터 3km 떨어져 있는데, 민간전승에 따르면 이 지방에 살던 거인족이 스코틀랜드 스태퍼 섬으로 건너가기 위하여 만든 길이라는 뜻에서 '거인의 방축길'이라는 이름이 붙었다고 한다. 이곳에는 약 4만 개의 현무암 각주가 바다로부터 튀어나와 계단처럼 층을 이룬다. 각주는 주로 육각이지만 4면, 5면, 7면, 8면으로 된 것들도 있다. 각주들은 지질시대 상 5천만~6천만 년 전 용암이 분출하여 바다로 흘러나갈 때 생성된 것으로 추정된다. 1692년 데리 주교가 처음 기록을 남겼으나 1830년대에 유명한 해안도로가 건설되기 전까지는 접근이 어려웠다. 북아일랜드에서는 유일한 세계유산 지역이다.

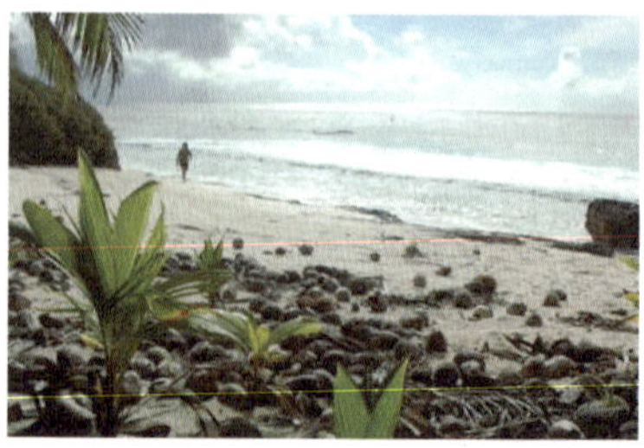

30 헨더슨 섬

Henderson Island

지정일: 1988년

남태평양 동쪽에 있는 산호섬으로 피트케언 섬, 듀시 섬, 오이노 섬과 함께 남태평양 영국령 피트케언 군도를 이룬다. 이 섬은 남태평양 외딴섬들 중 하나로 반경 5,000km 내에는 어떤 대륙도 없다. 헨더슨 섬은 인간에 의해 훼손되지 않은 생태계를 보유한 몇 안 되는 산호섬 중 하나로, 그 고립된 위치 때문에 특유의 진화 및 자연선택 이론을 연구하는 데 이상적인 환경을 지니고 있다. 특히 이 섬에는 이곳에서만 자생하는 10종의 고유 식물과 4종의 육지 새가 있다. 헨더슨 섬에는 12세기부터 15세기 사이에 폴리네시아인들이 정착하였는데 그동안 생태계에 별다른 변화는 없었으며 오늘날 이 섬은 무인도로 남아 있다. 헨더슨 섬은 원시 상태를 거의 그대로 유지하고 있다는 점에서 막대한 과학적 가치를 지닌다.

31 고프 섬과 이낵세시블 섬
Gough and Inaccessible Islands

지정일: 1995년
St Helena, Ascension and Tristan da Cunha

32 도싯과 동부 데번 해안
Dorset and East Devon Coast

지정일: 2001년
Jurassic Coast DT2 9DE

남대서양 트리스탄다쿠냐 제도에 속한 영국령 고프 섬과 이낵세시블 섬에 있는 야생생물 보호 지역을 의미한다.이 두 지역은 세계에서 가장 큰 물새 집단 서식지로, 1995년 지정된 뒤 2004년 확장 지정되었다. 고프 섬은 희망봉 서쪽 약 2,700km 지점에 있는 총길이 약 13km의 화산섬으로, 약 2억 2천만 년 전 화산활동으로 형성되었다. 16세기 포르투갈 항해가 디에고 알바레스가 발견해 1816년 영국령이 되었고, 1938년 영국 식민시 섬 세인트헬레니의 속령이 되었다. 토종 조류인 쇠물닭, 고프로웨티 등이 서식하며 12종의 토종 식물도 찾아볼 수 있다. '접근하기 어려운 섬'이라는 뜻의 이낵세시블 섬은 트리스탄다쿠냐 제도 중 서쪽 끝에 있는 무인도로 2종의 조류, 8종의 식물, 10종 이상의 무척추동물이 서식하고 있다.

잉글랜드 남서부 영국해협에 있는 도싯 카운티와 데번 카운티 동부 해안 지역. 1억 8,500만 년이 된 바위층과 화석 유적이 있다. '쥐라기 해안'이라는 이름으로 더 잘 알려져 있는 이 해안은 동부 데번 엑스머스 근처 오컴브로부터 올드해리록스에 이르는 약 153km 길이의 해안이다. 이 절벽에는 중생대 세 시기인 트라이아스기, 쥐라기, 백악기에 이루어진 암석층이 반복하여 나타난다. 이 지역은 독특한 지질학적 특성을 보어주는데, 자연 아치, 접혀진 동굴은 물론 모래톱인 육계사주, 폭풍 해변 등이 대표적이다. 이곳의 화석 위치는 척추동물과 비척추동물, 바다생물과 육지생물의 2가지 면에서 국제적으로 중요한 가치를 지니며, 중생대에도 다양한 생물이 존재했음을 나타내는 증거가 된다.

33 세인트 킬다 군도
St. Kilda Islands
지정일: 1986년

스코틀랜드 아우터헤브리디스 제도에 있
는 복합문화유적. 1986년 유네스코 세계
자연유산 지정 이후 2004년, 2005년 두
번에 걸쳐 확장 지정되었다. 히르타 섬, 보
어레이 섬, 소이 섬, 던 섬으로 이루어져 있
으며 1957년 영국 정부가 자연보호지역으
로 지정한 후 1977년에는 생물권보호지역
으로 지정하였다. 세계에서 가장 오래된 화
산 흔적이 있으며, 글렌모어 골짜기에서는
거석문화 유물이 발견되어 2천 년 전부터
사람이 살았다는 사실이 밝혀졌다. 1930
년 마지막 주민들이 떠난 뒤 현재는 섬의
관리인원만 거주하고 있다. 섬에는 약 130
종에 이르는 고유식물들이 서식하고 있으
며 야생면양 1,400여 마리가 살고 있다. 이
지역에서 발견된 전통 건물은 대부분 돌
로 쌓아 만든 작은 건물들로, 히르타 섬에
1,260개, 스택 및 외딴 섬에 170개 이상 발
견되고 있다.

영국 여행자를 위한 핵심 가이드

영국은 12개의 ITL(International Territorial Level) 지역으로 나뉘며, 각 지역마다 독특한 역사와 문화, 자연경관을 자랑한다. 런던의 세계적인 박물관과 금융가부터 스코틀랜드 하이랜드의 장엄한 산맥, 콘월의 극적인 해안 절벽까지, 영국의 다양성은 작은 국토 면적에 비해 놀라울 정도로 풍부하다. 이 가이드는 각 지역의 기후, 역사, 문화적 특징부터 꼭 가봐야 할 도시와 관광명소, 실용적인 여행 팁까지 포괄적으로 다루어, 영국 여행을 계획하는 모든 이들에게 유용한 정보를 제공한다.

런던

LONDON

런던은 남동부 잉글랜드의 온화한 기후를 가지고 있으며, 겨울은 온화하고 여름은 온대성으로 평균 기온이 1월 5.5℃, 7월 18℃이고 연평균 강수량은 585mm다. 런던의 다양한 문화는 300개 이상의 언어를 포괄하며, 항상 국제적인 도시였던 런던은 점점 더 다언어적이고 다문화적으로 발달하여 베트남인, 쿠르드족, 소말리아인, 에리트레아인, 이라크인, 이란인, 브라질인, 콜롬비아인 등 다양한 공동체가 형성되었다. 런던은 2,000년 가까이 주요 정착지였으며, 고대 핵심부이자 금융 중심지인 시티 오브 런던은 로마인들이 론디니움으로 건설했고 중세 경계를 유지하고 있다. 18세기 말부터 1914년까지 세계 경제의 중심지였으며, 동서인도 및 아메리카와의 무역으로 얻은 부를 바탕으로 연극, 문학, 예술 분야에서도 최고를 자랑했다. 관광업은 런던의 주요 산업 중 하나로 2016년 70만 명의 정규직 근로자를 고용하고 연간 360억 파운드를 경제에 기여하며, 런던은 뉴욕, 도쿄, 홍콩과 함께 통화, 주식, 상품, 보험 거래가 글로벌 규모로 이루어지는 몇 안 되는 무역 중심지 중 하나다. 18세기 런던은 데이비드 개릭, 올리버 골드스미스, 사무엘 존슨, 조슈아 레이놀즈 경의 도시였으며, 위대한 기구 제작자와 은세공업자들, 그리고 헨델, 하이든, 모차르트를 포함한 유명한 외국 음악가들의 도시였고, 현재 창조 경제는 런던 일자리의 6분의 1을 제공하며 창조 산업은 런던 경제에 약 470억 파운드를 창출한다. 런던은 템스강 유역에 위치하며 백악으로 이루어진 지형 위에 자리잡고 있고, 하이드 파크, 리젠트 파크, 그린위치 파크 등 광대한 왕립 공원들이 도시 곳곳에 분포되어 있다.

대표 도시: 런던

런던 자체가 거대한 메가시티로서 여러 구역으로 나뉘며, 각 지역마다 독특한 특색과 역사적 의미를 지니고 있다. 약 900만 명의 인구가 거주하는 이 도시는 2,000년 역사 동안 지속적으로 발전해온 세계적인 금융과 문화의 중심지다. 템스 강을 중심으로 남북으로 나뉘어진 런던은 고대 로마 시대의 흔적부터 최첨단 현대 건축물까지 시대별 건축양식이 조화롭게 공존하는 독특한 도시경관을 보여준다.

꼭 가봐야 할 명소

- **웨스트민스터 궁전 &빅벤** 영국 의회의 본거지이자 런던의 상징으로, 고딕 리바이벌 건축의 걸작이다. 1834년 화재로 소실된 후 찰스 배리와오거스터스퓨긴이 재설계한 이 건물은 97미터 높이의 시계탑 빅벤으로 세계적으로 유명하다. 현재 빅벤은 대대적인 보수 공사 중이지만, 웨스트민스터 궁전의 웅장한 외관과 내부 투어를 통해 영국 민주주의의 역사를 생생히 체험할 수 있다.

- **대영박물관** 1753년 설립된 세계 최초의 국립 공공 박물관으로, 원래 고대 유물, 자연사 표본, 국립 도서관을 포함했던 이 박물관은 현재 전 세계에서 온 700만 개의 유물을 소장하고 있다. 로제타 스톤, 이집트 미라, 그리스 파르테논 조각상, 루이스 체스 피스 등 인류 문명의 보물들이 전시되어 있으며, 노먼 포스터가 설계한 그레이트 코트의 유리 돔은 그 자체로 건축적 명작이다. 입장료가 무료이며 하루 종일 관람해도 모든 전시품을 다 볼 수 없을 정도로 방대한 컬렉션을 자랑한다.

- **런던 아이** 2000년 밀레니엄을 기념해 세워진 135미터 높이의 대관람차로, 템스 강변에서 런던 전경을 360도로 감상할 수 있는 최고의 전망대

다. 32개의 승객용 캡슐은 각각 25명까지 수용 가능하며, 한 바퀴 도는 데약 30분이 걸린다. 맑은 날에는 40킬로미터 떨어진 윈저 성까지 볼 수 있으며, 특히 일몰 시간대에는 템스 강과 런던 시내가 황금빛으로 물드는 장관을 감상할 수 있다.

○ **런던 타워** 1066년 윌리엄 1세가 건설한 요새로, 900년 넘게 왕궁, 감옥, 처형장, 무기고, 조폐국 등 다양한 용도로 사용되었다. 현재는 영국 왕관 보석을 보관하는 보물창고 역할을 하며, 코이누르 다이아몬드가 박힌 왕관을 비롯한 화려한 보석들을 관람할 수 있다. 전설에 따르면 6마리 이상의 까마귀가 항상 타워에 머물러야 영국이 망하지 않는다고 하여, 현재도 여러 마리의 까마귀가 사육되고 있으며, 비프이터(Beefeater)라 불리는 근위병들이 재미있는 해설과 함께 투어를 진행한다.

○ **트라팔가 광장** 1805년 트라팔가 해전에서 나폴레옹 함대를 물리친 넬슨 제독을 기념하는 광장으로, 런던의 심장부 역할을 한다. 중앙의 52미터 높이 넬슨 기념비 주변으로는 4마리의 청동 사자상이 있으며, 광장 북쪽에는 1824년 설립된 국립 미술관이 두드러진 위치를 차지하고 있다. 연중 다양한 축제와 집회가 열리는 런던 시민들의 만남의 장소이며, 크리스마스 시즌에는 노르웨이에서 기증한 거대한 크리스마스트리가 광장을 장식한다.

놓치면 아쉬운 주변 도시

- **캠든(Camden):** 펑크 문화의 성지, 캠든 마켓과 리젠트 파크가 있는 창조적 지역
- **그리니치(Greenwich):** 본초자오선이 지나는 곳, 그리니치 천문대와 해양박물관이 있는 역사적 구역
- **쇼디치(Shoreditch):** 트렌디한 갤러리와 카페들이 있는 스트리트 아트의 중심지
- **코벤트 가든(Covent Garden):** 거리 공연과 고급 쇼핑을 즐길 수 있는 문화 지구

- **노팅힐(Notting Hill):** 컬러풀한 주택과 포토벨로 마켓으로 유명한 보헤미안 지역
- **킹스턴 어폰 템스(Kingston upon Thames):** 템스 강변의 평온한 교외 지역, 햄프턴 코트 궁전 근처

노스 이스트 잉글랜드

NORTH EAST ENGLAND

노스 이스트 잉글랜드는 영국에서 가장 추운 지역 중 하나로, 북해의 영향으로 겨울이 춥고 여름이 선선하며 연중 바람이 강하고 강우량이 많다. 게오르디 방언으로 유명하며 축구 문화가 매우 발달했고, 뉴캐슬 유나이티드의 홈이자 영국 북부의 독특한 정체성을 가진 지역이다. 로마시대 하드리아누스 성벽의 동쪽 끝부분이 있으며, 산업혁명 시기 석탄 채굴과 조선업의 중심지였고, 바이킹의 침입과 스코틀

랜드와의 국경 분쟁의 역사가 깊다. 전통적으로 중공업에 의존했으나 현재는 서비스업과 관광업으로 전환 중이며, 뉴캐슬은 북동부의 상업 중심지로 발달했다. 강한 공동체 의식과 노동자 계급 문화가 특징이고 펍 문화가 발달했으며, 지역민들의 자부심이 강하다. 산업 유산을 활용한 현대 미술과 음악 씬이 활발하며, 발틱 현대미술센터와 세이지 게이츠헤드가 대표적이다. 노섬벌랜드 국립공원과 페니네 산맥, 아름다운 해안선을 자랑하며, 파운 제도와 홀리 아일랜드 등 독특한 자연환경을 보유하고 있다.

대표 도시: 뉴캐슬 어폰 타인

뉴캐슬은 노스 이스트의 비공식적 수도로, 타인 강 어귀에 위치한 활기찬 대학도시이자 문화 중심지다. 로마 시대 하드리아누스 성벽의 동쪽 거점에서 시작된 이 도시는 중세 시대 '새로운 성'이라는 뜻의 이름을 얻었고, 산업혁명 시기 석탄 무역과 조선업으로 크게 번영했다. 현재는 뉴캐슬 대학교와 노섬브리아 대학교가 있는 학술 도시이자, 발틱 현대미술센터와 세이지 게이츠헤드 같은 세계적인 문화시설을 보유한 예술의 도시로 탈바꿈했으며, 게오르디라 불리는 친근하고 유머러스한 지역민들의 특색이 살아있는 곳이다.

꼭 가봐야 할 명소

○ **타인 브릿지** 1928년 완공된 아치형 다리로 뉴캐슬의 상징이며, 시드니 하버브릿지의 모델이 되었다. 도빈슨과 미어스가 설계한 이 다리는 길이 389미터, 높이 59미터로 타인강을 가로지르며 뉴캐슬과 게이츠헤드를 연결한다. 밤에는 조명으로 아름답게 빛나며, 강변 산책로에서 바라보는 다리의 모습은 뉴캐슬 여행의 필수 사진 명소로, 특히 발틱 센터 옥상에서 내려다보는 전망이 장관이다.

- **발틱 현대미술센터** 게이츠헤드에 위치한 국제적 현대미술 갤러리로, 1950년대 건설된 발틱 밀가루 공장을 개조한 독특한 건물이다. 2002년 개관한 이 미술관은 상설 컬렉션 없이 매년 20여 개의 기획전시를 통해 세계적인 현대 작가들의 작품을 소개한다. 건물 꼭대기 전망대에서는 타인 브릿지와 뉴캐슬 시내 전경을 360도로 조망할 수 있으며, 내부의 카페와 레스토랑도 훌륭한 강변 뷰를 제공한다.

- **세이지 게이츠헤드** 노먼 포스터가 설계한 음악 공연장으로, 2004년 개관한 이래 영국 북부 최고의 콘서트홀로 자리잡았다. 곡선형의 유리와 강철로 이루어진 현대적 외관이 인상적이며, 내부에는 1,700석의 홀 원과 400석의 홀 투 등 두 개의 메인 공연장이 있다. 클래식부터 포크 음악, 재즈, 월드뮤직까지 다양한 장르의 공연을 선보이며, 특히 노던 신포니아 오케스트라와 포크웍스 등 상주 단체들의 수준 높은 공연을 감상할 수 있다.

- **뉴캐슬 성** 도시 이름의 유래가 된 12세기 성곽의 유적으로, 헨리 2세가 1172-1177년 사이에 건설한 노르만 양식의 성이다. 현재는 캐슬 킵(성의 중앙탑)과 블랙 게이트(성문)만이 남아있지만, 도심 한복판에서 중세의 역사를 생생히 느낄 수 있는 소중한 유적이다. 성의 내부는 박물관으로 운영되며 뉴캐슬의 역사와 중세 생활상을 보여주는 전시가 있고, 성벽에서는 타인강과 시내 전경을 내려다볼 수 있어 도시의 변천사를 한눈에 파악할 수 있다.

- **그레잉거 마켓** 1835년 개장한 빅토리아 시대 실내 시장으로, 리처드 그레잉거가 설계한 네오클래식 양식의 아름다운 건축물이다. 곡선형 지붕과 우아한 아케이드로 이루어진 이 시장은 영국에서 가장 아름다운 시장 건물 중 하나로 꼽히며, 현재도 약 100여 개의 상점과 카페, 레스토랑이 운영되고 있다. 전통적인 영국식 정육점, 치즈 가게부터 현대적인 패션 부티크, 수제 초콜릿 가게까지 다양한 상점들이 있어 쇼핑과 미식을 동시에 즐길 수 있는 곳이다.

놓치면 아쉬운 주변 도시

- **더럼(Durham):** 유네스코 세계문화유산인 더럼 대성당과 성, 명문 더럼 대학교가 있는 역사적 도시
- **선덜랜드(Sunderland):** 국립 유리센터와 아름다운 해변, 조선업의 역사를 간직한 항구도시
- **미들즈브러(Middlesbrough):** 현대 미술과 산업 유산이 만나는 곳, 티즈사이드 대학교가 있는 문화도시
- **헥삼(Hexham):** 하드리아누스 성벽 근처의 중세 시장 도시, 헥삼 수도원이 유명
- **베릭 어폰 트위드(Berwick-upon-Tweed):** 스코틀랜드 국경의 요새 도시, 엘리자베스 시대 성벽이 완전히 보존됨
- **알렌데일(Allendale):** 페니네 산맥의 작은 마을로 하이킹과 자연 관광의 거점

추천 루트(4일 코스)

- 1일차: 뉴캐슬 도심 → 타인 브릿지 → 발틱 센터 → 세이지 게이츠헤드
- 2일차: 더럼(더럼 대성당, 더럼 성)
- 3일차: 하드리아누스 성벽 → 헥삼 → 하우스테즈
- 4일차: 홀리 아일랜드 → 밤버러 성 → 파운 제도

교통편

- 런던에서 East Coast Main Line으로 3시간
- 지역 내 버스 네트워크 발달
- 렌터카 추천 (시골 지역 접근 용이)

주의사항

- 날씨 변화 심함, 방수복 필수
- 게오르디 방언이 강해 처음엔 이해하기 어려울 수 있음
- 겨울철 일조시간 매우 짧음 (오후 3시면 어두움)
- 하드리아누스 성벽 하이킹시 적절한 장비 준비

노스 웨스트 잉글랜드

NORTH WEST ENGLAND

노스 웨스트 잉글랜드는 서안 해양성 기후로 연중 온화하지만 강우량이 많으며, 특히 레이크 디스트릭트는 영국에서 가장 비가 많이 오는 지역 중 하나다. 비틀즈와 맨체스터 사운드로 대표되는 음악 문화의 성지이자, 산업혁명의 발상지로 노동자 계급 문화와 축구 문화가 강하다. 면직물 공업의 중심지였으며 세계 최초의 산업도시들이 발달했고, 맨체스터는 '코튼오폴리스'로, 리버풀은 대서양 무역의 관문으로 번영했다. 전통 제조업에서 금융, IT, 미디어 산업으로 전환했으며, 맨체스터는 런던 다음의 금융 중심지로 발달했다. 강한 지역 정체성과 유머 감각으로 유명하고, 펍과 축구 클럽을 중심으로 한 공동체 문화가 발달했다. 로우리의 그림, 오아시스와 비틀즈 등 팝 음악, 코로네이션 스트리트 등 TV 드라마의 본고장이며, 레이크 디스트릭트 국립공원은 영국에서 가장 아름다운 자연 경관을 자랑하고 페니네 산맥과 아일랜드 해의 해안선이 장관이다.

대표 도시: 맨체스터

맨체스터는 산업혁명의 요람이자 현재 영국 북부 최대의 상업 중심지로, 18-19세기 면직물 공업으로 '코튼오폴리스'라 불리며 세계 경제를 주도했던 도시다. 현재는 인구 54만 명의 대도시권을 형성하며, 맨체스터 유나이티드와 맨체스터 시티라는 두 개의 세계적인 축구팀을 보유하고 있어 축구의 도시로도 유명하다. 오아시스, 스톤 로지스, 해피먼데이즈 등을 배출한 '맨체스터 사운드'의 발원지이기도 하며, 현재도 활발한 음악 씬과 나이트라이프를 자랑하는 영국 북부 최고의 문화 도시로 자리잡고 있다.

o **맨체스터 시청** 1877년 완공된 빅토리아 시대 고딕 리바이벌 건축의 걸작으로, 85미터 높이의 시계탑이 도시의 랜드마크 역할을 한다. 알프레드 워터하우스가 설계한 이 건물은 화려한 외관과 더불어 내부의 그레이트 홀은 포드 매독스 브라운의 벽화로 장식되어 있어 맨체스터의 역사를 생생하게 보여준다. 무료로 제공되는 가이드 투어를 통해 시의회 의장실, 조각상으로 가득한 복도, 그리고 도시 전망을 감상할 수 있는 시계탑까지 둘러볼 수 있다.

o **과학산업박물관** 1830년 개통한 세계 최초의 여객열차역이었던 리버풀 로드 역에 자리한 박물관으로, 산업혁명의 역사를 생생히 체험할 수 있는 곳이다. 증기기관차 '플래닛'호를 비롯한 역사적 기차들, 방적기와 직조기 등 면직물 공업 장비, 그리고 초기 컴퓨터까지 전시되어 있어 인류 기술 발전사의 산증인 역할을 한다. 특히 재현된 빅토리아 시대 거리와 하수도 시스템 전시는 당시 맨체스터 시민들의 생활상을 생동감 있게 보여주며, 아이들을 위한 체험 프로그램도 풍부하게 마련되어 있다.

o **존 라일랜즈 도서관** 1900년 개관한 19세기 네오 고딕 양식의 아름다운 도서관으로, 존 라일랜즈의 부인 엔리게디가 남편을 기리기 위해 건립했다. 바실샴피언스가 설계한 이 건물은 대성당을 연상케 하는 웅장한 리딩 룸과 스테인드글라스로 장식된 내부가 압도적인 아름다움을 자랑한다. 구텐베르크 성경, 셰익스피어 초판본, 4세기 성 요한복음서 파피루스 등 귀중한 서적들을 소장하고 있으며, 해리포터 촬영지로도 유명해 전 세계 관광객들이 찾는 명소가 되었다.

o **맨체스터 미술관** 1823년 설립된 영국에서 가장 큰 지방 미술관 중 하나로, 특히 프리 라파엘파 작품 컬렉션으로 세계적으로 유명하다. 찰스 배리가 설계한 그리스 신고전주의 건물에는 터너, 컨서터블 등 영국 화가들의

작품과 더불어 로세티, 헌트, 밀레이 등 프리 라파엘파의 대표작들이 전시되어 있다. 현대 미술 섹션에는 데이비드 호크니, 프란시스 베이컨 등의 작품도 소장되어 있으며, 정기적으로 열리는 특별 기획전을 통해 다양한 장르의 예술 작품을 감상할 수 있다.

- **맨체스터 아레나** 1995년 개장한 유럽 최대 규모의 실내 아레나로, 2만 1천 명을 수용할 수 있는 거대한 공연장이다. 마돈나, 콜드플레이, 테일러 스위프트 등 세계 최정상급 아티스트들의 콘서트가 정기적으로 열리며, 복싱과 농구 등 스포츠 경기도 개최된다. 2017년 아리아나 그란데 콘서트 후 발생한 테러 사건의 현장이기도 하지만, 맨체스터 시민들의 결속력을 보여준 상징적인 장소로 더욱 의미가 깊어졌으며, 현재도 맨체스터 문화 생활의 중심지 역할을 하고 있다.

놓치면 아쉬운 주변 도시

- **리버풀(Liverpool):** 비틀즈의 고향이자 유네스코 해양 상업도시, 캐번 클럽과 앨버트 독이 유명

- **체스터(Chester):** 로마 시대 성벽이 완전히 보존된 중세 도시, 독특한 갤러리 상점가 'The Rows'가 특징

- **랭커스터(Lancaster):** 랭커스터 성과 대학교가 있는 역사적 도시, 조지안 건축이 아름다움

- **카라일(Carlisle):** 스코틀랜드 국경 근처의 요새도시, 카라일 성과 대성당이 볼거리

- **블랙풀(Blackpool):** 영국의 대표적 해변 휴양도시, 블랙풀 타워와 놀이공원이 유명

- **윈더미어(Windermere):** 레이크 디스트릭트의 관문, 잉글랜드 최대 자연호수가 있는 관광 중심지

요크셔 앤 더 험버

YORKSHIRE AND THE HUMBER

요크셔 앤 더 험버는 대륙성 기후의 영향으로 겨울이 춥고 여름이 따뜻하며, 페니네 산맥으로 인해 서쪽은 강우량이 많고 동쪽은 상대적으로 건조하다. "God's Own Country"라 불리는 강한 지역 정체성을 가지고 있으며, 요크셔 방언과 직설적인 성격, 티타임 문화로 유명하다. 로마 시대부터 바이킹 시대를 거쳐 중세까지 북부 잉글랜드의 중심지였고, 산업혁명 시기 모직업과 철강업이 발달했다. 전통적인 모직업과 철강업에서 금융과 서비스업으로 전환했으며, 리즈는 런던 외 최대 금융 중심지로 발달했다. 축구와 럭비리그 문화가 발달했다. 브론테 자매, 데이비드 호크니 등 많은 예술가를 배출했으며, 요크셔 조각 공원과 헨리 무어 등으로 유명하다. 요크셔 데일즈와 노스 요크 무어스 국립공원이 있으며, 험버 강 어귀와 아름다운 해안선을 자랑한다.

대표 도시: 요크

요크는 2,000년의 역사를 간직한 중세 도시로, 로마, 바이킹, 중세의 유산이 완벽하게 공존하는 영국 최고의 역사도시 중 하나다. 로마 시대 에보라쿰이라 불렸던 이곳은 바이킹 정착 시기 요르빅으로 불리며 북유럽 바이킹 왕국의 수도 역할을 했고, 중세 시대에는 북부 잉글랜드의 종교적·정치적 중심지로 번영했다. 현재 인구 약 21만 명의 이 도시는 3.4km에 걸쳐 보존된 중세 성벽으로 둘러싸여 있으며, 좁은 중세 골목들과 목조 건물들이 그대로 남아있어 마치 시간이 멈춰선 듯한 분위기를 자아낸다.

꼭 가봐야 할 명소

○ **요크 민스터** 1220년부터 250여 년에 걸쳐 건축된 북유럽 최대 고딕 성당으로, 13-15세기에 완성된 영국 성공회의 보석이다. 길이 158미터, 폭 76미터의 거대한 규모를 자랑하며, 특히 동쪽 창은 테니스 코트만한 크기로 세계에서 가장 큰 중세 스테인드글라스 창으로 기록되어 있다. 중앙탑(Central Tower)의 275개 계단을 올라가면 요크 시내와 주변 요크셔 평원이 한눈에 들어오는 절경을 감상할 수 있으며, 매일 저녁 5시 15분에 열리는 이븐송(Evensong) 예배는 천상의 합창을 들을 수 있는 특별한 경험을 선사한다.

○ **셈블즈** 중세 시대부터 이어져 내려온 상점가로, 14-15세기 목조건물들이 좁은 골목 양쪽에 기울어져 늘어서 있는 모습이 독특하다. 원래 정육점들이 모여있던 거리였지만 현재는 선물가게, 카페, 전통 과자점 등이 들어서 있

으며, 해리포터 다이애건앨리의 모델이 되어 전 세계 해리포터 팬들의 순례지가 되었다. 건물들이 2층으로 올라가면서 점점 돌출되어 맨 위층에서는 서로 닿을 듯 가까워지는 중세 건축 양식을 완벽하게 보여주는 곳으로, 특히 크리스마스 시즌에는 아름다운 장식으로 꾸며져 더욱 매력적이다.

○ **요크 성벽** 로마 시대부터 시작되어 중세 시대에 완성된 성벽이 3.4km에 걸쳐 거의 완전하게 보존되어 있어 세계에서 가장 잘 보존된 중세 성벽으로 꼽힌다. 성벽 위 산책로를 따라 걸으며 도시 전체를 조망할 수 있으며, 4개의 주요 성문(바, Bar)인 미클게이트 바, 부섬 바, 몽크 바, 워마게이트 바가 모두 남아있다. 성벽 걷기는 약 2-3시간이 소요되며, 특히 민스터 바 근처에서 바라보는 요크 민스터의 전경과 클리포드 타워 주변의 성벽에서 내려다보는 시내 전경이 특별하다.

놓치면 아쉬운 주변 도시

- **리즈(Leeds):** 빅토리아 아케이드와 쇼핑 문화로 유명한 상업도시, 아르마달스 박물관과 로열 아모리즈가 볼거리

- **셰필드(Sheffield):** '스틸 시티'로 불리는 철강 도시, 웨스턴 파크 박물관과 피크 디스트릭트 접경지역

- **브래드포드(Bradford):** 국립 미디어 박물관과 솔테어 빌리지가 있는 산업유산 도시

- **헐(Hull):** 2017 영국 문화수도였던 항구도시, 더 딥 수족관과 윌버포스 하우스가 유명

- **하로게이트(Harrogate):** 빅토리아 시대 스파 도시, 터키식 목욕탕과 우아한 정원들이 특징

- **휘트비(Whitby):** 드라큘라의 배경이 된 어촌마을, 휘트비 수도원 유적과 199개 계단이 유명

이스트 미들랜즈

EAST MIDLANDS

이스트 미들랜즈는 비교적 건조한 대륙성 기후를 띠며, 겨울에는 춥고 여름에는 따뜻하고, 연평균 강우량이 적은 편이다. 이러한 기후 덕분에 사계절의 변화가 뚜렷하면서도 농업과 야외활동에 적합한 환경을 이룬다. 로빈 후드 전설의 무대이자 D.H. 로런스와 바이런 경 등 영국 문학을 대표하는 작가들의 고향으로, 지금도 전통적인 잉글랜드 시골 문화가 깊이 남아 있다. 중세에는 시장 도시들이 발달하며 상업의 중심지로 번성했고, 산업혁명 시기에는 석탄 채굴과 제조업을 기반으로 한 산업도시로 빠르게 성장했다. 현재는 물류, 자동차, 항공산업이 지역 경제의 핵심을 이루며, 영국 지리의 중심부라는 이점을 활용해 교통과 산업의 허브로 자리 잡고 있다. 사회적으로는 전형적인 영국 중산층 문화가 형성되어 있으며, 크리켓을 비롯한 전통 스포츠와 지역 커뮤니티 중심의 여가문화가 활발하다. 예술적으로도 노팅엄 현대 미술관과 더비 미술관 등 다양한 문화시설이 운영되고 있으며, 전통 공예와 지역 예술이 함께 발전하고 있다. 또한 피크 디스트릭트 국립공원과 셔우드 숲 등 아름다운 자연경관이 인접해 있어, 역사와 문화, 자연이 조화롭게 어우러진 지역으로 손꼽힌다.

대표 도시: 노팅엄

노팅엄은 로빈 후드 전설의 무대이자, 중세 이후 산업혁명기를 거치며 레이스 제조업으로 세계적인 명성을 얻은 도시이다. 6세기 앵글로색슨 시대에 '스놋헹엄(Snotengaham)'이라 불리던 작은 정착지에서 출발해, 12세기 노르만 정복 이후 시장 도시로 성장했고, 18세기에는 '레이스의 도시'로 불릴 만큼 섬유 산업의 중심지가 되었다. 19세기에는 산업과 상업, 인쇄·교육이 발달하며 중부 잉글랜드의 문화적·경제적 중심지로 자리 잡았다. 오늘날 노팅엄은 역사와 혁신이 공존하는 도시로, 전통적인 잉글랜드 정취 속에서 현대 예술과 청년 문화가 활기를 더한다.

꼭 가봐야 할 명소

○ **노팅엄 성** 로빈 후드 전설의 중심지로, 노르만 정복 이후 11세기에 처음 세워졌으며 현재의 건물은 17세기에 재건된 것이다. 성 내부에는 노팅엄의 중세사, 산업화 과정, 예술 작품이 전시된 박물관과 미술관이 함께 운영된다. 성 꼭대기에서는 시내와 트렌트강 유역을 한눈에 조망할 수 있으며, 로빈 후드의 청동상이 성 입구를 지키고 있다. 매년 여름에는 이곳에서 '로빈 후드 페스티벌'이 열려 중세풍 공연과 활쏘기 시연 등이 펼쳐진다.

- **시티 오브 케이브스** 노팅엄 지하에는 700개가 넘는 인공 동굴이 이어져 있으며, 이 복합적인 지하 네트워크는 로마 시대부터 중세, 산업혁명기, 제2차 세계대전의 방공호에 이르기까지 다양한 용도로 사용되었다. 부드러운 사암층 덕분에 조각과 확장이 쉬웠기 때문에 '지하의 도시'라는 별칭으로 불리기도 한다. 방문객들은 지하 통로를 따라 과거 주거지, 저장고, 양조장 등을 탐험하며 시대별 생활상을 체험할 수 있다.

- **올드 마켓 스퀘어** 영국에서 가장 큰 시장 광장 중 하나로, 노팅엄 시민의 일상과 축제가 교차하는 상징적인 장소이다. 1929년 완공된 신고전주의 양식의 시청 건물이 광장을 내려다보고 있으며, 주말마다 열리는 시장과 겨울철 크리스마스 마켓, 여름의 노천 공연 등으로 활기가 넘친다. 시민들이 약속 장소로 자주 찾는 '라이언 동상(Lions of Nottingham)'이 이곳의 명물이다.

- **노팅엄 현대미술관** 2009년에 개관한 영국 대표 현대미술관으로, 국제적 수준의 전시와 지역 예술 프로젝트를 함께 운영한다. 외관은 지역의 전통 산업이었던 레이스 패턴을 금속 패널로 새겨 넣은 독특한 디자인으로, 도시의 정체성을 상징한다. 내부에서는 현대미술, 공예, 영상예술이 결합된 기획전이 열리며, 미술관 내 카페와 북숍도 지역 예술가들의 창작물을 선보이는 문화 허브 역할을 한다.

- **셔우드 숲** 노팅엄 북쪽 외곽에 위치한 셔우드 숲은 로빈 후드 전설의 무대로, 800년 된 거대한 참나무 '메이저 오크(Major Oak)'가 전설의 상징으로 남아 있다. 이 숲은 중세에는 왕실 사냥터이자 주민들의 생활 터전이었으며, 현재는 자연보호구역으로 지정되어 트레킹 코스와 야외극장, 로빈 후드 테마 행사 등이 열리고 있다. 가을에는 붉게 물든 숲길을 따라 걷는 산책 코스가 특히 인기가 높다.

놓치면 아쉬운 주변 도시

- **레스터(Leicester):** 리처드 3세의 무덤이 발견된 곳, 중세 길드홀과 뉴 워크 박물관이 볼거리

- **더비(Derby):** 산업혁명의 발상지 중 하나, 더비 박물관과 픽포드 하우스가 유명한 조지안 건축 도시

- **링컨(Lincoln):** 링컨 대성당과 성이 있는 중세 도시, 가파른 언덕 위의 역사적 구 시가지가 인상적

- **스탬포드(Stamford):** 조지안 석조 건축물로 유명한 '영국에서 가장 아름다운 돌 도시'

- **노샘프턴(Northampton):** 구두 제조업의 전통을 가진 도시, 아브링턴 파크 박물관과 78 더니게이트가 볼거리

- **그랜섬(Grantham):** 마거릿 대처의 고향, 아름다운 성 울프람 교회와 뉴턴의 어린 시절을 보낸 곳

추천 루트(3일 코스)

- 1일차: 노팅엄 → 노팅엄 성 → 시티 오브 케이브스 → 올드 마켓 스퀘어
- 2일차: 셔우드 숲 → 뉴아크 온 트렌트 → 사우스웰민스터
- 3일차: 링컨 → 링컨 대성당 → 스팀프 힐

교통편

- 런던에서 East Midlands Trains로 1시간 30분-2시간
- M1 모터웨이로 접근 용이
- 이스트 미들랜즈 공항이 지역 중심부에 위치

주의사항

- 대중교통이 상대적으로 제한적이므로 렌터카 추천
- 셔우드 숲 방문시 적절한 신발 착용
- 지역 특산품인 스틸튼 치즈와 멜튼모브레이 파이 꼭 맛보기
- 농촌 지역은 일요일 상점 문 닫는 곳 많음

웨스트 미들랜즈

WEST MIDLANDS

웨스트 미들랜즈는 온화한 대륙성 기후로 런던보다 약간 추우며 연중 온화한 편이고, 페니네 산맥의 영향으로 서쪽이 동쪽보다 강우량이 많다. '블랙 컨트리'라 불리는 산업유산과 현대적 도시 재생이 조화를 이루고 있다. 산업혁명의 심장부로 석탄과 철강, 자동차 제조업을 주도했으며, 18-19세기 세계의 공장 역할을 했다. 현재는 전통 제조업에서 서비스업과 고기술 산업으로 전환했으며, 버밍엄은 영국 제2의 도시로 금융과 상업의 중심지 역할을 하고 있다. 노동자 계급의 강한 정체성과 함께 2차 세계대전 이후 영연방 국가에서 유입된 다양한 이민자 공동체가 형성되어 있다.

문화적으로는 헤비메탈의 발상지(블랙 사바스)이자 산업 유산을 활용한 현대 미술이 발달한 곳이다. 또한 코츠월드 언덕과 캐녹 체이스, 슈롭셔 힐스 등 아름다운 자연경관도 자랑한다.

대표 도시: 버밍엄

버밍엄은 영국 제2의 도시이자 산업혁명의 중심지에서 현대적 도시로 탈바꿈한 곳으로, 현재 인구 110만 명의 거대한 메트로폴리탄을 형성하고 있다. 18세기 '세계의 작업장'이라 불렸던 이 도시는 제임스 와트의 증기기관 개량, 매튜 볼턴의 소호 공장 등으로 산업혁명을 이끌었으며, 현재는 금융, 서비스업, 첨단기술 산업의 중심지로 변신했다. 영국에서 가장 젊고 다양한 인구 구성을 가진 도시로, 전체 인구의 42%가 소수민족 출신이며, 특히 남아시아계 공동체가 크게 형성되면서 '영국의 카레 수도'라는 별명을 얻었고, 발티 트라이앵글 지역에는 세계 최고 수준의 인도·파키스탄 레스토랑들이 밀집해 있다.

- **버밍엄 뒷 쿼터** 1990년대 대대적인 도시 재생사업을 통해 탄생한 영국 최대 빅토리아 시대 상업지구로, 현재는 고급 쇼핑과 식당가로 재탄생했다. 빅토리아 시대의 아름다운 붉은 벽돌 건물들이 복원되어 루이 비통, 구찌 등 명품 브랜드샵과 미슐랭 스타 레스토랑들이 입점해 있으며, 특히 밤에는 조명으로 장식된 건물들이 로맨틱한 분위기를 연출한다. 쥬얼리 쿼터와 연결되어 있어 전통 보석세공 공방들과 현대적 디자인 상점들을 함께 둘러볼 수 있으며, 연중 다양한 패션쇼와 문화행사가 열리는 버밍엄의 문화적 심장부 역할을 한다.

- **버밍엄 박물관 및 미술관** 1885년 개관한 영국 최대 지방박물관 중 하나로, 특히 세계 최대 규모의 프리 라파엘파 컬렉션과 고대 이집트 유물을 소장한 곳으로 유명하다. 단테 가브리엘 로세티, 에드워드 번-존스, 윌리엄 홀맨 헌트 등의 걸작들이 전시되어 있으며, 에드워드 번-존스는 버밍엄 출신 화가로 특별 갤러리가 마련되어 있다. 또한 3,000년 된 이집트 미라와 세계 각국의 민족학적 유물들, 그리고 18-19세기 스태퍼드셔 도자기 컬렉션 등 40개가 넘는 갤러리에 100만 점 이상의 작품이 소장되어 있어 하루 종일 관람해도 모자랄 정도다.

- **카드버리 월드** 1824년 버밍엄에서 시작된 세계적인 초콜릿 브랜드 카드버리의 테마파크로, 초콜릿 제조 과정을 체험하고 브랜드의 역사를 배울 수 있는 곳이다. 실제 초콜릿 공장 부지에 위치한 이곳에서는 카카오빈부터 완성된 초콜릿까지의 전 과정을 견학할 수 있으며, 갓 만들어진 따뜻한 초콜릿을 맛볼 수 있다. 카드버리 가족의 퀘이커 신앙과 사회적 책임경영 철학, 그리고 보른빌 모델 빌리지 건설 등 영국 산업사의 중요한 페이지들을 배울 수 있으며, 아이들을 위한 체험 프로그램과 초콜릿 만들기 워크숍도 운영된다.

- **씽크 탱크** 2001년 개관한 현대적 과학 박물관으로, 산업혁명부터 현재까지의 과학기술 발전사를 인터랙티브한 방식으로 보여준다. 제임스 와트의 증기기관, 초기 자동차들, 그리고 최신 로봇 기술까지 시대순으로 전시되어 있으며, 특히 교통 갤러리에는 1920년대부터의 다양한 자동차와 오토바이들이 전시되어 있다. 아이들을 위한 사이언스 가든에서는 물의 흐름, 소리의 전달, 빛의 굴절 등을 직접 체험할 수 있으며, 정기적으로 열리는 과학 실험쇼와 워크숍을 통해 과학을 재미있게 배울 수 있어 가족 단위 관광객들에게 인기가 높다.

- **세인트 필립 대성당** 1715년 완공된 18세기 바로크 양식의 성당으로, 1905년 버밍엄 교구가 신설되면서 대성당으로 승격된 영국 성공회의 주요 성당이다. 토마스 아처가 설계한 이 성당의 가장 큰 자랑은 에드워드 번-존스가 제작한 4개의 대형 스테인드글라스 창으로, '최후의 심판', '십자가의 길', '나사렛 예수', '승천' 등의 주제를 다룬 이 작품들은 19세기 후반 영국 스테인드글라스 예술의 걸작으로 평가받는다. 성당 내부는 상대적으로 소박하지만 우아한 비례와 아름다운 목재 조각으로 장식되어 있으며, 정기적으로 열리는 오르간 콘서트와 합창 공연은 뛰어난 음향효과로 유명하다.

- **가스 스트리트 베이슨** 18-19세기 버밍엄의 운하 시대 유산을 활용한 레스토랑과 바 지구로, 야경이 아름다운 워터프론트 명소다. 영국 운하 네트워크의 중심지였던 이곳은 현재 약 60여 개의 레스토랑, 바, 카페가 들어서 있으며, 좁은 보트(내로우 보트)들이 정박해 있어 독특한 분위기를 연출한다. 저녁 시간에는 운하에 비치는 화려한 조명들과 함께 로맨틱한 분위기를 만끽할 수 있으며, 여름철에는 야외 테라스에서 식사를 즐기거나 운하를 따라 산책할 수 있어 현지인들과 관광객들 모두에게 인기 있는 장소다.업과 고기술 산업으로 전환했다. 버밍엄은 영국 제2의 도시로 금융과 상업의 중심지다.

놓치면 아쉬운 주변 도시

- **코벤트리(Coventry)**: 2021 영국 문화수도, 중세 대성당 유적과 현대 대성당이 공존하는 평화의 도시
- **울버햄프턴(Wolverhampton)**: 울버햄프턴 아트 갤러리와 웨스트 파크가 있는 블랙 컨트리의 중심도시
- **스토크 온 트렌트(Stoke-on-Trent)**: '더 포터리즈'로 알려진 도자기 제조의 중심지, 웨지우드 박물관이 유명
- **슈루즈베리(Shrewsbury)**: 중세 목조건물이 잘 보존된 샐롭 강변의 아름다운 시장도시
- **우스터(Worcester)**: 영국 내전 당시 중요한 역할을 했던 '우스터 대성당'과 260년의 역사를 가진 '로열 우스터 도자기 공장'이 있는 역사적 도시
- **워릭(Warwick)**: 영국에서 가장 아름다운 중세 성 중 하나인 워릭 성이 있는 도시

추천 루트 (4일 코스)

- 1일차: 버밍엄 → 뒷 쿼터 → 박물관 → 가스 스트리트 베이슨
- 2일차: 카드버리 월드 → 애스턴 대학교 → 뉴 스트리트
- 3일차: 워릭(워릭 성) → 코벤트리 대성당
- 4일차: 아이언브릿지 협곡 → 세계유산 박물관

교통편

- 런던에서 West Coast Main Line으로 1시간 30분
- 버밍엄은 영국 교통의 허브 역할
- 미들랜드 지역 버스 네트워크 발달

주의사항

- 구 산업지역 일부는 치안에 주의
- 다양한 카레 레스토랑 많음 (발티 트라이앵글 추천)
- 버밍엄 억양 강함
- 산업유산 투어시 적절한 복장 필요

이스트 오브 잉글랜드

EAST OF ENGLAND

이스트 오브 잉글랜드는 영국에서 가장 건조한 지역 중 하나로 연 강수량이 450-750mm에 불과하다. 대륙성 기후의 영향을 받아 겨울이 춥고 여름이 따뜻한 편이다.앵글로색슨 시대부터 중요한 지역이었으며, 이스트 앵글리아 왕국의 중심지였다. 중세 시대에는 양모 무역으로 크게 번영했다. 전통적인 영국 농업 지역의 문화가 잘 보존되어 있으며, 케임브리지 대학교로 인한 학문적 전통이 강하다.경제적으로는 농업과 관광업이 발달했으며, 케임브리지 주변에는 '실리콘 펜'이라 불리는 첨단기술 클러스터가 형성되어 있다. 보수적이고 전통적인 영국 시골 문화가 특징이며, 펍과 마을 교회를 중심으로 한 공동체가 유지되고 있다.컨스터블의 풍경화로 유명한 예술적 전통을 자랑하며, 전통 공예와 현대 미술이 조화를 이룬다. 노포크 브로즈, 펜랜드, 칠턴 힐스 등 독특한 자연 환경과 동해안의 아름다운 해변이 매력적이다.

대표 도시: 케임브리지

케임브리지는 800년 역사를 자랑하는 세계적인 명문 대학 도시로, 아름다운 중세 건축물과 학문적 전통이 살아 숨 쉬는 곳이다. 캠강을 따라 펼쳐진 31개의 칼리지들은 각각 독특한 건축 양식과 역사를 간직하고 있으며, 좁은 골목길과 고풍스러운 건물들이 중세의 분위기를 그대로 전해준다. 뉴턴, 다윈, 호킹 등 수많은 노벨상 수상자와 세계적 학자들을 배출한 이 도시는 전통과 혁신이 공존하는 영국 지성의 상징이다.

- **킹스 칼리지 채플** 1446년 헨리 6세가 건축을 시작해 1515년 완공된 영국 고딕 건축의 최고 걸작이다. 세계에서 가장 큰 부채꼴 금고천장(fan vault)은 80미터 길이에 달하며, 석재로만 지탱되는 경이로운 구조를 자랑한다. 루벤스의 '동방박사의 경배'를 비롯한 르네상스 시대의 스테인드글라스와 매년 크리스마스 이브에 BBC로 전 세계에 중계되는 합창단의 캐럴 공연으로도 유명하다. 내부의 화려한 목재 장식과 웅장한 파이프 오르간은 방문객들에게 깊은 감동을 선사한다.

- **트리니티 칼리지** 1546년 헨리 8세가 설립한 케임브리지 최대 규모의 칼리지로, 아이작 뉴턴, 프랜시스 베이컨, 바이런 경, 버트런드 러셀 등 34명의 노벨상 수상자를 배출했다. 그레이트 코트는 유럽에서 가장 큰 칼리지 중정으로, 영화 '불의 전차'에서 유명해진 분수 주위 달리기 장면의 배경이다. 크리스토퍼 렌이 설계한 렌 도서관은 바로크 양식의 아름다움을 자랑하며, 뉴턴의 프린키피아 초판본과 밀턴의 필사본 등 귀중한 자료들을 소장하고 있다. 헨리 8세 문 위의 조각상과 사과나무(뉴턴의 사과나무 후손)도 놓치지 말아야 할 명소다.

- **캠강펀팅** 케임브리지를 방문했다면 반드시 경험해야 할 전통 뱃놀이로, 긴 장대로 강바닥을 밀어 평평한 나룻배를 조종한다. 킹스 칼리지, 클레어 칼리지, 트리니티 칼리지의 뒷뜰(백스)을 강에서 바라보는 풍경은 케임브리지에서만 볼 수 있는 독특한 경험이다. 특히 수학 다리, 탄식의 다리 등 역사적인 다리들을 지나며 대학 건물들의 아름다운 후면을 감상할 수 있다. 직접 펀팅을 하거나 숙련된 학생 가이드가 조종하는 투어를 선택할 수 있으며, 봄과 여름에는 강변의 버드나무와 꽃들이 더욱 아름다운 풍경을 만들어낸다.

- **수학 다리** 1749년 제임스 에섹스가 설계한 퀸즈 칼리지의 목조 다리로,

정교한 기하학적 설계가 돋보인다. 나사나 못 없이 나무 조각들만으로 조립되었다는 전설이 있지만 실제로는 볼트로 고정되어 있다. 이 다리는 뉴턴이 설계했다는 속설도 있으나 뉴턴 사후 22년 뒤에 건설되었다. 독특한 삼각형 구조와 정밀한 목공 기술은 18세기 엔지니어링의 우수성을 보여주며, 펀팅을 하며 아래에서 올려다보는 구조가 특히 인상적이다.

○ <u>**피츠윌리엄 박물관**</u> 1816년 설립된 케임브리지 대학교 소속 박물관으로, 50만 점 이상의 예술품과 유물을 소장하고 있다. 고대 이집트 미라와 그리스·로마 유물, 중세 필사본, 르네상스 시대 회화, 모네와 피카소의 작품, 도자기와 장신구 컬렉션 등 방대한 규모를 자랑한다. 신고전주의 양식의 웅장한 건물 자체도 볼거리이며, 무료 입장으로 누구나 감상할 수 있다. 특히 이집트관의 화려한 관과 영국 도자기 컬렉션, 중세 필사본의 세밀화는 세계적 수준이다.

○ <u>**마켓 힐**</u> 중세부터 이어진 800년 전통의 시장으로, 케임브리지 시내 중심부에 위치한다. 월요일부터 토요일까지 매일 열리며, 신선한 농산물, 수제 치즈, 꽃, 수공예품, 의류, 골동품 등 다양한 상품을 판매한다. 특히 토요일에는 규모가 더 커져 100개 이상의 노점이 들어선다. 주변에는 중세 길드홀과 성모 마리아 교회(Great St Mary's Church)가 있어 시장 구경 후 함께 방문하기 좋다. 시장 분위기는 활기차고 현지인들의 일상을 엿볼 수 있는 좋은 기회를 제공한다.

놓치면 아쉬운 주변 도시

- **노리치(Norwich):** 중세 대성당과 성, 32개 중세 교회가 남아있는 '천 개의 첨탑' 도시로, 중세에는 런던 다음으로 큰 도시

- **콜체스터(Colchester):** 영국 최초의 로마 수도 카물로두넘이 있었던 곳, 콜체스터 성과 로마 유적들이 볼거리

- **세인트 올번스(St Albans):** 로마시대 베룰라미움 유적과 중세 대성당이 있는 역사도시

- **킹스 린(King's Lynn):** 한자동맹 도시였던 중세 항구도시, 길드홀과 세인트 마가렛 교회, 바로크 세관 건물이 유명

- **입스위치(Ipswich):** 14세기 시인 제프리 초서의 출생지로 중세 건축물과 현대 아트 갤러리가 조화를 이루는 항구도시

- **버리 세인트 에드먼즈(Bury St Edmunds):** 중세 수도원 유적과 조지안 건축이 아름다운 시장도시

추천 루트 (3일 코스)

- 1일차: 케임브리지 → 킹스 칼리지 → 펀팅 → 트리니티 칼리지
- 2일차: 노리치(노리치 대성당) → 엘름 힐 → 스트랑거스 홀
- 3일차: 노포크브로즈 → 레인햄 홀 → 홀컴 해변

교통편

- 런던에서 케임브리지까지 기차로 1시간
- 지역 내 기차 연결 양호
- 노포크브로즈와 해안 지역은 버스나 렌터카 추천

주의사항

- 케임브리지는 관광객이 많으므로 숙박 미리 예약
- 대학 시험기간(5-6월)에는 일부 칼리지 출입 제한
- 농촌 지역 대중교통 제한적
- 동해안 바람이 강하므로 방풍복 준비

사우스 이스트 잉글랜드

SOUTH EAST ENGLAND

사우스 이스트 잉글랜드는 영국에서 가장 온화하고 화창한 기후를 가진 지역으로, 연간 일조시간이 길고 강우량이 적어 지중해성 기후와 유사한 특성을 보인다. 로마 시대부터 런던으로 가는 관문 역할을 해왔으며, 1066년 노르만 정복의 결정적 전투인 헤이스팅스 전투가 벌어진 역사적 무대다. 중세 시대에는 캔터베리 대성당으로 향하는 순례길의 중심지로 번영했다.

'홈 카운티(Home Counties)'로 불리며 전통적인 영국 중산층 문화의 중심지이기도 하다. 왕실과 귀족 문화의 영향이 강하게 남아있으며, 윈저 성을 비롯한 왕실 관련 유적들이 다수 위치해 있다. 경제적으로는 금융 서비스, 첨단기술, 관광업이 발달했으며, 런던 통근권으로서 중요한 역할을 담당한다. 높은 생활 수준과 교육 수준을 자랑하며, 전원 생활의 여유와 도시적 편의가 조화를 이루는 지역이다. 국립 갤러리의 분관들과 수많은 역사적 저택들이 예술과 문화의 보고 역할을 하며, 사우스 다운즈, 칠턴 힐스, 도버의 화이트 클리프 등 다양한 자연 경관과 아름다운 해안선을 자랑한다.

대표 도시: 옥스포드

옥스포드는 '꿈의 첨탑들의 도시(City of Dreaming Spires)'로 불리는 세계 최고의 대학도시 중 하나로, 900년 이상의 학문적 전통을 자랑한다. 1167년경부터 교육기관으로 발전하기 시작했으며, 38개의 독립적인 칼리지로 구성된 옥스포드 대학교는 영어권에서 가장 오래된 대학이다. 중세 건축물과 고딕 양식의 첨탑들이 도시 전체를 수놓고 있으며, 좁은 골목길과 고풍스러운 건물들이 수세기 동안 이어온 지적 전통의 분위기를 전해준다. 톨킨, C.S. 루이스, 오스카 와일드, 스티븐 호킹 등

수많은 작가, 과학자, 정치인을 배출한 이곳은 영국 지성의 상징이자 학문과 전통
이 살아 숨 쉬는 도시다.

- **보들리언 도서관** 1602년 설립된 유럽에서 가장 오래된 도서관 중 하나
  로, 1,300만 권 이상의 장서를 보유하고 있다. 영국에서 출판되는 모든 책
  의 사본을 받을 권리를 가진 법정 납본 도서관이며, 구텐베르크 성경 초판
  본과 셰익스피어 희곡 초판본 등 귀중한 자료들을 소장하고 있다. 래드클
  리프 카메라는 1749년 완공된 원형 건물로 보들리언의 열람실로 사용되
  며, 옥스포드를 대표하는 랜드마크다. 디비니티 스쿨은 15세기 고딕 양식
  의 건물로 정교한 금고천장이 아름다우며, 해리 포터 영화의 호그와트 의
  무실 촬영지로도 알려져 있다. 듀크 험프리 도서관은 1488년 설립된 가장
  오래된 열람실로 중세 필사본과 고서들이 보관되어 있다.
- **크라이스트 처치 칼리지** 1546년 헨리 8세가 설립한 옥스포드에서 가장 크
  고 웅장한 칼리지로, 해리 포터 시리즈의 호그와트 대식당 촬영지로 유명
  하다. 그레이트 홀은 16세기에 지어진 목조 천장과 역대 저명한 동문들의
  초상화로 장식되어 있으며, 루이스 캐럴(이상한 나라의 앨리스 작가)이 수학
  을 가르쳤던 곳이기도 하다. 톰 타워는 크리스토퍼 렌이 설계한 종탑으로,
  매일 밤 9시 5분에 101번의 종을 울려 칼리지 문을 닫는 전통을 유지하고
  있다. 크라이스트 처치 대성당은 영국에서 가장 작은 대성당이면서 동시
  에 칼리지 채플로 사용되는 독특한 건물이다. 톰 쿼드는 옥스포드에서 가
  장 큰 중정으로, 분수와 잔디밭이 조화를 이룬다.
- **래드클리프 카메라** 1749년 제임스 깁스가 설계한 팔라디오 양식의 원형
  도서관 건물로, 옥스포드에서 가장 사진이 많이 찍히는 명소다. 존 래드클
  리프 박사의 유산으로 건립되었으며, 현재는 보들리언 도서관의 주요 열

람실로 사용된다. 돔형 지붕과 원형 구조가 독특하며, 내부는 두 층의 열람 공간으로 나뉘어 있다. 건물 내부는 일반에게 공개되지 않지만, 보들리언 도서관 가이드 투어를 통해 방문할 수 있다. 주변의 올 소울즈 칼리지와 브레이즈노즈 칼리지가 어우러진 풍경은 옥스포드의 대표적인 전경을 만들어낸다.

○ **옥스포드 대학교 자연사 박물관** 1860년 빅토리아 시대 고딕 리바이벌 양식으로 건축된 아름다운 박물관으로, 철골과 유리로 만들어진 천장이 인상적이다. 공룡 골격, 광물, 암석, 동물 표본 등 500만 점 이상의 자연사 표본을 소장하고 있다. 특히 도도새 유해와 거대한 티라노사우루스 렉스 골격이 유명하다. 1860년 토마스 헉슬리와 윌버포스 주교 사이의 유명한 진화론 논쟁이 벌어진 역사적 장소이기도 하다. 연결된 피트 리버스 박물관에는 세계 각지의 인류학 및 고고학 유물 50만 점이 전시되어 있으며, 빅토리아 시대 진열장에 빼곡히 담긴 전시 방식이 독특하다.

○ **캐리팩스 타워** 옥스포드에서 가장 오래된 건축물 중 하나다. 1896년 도로 확장을 위해 교회 본당은 철거되었고 약 23미터 높이의 종탑만 남게 되었다. 'Carfax'라는 이름은 프랑스어 'carrefour(사거리)'에서 유래했으며, 옥스포드의 주요 4개 도로가 만나는 중심 교차로에 위치해 중세부터 도시의 중심점 역할을 해왔다. 99개의 좁은 나선형 계단을 올라가면 전망대에 도착하며, 정상에서는 옥스포드 시내 전체와 주변 칼리지들의 첨탑들을 360도로 조망할 수 있어 '꿈의 첨탑들'을 한눈에 볼 수 있는 최고의 전망 포인트다. 탑 외벽에는 '쿼터 보이즈(Quarter Boys)'라 불리는 종을 치는 기계 인형이 설치되어 있어 15분마다 종을 울리며 시간을 알리는데, 현재의 인형은 1898년에 설치된 것이다. 옥스포드 관광의 출발점으로 삼기 좋은 곳이며, 도시의 전체적인 구조를 파악하는 데 유용한 명소다.

○ **애슈몰린 박물관** 1683년 개관한 세계 최초의 대학 박물관이자 영국에서 가장 오래된 공공 박물관이다. 고대 이집트와 그리스·로마 유물, 중세 미

술, 르네상스 회화, 중국·일본 예술품 등 다양한 컬렉션을 소장하고 있다. 미켈란젤로와 라파엘로의 드로잉, 터너의 수채화, 피카소와 세잔의 작품 등 세계적인 명작들을 감상할 수 있다. 앨프레드 대왕의 보석과 가이 포크스의 랜턴 등 영국 역사의 중요한 유물들도 전시되어 있다. 2009년 현대적으로 재단장하여 더욱 쾌적한 관람 환경을 제공하며, 무료 입장으로 누구나 방문할 수 있다.

놓치면 아쉬운 주변 도시

- **캔터베리(Canterbury):** 영국 기독교의 중심지, 캔터베리 대성당과 세인트 오거스틴 수도원 유적이 있는 세계문화유산 도시
- **윈체스터(Winchester):** 웨섹스 왕국과 초기 잉글랜드의 수도, 윈체스터 대성당과 아서왕의 원탁이 있는 그레이트 홀이 유명
- **브라이튼(Brighton):** 왕실 해변 휴양지로 유명한 로열 파빌리온과 브라이튼피어가 있는 활기찬 해안도시
- **포츠머스(Portsmouth):** 영국 해군의 본고장, 넬슨의 빅토리호와 메리 로즈 박물관이 있는 해양 도시
- **로체스터(Rochester):** 찰스 디킨스와 관련된 중세 도시, 루체스터 대성당과 성이 볼거리

추천 루트 (5일 코스)

- 1일차: 옥스포드 → 크라이스트 처치 → 보들리언 도서관 → 래드클리프 카메라
- 2일차: 바스 → 로만 바스 → 왕립 크레센트 → 바스 수도원
- 3일차: 캔터베리 → 대성당 → 세인트 오거스틴 수도원 → 도버 화이트 클리프
- 4일차: 윈체스터 → 대성당 → 그레이트 홀 → 윈체스터 칼리지
- 5일차: 브라이튼 → 로열 파빌리온 → 브라이튼 피어 → 레인즈

사우스 웨스트 잉글랜드

SOUTH WEST ENGLAND

사우스 웨스트 잉글랜드는 대서양의 영향을 받는 온화한 해양성 기후로 겨울이 온화하고 여름이 서늘하며, 영국에서 일조시간이 가장 길고 서리가 적다. 아서왕 전설과 켈트 문화의 유산이 깊이 남아있으며, 서핑과 해양 문화가 발달했고, 콘월 지역은 독특한 지역 정체성을 유지한다. 선사시대부터 중요한 지역으로 스톤헨지와 에이브버리 등 거석 문화 유적이 풍부하며, 중세 시대 양모 무역으로 번영했다. 관광업, 농업, 항공우주 산업이 발달했고 재생에너지 산업도 성장하고 있다. 여유로운 라이프스타일과 자연 친화적 생활이 특징이며 예술가들이 많이 거주한다. 세인트 아이브스 등 해안 지역의 예술가 공동체가 유명하며, 바바라헵워스, 벤 니콜슨 등이 활동했다. 영국에서 가장 긴 해안선을 자랑하며, 다트무어와엑스무어 국립공원, 콘월의 극적인 해안 절벽이 장관이다.

대표 도시: 바스

바스는 로마 시대 온천과 조지안 건축이 완벽하게 조화를 이룬 유네스코 세계문화
유산 도시로, 인구 9만 명의 우아하고 품격 있는 도시다. 기원전 1세기 로마인들이
발견한 천연 온천을 중심으로 발달한 이곳은 18세기 조지안 시대에 영국 상류층의
사교와 휴양지로 각광받으며 전성기를 맞았다. 제인 오스틴이 거주하며 『설득』과
『노생거애비』를 집필한 곳이기도 하며, 현재도 매년 제인 오스틴 페스티벌이 열려
전 세계 문학 애호가들이 찾는 성지가 되었고, 바스 스파 대학교와 바스 대학교가
있는 학술도시이기도 하다.

- **로만 바스** 기원후 1세기 로마인들이 건설한 온천 시설로, 당시의 바닥 난
  방 시설(하이포코스트)과 미네르바 여신 신전이 거의 완벽하게 보존되어
  있는 세계적인 고고학 유적지다. 매일 114만 리터의 46도 온천수가 솟아
  나는 신성한 샘(Sacred Spring)을 중심으로 한 이 복합시설은 로마 목욕 문
  화의 정수를 보여주며, 발굴된 12,000여 점의 로마 시대 유물들이 전시
  되이 있다. 오디오 가이드를 통해 빌 브라이슨의 해설을 들으며 관람할 수
  있고, 투어의 마지막에는 실제 온천수를 마셔볼 수 있어 2,000년 전 로마
  인들과 같은 경험을 할 수 있다.
- **왕립 크레센트** 1767-1774년 존 우드 2세가 설계한 초승달 모양의 30채
  연립주택으로, 조지안 건축의 절대적 걸작이며 유럽에서 가장 아름다운
  주거 건축물 중 하나로 꼽힌다. 길이 150미터에 걸쳐 114개의 아이오닉
  기둥이 일정한 간격으로 배치된 이 건물은 바스 스톤의 아름다운 꿀색과
  함께 완벽한 대칭미를 보여주며, 현재도 개인 주택으로 사용되고 있어 살
  아있는 문화유산이다. 1번지는 박물관으로 운영되어 18세기 조지안 시대

상류층의 생활상을 재현해 놓았으며, 앞쪽의 로열 빅토리아 파크에서 바라보는 크레센트의 전경이 바스에서 가장 아름다운 풍경으로 손꼽힌다.

○ **바스 수도원** 7세기 초 처음 세워진 후 여러 차례 재건된 이 성당은 현재의 건물이 1499-1616년에 건축된 수직 고딕 양식의 걸작으로, '서부의 랜턴'이라는 별명답게 52개의 창을 통해 들어오는 빛이 아름답다. 내부의 부채꼴 천장(fan vaulting)은 헨리 7세 채플과 함께 영국에서 가장 정교한 석조 조각으로 평가받으며, 바닥에는 600여 개의 묘비가 깔려 있어 '영국에서 가장 많은 묘비가 있는 교회'로도 유명하다. 서쪽 정면의 '야곱의 사다리' 조각은 천사들이 사다리를 오르내리는 모습을 생생하게 표현한 16세기 조각의 명작이며, 정기적으로 열리는 오르간 콘서트는 뛰어난 음향으로 유명하다.

○ **써머펌프룸** 1706년 건축된 네오클래식 양식의 건물로, 18세기 바스 사교계의 중심지였던 곳이며 현재도 온천수를 마실 수 있는 유일한 장소다. 내부는 우아한 코린트식 기둥과 샹들리에로 장식되어 있으며, 매일 오전과 오후에 트리오 연주가 있어 18세기의 우아한 분위기를 재현한다. 이곳에서 마시는 온천수는 43가지 미네랄이 함유되어 있어 건강에 좋다고 알려져 있으며, 제인 오스틴의 소설 속 인물들도 이곳에서 온천수를 마시며 사교활동을 했다고 묘사되어 있어 문학적 의미도 크다.

○ **제인 오스틴 센터** 바스에서 1801-1806년 거주한 소설가 제인 오스틴의 생애와 작품을 전시한 박물관으로, 오스틴이 바스에서 보낸 시간과 이 도시가 그녀의 작품에 미친 영향을 상세히 보여준다. 리젠시 시대의 복장을 입고 사진을 찍을 수 있는 체험 코너와 18-19세기 생활용품들이 전시되어 있으며, 매년 9월에 열리는 제인 오스틴 페스티벌 기간에는 온 도시가 리젠시 시대 복장을 한 사람들로 가득 찬다. 오스틴이 실제로 거주했던 25번 게이 스트리트와 27번 그린 파크 빌딩스의 위치도 안내하며, 그녀가 자주 산책했던 시드니 가든과 어셈블리 룸들을 둘러보는 '제인 오스틴 워

킹 투어'도 인기가 높다.

- **펄트니 다리** 1773년 로버트 아담이 설계한 아논 강 위의 아름다운 석조다리로, 다리 양쪽에 상점이 늘어선 독특한 구조로 유명하며 이탈리아 피렌체의 베키오 다리를 모델로 했다. 길이 45미터의 이 다리는 3개의 아치로 구성되어 있으며, 다리 위의 상점들은 현재 카페, 골동품점, 수공예품점 등으로 운영되어 쇼핑과 강변 풍경 감상을 동시에 즐길 수 있다. 다리에서 내려다보는 펄트니웨어(Pulteney Weir)의 말굽 모양 폭포는 바스에서가장 로맨틱한 풍경 중 하나로, 특히 봄철 벚꽃이 필 때와 가을 단풍철의 경치가 아름답다.

놓치면 아쉬운 주변 도시

- **브리스톨(Bristol)**: 클리프턴 현수교와 SS 그레이트 브리튼이 있는 해양 도시, 뱅크시의 고향
- **플리머스 (Plymouth)**: 메이플라워호 출항지, 국립 해양 수족관과 왕립 성채가 있는 역사적 항구도시
- **엑세터 (Exeter)**: 로마 시대부터의 역사를 가진 대학도시, 엑세터 대성당과 중세 시가지가 보존됨
- **세인트 아이브스(St Ives)**: 아름다운 해변과 테이트 세인트 아이브스가 있는 예술가들의 마을
- **토키(Torquay)**: '잉글리시 리비에라'로 불리는 고급 해변 휴양지, 아가사 크리스티의 고향
- **솔즈베리(Salisbury)**: 13세기 고딕 양식의 솔즈베리 대성당과 근처의 스톤헨지로 유명한 도시

스코틀랜드

SCOTLAND

스코틀랜드는 서안 해양성 기후와 대륙성 기후가 혼재하며, 하이랜드는 춥고 습하고 로우랜드는 상대적으로 온화하며 변화무쌍한 날씨로 유명하다. 강한 스코틀랜드 정체성을 가지고 있으며, 킬트, 백파이프, 위스키 등 독특한 문화 전통을 유지하고, 게일어가 하이랜드와 아일랜드에서 사용된다. 픽트족과 켈트족의 고대 왕국에서 시작하여 1707년 잉글랜드와 합병되기까지 독립 왕국을 유지했고, 로버트 브루스와 윌리엄 월리스 등 영웅들의 독립투쟁사가 유명하다. 전통적으로 농업, 어업, 위스키 제조에 의존했으나 현재는 석유, 재생에너지, 관광업, 금융업이 중요하며, 에든버러는 런던 다음의 금융 중심지다. 교육을 중시하는 전통이 강하며 무료 대학 교육을 제공하고, 평등주의적 가치관이 발달했다. 로버트 번스, 월터 스콧 등 문학가와 에든버러 국제 예술제로 유명하며, 전통 음악과 현대 록 음악이 모두 발달했다. 하이랜드의 장엄한 산맥, 수많은 호수(로흐), 헤브리디스 제도 등 세계적으로 유명한 자연경관을 자랑한다.

대표 도시: 에든버러

에든버러는 스코틀랜드의 수도이자 '북방의 아테네'라 불리는 문화와 역사의 도시로, 인구 52만 명의 아름다운 언덕 도시다. 사화산인 캐슬 록 위에 세워진 에든버러 성을 중심으로 발달한 이 도시는 중세 올드타운과 18세기 신고전주의 양식의 뉴타운이 극명한 대조를 이루며, 전체가 유네스코 세계문화유산으로 지정되어 있다. 매년 8월에 열리는 에든버러 국제 예술제와 프린지 페스티벌은 세계 최대 규모의 예술 축제로, 한 달간 도시 전체가 거대한 공연장으로 변하며 전 세계에서 온 예술가와 관광객들로 북적인다.

꼭 가봐야 할 명소

○ **에든버러 성** 7세기부터 건설되기 시작한 사화산 위의 중세 요새로, 스코틀랜드 왕실의 상징이자 에든버러의 랜드마크다. 성 내부에는 스코틀랜드 왕관 보석(Honours of Scotland)과 스코틀랜드의 대관식에 사용되는 스톤 오브 데스티니(운명의 돌)가 보관되어 있으며, 12세기에 건축된 세인트 마가렛 채플은 에든버러에서 가장 오래된 건물이다. 매일 오후 1시에 울

리는 원 오클록 건(One O'Clock Gun)은 1861년부터 시민들에게 정확한 시
간을 알려주는 전통이며, 성벽에서 바라보는 에든버러 시내와 포스만의
전경이 숨막힐 정도로 아름답다.

○ **로열 마일** 에든버러 성에서 홀리루드하우스 궁전까지 이어지는 1마일
(1.6km) 길이의 역사적 거리로, 중세 스코틀랜드의 심장부였던 곳이다. 로
슨커크, 세인트 자일스 대성당, 존 낙스 하우스 등 역사적 건물들이 늘어
서 있으며, 좁은 골목길(클로즈)들이 미로처럼 연결되어 있어 중세의 분위
기를 그대로 간직하고 있다. 매년 에든버러 페스티벌 기간에는 거리 곳곳
에서 버스킹과 퍼포먼스가 펼쳐지며, 위스키 전문점, 캐시미어 상점, 전통
타탄의상점 등에서 스코틀랜드 특산품을 구입할 수 있어 관광객들의 쇼
핑 천국이기도 하다.

○ **홀리루드하우스 궁전** 12세기 아우구스틴 수도원 터에 15-16세기에 건축
된 스코틀랜드 왕실의 공식 거주지로, 현재도 엘리자베스 여왕이 스코틀
랜드 방문 시 머무는 궁전이다. 특히 비극적인 스코틀랜드 여왕 메리의 거
주지로 유명하며, 그녀의 침실과 1566년 이탈리아 음악가 리치오가 살해
당한 현장이 그대로 보존되어 있다. 궁전 내부에는 찰스 2세 시대의 화려
한 국가 아파트먼트와 17세기 태피스트리가 전시되어 있으며, 궁전 뒤편
의 홀리루드 파크에는 아서즈 시트가 있어 에든버러 최고의 하이킹 코스
로 인기가 높다.

○ **아서즈 시트** 에든버러 시내에서 가장 높은 언덕(251m)으로, 아서왕의 전
설에서 이름을 딴 사화산으로 에든버러의 상징적 랜드마크다. 홀리루드
파크 내에 위치한 이 언덕은 여러 하이킹 코스가 있으며, 정상에서는 에
든버러 시내, 포스만, 페니네힐스까지 360도 파노라마 뷰를 감상할 수 있
다. 특히 일출과 일몰 시간의 경치가 장관이며, 맑은 날에는 멀리 북해까
지 볼 수 있어 사진작가들과 하이커들에게 인기 있는 명소로, 매년 5월 1
일 벨테인 파이어 페스티벌이 열리는 곳이기도 하다.

- 세인트 자일스 대성당 1120년경 창건된 스코틀랜드 교회(장로교)의 본산으로, '하이 커크 오브 에든버러'라고도 불리며 종교개혁가 존 낙스가 설교한 곳으로 유명하다. 15세기에 재건된 현재의 건물은 아름다운 왕관 모양의 첨탑(Crown Spire)이 특징이며, 내부의 시슬 채플(Thistle Chapel)은 스코틀랜드 최고 훈장인 시슬 훈장 수훈자들을 위한 공간으로 정교한 목조 조각으로 장식되어 있다. 로버트 루이스 스티븐슨의 기념관과 존 낙스의 동상이 있으며, 스테인드글라스 창들은 스코틀랜드 역사의 주요 장면들을 아름답게 묘사하고 있다.

- 스코틀랜드 국립박물관 1866년 개관한 박물관으로 스코틀랜드의 역사, 자연사, 과학기술, 세계 문화를 종합적으로 전시하는 스코틀랜드 최대 박물관이다. 고대 픽트족의 조각상, 스코틀랜드 독립전쟁 유물, 메리 여왕의 유품 등 스코틀랜드 역사의 핵심 유물들이 전시되어 있으며, 세계관에는 이집트 미라, 일본 사무라이 갑옷, 중국 도자기 등 전 세계 문화유산이 소장되어 있다. 특히 양의 복제로 유명한 돌리 양의 박제와 스코틀랜드가 자랑하는 과학기술 발명품들이 전시된 과학관은 아이들에게 인기가 높으며, 옥상 테라스에서는 에든버러 성과 시내 전경을 감상할 수 있다.

- 세인트 자일스 대성당 스코틀랜드 교회의 본산으로 '하이 커크'라고도 불리며 존 녹스가 설교한 곳이다.

- 스코틀랜드 국립박물관 스코틀랜드 역사부터 자연사, 과학기술까지 종합적으로 전시하는 박물관이다.

놓치면 아쉬운 주변 도시

- **글래스고(Glasgow):** 스코틀랜드 최대 도시, 빅토리아 시대 건축과 현대 미술관들이 어우러진 문화 중심지

- **스털링(Stirling):** 스코틀랜드 독립전쟁의 격전지, 스털링 성과 배녹번 전투지가

있는 역사적 도시

- **세인트 앤드루스(St Andrews)**: 골프의 발상지이자 스코틀랜드 최고 명문대학이
  있는 고풍스러운 대학도시

- **인버네스(Inverness)**: 하이랜드의 수도, 네스호와 컬로든 무어 전투지 근처의
  관광 거점도시

- **퍼스(Perth)**: '아름다운 도시'로 불리며 스코틀랜드 중부의 역사적 중심지, 스쿤
  궁전이 있음

- **던디(Dundee)**: 테이강 어귀의 항구도시, V&A 던디 미술관과 디스커버리 호가
  있는 디자인 도시

추천 루트 (7일 코스)

- 1-2일차: 에든버러 → 에든버러 성 → 로열 마일 → 아서즈 시트
- 3일차: 글래스고 → 켈빈그로브 박물관 → 글래스고 대성당
- 4일차: 스털링 → 스털링 성 → 로흐로몬드
- 5일차: 하이랜드 → 네스호 → 글렌코
- 6일차: 스카이 섬 → 에일린 도난 성 → 올드 맨 오브 스토르
- 7일차: 세인트 앤드루스 → 올드 코스 → 세인트 앤드루스 대성당

교통편

- 런던에서 에든버러까지 기차로 4시간 30분
- 칼레도니안 슬리퍼로 야간 기차 이용 가능
- 하이랜드와 아일랜드 지역은 렌터카 추천
- 페리로 여러 섬들 연결

주의사항

- 날씨 변화 극심, 방수복과 따뜻한 옷 필수
- 하이랜드는 모기(미지) 많음 (여름철)
- 8월 에든버러 페스티벌 기간 숙박비 급등
- 일요일 많은 상점과 관광지 문 닫음
- 운전시 싱글 트랙 도로 주의

웨일즈

WALES

웨일즈는 서안 해양성 기후로 연중 온화하지만 강우량이 많으며, 특히 서부와 북부 산간 지역은 연간 강수량이 3,000mm를 넘기도 한다. 켈트족의 고대 왕국들로 거슬러 올라가는 웨일즈는 1282-1283년 에드워드 1세에 의해 정복되었으며, 산업혁명 시기 남부 계곡 지역의 석탄과 철강업으로 번영했다. 19세기 말 카디프는 세계 최대의 석탄 수출항으로 '세계의 석탄 수도'라 불렸다. 웨일즈어와 영어를 공용어로 사용하며, 인구의 약 30%가 웨일즈어를 구사한다. 1999년 웨일즈 의회 설립 이후 자치권을 확대해왔으며, 19세기 광산 노동자들의 찬송가 전통에서 유래한 남성 합창과 럭비 문화가 특히 발달했다. 20세기 후반 중공업 쇠퇴 이후 관광업, 첨단 제조업, 재생에너지 산업으로 전환했으며, 채플 중심의 종교 문화와 강한 공동체 의식이 특징이다. 딜런 토마스 등 세계적 시인들과 톰 존스 등 가수들을 배출했으며, 12세기부터 이어진 아이스테드보드 문화 축제 전통이 있다. 스노도니아, 페름브룩셔 코스트, 브레콘 비컨즈 등 3개의 국립공원과 1,400km 해안선을 자랑하며, 총 국토의 20%가 국립공원으로 지정되어 있다.

대표 도시: 카디프

카디프는 웨일즈의 수도이자 정치·경제·문화의 중심지로, 19세기 석탄 무역으로 급성장한 후 현대적인 유럽 수도로 재탄생한 역동적인 도시다. 인구 약 36만 명의 소규모 수도이지만, 2천 년의 역사와 최첨단 현대 건축이 조화를 이루며 웨일즈 정체성의 상징으로 자리 잡고 있다. 1955년 정식으로 웨일즈의 수도로 선포되었으며, 1999년 웨일즈 의회 설립 이후 정치적 중요성이 더욱 커졌다. 구 도크 지역의 성공적인 재개발로 카디프 베이가 조성되면서 관광과 문화의 허브로 발전했으며,

2019년 BBC 드라마 '닥터 후'와 '토치우드'의 촬영지로도 유명해졌다.

○ **카디프 성** 2천 년 역사를 간직한 웨일즈의 상징적 랜드마크로, 로마 요새 터 위에 노르만 성채가 세워지고 빅토리아 시대에 화려하게 개조된 독특한 건축물이다. 로마인들이 3세기에 건설한 성벽 일부가 여전히 남아있으며, 11세기 노르만인들이 목조 모트앤베일리 성을 건설했다. 현재의 모습은 1868-1928년 제3대 뷰트 후작이 건축가 윌리엄 버지스에게 의뢰해 고딕 리바이벌 양식으로 재건축한 것이다. 내부는 금박, 대리석, 스테인드 글라스로 장식된 화려한 방들로 구성되어 있으며, 특히 아랍 룸, 뱅킷 홀, 클락 타워의 정교한 장식은 압도적이다. 각 방은 중세 테마로 꾸며져 있으며, 천장과 벽면의 프레스코화는 웨일즈 신화와 역사를 묘사한다. 50에이커의 아름다운 정원에는 동물 벽(Animal Wall)이 있어 사자, 물개, 곰 등의 조각상이 방문객을 맞이한다. 노르만 시대의 모트(인공 언덕) 정상에 올라가면 카디프 시내 전경을 조망할 수 있다.

○ **밀레니엄 센터** 2004년 개관한 카디프 베이의 랜드마크로, 웨일즈 국립 오페라단의 본거지이자 세계적 수준의 공연 예술 복합 시설이다. 건축가 조나단 아담스가 설계한 이 건물은 웨일즈산 슬레이트와 나무를 사용했으며, 외관에는 웨일즈 시인의 시 구절이 웨일즈어와 영어로 새겨져 있다. 1,900석의 도널드 고든 극장을 비롯해 5개의 공연장에서 연간 3,000회 이상의 공연이 열리며, 특히 웨일즈 국립 오페라단의 세계적 수준의 공연이 유명하다.

○ **카디프 베이** 19세기 세계 최대 석탄 수출항이었던 구 도크 지역을 1990년대부터 재개발한 현대적 워터프론트 지구로, 카디프의 성공적인 도시 재생을 상징한다. 2,700에이커 규모의 이 지역에는 레스토랑, 바, 갤러리

가 즐비하며, 중심에는 2006년 개관한 웨일즈 의회 건물 세네드(Senedd)
가 있다. 리처드 로저스가 설계한 이 건물은 투명한 유리와 나무, 슬레이
트로 개방성과 민주주의를 상징한다. 노르웨이 교회는 작가 로알드 달이
세례를 받은 곳이며 현재는 카페로 운영된다. 500에이커의 담수호에서
는 카약과 세일링이 가능하며, 야간에는 조명이 물에 반사되어 로맨틱한
분위기를 연출한다.

○ **국립박물관 카디프** 1907년 설립된 웨일즈 국립박물관 네트워크의 본관으
로, 자연사, 고고학, 미술을 종합적으로 전시하는 세계적 수준의 박물관이
다. 무료 입장이며, 자연사 전시관에는 공룡 골격과 2억 년 전 쥐라기 시
대 화석들이 있고, 고고학 전시에는 청동기 시대 유물과 로마·중세 웨일즈
유물이 포함된다. 미술관은 모네, 르누아르, 세잔, 반 고흐, 터너 등의 인상
파와 후기 인상파 컬렉션으로 유명하며, 영국에서 가장 훌륭한 인상파 컬
렉션 중 하나로 평가받는다.

○ **란다프 대성당** 6세기에 창건된 웨일즈에서 가장 오래된 기독교 성지 중
하나로, 1,400년 이상의 역사를 간직하고 있다. 현재 건물은 12세기 노르
만 양식으로 재건되었으며, 1941년 독일군 폭격으로 파괴되었다가 전후
복원되었다. 가장 독특한 특징은 제이콥 엡스타인이 1955년 제작한 '영광
속의 그리스도' 소삭상으로, 신링 중앙 콘그리트 아치 위에 금박을 입힌 알
루미늄 조각이 떠 있는 듯한 모습이 극적이다. 12세기 노르만 아치, 13세
기 챕터 하우스, 15세기 재스퍼 채플 등 각 시대의 건축 양식이 공존한다.

○ **프린시팔리티 스타디움** 1999년 개장한 웨일즈 럭비 국가대표팀의 홈구장
으로, 7만 4천 명을 수용하는 유럽 최대의 개폐식 지붕 경기장이다. 카디
프 시내 중심부에 위치해 '도시 중심의 경기장'이라는 독특한 특징을 가지
고 있다. 럭비 월드컵, UEFA 챔피언스리그 결승전 등 주요 국제 경기를 개
최했으며, 웨일즈 럭비 경기 때는 7만 명의 관중이 웨일즈 국가를 부르는
장면이 압도적이다. 스타디움 투어를 통해 라커룸, 선수 터널, VIP 구역을

놓치면 아쉬운 주변 도시

- **스완지(Swansea):** 웨일즈 제2의 도시, 고워 반도의 아름다운 해변과 딜런 토마스 센터가 있음

- **스노도니아(Snowdonia):** 웨일즈 최고봉 스노든 산과 국립공원, 슬레이트 채석장 유적들이 볼거리

- **코나바이(Conwy):** 13세기 에드워드 성과 중세 성벽이 완벽히 보존된 유네스코 세계문화유산 도시

- **카나번(Caernarfon):** 웨일즈 왕자 서임식이 열리는 카나번 성이 있는 역사적 도시

- **세인트 데이비즈(St Davids):** 웨일즈의 수호성인 성 데이비드의 대성당이 있는 영국에서 가장 작은 도시

- **브레콘(Brecon):** 브레콘비컨즈 국립공원의 관문 도시, 브레콘 대성당과 전통 시장이 유명

추천 루트 (5일 코스)

- 1일차: 카디프 → 카디프 성 → 밀레니엄 센터 → 카디프 베이
- 2일차: 브레콘비컨즈 → 펜 이 판 → 브레콘
- 3일차: 코나바이 → 코나바이 성 → 카나번 성
- 4일차: 스노도니아 → 스노든 산 → 란베리스
- 5일차: 세인트 데이비즈 → 대성당 → 페므로크셔 해안

교통편

- 런던에서 카디프까지 기차로 2시간
- 웨일즈 내 기차 네트워크는 제한적
- 국립공원과 시골 지역은 렌터카 필수

북아일랜드

NORTHERN IRELAND

북아일랜드는 서안 해양성 기후로 연중 온화하지만 강우량이 많으며, 특히 서부의 스페린 산맥과 모른 산맥 지역은 비가 자주 내린다. 1921년 아일랜드 분할로 영국의 일부로 남게 되었으며, 1960년대 후반부터 1998년 성 금요일 협정까지 가톨릭과 개신교 간의 갈등인 '트러블스(The Troubles)' 시기를 겪었다. 이 기간 동안 3,500명 이상이 사망했으나, 평화 협정 이후 상당한 경제 발전과 사회적 화해를 이루었다. 개신교(유니어니스트)와 가톨릭(네셔널리스트) 공동체가 공존하며, 영국 정체성과 아일랜드 정체성이 혼재한다. 1998년 이후 권력 분점 정부를 통해 두 공동체가 함께 통치하고 있다. 영어와 아일랜드어, 얼스터 스코츠어가 사용되며, 특히 서부와 남부에서는 아일랜드어가 활발하다. 전통적 조선업과 섬유 산업이 쇠퇴한 후 관광업, IT 산업, 영화 산업으로 전환했다. '왕좌의 게임' 촬영지로 유명해지면서 관광업이 급성장했으며, 벨파스트는 북아일랜드의 경제·문화 중심지로 발전하고 있다. 시무스 히니(노벨 문학상 수상), C.S. 루이스, 반 모리슨 등을 배출했으며, 전통 아일랜드 음악과 펍 문화가 발달했다. 자이언츠 코즈웨이, 모른 산맥, 스태포드 호수 등 독특한 자연 경관을 자랑하며, 북부 해안선은 유럽에서 가장 아름다운 해안 드라이브 코스 중 하나다.

대표 도시: 벨파스트

벨파스트는 북아일랜드의 수도이자 최대 도시로, 산업혁명의 영광과 '트러블스'의 상처를 딛고 현대적인 문화 도시로 재탄생한 곳이다. 인구 약 34만 명의 이 도시는 19세기 세계 최대 조선소와 섬유 산업으로 번영했으며, 특히 타이타닉호가 건조된 곳으로 유명하다. 20세기 후반 30년간의 분쟁으로 어려움을 겪었으나, 1990년대 후반 평화 정착 이후 극적으로 변모하여 현재는 활기찬 예술, 음식, 나이트라이프로 주목받는 관광 도시가 되었다. 빅토리아 시대 건축물과 현대적 개발이 조화를 이루며, 북아일랜드의 정치·경제·문화 중심지 역할을 하고 있다.

꼭 가봐야 할 명소

○ **타이타닉 벨파스트:** 2012년 타이타닉호 침몰 100주년을 기념해 개관한 세계적 수준의 박물관으로, 실제 타이타닉호가 건조된 할랜드 앤 울프 조선소 부지에 위치한다. 건물 외관은 타이타닉호의 선체를 형상화한 6층 높이의 독특한 디자인으로, 빛에 따라 색이 변하는 알루미늄 패널로 마감되어 있다. 9개의 갤러리를 통해 타이타닉호의 구상부터 건조, 진수, 처녀 항해, 침몰, 발견까지의 전 과정을 인터랙티브 전시로 보여준다. 조선소 작업 환경을 재현한 라이드와 1등급·3등급 객실 재현 공간에서 당시 계급 차이를 생생하게 느낄 수 있다. 박물관 옆에는 타이타닉의 자매선인 SS 노매딕이 복원되어 전시되어 있다.

○ **벨파스트 시청:** 1906년 완공된 바로크 리바이벌 양식의 장엄한 건물로, 53미터 높이의 중앙 돔이 특징이며 빅토리아 시대 벨파스트의 산업적 번영을 상징한다. 무료 가이드 투어를 통해 화려한 대리석 계단, 스테인드글

라스, 대회의장을 둘러볼 수 있으며, 타이타닉호 희생자 추모 명판이 있다. 건물 앞 정원에는 빅토리아 여왕 동상과 타이타닉 기념비가 있으며, 내부의 화이자커 홀은 웅장한 바로크 장식과 금박 천장으로 유명하다.

○ **평화의 벽과 정치 벽화:** '트러블스' 시기의 역사를 생생하게 보여주는 독특한 명소로, 개신교와 가톨릭 지역을 나누는 평화의 벽은 최대 7.6미터 높이로 여전히 일부 지역에 남아있다. 폴스 로드(가톨릭)와 샹킬 로드(개신교)에는 정치적 메시지를 담은 벽화들이 그려져 있어 북아일랜드의 복잡한 정치·종교적 역사를 이해할 수 있다. 블랙 택시 투어를 통해 '트러블스'를 직접 경험한 현지 가이드의 생생한 설명을 들으며 안전하게 둘러볼 수 있으며, 분쟁의 아픔과 화해의 중요성을 일깨우는 의미 있는 경험이다.

○ **크라운 리쿼 살롱:** 1826년 개업한 빅토리아 시대 펍으로, 영국 내셔널 트러스트가 소유·관리하는 유일한 펍이다. 1885년 이탈리아 장인들이 개조한 화려한 내부는 타일 모자이크, 스테인드글라스, 장식 거울, 조각된 목재 칸막이로 꾸며져 있어 '펍의 궁전'이라 불린다. 10개의 반개방형 부스는 각각 독특한 장식을 가지고 있으며, 빅토리아 시대 사람들이 계급과 종교를 초월해 술을 즐기던 공간이다. 기네스와 전통 아일랜드 스튜를 맛볼 수 있으며, 유럽에서 가장 아름다운 펍 중 하나로 꼽힌다.

○ **세인트 앤 대성당:** 1899년 착공되어 현재도 건축 중인 로마네스크 리바이벌 양식의 성공회 대성당으로, 벨파스트의 종교적 중심지다. 2007년 완공된 스테인리스 스틸 '희망의 첨탑'은 40미터 높이로 밤에 조명을 받아 빛나는 모습이 인상적이다. 세례당의 천장은 창세기를 주제로 한 15만 개의 모자이크 조각으로 이루어져 있으며, '트러블스' 시기 희생자들을 추모하는 채플과 '화해의 십자가'가 있다. 주변 캐시드럴 쿼터는 벨파스트에서 가장 활기찬 예술 지구다.

○ **얼스터 박물관:** 1929년 개관한 북아일랜드 최대의 박물관으로, 퀸즈 대학교 캠퍼스 내에 위치하며 무료 입장이다. 이집트 미라 컬렉션은 영국에서

손꼽히며, 아일랜드 청동기 시대와 바이킹 시대 유물도 풍부하다. 자연사 전시관에는 아일랜드 대형 사슴의 거대한 뿔과 공룡 골격이 있으며, '트러블스'를 다룬 전시는 북아일랜드의 현대사를 객관적으로 조명한다. 미술관에는 터너, 게인즈버러 등 유럽 거장들의 작품이 전시되어 있다.

○ **보태닉 정원과 팜 하우스:** 1828년 조성된 28에이커 규모의 빅토리아 시대 공원으로, 벨파스트 시민들의 휴식처다. 1840년 건설된 팜 하우스는 찰스 란욘이 설계한 주철과 곡선 유리로 만들어진 온실로, 큐 가든의 팜 하우스보다 앞선 걸작이다. 내부에는 열대 식물들이 자라고 있으며, 나선형 계단을 올라가 2층에서 식물들을 내려다볼 수 있다. 트로피컬 래버지는 1889년 건설된 선큰 온실로, 지하로 내려가 열대우림 협곡을 재현한 공간을 체험할 수 있다. 여름에는 야외 콘서트가 열리고, 봄에는 수선화와 벚꽃이 만개해 사진 촬영 명소로 인기가 높다.

놓치면 아쉬운 주변 도시

- **자이언츠 코즈웨이:** 6천만 년 전 화산 활동으로 형성된 4만 개의 현무암 기둥으로 이루어진 유네스코 세계자연유산

- **데리/런던데리:** 17세기에 건설된 성벽이 완전히 보존된 유럽 최고의 성벽 도시로, 1.5km 길이의 성벽 위를 걸으며 도시 전체를 조망할 수 있는 길드홀의 아름다운 네오고딕 건축과 평화 다리, 그리고 활기찬 예술 씬이 공존하는 복합적인 도시다.

- **아마:** 두 개의 성 패트릭 대성당이 있는 아일랜드 기독교의 성지로, 5세기 성 패트릭이 아일랜드에 기독교를 전파한 곳

- **엔니스킬런:** 페르마나 호수 지역의 중심 도시로, 어퍼로흐언과 로어로흐언 사이에 위치한 아름다운 수상 도시

- **뉴캐슬:** 모른 산맥 기슭의 해변 휴양 도시로, 북아일랜드 최고봉 슬리브도나드

(850m) 등반의 거점으로 C.S. 루이스가 어린 시절 휴가를 보내며 나니아 연대기의 영감을 얻은 곳으로도 유명

- **캐릭퍼거스**: 벨파스트에서 북쪽으로 16km 떨어진 역사적 시장 도시로, 1180년 노르만 성과 미국 7대 대통령 앤드류 잭슨의 부모 고향으로 유명한 곳.

추천 루트 (4일 코스)

- 1일차: 벨파스트 → 타이타닉 벨파스트 → 시청 → 피스 월 투어
- 2일차: 자이언츠 코즈웨이 → 던루스 성 → 캐릭-어-리드 로프 브릿지
- 3일차: 데리 → 성벽 산책 → 보그사이드 벽화 → 길드홀
- 4일차: 모른 산맥 → 사일런트 밸리 → 뉴캐슬 해변

교통편

- 런던에서 벨파스트까지 항공편 1시간 30분
- 더블린에서 버스로 2시간, 기차 연결 제한적
- 렌터카 추천 (자연 관광지 접근 용이)
- 얼스터버스로 지역 간 이동 가능

주의사항

- 평화 프로세스로 치안은 안정적이나 정치적 민감 지역 주의
- 7월 오렌지 데이 행진 시기 혼잡
- 종교적 상징물 착용 자제
- 깅힌 아일랜드/북아일랜드 억양
- 비 자주 오므로 우산 필수
- 파운드 스털링 사용 (유로 일부 수용)

<table>
<tr><td colspan="2" align="center">교통 및 숙박 팁</td></tr>
<tr><td>전체 교통 패스</td><td>• BritRail Pass: 외국인 전용 기차 무제한 이용권
• National Express Coach Pass: 장거리 버스 패스
• London Oyster Card: 런던 대중교통 통합 카드</td></tr>
<tr><td>숙박 예약 팁</td><td>• YHA (Youth Hostels Association): 전국 유스호스텔 네트워크
• Premier Inn/Travelodge: 합리적 가격의 체인 호텔
• B&B: 전통적인 침대와 아침식사 제공 숙박
• Airbnb: 현지인과의 교류 가능한 민박</td></tr>
<tr><td>계절별 여행 팁</td><td>• 봄 (3-5월): 꽃이 피는 시기, 관광객 적음, 변화무쌍한 날씨 여름 (6-8월): 성수기, 긴 일조시간, 축제 시즌, 높은 숙박비
• 가을 (9-11월): 단풍철, 온화한 날씨, 수확철 음식 문화
• 겨울 (12-2월): 크리스마스 마켓, 짧은 일조시간, 저렴한 숙박비</td></tr>
</table>

추천 테마 여행
인버네스
스카이섬
에든버러
레이크디스트릭트
맨체스터
리버풀
아이언브리지
스트랫퍼드어폰에이번
코츠월드
옥스퍼드
윈저
런던
켄트
글래스톤 베리
솔즈베리
데본
쥐라기해안

'문학테마'
영국 문학의 발자취를 찾아서

문학테마는 영국 문학의 풍요로운 유산을 탐색하는 여정이다. 영국에는 고대 문학인 『베오울프』를 비롯해 풍부한 중세 문학과 윌리엄 셰익스피어로 대표되는 풍부한 작품들이 살아 숨쉬고 있다. 영국 문학은 장르와 형식에서도 매우 다양한데, 소설, 시, 연극 등 다양한 장르에서 위대한 작품이 탄생했다. 이처럼 영국의 문학테마에서는 셰익스피어를 비롯해 제인 오스틴, 찰스 디킨스, 아서 코난 도일 등 영문학을 빛낸 작가들의 발자취를 따라간다.

런던에서는 셜록 홈즈의 베이커 가 221B와 글로브 극장을 방문하여 문학 속 상상의 공간이 어떻게 현실에 반영되었는지 직접 경험할 수 있다. 옥스퍼드에서는 『이상한 나라의 앨리스』 작가인 루이스 캐럴과 '반지의 제왕' 시리즈의 작가 J.R.R. 톨킨이 영감을 얻은 대학에서 중세풍의 도서관과 고딕 양식의 건물을 감상하고, 브론테 자매의 고향인 요크셔의 황무지를 걸으며 『폭풍의 언덕』의 배경을 체험할 수 있다. 스트랫퍼드어폰에이번에서는 셰익스피어의 생가와 그의 작품이 지금도 공연되는 로열 셰익스피어 극장을 방문하는 것을 추천한다.

이 문학테마의 여정을 통해 작가들이 살았던 시대적 배경을 살펴보며, 그들의 문학이 현대 영국의 예술 및 대중문화에 미친 영향을 깊이 이해할 수 있을 것이다.

1. 베이커 가   Baker St.

📍 221b Baker St, London NW1 6XE(셜록 홈즈 박물관)

런던의 시티 오브 웨스트민스터의 도로. 거리를 부설한 건축가 윌리엄 베이커의 이름을 따서 지어졌으며 '셜록 홈즈' 시리즈에 나오는 하숙집의 주소로 유명하다. 베이커 가에는 셜록 홈즈 박물관이나 셜록 홈즈 동상 이외에도 프랑스의 밀랍 조각가 안마리 투소를 기념하는 마담 투소 밀랍 인형 박물관이 있다.

2. 글로브 극장   Globe theatre

📍 21 New Globe Walk, London SE1 9DT

1598년 버비지 형제가 런던 템스강 남쪽 사우스 워크에 지은 극장으로, 윌리엄 셰익스피어의 작품 다수가 초연된 극장으로 널리 알려져 있다. 비록 1613년 <헨리 8세> 공연 도중 발생한 화재로 인해 소실되었으나 이듬해 6월에 재건되었다. 현재 건물은 1997년에 17세기 원형대로 복원한 것이다.

3. 대영도서관   The British Library

📍 96 Euston Rd., London NW1 2DB

영국의 국립 도서관으로 1997년에 지어졌다. 미국 국회도서관에 이어 세계에서 두 번째로 많은 장서를 소장하고 있다. 이외에도 영국의 대헌장인 『마그나 카르타』, 중국에서 가장 오래된 인쇄물인 『금강반야바라밀경』을 비롯해 셰익스피어의 서명 원고 등 가치를 매길 수 없는 귀중한 보물들이 보관되어 있다.

4. 보들리안 도서관   Bodleian library

📍 University of Oxford, Broad St, Oxford OX1 3BG

영국에서 가장 큰 대학 도서관으로, 옥스퍼드 대학 내에만 107개가 되는 도서관이 있다. 이중에서는 1602년 토마스 보들리 경에 의해 세워진 구 보들리안 도서관, 래드클리프 카메라, 2014년 개보수 공사가 끝난 신 보들리안 도서관이 대표적이다. 특히 구 보들리안 도서관 내의 신학교는 영화 '해리포터' 시리즈에서도 등장한 바 있다.

5. 크라이스트처치 Christ Church

컬리지는 옥스퍼드 대학교의 교육, 연구, 행정을 담당하는 구성체로, 모든 학부생과 대학원생은 컬리지와 퍼머넌트 프라이빗 홀 중 한 곳에 소속된다. 특히 크라이스트처치 컬리지는 옥스퍼드에서 두 번째로 재산이 많으며 넓은 시내 부지를 보유한 컬리지다. 영화 '해리포터' 시리즈의 장면들이 이곳에서 영상화된 바 있다.

6. 로열 셰익스피어 극장 Royal Shakespeare Theatre

📍 Waterside, Stratford-upon-Avon CV37 6BB

잉글랜드 워릭셔 주의 작은 마을이자 셰익스피어의 고향인 스트랫퍼드어폰에이번에 있는 극장. 이 극장은 셰익스피어의 업적을 기리기 위해 1875년 세워졌으며, 1879년 설립된 '로열 셰익스피어 극단'의 주 상연 무대가 되었다. 1926년 화재로 극장이 완전히 사라졌으나 1932년 재건축되어 오늘날에 이른다. 매년 '셰익스피어 축제'가 이곳에서 열린다.

추천 테마 여행 코스 ──────────── **총 5일**

런던 → 옥스퍼드 → 스트랫퍼드어폰에이번 (셰익스피어)

- **런던 (2일)** 베이커 가 | 글로브 극장 | 대영도서관
- **옥스퍼드 (2일)** 보들리안 도서관 | 크라이스트처치
- **스트랫퍼드어폰에이번 (1일)** 셰익스피어 생가 | 로열 셰익스피어 극장

런던 → 옥스퍼드

- **추천 교통수단:** 기차
- **소요시간:** 약 1시간
- **출발역:** 런던 패딩턴 역(London Paddington)
- **특징:** 고풍스러운 영국 기차 여행을 즐기실 수 있으며, 옥스포드 시내까지 한번에 이동 가능하다.

옥스포드 → 스트랫퍼드어폰에이번

- **추천 교통수단:** 기차 또는 전용 버스 투어
- **소요시간:** 기차 약 1시간 30분
- **특징:** 직통 기차가 제한적이므로, 셰익스피어 투어를 포함한 전용 버스 투어도 좋은 선택이다.

'왕실테마'
영국 왕실의 과거와 현재

왕실테마는 천 년이 넘는 영국 왕실의 기나긴 역사적 여정을 탐험하는 코스다. 영국 왕실은 세계에서 가장 오래된 왕실 중 하나로, 수백 년에 걸쳐 다양한 역사적 사건과 변화를 겪으면서도 오늘날까지 여전히 중요한 문화적, 정치적 상징성을 지니고 있다. 왕실테마에서는 노르만 정복 시대부터 현대 윈저 왕가에 이르기까지, 왕관이라는 상징을 통해 영국 왕정의 변천사를 따라간다.

영국 왕실을 상징하는 런던의 버킹엄 궁전을 비롯해, 중세의 권력 중심지였던 웨스트민스터 사원과 런던탑을 직접 마주한다. 또한 엘리자베스 2세와 다이애나 왕비가 남긴 발자취를 따라 켄싱턴 궁전을 방문하고, 왕실의 주말 별장인 윈저성에서 세인트 조지 채플과 왕실 예술 컬렉션을 감상할 수 있다.

왕실테마는 단순히 건축물 관람을 넘어 각 시대별 왕실의 정치적 영향력과 문화적 유산을 깊이 있게 이해하는 기회를 제공하는 여행으로, 근위병 교대식과 같은 생생한 왕실 의식을 직접 체험하며, 과거의 화려함과 현재의 전통이 어떻게 공존하는지를 체험할 수 있다.

1. 버킹엄 궁전   **Buckingham Palace**

📍 SW1A 1AA London

1703년 버킹엄 공작 존 셰필드의 저택으로 지어졌다가 증개축 후 1837년 빅토리아 여왕 즉위식 당시 궁전으로 격상되어 이후 역대 군주들이 상주하였다. 영국 군주의 공식적인 사무실 및 주거지로 쓰이기에 오늘날 영국 왕실의 대명사로 불린다. 궁전 내외 호위를 담당하는 왕실 근위병 교대식은 볼거리로 널리 알려져 있다.

2. 웨스트민스터 사원   **Westminster Abbey**

📍 Dean's Yard, London SW1P 3PA

정확한 명칭은 웨스트민스터 세인트 피터 참사회 성당으로, 런던 웨스트민스터에 있는 고딕 양식의 성공회(국교회) 성당이다. 서쪽에는 영국 국회의사당으로 쓰이는 웨스트민스터 궁전이 인접해 있다. 1066년 이래로 영국 왕의 대관식 등 왕실 행사를 거행했으며 30명의 왕들이 안장되어 있는 무덤이기도 하다.

3. 켄싱턴 궁전   **Kensington Palace**

📍 Kensington Gardens, London W8 4PX

1605년부터 영국 왕족이 살기 시작하여 오늘날에도 글로스터 공작과 켄트 공작 일가 등의 공식 거처로 활용되고 있다. 과거 다이애나 왕비와 마거릿 공주도 이곳에 거주했으며, 윌리엄 왕세자 일가 역시 이곳에서 산 이력이 있다. 거주 구역을 제외한 역사적 공간은 개방되어 있기에 관람이 가능하며, 17~18세기 왕족들이 살던 곳은 오늘날 박물관으로 보존되어 있다.

4. 윈저성

📍 SL4 1NJ Windsor

잉글랜드 버크셔 주의 템스강 근처에 위치한 왕실 소유의 성. 엘리자베스 2세가 특히 좋아해 주말마다 이곳에 머물렀다고 전해진다. 11세기 정복왕 윌리엄 1세에 의해 처음 요새로 세워졌으며, 헨리 8세에 이르러 왕실이 토지를 매입함으로써 왕실 소유가 되었다. 영국 국왕을 기사단장으로 하는 가터 기사단의 총본산이며, 템스강 건너편에는 이튼 칼리지가 있다.

5. 이튼 칼리지

Eton College

📍 Windsor SL4 6DW

1441년에 개교한 영국 최고의 명문 학교 중 하나로 학생 전원이 기숙사에서 생활하는 남학교다. 본래는 헨리 6세가 전국의 가난한 소년들을 교육시키기 위해 설립했으며, 1670년의 증축을 거쳐 계속 확장하여 1846년에 완공되었다. 역대 영국 총리 중 20명이 이튼 칼리지 출신이며 이외에도 정치인, 작가, 배우 등 다방면에서 인재를 배출했다.

 **추천 테마 여행 코스** ——————————— 총 5일

런던 ➔ 윈저

- ◉ **런던 (3일)** 버킹엄 궁전 | 웨스트민스터 사원 | 켄싱턴 궁전
- ◉ **윈저 (2일)** 윈저성 | 이튼 칼리지

런던 ➔ 윈저

- ○ **추천 교통수단:** 기차
- ○ **소요시간:** 약 30-40분

○ **출발역:** 런던 워털루역 또는 런던 패딩턴역

○ **특징:** 15-20분 간격의 운행. 윈저성이 윈저역에서 도보 10분 거리. 런던에서 내
셔널 레일(National Rail) 서비스를 이용하시면 된다.

'산업혁명 테마'
산업혁명의 요람을 걷다

산업혁명 테마는 18-19세기 영국에서 시작된 산업혁명의 역사적 현장을 따라가는 여정이다. 산업혁명은 영국은 물론 세계 역사에서 중요한 전환점 중 하나로, 산업화, 기술 혁신, 그리고 사회적 변화를 통해 근대 산업 사회가 형성된 시기다. 이는 단순히 산업의 발전을 넘어 사회 구조, 도시화, 사람들의 생활 수준 등에 큰 영향을 미쳤다.

세계 최초의 산업도시인 맨체스터에서는 이곳이 어떻게 발전했는지 과학산업박물관을 통해 살펴보고, 과거 면직물 공장들이 현대적 공간으로 재탄생한 모습을 확인할 수 있다. 리버풀에서는 한때 대영제국의 핵심 무역항이었던 알버트 도크를 방문하여 산업화가 어떻게 세계 무역에 영향을 미쳤는지 이해하며, 세계 최초의 철제 다리가 있는 아이언브리지 협곡에서는 제철산업의 발전과 그 영향을 직접 체험하고, 코크타운과 같은 산업도시들이 찰스 디킨스의 작품에서 어떻게 묘사되었는지 문학적 연관성도 함께 탐구할 수 있다.

이 테마는 증기기관, 철도, 방직기와 같은 혁신적 기술이 어떻게 인류 역사의 흐름을 바꿨는지, 그리고 노동자 계급의 삶과 도시 환경에 어떤 영향을 미쳤는지 깊이 있게 이해하는 기회를 제공한다. 또한 과거의 산업유산이 현대에는 어떻게 보존되고 재해석되는지도 살펴볼 수 있다.

1. 맨체스터 과학산업박물관   **Science and Industry Museum**

📍 Liverpool Rd, Manchester M3 4JP

맨체스터가 산업 혁명의 중심지였던 역사적 배경을 바탕으로, 산업 혁명과 과학 기술의 발전을 다루는 중요 문화 시설. 1969년 설립되어 1983년 현대 위치로 이전했다. 과학, 공학, 제조업, 교통 등 다양한 주제로 전시가 이루어지고 있다. 이외에도 가족 단위 방문객을 위한 과학 실험 및 인터랙티브 전시도 많이 준비되어 있다.

2. 존 라일랜즈 연구소 및 도서관   **John Rylands Research Institute and Library**

📍 150 Deansgate, Manchester M3 3EH

맨체스터에 있는 네오고딕 양식의 역사적 도서관으로, 고서적을 비롯해 구텐베르크 성경과 같은 희귀 장서, 귀중한 사본 등을 소장한 세계적인 연구 기관이기도 하다. 19세기 면직물 사업가인 존 라이랜즈의 부인 엔리케타 라이랜즈가 남편의 유산을 기리기 위해 설립했다. 현재는 맨체스터 대학교에 합병되어 연구 중심의 도서관으로 기능하고 있다.

3. 앨비트 독   **Royal Albert Dock Liverpool**

📍 L3 4AD Liverpool

1846년 산업혁명 시기에 개장된 앨버트 독은 리버풀에 있는 역사적인 항구이자 관광 명소다. 본래는 빅토리아 시대에 무역을 위해 건설된 산업 항만 시설이었으나 관광을 위해 현대적으로 재탄생했다. 오늘날에는 박물관, 갤러리, 레스토랑, 상점 등이 밀집해 있는 리버풀 대표 문화, 관광지로 자리 잡았다.

4. 비틀즈 스토리 박물관 The Beatles Story Museum

📍 Britannia Vaults, Royal Albert Dock, Liverpool L3 4AD

비틀즈 스토리는 세계 유일의 비틀즈 전시 박물관으로, 영국의 전설적인 밴드 비틀즈(The Beatles)의 탄생부터 리버풀에서의 성장, 세계적인 성공, 그리고 해체 후 멤버들의 개별 활동까지 전 과정을 체험할 수 있는 공간이다. 이곳에서는 한국어를 포함해 오디오 가이드와 함께 몰입형 전시를 통해 다양한 체험이 가능하다.

5. 아이언브릿지 협곡 The Ironbridge Gorge

📍 Coach Rd, Coalbrookdale, Telford TF8 7DQ (아이언브리지 협곡 박물관 중앙사무소)

아이언브릿지 협곡은 영국 산업혁명의 발상지 중 하나로, 세계 최초로 철교가 세워진 곳이다. 산업혁명 초기 철강과 도자기, 석탄, 타르 등의 생산이 활발했던 역사적인 장소로 1986년 유네스코 세계문화유산에 등재된 바 있다. 아이언브릿지에는 산업혁명과 관련된 10여 개의 박물관 단지가 있다.

 **추천 테마 여행 코스** ———————————————— **총 5일**

맨체스터 → 리버풀 → 아이언브리지

- **맨체스터 (2일)** 과학산업박물관 | 존 라일랜즈 연구소 및 도서관
- **리버풀 (2일)** 앨버트 독 | 비틀즈 스토리 박물관
- **아이언브리지 (1일)** 아이언브리지 협곡

맨체스터 → 리버풀

- 추천 교통수단: 기차
- 소요시간: 약 45분
- 특징: 매우 빈번한 운행으로 편리하며, 두 도시의 주요 역이 모두 시내 중심에 위치해 있다.

리버풀 → 아이언브리지

- 추천 교통수단: 기차 + 버스
- 소요시간: 약 3시간
- 특징: 텔포드 센트럴역까지 기차로 이동 후, 로컬 버스를 이용해야 한다. 이 구간은 렌터카도 고려해볼 만하다.

정원테마
치유를 위한 정원과 시골 마을 로맨스

영국의 전통적인 정원 문화와 전원 생활의 아름다움을 체험하는 테마이다. 영국은 16세기부터 시작된 르네상스 시대의 전통적인 정원을 시작으로, 자연주의와 산책을 위한 정원 등 다양한 스타일이 발전했으며, 빅토리아 시대에는 정원 설계 및 식물의 수집이 활발히 이루어졌다. 또한 영국에서는 1970년대부터 치유 정원의 개념이 자리 잡기 시작했는데, 식물 치료와 같은 개념이 인기를 끌면서 자연을 통한 심리 및 신체적 치유에 대한 관심이 증가했다.

세계적으로 유명한 영국식 정원인 히드코트 정원에서 시작해 꽃으로 덮인 석조 코티지와 중세 교회가 있는 바이버리, 캐슬쿰 마을을 등을 탐방하고, 시싱허스트 성 정원에서는 유명한 작가 비타 색빌-웨스트가 설계한 '룸' 개념의 정원을 감상할 수 있다. 큐 왕립식물원에서는 빅토리아 시대의 온실과 전 세계에서 수집된 희귀 식물들을 만나볼 수 있다.

이 테마는 자연과 인간의 조화로운 관계를 보여주는 영국식 정원의 철학과 미학을 깊이 있게 이해하는 기회를 제공하는 한편, 현대의 바쁜 삶에서 벗어나 느긋한 전원 생활의 리듬을 경험하여 몸과 마음을 치유할 수 있게 돕는다.

1. 히드코트 정원
Hidcote Garden

📍 Hidcote Bartrim, Chipping Campden GL55 6LR

에드워드 제임스라는 후원자의 지원으로 1910년대 개발을 시작한 영국의 대표적인 정원. 현재는 영국의 국가신탁 소속으로 유지되고 있다. 히드코트 정원은 여러 개의 방처럼 구획되어 각 구역마다 독특한 분위기를 제공한다. 보통 3월부터 10월까지 개방되며 각 구역에서 고요한 휴식을 취할 수 있는 환경이 마련되어 있다.

2. 바이버리 마을
Bibury

📍 Bibury, Cirencester GL7 5NP

코츠월드 지역 중심에 있는 전통적인 마을로, '영국에서 가장 아름다운 마을' 중 하나로 손꼽힌다. 이 마을은 특히 전통적인 돌담집과 아름다운 자연경관으로 유명하다. 마을에 위치한 작은 돌집들은 영국 전통 건축을 대표하며, 특히 영국에서 가장 많이 사진에 등장하는 거리로 알려져 있다. 또한 마을 주변에는 하이킹 코스가 많아 트레킹이 권장된다.

3. 캐슬 쿰 마을
Castle Combe

📍 3 Waterside, Castle Combe, Chippenham SN14 7HX

그림과 같은 풍경과 고전적인 건축물로 유명한 캐슬 쿰은 코츠월드 지역 남쪽에 위치한 전통적인 마을이다. 석회암 돌로 지어진 집들로 꾸며진 마을의 분위기는 전통적이고 소박하며, 특히 중앙 광장이 아름다워 사진 촬영을 즐기는 방문객들이 많다. 마을 주변에서는 자연과 경치를 만끽하며 하이킹을 즐기기 좋다.

4. 시싱허스트 성 정원 Sissinghurst Castle Garden

📍 Biddenden Rd, Cranbrook TN17 2AB

16세기에 지어진 시싱허스트 성을 1930년대에 정원 디자이너 부부가 구매하여 새롭게 디자인한 정원. 시싱허스트 성 정원은 '정원 방'의 개념이 도입되어 각 공간별로 다양한 스타일을 경험할 수 있으며, 특히 흰색 꽃과 식물들이 가득한 화이트 가든이 관광객들의 사진 명소로 사랑받고 있다. 현재는 국가신탁 소속으로 공공의 정원으로서 개방되어 있다.

5. 리즈 성 Leeds Castle

📍 영국 ME17 1PL Maidstone

리즈 성은 12세기에 지어진 중세의 성으로 영국 왕실의 거처이기도 했다. 특히 아름다운 정원과 호수로 둘러싸인 풍경이 유명하며, 이탈리아 르네상스, 수생 식물, 자연 친화적인 자생 식물 등 여러 가지 콘셉트의 정원을 둘러보며 몸과 마음의 휴식을 즐길 수 있다.

추천 테마 여행 코스 　　　　　　　　　　　총 5일

코츠월드 → 켄트

- **코츠월드 (3일)** 히드코트 정원 | 바이버리 마을 | 바캐슬 쿰 마을
- **켄트 (2일)** 시싱허스트 성 정원 | 바리즈 성

- **추천 교통수단:** 렌터카
- **특징:** 시골 마을들을 자유롭게 둘러보기 위해서는 렌터카가 필수적이다. 대중교통으로는 작은 마을들에 접근하기가 어렵다. 다만, 런던에서 각 지역으로의 최초 이동은 기차를 이용하고, 현지에서 렌터카를 대여하는 것을 추천한다.

하이랜드 테마
스코틀랜드 하이랜드로 떠나는 여정

스코틀랜드 하이랜드의 신비로운 풍경과 켈트 전통이 살아 숨쉬는 지역을 탐험하는 테마다. 하이랜드는 스코틀랜드 북부에 위치한 산악 지역으로, 자연의 아름다움과 역사적 가치가 풍부한 곳이다. 또한 하이랜드는 스코틀랜드 고대사 및 문화의 중심지로 켈트 문화가 깊게 뿌리내려 있으며, 산과 호수, 협곡, 고원지대로 이루어져 있어 스코틀랜드를 방문한 이들에게 대표 관광지로 꼽힌다.

에든버러의 역사적인 로열 마일에서 시작하여, 하이랜드의 심장부인 글렌코 계곡의 웅장한 산맥을 지나 로크 네스까지 여행한다. 이후 안개에 싸인 고대 성채들과 켈트 십자가가 서 있는 신성한 장소들을 방문하면서, 혈연과 지역 공동체를 중심으로 수세기에 걸쳐 발전한 글렌 역사와 야코바이트 반란의 흔적을 찾아간다 수백 년 된 전통 위스키 증류소에서는 스카치 위스키의 제조 과정을 배우고 시음하는 경험을 하며, 스카이 섬의 페어리 풀과 같은 초자연적 전설이 깃든 장소들을 탐험한다. 현지 음악가들의 전통 켈트 음악 공연을 감상하며 게일어 문화를 체험하고, 하이랜드 게임이나 지역 축제에 참여할 기회도 제공된다.

이 테마는 자연의 웅장함과 켈트 문화의 신비로움을 동시에 체험하는 깊이 있는 여정이 가능하다. 잉글랜드 중심의 영국 여행에서 벗어나 스코틀랜드 특유의 자연적이고 공동체적인 문화 유산을 즐기고 싶은 분들께 추천한다.

1. 에든버러 성

Edinburgh Castle

Castlehill, Edinburgh EH1 2NG

스코틀랜드 에든버러 중심부에 위치한 성으로 스코틀랜드 역사와 문화에서 중요한 역할을 해온 명소이다. 에든버러 성은 로마 제국 시대에도 중요했던 군사적 요충지였으며, 중세 시대부터 오늘날까지 왕실 거주지로 이용되어 왔다. 오늘날 스코틀랜드의 국가적 상징으로 유네스코 세계문화유산으로도 지정되어 있다.

2. 로열 마일

Royal Mile

EH1 1QS Edinburgh

로열 마일은 에든버러의 중심을 가로지르는 거리로 에든버러 성에서 홀리루드 궁전까지 이어지는 거리를 의미하는데, 실제로 스코틀랜드 왕의 공식적인 이동 경로였으며 많은 주요 행사들이 이 거리에서 이루어졌다. 총 4개의 구역으로 나뉘는 이 거리에는 다양한 역사적 명소들이 줄지어 있으며, 거리 곳곳에서 공연과 전통 음악, 기념품 등을 즐길 수 있다.

3. 네스호

Loch Ness

7HR3+C2, Inverfarigaig, Inverness IV2 6TY

스코틀랜드 하이랜드 지역에 있는 호수로, 세계에서 가장 유명한 호수 중 하나다. 스코틀랜드에서 두 번째로 큰 호수이자, 아름다운 자연 경관으로 관광객들이 많이 찾는 명소이기도 하다. 특히 '네스호의 괴물'이라는 생물이 산다는 소문이 퍼진 이후, 많은 이들이 네스호에서 발견된 미확인 생물을 만나기 위해 찾아왔다.

4. 컬로든 전장 Culloden Battlefield

📍 Culloden Moor, Inverness IV2 5EU

컬로든 전장은 1746년 컬로든 지역에서 발생한 중요한 전투인 자코바이트의 난의 마지막 격전지이다. 오늘날 컬로든 전장에는 자코바이트 군과 영국 정부군의 기념비가 세워져 있으며, 전투 해설관과 박물관이 있어 이 전투의 역사적 배경과 전개 과정을 자세히 알 수 있다.

5. 페어리 풀 Fairy Pools

📍 Isle of Skye IV47 8TA

스코틀랜드 스카이섬에 있는 자연 경관으로 청명한 물과 아름다운 폭포가 인상적인 관광지다. '요정의 정원'처럼 보인다는 이유로 이름붙여진 페어리 풀은 실제로 스코틀랜드의 민속담이나 전설에 등장하는 요정들과 관련된 여러 이야기를 품고 있다. 이외에도 페어리 풀은 스카이섬의 여러 하이킹 코스와 연결되어 있어, 하이킹을 즐기는 관광객들에게 이상적인 장소다.

 **추천 테마 여행 코스** ──────────── 총 5일

에든버러 → 인버네스 → 스카이섬

- ⊙ **에든버러 (2일)** 에든버러 성 | 로열 마일
- ⊙ **인버네스 (2일)** 네스호 | 컬로든 전장
- ⊙ **스카이섬 (2일)** 탈리스커 위스키 증류소 | 페어리 풀

에든버러 → 인버네스

- 추천 교통수단: 기차(ScotRail)
- 소요시간: 약 3시간 30분
- 특징: 하이랜드의 아름다운 풍경을 감상할 수 있는 세계적인 철도 노선이다.

인버네스 → 스카이섬

- 추천 교통수단: 렌터카 또는 투어버스
- 소요시간: 약 2시간 30분
- 특징: 대중교통이 제한적이므로 렌터카를 추천한다. 단, 영국은 좌측통행이므로 운전이 어려울 경우 현지 투어버스를 이용하는 것을 추천한다.

미스터리 테마
신비로운 이야기를 찾아서

영국은 오랜 역사와 함께 수많은 미스터리와 전설이 살아 숨쉬는 곳이다. 미스터리 테마에서 독자들은 고대의 스톤헨지부터 아서왕 전설, 여러 어둡고 두려운 전설을 마주하고 오늘날 미스터리 소설을 대표하는 '셜록 홈즈' 시리즈까지 다양한 시간대의 미스터리한 사건과 이야기들을 마주하게 될 것이다.

런던에 있는 셜록 홈즈 박물관을 시작으로, 19세기 런던의 이스트엔드 지역을 공포에 떨게 한 연쇄살인마 '잭 더 리퍼'의 흔적이 남아 있는 화이트채플을 방문한다. 또한 1976년 개장해 다양한 역사적 사건을 소개하는 호러 박물관 '런던 던전' 또한 방문할 수 있다. 솔즈베리에서는 영국의 대표적인 유적인 스톤헨지와 함께 '마그나 카르타(대헌장)'을 보관하고 있는 솔즈베리 대성당을 만날 수 있다. '아서왕 전설'로 유명한 글래스톤베리의 언덕인 글래스톤베리 토르에는 켈트족과 아서왕, 기독교와 관련된 신비한 이야기가 얽혀 있다. 마지막으로 데본에서는 영국에서 유령이 가장 많이 출몰한다는 베리 포메로이이 성과 동화 속 자연을 간직한 다트무어 국립공원을 만날 수 있다.

영국의 미스터리 테마는 추리소설과 미스터리 영화를 좋아하는 이들, 역사적인 사건과 초자연적 현상에 관심이 있는 이들, 그리고 일반적인 관광지와는 다른 독특한 경험을 원하는 여행자들에게 추천하는 테마마다.

1. 셜록 홈즈 박물관
The Sherlock Holmes Museum

📍 221b Baker St, London NW1 6XE

아서 코난 도일의 유명한 소설 속 탐정 셜록 홈즈의 가상 주소지에 위치한 박물관. 빅토리아 시대 영국의 분위기를 그대로 재현한 내부에서 홈즈와 왓슨 박사의 생활 공간을 체험할 수 있다. '셜록 홈즈' 시리즈에 등장하는 다양한 사건의 증거물은 물론, 작중 홈즈가 사용했던 물건들이 전시되어 있다.

2. 화이트채플
Whitechapel

📍 77-82 Whitechapel High St, London E1 7QX (화이트채플 갤러리)

1888년 잭 더 리퍼의 연쇄 살인 사건이 일어났던 런던의 이스트엔드 지역. 오늘날에는 '잭 더 리퍼 투어'를 통해 당시 사건 현장과 관련 장소들을 가이드와 함께 둘러볼 수 있다. 화이트채플에서는 빅토리아 시대 런던의 어두운 역사와 아직도 풀리지 않은 세계적인 미스터리를 직접 체험할 수 있다.

3. 스톤헨지
Stonehenge

📍 Salisbury SP4 7DE

약 5,000년 전 건설된 것으로 추정되는 영국의 대표적인 선사시대 유적. 거대한 돌기둥이 원형으로 배치된 이 구조물은 천문학적 의미가 있다는 설과 종교적 의식을 위한 장소였다는 설 등 다양한 이론이 존재하지만, 정확한 용도와 건설 방법은 아직도 미스터리로 남아 있다. 유네스코 세계문화유산으로 지정된 스톤헨지는 오늘날까지도 영국의 가장 큰 미스터리 중 하나이다.

3. 글래스톤베리 토르 Glastonbury Tor

📍 Glastonbury BA6 8BG

아서왕 전설과 관련된 글래스톤베리의 신비로운 언덕. 성배(Holy Grail)가 묻혀 있다는 전설이 남아 있다. 언덕 위에는 성 미카엘 탑의 잔해가 남아 있으며, 이곳에서 서머셋 지역의 아름다운 전경을 감상하는 것이 추천된다. 켈트족의 신화와 아서왕 전설, 그리고 기독교 이야기가 얽혀 있는 글래스톤베리의 언덕은 예로부터 영적인 에너지가 강하다고 알려져 있다.

4. 베리 포메로이 성 Berry Pomeroy Castle

📍 Berry Pomeroy, Totnes TQ9 6LJ

데본 카운티에 위치한 16세기 성터로, 현재는 폐허로 변해 있다. 영국에서 가장 유령이 많이 출몰한다고 알려진 장소 중 하나로, 특히 여자 유령을 봤다는 이야기들이 다수 전해지고 있다. 성터 주변의 숲과 함께 신비롭고 음산한 분위기를 자아내는 베리 포메로이 성은 오컬트 현상을 탐구하는 이들이 방문하고자 하는 명소다.

 **추천 테마 여행 코스** ——————————————— **총 5일**

런던-솔즈베리-글래스톤베리-데본

- ⦿ **런던 (2일)** 셜록 홈즈 박물관 | 화이트채플(잭 더 리퍼 투어) | 런던 던전(London Dungeon)
- ⦿ **솔즈베리 (1일)** 스톤헨지 | 솔즈베리 성당
- ⦿ **글래스톤베리 (1일)** 글래스톤베리 토르 | 글래스톤베리 수도원 유적
- ⦿ **데본 (1일)** 베리 포메로이 성

런던 → 솔즈베리

- 추천 교통수단: 기차(South Western Railway)
- 소요시간: 약 1시간 30분
- 특징: 런던 워털루역에서 출발하는 직행 기차가 있으며, 편안하고 빠른 이동이 가능하다.

솔즈베리 → 글래스톤베리

- 추천 교통수단: 버스 또는 렌터카
- 소요시간: 약 1시간 30분
- 특징: 직행 대중교통이 제한적이므로 렌터카를 추천한다.

글래스톤베리 → 데본(베리 포메로이 성)

- 추천 교통수단: 렌터카
- 소요시간: 약 2시간
- 특징: 데본 지역은 대중교통으로 접근하기 어려운 곳이 많으므로 렌터카가 가장 편리하다.

자연경관 테마
런던 밖의 영국을 만나다

영국은 런던으로 대표되는 도시의 역사적 건축물뿐만 아니라 아름다운 자연경관으로도 풍부한 볼거리를 자랑한다. 푸른 초원과 험준한 산맥, 고요한 호수와 드라마틱한 해안선까지, 영국에서는 다양한 자연의 모습을 한 곳에서 만날 수 있다.

레이크 디스트릭트에서는 국립공원을 비롯해 영국인들이 가장 와보고 싶어한다는 윈더미어 호수, 영국에서 가장 높은 산인 스카펠 파이크를 비롯해 시인 윌리엄 워즈워스가 살던 그라스미어 마을을 만나볼 수 있다. 스코틀랜드 하이랜드에 있는 스카이 섬에서는 트레킹 코스로 유명한 퀴라잉과 거대한 바위인 올드 맨 오브 스토어의 자연풍경이 여행자를 반긴다. 길다란 해안선인 쥐라기 해안에서는 더들 도어와 자그마한 만인 룰워스 코브가 포함되어 있으며, 마찬가지로 쥐라기 해안의 곶인 포틀랜드 빌에서는 랜드마크인 등대를 찾아볼 수 있다.

자연경관 테마는 도시의 번잡함을 벗어나 영국의 아름다운 자연 속에서 휴식과 모험을 동시에 즐기고 싶은 여행자들에게 완벽한 여정이다. 웅장한 산악 지대부터 목가적인 시골 풍경까지, 영국의 다채로운 자연을 경험할 수 있다. 하이킹이나 야외 활동을 즐기는 이들, 사진촬영을 좋아하는 이들, 그리고 영화나 TV 시리즈에 등장하는 아름다운 자연 배경을 직접 보고 싶은 이들에게 추천한다.

1. 레이크 디스트릭트 국립공원   Lake District National Park

📍 FW9H+4R Ambleside

영국에서 가장 인기 있는 국립공원. 16개의 주요 호수와 영국에서 가장 높은 산들이 포함되어 있다. 공원 내에는 윈더미어 호수, 스카펠 파이크 산 등 아름다운 자연 경관이 펼쳐져 있으며, 시인 윌리엄 워즈워스가 영감을 받았던 그라스미어 마을의 풍경을 직접 볼 수 있다. 레이크 디스트릭트에서는 이외에도 다양한 난이도의 하이킹 코스와 수상 활동을 즐길 수 있는 영국의 명소다.

2. 스카이 섬   Isle of Skye

스코틀랜드 하이랜드에 있는 섬으로, 드라마틱한 산악 지형과 웅장한 해안선으로 유명하다. '퀴라잉(The Quiraing)', '올드 맨 오브 스토어(Old Man of Storr)', 섬의 서쪽 끝자락에 위치한 '니스트 포인트 등대' 등 숨막히는 풍경이 가득한 이곳은 사진작가들의 천국이자 하이킹 애호가들의 성지다.

3. 던비건 성   Dunvegan Castle

📍 MacLeod Estate, Dunvegan House, Dunvegan, Isle of Skye IV55 8WF

스카이 섬에 있는 유서 깊은 성으로, 스코틀랜드에서 가장 오래도록 사람이 거주한 성이기도 하다. 14세기 후반에 처음 건축되었으며, 주인 가문인 맥레오드는 800년 이상 이 성에서 거주했다. 성 주변의 조성된 정원과 바다 또한 볼거리이다.

4. 쥐라기 해안   Jurassic Coast

📍 Dorset and East Devon

영국 남부 도싯과 데본 카운티를 따라 이어지는 95마일 길이의 해안선으로, 유네스코 세계자연유산으로 지정되었다. 쥐라기 해안은 그 이름처럼 1억 8천 5백만 년의 지구 역사가 담겼으며, 중생대 쥐라기부터 백악기까지의 화석이 풍부하게 발견되는 장소다. '더들 도어(Durdle Door)'와 같은 극적인 자연 아치와 절벽을 만나볼 수 있다.

 **추천 테마 여행 코스** —————————————————— **총 7일**

레이크 디스트릭트 → 스카이 섬 → 쥐라기 해안

- ⊙ **레이크 디스트릭트 (2일)** 윈더미어 호수 | 스카펠 파이크 | 그라스미어 마을
- ⊙ **스카이 섬 (3일)** 퀴라잉 | 올드 맨 오브 스토어 | 페어리 풀 | 던비건 성
- ⊙ **쥐라기 해안 (2일)** 더들 도어 | 룰워스 코브(화석 발굴지) | 포틀랜드 빌

레이크 디스트릭트 → 스카이 섬

- ○ **추천 교통수단:** 기차 + 버스 또는 렌터카
- ○ **소요시간:** 약 7-8시간
- ○ **특징:** 장거리 이동이므로 렌터카가 가장 편리하다. 대중교통을 이용할 경우, 윈더미어에서 글래스고까지 기차로 이동 후 버스로 스카이 섬까지 가는 방법이 있다.

스카이 섬 → 쥐라기 해안

- ○ **추천 교통수단:** 국내선 항공 + 렌터카
- ○ **소요시간:** 약 5-6시간 (비행 포함)

○ **특징:** 스카이 섬에서 가장 가까운 인버네스 공항에서 엑서터 또는 브리스톨 공항으로 비행 후, 렌터카로 쥐라기 해안까지 이동하는 것이 가장 효율적이다. 시간적 여유가 있다면 기차와 버스를 조합한 육로 이동도 가능하지만, 하루 이상 소요되니 주의를 요한다.

세상에서 가장 짧은 영국사

초판 1쇄 발행   2026년 1월 26일

지은이 제임스 호즈
역 자 박상진
발행인 박상진
편 집 김민준
기 획 박근령
관 리 황지원
디자인 정지현
보 조 김은성, 강수빈

펴낸곳 진성북스
등 록 2011년 9월 23일
주 소 서울시 강남구 삼성동 143-23, 어반포레스트삼성
전 화 02)3452-7762
팩 스 02)3452-7751
이메일 jinsungbooks@naver.com

ISBN 978-89-97743-71-1   03920

※ 진성북스는 여러분들의 원고 투고를 환영합니다.
　책으로 엮기를 원하는 좋은 아이디어가 있으신 분은
　이메일(jinsungbooks@naver.com)로
　간단한 개요와 취지 등을 이메일로 보내주십시오.
　당사의 출판 컨셉에 적합한 원고는 적극적으로 책으로 만들어 드리겠습니다.

진성북스
주요 도서목록

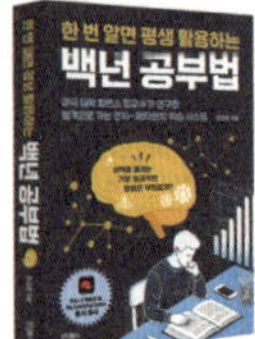

시험 성적을 넘어서, 평생을 위한 학습의 기술

백년 공부법

정경훈 지음
312쪽 | 값 20,000원

『백년 공부법』은 인지심리학자 정경훈 교수가 100년간 축적된 인지과학과 뇌과학 연구를 바탕으로 누구나 쉽게 이해하고 활용할 수 있는 학습법을 소개한 책이다. 복잡한 학문을 실용적 언어로 풀어낸 이 책은 단순한 공부법을 넘어 평생 지식 습득의 방향을 제시하는 안내서다. 책은 ① 누구나 적용 가능한 과학 기반 학습 원리, ② 평생 활용 가능한 전략, ③ 실제 교육 현장에서 검증된 방법을 담고 있다. 학습 효과를 높이기 위한 구체적인 방법이 체계적으로 정리되어 있어 학생, 학부모, 교사 모두에게 유익하다. 저자는 책의 내용을 실천할 수 있도록 'My Learning Coach' 앱도 함께 제공한다.

포스트 코로나 시대의 행복

적정한 삶

김경일 지음 | 360쪽 | 값 16,500원

우리의 삶은 앞으로 어떤 방향으로 나아가게 될까? 인지심리학자인 저자는 이번 팬데믹 사태를 접하면서 수없이 받아온 질문에 대한 답을 이번 서를 통해 말하고 있다. 앞으로 인류는 '극대화된 삶'에서 '적정한 삶'으로 갈 것이라고. 낙관적인 예측이 아닌 엄숙한 선언이다. 행복의 척도가 바뀔 것이며 개인의 개성이 존중되는 시대가 온다. 타인이 이야기하는 'want'가 아니라 내가 진짜 좋아하는 'like'를 발견하며 만족감이 스마트해지는 사회가 다가온다. 인간의 수명은 길어졌고 적정한 만족감을 느끼지 못하는 인간은 결국 길 잃은 삶을 살게 될 것이라고 말이다.

프랑스 역사의 숨겨진 진실을 파헤치는 결정판

세상에서 가장 짧은 프랑스사

제러미 블랙 지음 | 이주영 옮김
472쪽 | 값 26,000원

프랑스의 풍부하고 복잡한 역사를 쉽고 재미있게 풀어낸 책이다. 프랑스의 동굴 벽화와 고딕 건축의 기원부터 시작해, 모네와 드가 같은 예술가들이 활동한 시대, 1789년 프랑스 혁명, 1968년의 학생 시위, 그리고 최근의 노란 조끼 운동까지 다양한 역사적 사건들을 다룬다. 블랙은 프랑스 역사 속에서 일어난 예기치 못한 사건들과 그로 인한 예기치 않은 결과들을 강조하며, 이를 군사적, 정치적, 문화적 변화와 연결해 설명한다. 또한 프랑스의 철학, 문학, 예술 등이 어떻게 발전했는지, 그 발전을 이끈 배경과 맥락을 잘 보여준다. 색깔 있는 삽화와 함께 프랑스의 역사와 문화를 쉽게 이해할 수 있도록 돕는 이 책은, 프랑스가 어떻게 오늘날의 모습이 되었는지를 알아가는 데 유익한 길잡이가 되어준다.

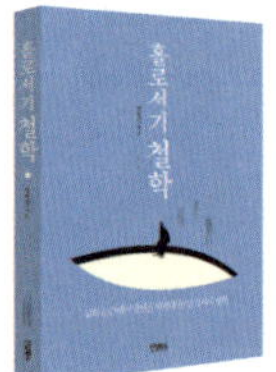

삶의 순간에서 당신을 지탱해 줄 열세 가지 철학

홀로서기 철학

양현길 지음 | 276쪽 | 17,000원

지금, 우리에게 필요한 홀로서기

삶의 고통에서 벗어나기 위해 앞서 고민했던 이들이 있다. 바로 '철학자'들이다. 그들은 더 나은 삶을 살아가기 위해 저마다의 고뇌를 안고 삶과 마주했다. 온전한 자기 자신이 되기 위하여, 나에게 주어진 삶의 의미를 찾기 위하여, 물 흘러가듯 편안하게 살아가는 삶을 위하여, 그리고 스스로 만들어 나가는 삶을 살기 위하여 고민해 왔다. 그렇게 열세 명의 철학자가 마주한 '홀로서기'의 비결을 이 책에 담았다.

사람을 움직이는 생각의 본능

마음오프너

최석규 지음 | 268쪽 | 17,000원

마음을 여는 7가지 생각의 본능!

30년 경력의 광고커뮤니케이션 디렉터인 저자는 게으름과 감정, 두 단어가 녹아든 생각의 본능을 크게 7가지 본능, 즉 '절약본능', '직관본능', '감정본능', '편안함추구본능', '일탈본능', '틀짓기본능', 그리고 '자기중심본능'으로 정리한다. 상대의 본능을 이해하고 그 감정에 거스르지 않을 때, 우리는 진정 상대의 마음을 열 수 있는 오프너를 쥘 수 있게 될 것이다.

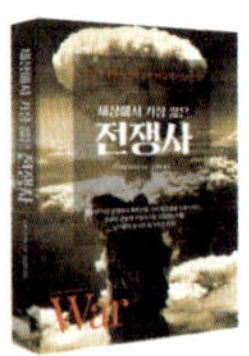

모든 전쟁의 시작과 끝은 어떻게 가능한가

세상에서 가장 짧은 전쟁사

그윈 다이어 지음 | 김상조 옮김
312쪽 | 23,000원

'전쟁의 역사'를 통해 '전쟁의 끝'을 모색하다

전쟁의 기원, 아주 먼 조상이 자연스럽게 벌여온 전쟁의 시작부터 전투의 작동 방식, 냉병기의 발전을 통한 전투의 진화와 고전적인 전쟁을 거쳐 국지전과 대량 전쟁, 총력전과 핵전쟁에 이르기까지 전쟁의 역사를 모두 아우르는 도서. 한편 저자는 비록 인류의 탄생과 함께한 전쟁일지라도 인류가 얼마나 살인을 기피하는지를 가감 없이 소개한다.

● 퍼블리셔스 위클리, BBC 히스토리 매거진 추천 도서
● 매일경제 등 주요 언론사 추천

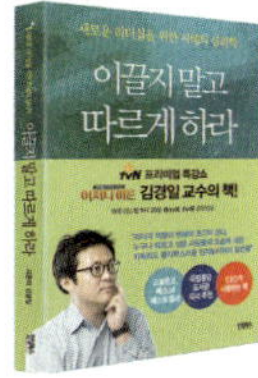

새로운 리더십을 위한 지혜의 심리학

이끌지 말고 따르게 하라

김경일 지음
328쪽 | 값 15,000원

이 책은 '훌륭한 리더', '존경받는 리더', '사랑받는 리더'가 되고 싶어하는 모든 사람들을 위한 책이다. 요즘 사회에서는 존경보다 질책을 더 많이 받는 리더들의 모습을 쉽게 볼 수 있다. 저자는 리더십의 원형이 되는 인지심리학을 바탕으로 바람직한 리더의 모습을 하나씩 밝혀준다. 현재 리더의 위치에 있는 사람뿐만 아니라, 앞으로 리더가 되기 위해 노력하고 있는 사람이라면 인지심리학의 새로운 접근에 공감하게 될 것이다. 존경받는 리더로서 조직을 성공시키고, 나아가 자신의 삶에서도 승리하기를 원하는 사람들에게 필독을 권한다.

● OtvN <어쩌다 어른> 특강 출연
● 예스24 리더십 분야 베스트 셀러
● 국립중앙도서관 사서 추천 도서

나의 경력을 빛나게 하는 인지심리학

커리어 하이어

아트 마크먼 지음 | 박상진 옮김 | 340쪽
값 17,000원

이 책은 세계 최초로 인지과학 연구 결과를 곳곳에 배치해 '취업-업무 성과-이직'으로 이어지는 경력 경로 전 과정을 새로운 시각에서 조명했다. 또한, 저자인 아트 마크먼 교수가 미국 텍사스 주립대의 '조직의 인재 육성(HDO)'이라는 석사학위 프로그램을 직접 개설하고 책임자까지 맡으면서 '경력 관리'에 대한 이론과 실무를 직접 익혔다. 따라서 탄탄한 이론과 직장에서 바로 적용할 수 있는 실용성까지 갖추고 있다. 특히 2부에서 소개하는 성공적인 직장생활의 4가지 방법들은 이 책의 백미라고 볼 수 있다.

나와 당신을 되돌아보는, 지혜의 심리학

어쩌면 우리가
거꾸로 해왔던 것들

김경일 지음 | 272쪽 | 값 15,000원

저자는 이 책에서 수십 년 동안 심리학을 공부해오면서 사람들로부터 가장 많은 공감을 받은 필자의 말과 글을 모아 엮었다. 수많은 독자와 청중들이 '아! 맞아. 내가 그랬었지'라며 지지했던 내용들이다. 다양한 사람들이 공감한 내용들의 방점은 이렇다. 안타깝게도 세상을 살아가는 우리 대부분은 '거꾸로'하고 있는지도 모른다. 이 책은 지금까지 일상에서 거꾸로 해온 것을 반대로, 즉 우리가 '거꾸로 해왔던 수많은 말과 행동들'을 조금이라도 제자리로 되돌아보려는 노력의 산물이다. 이런 지혜를 터득하고 심리학을 생활 속에서 실천하길 바란다.

10만 독자가 선택한
국내 최고의 인지심리학 교양서

지혜의 심리학
10주년 기념판

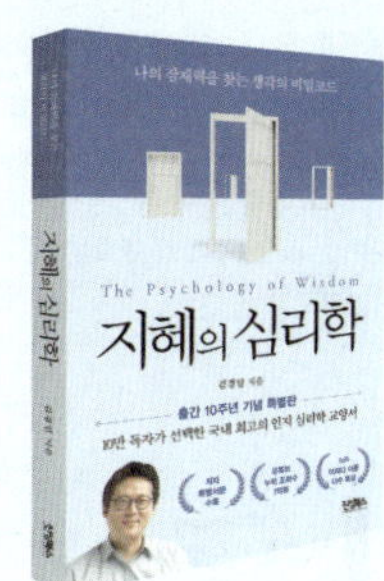

김경일 지음
340쪽 | 값 18,500원

10주년 기념판으로 새롭게 만나는
'인지심리학의 지혜'!

생각에 관해서 인간은 여전히 이기적이고 이중적이다. 깊은 생각을 외면하면서도 자신의 생각과 인생에 있어서 근본적인 변화를 애타게 원하기 때문이다. 하지만 과연 몇이나 자기계발서를 읽고 자신의 생각에 근본적인 변화와 개선을 가질 수 있었을까? 불편하지만 진실은 '결코 없다'이다. 우리에게 필요한 것은 '어떻게' 그 이상, '왜'이다.

우리는 살아가면서 다양한 어려움에 봉착하게 된다. 이때 우리는 지금까지 살아오면서 쌓았던 다양한 How들만 가지고는 이해할 수도 해결할 수도 없는 어려움들에 자주 직면하게 된다. 따라서 이 How들을 이해하고 연결해 줄 수 있는 Why에 대한 대답을 지녀야만 한다. 『지혜의 심리학』은 바로 이 점을 우리에게 알려주어 왔다. 이 책은 '이런 이유가 있다'로 우리의 관심을 발전시켜 왔다. 그리고 그 이유들이 도대체 '왜' 그렇게 자리 잡고 있으며 왜 그렇게 고집스럽게 우리의 생각 깊은 곳에서 힘을 발휘하는지에 대하여 눈을 뜨게 해주었다.

그동안 『지혜의 심리학』은 국내 최고의 인지심리학자인 김경일 교수가 생각의 원리에 대해 직접 연구한 내용을 바탕으로 명쾌한 논리로 수많은 독자를 지혜로운 인지심리학의 세계로 안내해 왔다. 그리고 앞으로도, 새로운 독자들에게 참된 도전과 성취에 대한 자신감을 건네주기에 더할 나위 없는 지혜를 선사할 것이다.

● OtvN <어쩌다 어른> 특강 출연
● KBS 1TV <아침마당> 목요특강 '지혜의 심리학' 특강 출연
● 2014년 중국 수출 계약 / 포스코 CEO 추천 도서
● YTN사이언스 <과학, 책을 만나다> '지혜의 심리학' 특강 출연

성공적인 인수합병의 가이드라인

시너지 솔루션

마크 서로워, 제프리 웨이런스 지음 | 김동규 옮김
456쪽 | 값 25,000원

"왜 최고의 기업은 최악의 선택을 하는가?"

유력 경제 주간지 『비즈니스위크Businessweek』의 기사에 따르면 주요 인수합병 거래의 65%가 결국 인수기업의 주가가 무참히 무너지는 결과로 이어졌다. 그럼에도 M&A는 여전히 기업의 가치와 미래 경쟁력을 단기간 내에 끌어올릴 수 있는 매우 유용하며 쉽게 대체할 수 없는 성장 및 발전 수단이다. 그렇다면 수많은 시너지 함정과 실수를 넘어 성공적인 인수합병을 위해서는 과연 무엇이 필요할까? 그 모든 해답이 이 책, 『시너지 솔루션』에 담겨 있다.

한국기업, 글로벌 최강 만들기 프로젝트 1

넥스트 이노베이션

김언수, 김봉선, 조준호 지음 | 396쪽
값 18,000원

넥스트 이노베이션은 혁신의 본질, 혁신의 유형, 각종 혁신의 사례들, 다양한 혁신을 일으키기 위한 약간의 방법론들, 혁신을 위한 조직 환경과 디자인, 혁신과 관련해 개인이 할 수 있는 것들, 향후의 혁신 방향 및 그와 관련된 정부의 정책의 역할까지 폭넓게 논의한다. 이 책을 통해 조직 내에서 혁신에 관한 공통의 언어를 생성하고, 새로운 혁신 프로젝트에 맞는 구체적인 도구와 프로세스를 활용하는 방법을 개발하기 바란다. 나아가 여러 혁신 성공 및 실패 사례를 통해 다양하고 창의적인 혁신 아이디어를 얻고 실행에 옮긴다면 분명 좋은 성과를 얻을 수 있으리라 믿는다.

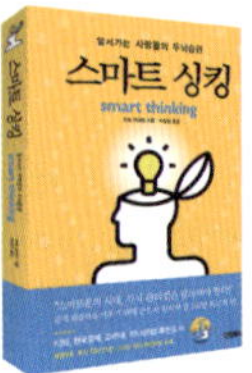

앞서 가는 사람들의 두뇌 습관

스마트 싱킹

아트 마크먼 지음 | 박상진 옮김
352쪽 | 값 17,000원

숨어 있던 창의성의 비밀을 밝힌다!

인간의 마음이 어떻게 작동하는지 설명하고, 스마트해지는데 필요한 완벽한 종류의 연습을 하도록 도와준다. 고품질 지식의 습득과 문제 해결을 위해 생각의 원리를 제시하는 인지 심리학의 결정판이다! 고등학생이든, 과학자든, 미래의 비즈니스 리더든, 또는 회사의 CEO든 스마트 싱킹을 하고자 하는 누구에게나 이 책은 유용하리라 생각한다.

- 조선일보 등 주요 15개 언론사의 추천
- KBS TV, CBS방영 및 추천

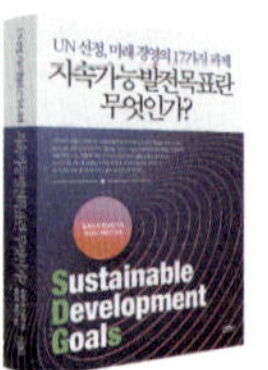

UN 선정, 미래 경영의 17가지 과제

지속가능발전목표란 무엇인가?

딜로이트 컨설팅 엮음 | 배정희, 최동건 옮김
360쪽 | 값 17,500원

지속가능발전목표(SDGs)는 세계 193개국으로 구성된 UN에서 2030년 까지 달성해야 할 사회과제 해결을 목표로 설정됐으며, 2015년 채택 후 순식간에 전 세계로 퍼졌다. SDG팩 큰 특징 중 하나는 공공, 사회, 개인(기업)의 세 부문에 걸쳐 널리 파급되고 있다는 점이다. 그러나 SDGs가 세계를 향해 던지는 근본적인 질문에 대해서는 사실 충분한 이해와 침투가 이뤄지지 않고 있다. SDGs는 단순한 외부 규범이 아니다. 단순한 자본시장의 요구도 아니다. 단지 신규사업이나 혁신의 한종류도 아니다. SDGs는 과거 수십 년에 걸쳐 글로벌 자본주의 속에서 면면이 구축되어온 현대 기업경영 모델의 근간을 뒤흔드는 변화(진화)에 대한 요구다. 이러한 경영 모델의 진화가 바로 이 책의 주요 테마다.

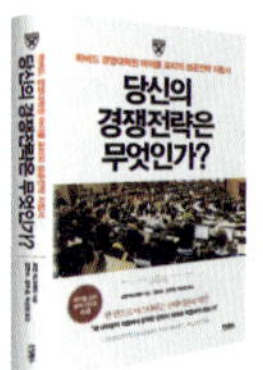

하버드 경영대학원 마이클 포터의 성공전략 지침서

당신의 경쟁전략은 무엇인가?

조안 마그레타 지음 | 김언수, 김주권, 박상진 옮김
368쪽 | 값 22,000원

이 책은 방대하고 주요한 마이클 포터의 이론과 생각을 한 권으로 정리했다. <하버드 비즈니스리뷰> 편집장 출신인 조안 마그레타(Joan Magretta)는 마이클 포터와의 협력으로 포터교수의 아이디어를 업데이트하고, 이론을 증명하기 위해 생생하고 명확한 사례들을 알기 쉽게 설명한다. 전략경영과 경쟁전략의 핵심을 단기간에 마스터하기 위한 사람들의 필독서이다.

- 전략의 대가, 마이클 포터 이론의 결정판
- 아마존 전략분야 베스트 셀러
- 일반인과 대학생을 위한 전략경영 필독서

경쟁을 초월하여 영원한 승자로 가는 지름길

탁월한 전략이 미래를 창조한다

리치 호워드 지음 | 박상진 옮김
300쪽 | 값 17,000원

이 책은 혁신과 영감을 통해 자신들의 경험과 지식을 탁월한 전략으로 바꾸려는 리더들에게 실질적인 프레임워크를 제공해준다. 저자는 탁월한 전략을 위해서는 새로운 통찰을 결합하고 독자적인 경쟁 전략을 세우고 헌신을 이끌어내는 것이 중요하다고 강조한다. 나아가 연구 내용과 실제 사례, 사고 모델, 핵심 개념에 대한 명쾌한 설명을 통해 탁월한 전략가가 되는 데 필요한 핵심 스킬을 만드는 과정을 제시해준다.

- 조선비즈, 매경이코노미 추천도서
- 저자 전략분야 뉴욕타임즈 베스트 셀러

기후의 역사와 인류의 생존

시그널

벤저민 리버만, 엘리자베스 고든 지음
은종환 옮김 | 440쪽 | 값 18,500원

이 책은 인류의 역사를 기후변화의 관점에서 풀어내고 있다. 인류의 발전과 기후의 상호작용을 흥미 있게 조명한다. 인류 문화의 탄생부터 현재에 이르기까지 역사의 중요한 지점을 기후의 망원경으로 관찰하고 해석한다. 당시의 기후조건이 필연적으로 만들어낸 여러 사회적인 변화를 파악한다. 결코 간단하지 않으면서도 흥미진진한, 그리고 현대인들이 심각하게 다뤄야 할 이 주제에 대해 탐구를 시작하고자 하는 독자에게 이 책이 좋은 길잡이가 되리라 기대해본다.

회사를 살리는 영업 AtoZ

세일즈 마스터

이장석 지음 | 396쪽 | 값 17,500원

영업은 모든 비즈니스의 꽃이다. 오늘날 경영학의 눈부신 발전과 성과에도 불구하고, 영업관리는 여전히 비과학적인 분야로 남아있다. 영업이 한 개인의 개인기나 합법과 불법을 넘나드는 묘기의 수준에 남겨두는 한, 기업의 지속적 발전은 한계에 부딪히기 마련이다. 이제 편법이 아닌 정석에 관심을 쏟을 때다. 본질을 망각한 채 결과에 올인하는 영업직원과 눈앞의 성과만으로 모든 것을 평가하려는 기형적인 조직문화는 사라져야 한다. 이 책은 영업의 획기적인 리엔지니어링을 위한 AtoZ를 제시한다. 디지털과 인공지능 시대에 더 인정받는 영업직원과 리더를 위한 필살기다.

대담한 혁신상품은 어떻게 만들어지는가?

신제품 개발 바이블

로버트 쿠퍼 지음 | 류강석, 박상진, 신동영 옮김
648쪽 | 값 28,000원

오늘날 비즈니스 환경에서 진정한 혁신과 신제품개발은 중요한 도전과제이다. 하지만 대부분의 기업들에게 야심적인 혁신은 보이지 않는다. 이 책의 저자는 제품혁신의 핵심성공 요인이자 세계최고의 제품개발 프로세스인 스테이지-게이트(Stage-Gate)에 대해 강조한다. 아울러 올바른 프로젝트 선택 방법과 스테이지-게이트 프로세스를 활용한 신제품개발 성공 방법에 대해서도 밝히고 있다. 신제품은 기업번영의 핵심이다. 이러한 방법을 배우고 기업의 실적과 시장 점유율을 높이는 대담한 혁신을 성취하는 것은 담당자, 관리자, 경영자의 마지노선이다.

비즈니스 성공의 불변법칙
경영의 멘탈모델을 배운다!

퍼스널 MBA
10주년 기념 증보판

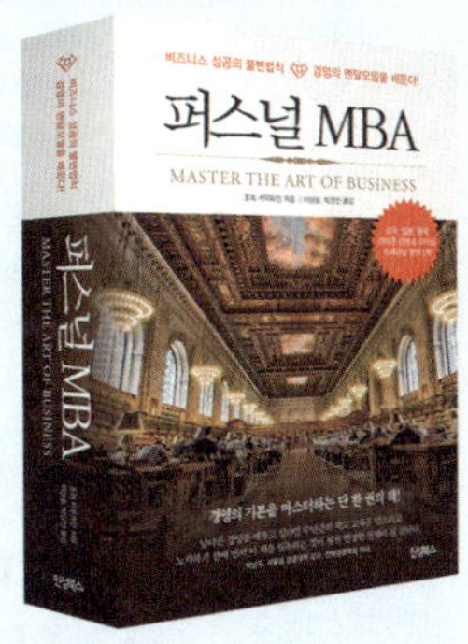

조시 카우프만 지음
박상진, 이상호 옮김
832쪽 | 값 35,000원

"MASTER THE ART OF BUSINESS"

지속가능한 성공적인 사업은 경영의 어느 한 부분의 탁월성만으로는 불충분하다. 이는 가치창조, 마케팅, 영업, 유통, 재무회계, 인간의 이해, 인적자원 관리, 전략을 포함한 경영관리 시스템 등 모든 부분의 지식과 경험 그리고 통찰력이 갖추어질 때 가능한 일이다. 그렇다고 그 방대한 경영학을 모두 섭렵할 필요는 없다고 이 책의 저자는 강조한다. 단지 각각의 경영원리를 구성하고 있는 멘탈 모델(Mental Model)을 제대로 익힘으로써 가능하다.

세계 최고의 부자인 빌게이츠, 워런버핏과 그의 동업자 찰리 멍거를 비롯한 많은 기업가들이 이 멘탈 모델을 통해서 비즈니스를 시작하고 또 큰 성공을 거두었다. 이 책에서 제시하는 경영의 핵심개념을 통해 독자들은 경영의 멘탈 모델을 습득하게 된다.

필자는 지난 5년간 수천 권이 넘는 경영 서적을 읽고 수백 명의 경영 전문가를 인터뷰하고, 포춘지 선정 세계 500대 기업에서 일을 했으며, 사업도 시작했다. 그 과정에서 배우고 경험한 지식들을 모으고 정제하여 몇 가지 개념으로 정리했다. 이들 경영의 기본 원리를 이해한다면, 현명한 의사결정을 내리는 데 유익하고 신뢰할 수 있는 도구를 얻게 된다. 이러한 개념들의 학습에 시간과 노력을 투자해 마침내 그 지식을 활용할 수 있게 된다면, 독자는 어렵지 않게 전 세계 인구의 상위 1%에 드는 탁월한 사람이 될 것이다.

● **아마존 경영 & 리더십 트레이닝 분야 1위**
● **미국, 일본, 중국 베스트셀러**
● **전 세계 100만 부 이상 판매**

언어를 넘어 문화와 예술을 관통하는 수사학의 힘

현대 수사학

요아힘 크나페 지음
김종영, 홍설영 옮김 | 480쪽 | 값 25,000원

이 책의 목표는 인문학, 문화, 예술, 미디어 등 여러 분야에 수사학을 접 목시킬 현대 수사학이론을 개발하는 것이다. 수사학은 본래 언어적 형 태의 소통을 연구하는 학문이라서 기초이론의 개발도 이 점에 주력하 였다. 그 결과 언어적 소통의 관점에서 수사학의 역사를 개관하고 정치 수사학을 다루는 서적은 꽤 많지만, 수사학 이론을 현대적인 관점에서 새롭고 포괄적으로 다룬 연구는 눈에 띄지 않는다. 이 책은 수사학이 단 순히 언어적 행동에만 국한하지 않고, '소통이 있는 모든 곳에 수사도 있다'는 가정에서 출발한다. 이를 토대로 크나페 교수는 현대 수사학 이 론을 체계적으로 개발하고, 문학, 음악, 이미지, 영화 등 실용적인 영역 에서 수사학적 분석이 어떻게 가능한지를 총체적으로 보여준다.

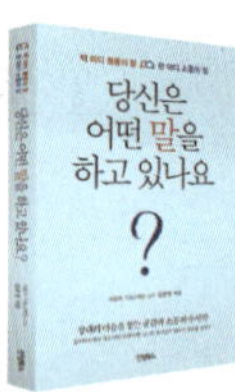

백 마디 불통의 말, 한 마디 소통의 말

당신은 어떤 말을 하고 있나요?

김종영 지음
248쪽 | 값 13,500원

리더십의 핵심은 소통능력이다. 소통을 체계적으로 연구하는 학문이 바로 수사학이다. 이 책은 우선 사람을 움직이는 힘, 수사학을 집중 조명한다. 그리고 소통의 능력을 필요로 하는 우리 사회의 리더들에게 꼭 필요한 수 사적 리더십의 원리를 제공한다. 더 나아가서 수사학의 원리를 실제 생활 에 어떻게 적용할 수 있는지 일러준다. 독자는 행복한 말하기와 아름다운 소통을 체험할 것이다.

● SK텔레콤 사보 <Inside M> 인터뷰
● MBC 라디오 <라디오 북 클럽> 출연
● 매일 경제, 이코노믹리뷰, 경향신문 소개
● 대통령 취임 2주년 기념식 특별연설

세계 초일류 기업이 벤치마킹한
성공전략 5단계

승리의 경영전략

AG 래플리, 로저마틴 지음
김주권, 박광태, 박상진 옮김
352쪽 | 값 18,500원

전략경영의 살아있는 메뉴얼

가장 유명한 경영 사상가 두 사람이 전략이란 무엇을 위한 것이고, 어떻게 생각해야 하며, 왜 필요하고, 어떻게 실천해야 할지 구체적으로 설명한다. 이들은 100년 동안 세계 기업회생역사에서 가장 성공적이라고 평가받고 있을 뿐 아니라, 직접 성취한 P&G의 사례를 들어 전략의 핵심을 강조하고 있다.

● 경영대가 50인(Thinkers 50)이 선정한 2014 최고의 책
● 탁월한 경영자와 최고의 경영 사상가의 역작
● 월스트리스 저널 베스트 셀러

언제까지 질병으로 고통받을 것인가?

난치병 치유의 길

앤서니 윌리엄 지음 | 박용준 옮김
468쪽 | 값 22,000원

이 책은 현대의학으로는 치료가 불가능한 질병으로 고통 받는 수많은 사람 들에게 새로운 치료법을 소개한다. 저자는 사람들이 무엇으로 고통 받고, 어떻게 그들의 건강을 관리할 수 있는지에 대한 영성의 목소리를 들었다. 현대 의학으로는 설명할 수 없는 질병이나 몸의 비정상적인 상태의 근본 원인을 밝혀주고 있다. 당신이 원인불명의 증상으로 고생하고 있다면 이 책은 필요한 해답을 제공해 줄 것이다.

● 아마존 건강분야 베스트 셀러 1위

정신과 의사가 알려주는 감정 컨트롤술

마음을 치유하는 7가지 비결

가바사와 시온 지음 | 송소정 옮김 | 268쪽
값 15,000원

일본의 저명한 정신과 의사이자 베스트셀러 작가, 유튜브 채널 구독자 35 만 명을 거느린 유명 유튜버이기도 한 가바사와 시온이 소개하는, 환자와 가족, 간병인을 위한 '병을 낫게 하는 감정 처방전'이다. 이 책에서 저자는 정신의학, 심리학, 뇌과학 등 여러 의학 분야를 망라하여 긍정적인 감정에 는 치유의 힘이 있음을 설득력 있게 제시한다.

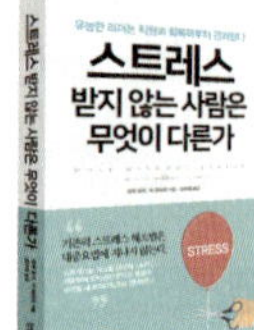

유능한 리더는 직원의 회복력부터 관리한다

스트레스 받지 않는 사람은 무엇이 다른가

데릭 로저, 닉 페트리 지음
김주리 옮김 | 308쪽 | 값 15,000원

이 책은 흔한 스트레스 관리에 관한 책이 아니다. 휴식을 취하는 방법에 관 한 책도 아니다. 인생의 급류에 휩쓸리지 않고 어려움을 헤쳐 나갈 수 있는 능력인 회복력을 강화하여 삶을 주체적으로 사는 법에 관한 명저다. 엄청난 무게의 힘든 상황에서도 감정적 반응을 재설계하도록 하고, 스트레스 증가 외에는 아무런 도움이 되지 않는 자기 패배적 사고 방식을 깨는 방법을 제 시한다. 깨어난 순간부터 자신의 태도를 재조정하는 데 도움이 되는 사례별 연구와 극복 기술을 소개한다.

젊음을 오래 유지하는 자율신경건강법

안티에이징 시크릿

정이안 지음
264쪽 | 값 15,800원

자율신경을 지키면 노화를 늦출 수 있다!

25년 넘게 5만 명이 넘는 환자를 진료해 온 정이안 원장이 제안하는, 노화를 늦추고 건강하게 사는 자율신경건강법이 담긴 책. 남녀를 불문하고 체내에 호르몬이 줄어들기 시작하는 35세부터 노화가 시작된다. 저자는 식습관과 생활 습관, 치료법 등 자율신경의 균형을 유지하는 다양한 한의학적 지식을 제공함으로써, 언제라도 '몸속 건강'을 지키며 젊게 살 수 있는 비결을 알려준다.

인문학과 과학으로 떠나는 인체 탐구 여행

신비한 심장의 역사

빈센트 M. 피게레도 지음 | 최경은 옮김
364쪽 | 22,000원

심장 전문의가 펼쳐낸 경이로운 심장의 연대기!

심장에 얽힌 고대의 제의는 물론 실제로는 심장이 감정을 수용할 수 있다는 '심장-뇌 연결Heart-brain Connection' 연구에 이르기까지 수만 년에 걸친 심장의 문학적, 역사적, 의학적 이야기를 한 권에 담았다. 우리는 이 책을 통해 태양의 신 샤마시에게 공물로 바쳐졌던 제의는 물론, 잘 훈련된 운동선수의 심박출량이나 450kg에 달하는 대왕고래의 심장 무게, 그리고 손상된 심장을 복원하는 줄기세포 시술이나 3D 프린팅 기술까지 심장에 관한 모든 역사를 마주하게 될 것이다.

고혈압, 당뇨, 고지혈증, 골관절염...
큰 병을 차단하는 의사의 특별한 건강관리법

몸의 경고

박제선 지음 | 336쪽 | 값 16,000원

현대의학은 이제 수명 연장을 넘어, 삶의 질도 함께 고려하는 상황으로 바뀌고 있다. 삶의 '길이'는 현대의료시스템에서 잘 챙겨주지만, '삶의 질'까지 보장받기에는 아직 갈 길이 멀다. 삶의 질을 높이려면 개인이 스스로 해야할 일이 있다. 진료현장의 의사가 개인의 세세한 건강을 모 두 신경 쓰기에는 역부족이다. 이 책은 아파서 병원을 찾기 전에 스스로 '예방할 수 있는 영양요법과 식이요법에 초점을 맞추고 있다. 병원에 가기 두렵거나 귀찮은 사람, 이미 질환을 앓고 있지만 심각성을 깨닫지 못하는 사람들에게 가정의학과 전문의가 질병 예방 길잡이를 제공하는 좋은 책이다.

"질병의 근본 원인을 밝히고 남다른 예방법을 제시한다"

의사들의 120세 건강비결은 따로 있다

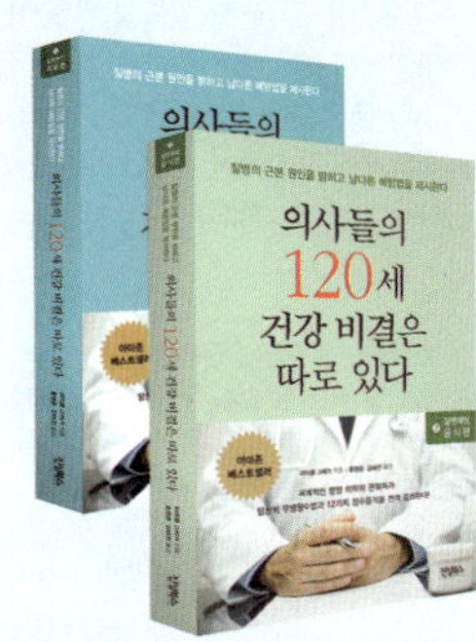

마이클 그레거 지음
홍영준, 강태진 옮김
❶ 질병원인 치유편 값 22,000원 | 564쪽
❷ 질병예방 음식편 값 15,000원 | 340쪽

우리가 미처 몰랐던 질병의 원인과 해법
질병의 근본 원인을 밝히고
남다른 예방법을 제시한다

건강을 잃으면 모든 것을 잃는다. 의료 과학의 발달로 조만간 120세 시대도 멀지 않았다. 하지만 우리의 미래는 '얼마나 오래 살 것인가?'보다는 '얼마나 건강하게 오래 살 것인가?'를 고민해야하는 시점이다. 이 책은 질병과 관련된 주요 사망 원인에 대한 과학적 인과관계를 밝히고, 생명에 치명적인 병을 예방하고 건강을 회복시킬 수 있는 방법을 명쾌하게 제시한다. 수천 편의 연구결과에서 얻은 적절한 영양학적 식이요법을 통하여 건강을 획기적으로 승진시킬 수 있는 과학적 증거를 밝히고 있다. 15가지 주요 조기 사망 원인들(심장병, 암, 당뇨병, 고혈압, 뇌질환 등등)은 매년 미국에서만 1백 6십만 명의 생명을 앗아간다. 이는 우리나라에서도 주요 사망원인이다. 이러한 비극의 상황에 동참할 필요는 없다. 강력한 과학적 증거가 뒷받침 된 그레거 박사의 조언으로 치명적 질병의 원인을 정확히 파악하라. 그리고 장기간 효과적인 음식으로 위험인자를 적절히 예방하라. 그러면 비록 유전적인 단명요인이 있다 해도 이를 극복하고 장기간 건강한 삶을 영위할 수 있다. 이제 인간의 생명은 운명이 아니라, 우리의 선택에 달려있다. 기존의 건강서와는 차원이 다른 이 책을 통해서 '더 건강하게, 더 오래 사는' 무병장수의 시대를 활짝 열고, 행복한 미래의 길로 나아갈 수 있을 것이다.

● **아마존 의료건강분야 1위**
● **출간 전 8개국 판권계약**

"이 검사를 꼭 받아야 합니까?"

과잉 진단

길버트 웰치 지음 | 홍영준 옮김
391쪽 | 값 17,000원

병원에 가기 전 꼭 알아야 할 의학 지식!

과잉진단이라는 말은 아무도 원하지 않는다. 이는 걱정과 과잉진료의 전조일 뿐 개인에게 아무 혜택도 없다. 하버드대 출신 의사인 저자는, 의사들의 진단욕심에 비롯된 과잉진단의 문제점과 과잉진단의 합리적인 이유를 함께 제시함으로써 질병예방의 올바른 패러다임을 전해준다.

● 한국출판문화산업 진흥원 『이달의 책』 선정도서
● 조선일보, 중앙일보, 동아일보 등 주요 언론사 추천

인생의 고수가 되기 위한 진짜 공부의 힘

김병완의 공부혁명

김병완 지음
236쪽 | 값 13,800원

공부는 20대에게 세상을 살아갈 수 있는 힘과 자신감 그리고 내공을 길러준다. 그래서 20대 때 공부에 미쳐 본 경험이 있는 사람과 그렇지 못한 사람은 알게 모르게 평생 큰 차이가 난다. 진짜 청춘은 공부하는 청춘이다. 공부를 하지 않고 어떻게 100세 시대를 살아가고자 하는가? 공부는 인생의 예의이자 특권이다. 20대 공부는 자신의 내면을 발견할 수 있게 해주고, 그로 인해 진짜 인생을 살아갈 수 있게 해준다. 이 책에서 말하는 20대 청춘이란 생물학적인 나이만을 의미하지 않는다. 60대라도 진짜 공부를 하고 있다면 여전히 20대 청춘이고 이들에게는 미래에 대한 확신과 풍요의 정신이 넘칠 것이다.

감동으로 가득한 스포츠 영웅의 휴먼 스토리

오픈

안드레 애거시 지음 | 김현정 옮김
614쪽 | 값 19,500원

시대의 이단아가 던지는 격정적 삶의 고백!

남자 선수로는 유일하게 골든 슬램을 달성한 안드레 애거시. 테니스 인생의 정상에 오르기까지와 파란만장한 삶의 여정이 서정적 언어로 독자의 마음을 자극한다. 최고의 스타 선수는 무엇으로, 어떻게, 그 자리에 오를 수 있었을까? 또 행복하지만은 않았던 그의 테니스 인생 성장기를 통해 우리는 무엇을 배 울 수 있을까. 안드레 애거시의 가치관가 생각을 읽을 수 있다.

독일의 DNA를 밝히는 단 하나의 책!

세상에서 가장 짧은 독일사

제임스 호즈 지음
박상진 옮김
428쪽 | 값 23,000원

냉철한 역사가의 시선으로 그려낸
'진짜 독일의 역사'를 만나다!

독일을 수식하는 말은 다양하다. 세계적인 경제 대국으로 삶의 질이 세계 최고 수준인 나라, 철학과 문학, 그리고 음악의 나라, 군국주의와 세계대전, 과학, 기술과 의학을 발전시킨 곳, 인구 대비 도서 출판 세계 1위, 게다가 찬연한 고성의 아름다운 풍경까지…. 세계사에서 유래가 없을 정도로 긍정적이고 또 부정적인 성격이 대비되는, 그 역사의 DNA가 궁금해지는 국가가 바로 독일이다.

『세상에서 가장 짧은 독일사』는 야만과 이성, 민주주의와 군국주의, 공존과 배제, 절제와 탐욕까지, 상반된 개념들이 뒤섞인 독일사의 본질을 냉철하게 파헤치고 있다. 고대 유럽을 지배했던 로마제국을 파괴하는 데 일조하면서, 한편으로 그들이 빛나는 그리스, 로마의 지적 유산의 복원에 어떻게 기여했는지 짚어준다. 나아가 종교개혁, 프랑스와의 대결, 세계대전, 분단과 통일까지 많은 역사적 주요 이정표를 면밀하게 검증하고 가차 없이 역사가로서의 메스를 가한다.

한국어판에는 책에서 언급되는 주요 인물이나 사건에 대하여 역사적 의미를 되새기고자 상세한 설명을 붙인 「역사 속의 역사」란을 추가하였다. 또한 독일의 유네스코 세계 문화유산과 7대 가도, 여행 추천 도시 등을 담은 「독일 여행자를 위한 핵심 가이드」를 부록으로 서비스했다. 독일을 여행하는 사람이라면 누구나 필히 참조할 수 있는 귀중한 정보를 모아놓았다.

● 영국 선데이 타임즈 논픽션 베스트셀러
● 세계 20개 언어로 번역

누구를 위한 박물관인가?

박물관의 그림자

애덤 쿠퍼 지음 | 김상조 옮김
556쪽 | 값 23,000원

명과 야만이 공존하는 박물관의 탄생과 발전, 그리고 미래

명과 야만의 역사와 함께한 박물관의 탄생과 발전을 다루는 도서. 이 책
그들이 어떻게 타인의 유물을 기반으로 성장해 왔는지, 그리고 어떻게
기에 봉착하게 되었는지를 가감 없이 드러낸다. 때로는 피해자의 시선
로, 때로는 인류학자의 시선으로 균형감을 유지한 이 책은 독자 여러분
게 여러 논쟁 속에서 실존하는 박물관의 미래를 함께 고민하며 약탈 혹
환수의 이분법에서 벗어난 제3의 대안을 제시할 것이다.

네이처 북 리뷰 추천 도서
조선일보, 매일경제 등 주요 언론사 추천

면접관의 모든 것을 한 권으로 마스터하다!

면접관 마스터

권혁근 · 김경일 · 김기호 · 신길자 지음
300쪽 | 18,000원

면접관의 철학과 직업관, 심리, 그리고 미래관

면접관 마스터』는 네 면접관이 직접 저술한 지녀야 할 정의, 직업관, 심리,
그리고 그 시작을 하나로 모았다. 또한 이 책은 부록으로 111인의 면접관에
게 물은 전문면접관의 인식, 갖추어야 할 역량, 조직이 가장 선호하는 인재
가 함께 전문면접관으로서 품고 있는 생각들을 정리해 담아보았다.

새로운 시대는 逆(역)으로 시작하라!

콘트래리언

이신영 지음
408쪽 | 값 17,000원

위기극복의 핵심은 역발상에서 나온다!

세계적 거장들의 삶과 경영을 구체적이고 내밀하게 들여다본 저자는 그
들의 성공핵심은 많은 사람들이 옳다고 추구하는 흐름에 '거꾸로' 갔다는
데 있음을 발견했다. 모두가 실패를 두려워할 때 도전할 줄 알았고, 모두
가 아니라고 말하는 아이디어를 성공적인 아이디어로 발전시켰으며 최근
15년간 3대 악재라 불린 위기 속에서 기회를 찾고 성공을 거두었다.

● 한국출판문화산업 진흥원 '이달의 책' 선정도서
● KBS 1 라디오 <오한진 이정민의 황금사과> 방송

하버드 경영 대학원 마이클 포터의 성공전략 지침서

당신의 경쟁전략은 무엇인가?

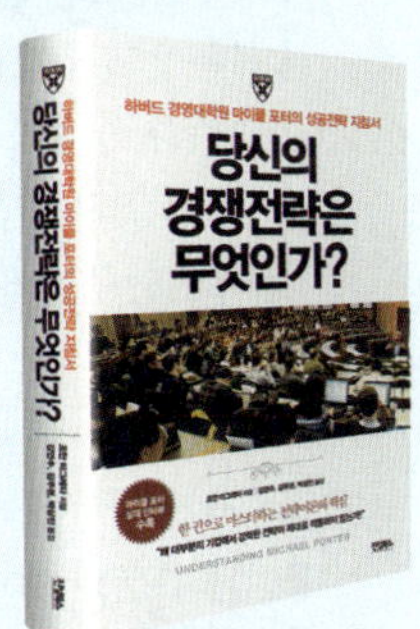

조안 마그레타 지음
김언수, 김주권, 박상진 옮김
368쪽 | 값 22,000원

마이클 포터(Michael E. Porter)는 전략경영 분야의 세계최고 권
위자다. 개별 기업, 산업구조, 국가를 아우르는 연구를 전개해 지
금까지 17권의 저서와 125편 이상의 논문을 발표했다. 저서 중 『경
쟁전략(Competitive Strategy)』(1980), 『경쟁우위(Competitive
Advantage)』(1985), 『국가경쟁우위(The Competitive
Advantage of Nations)』(1990) 3부작은 '경영전략의 바이블이자
마스터피스'로 공인받고 있다. 경쟁우위, 산업구조 분석, 5가지 경
쟁요인, 본원적 전략, 차별화, 전략적 포지셔닝, 가치사슬, 국가경
쟁력 등의 화두는 전략 분야를 넘어 경영학 전반에 새로운 지평을
열었고, 사실상 세계 모든 경영 대학원에서 핵심적인 교과목으로
다루고 있다. 이 책은 방대하고 주요한 마이클 포터의 이론과 생
각을 한 권으로 정리했다. <하버드 비즈니스리뷰> 편집장 출신인
저자는 폭넓은 경험을 바탕으로 포터 교수의 강력한 통찰력을 경
영일선에 효과적으로 적용할 수 있도록 설명한다. 즉, "경쟁은 최
고가 아닌 유일무이한 존재가 되고자 하는 것이고, 경쟁자들 간
의 싸움이 아니라, 자사의 장기적 투하자본이익률(ROIC)을 높이
는 것이다." 등 일반인들이 잘못 이해하고 있는 포터의 이론들을
명백히 한다. 전략경영과 경쟁전략의 핵심을 단기간에 마스터하
여 전략의 전문가로 발돋움 하고자 하는 대학생은 물론 전략에 관
심이 있는 MBA과정의 학생들을 위한 필독서이다. 나아가 미래의
사업을 주도하여 지속적 성공을 꿈꾸는 기업의 관리자에게는 승
리에 대한 영감을 제공해 줄 것이다.

● 전략의 대가, 마이클 포터 이론의 결정판
● 아마존전략 분야 베스트 셀러
● 일반인과 대학생을 위한 전략경영 필독서

사단법인 건강인문학포럼

1. 취지

세상이 빠르게 변화하고 있습니다. 눈부신 기술의 진보 특히, 인공지능, 빅데이터, 메타버스 그리고 유전의학과 정밀의료의 발전은 인류를 지금까지 없었던 새로운 세상으로 안내하고 있습니다. 앞으로 산업과 직업, 하는 일과 건강관리의 변혁은 피할 수 없는 상황으로 다가오고 있습니다.

이러한 변화에 따라 〈사단법인〉 건강인문학포럼은 '건강은 건강할 때 지키자'라는 취지에서 신체적 건강, 정신적 건강, 사회적 건강이 조화를 이루는 "건강한 삶"을 찾는데 의의를 두고 있습니다. 100세 시대를 넘어서서 인간의 한계수명이 120세로 늘어난 지금, 급격한 고령인구의 증가는 저출산과 연관되어 국가 의료재정에 큰 부담이 되리라 예측됩니다. 따라서 개인 각자가 자신의 건강을 지키는 것 자체가 사회와 국가에 커다란 기여를 하는 시대가 다가오고 있습니다.

누구나 겪게 마련인 '제 2의 삶'을 주체적으로 살며, 건강한 삶의 지혜를 함께 모색하기 위해 사단법인 건강인문학포럼은 2018년 1월 정식으로 출범했습니다. 우리의 목표는 분명합니다. 스스로 자신의 건강을 지키면서 능동적인 사회활동의 기간을 충분히 연장하여 행복한 삶을 실현하는 것입니다. 전문가로부터 최신 의학의 과학적 내용을 배우고, 5년 동안 불멸의 동서양 고전 100권을 함께 읽으며 '건강한 마음'을 위한 인문학적 소양을 넓혀 삶의 의미를 찾아볼 것입니다. 의학과 인문학 그리고 경영학의 조화를 통해 건강한 인간으로 사회에 선한 영향력을 발휘하고, 각자가 주체적인 삶을 살기 위한 지혜를 모색해가고자 합니다. 건강과 인문학을 위한 실천의 장에 여러분을 초대합니다.

2. 비전, 목적, 방법

| 비 전

장수시대에 "건강한 삶"을 위해 신체적, 정신적, 사회적 건강을 돌보고, 함께 잘 사는 행복한 사회를 만드는 데 필요한 덕목을 솔선수범하면서 존재의 의미를 찾는다.

| 목 적

우리는 5년간 100권의 불멸의 고전을 읽고 자신의 삶을 반추하며, 중년 이후의 미래를 새롭게 설계해 보는 "자기인생론"을 각자 책으로 발간하여 유산으로 남긴다.

| 방 법

매월 2회 모임에서 인문학 책 읽기와 토론 그리고 특강에 참여한다. 아울러서 의학 전문가의 강의를 통해서 질병예방과 과학적인 건강 관리 지식을 얻고 실천해 간다.

3. 2026년 프로그램 일정표

- 프로그램 및 일정 -

월	선정도서	의학(건강) 특강
1월	역사: 한국인의 기원 / 박정재	인체면역
2월	자기만의 방 / 버지니아 울프	인공지능
3월	철학의 문제들 / 버트런드 러셀	암 치료
4월	세상에서 가장 짧은 영국사 / 제임스 호즈	시스템 생물학
5월	셰익스피어 4대 비극 / 윌리엄 셰익스피어	정원 / 자연치유
6월	자유론 / 존 스튜어트 밀	영양학
7월	거대한 전환 / 칼 폴라니	소화기관
8월	운동화 신은 뇌 / 존 레이티, 에릭 헤이거먼	운동의학
9월	예브게니 오네간 / 알렉산드르 세르게비치 푸시킨	정신의학
10월	인류본사 / 이희수	순환계
11월	주역강의 / 서대원	노벨문학상
12월	예술철학 / 노엘 캐럭	투자전략

프로그램 자문위원	▶ 인 문 학 : 김성수 교수, 김종영 교수, 박성창 교수, 이재원 교수, 조현설 교수 ▶ 건강(의학) : 김선희 교수, 김명천 교수, 이은희 원장, 박정배 원장, 정이안 원장 ▶ 경 영 학 : 김동원 교수, 정재호 교수, 김신섭 대표, 전이현 대표, 남석우 회장

4. 독서회원 모집 안내

운 영 : 매월 둘째 주, 넷째 주 수요일 월 2회 비영리로 운영됩니다.
    1. 매월 함께 읽은 책에 대해 발제와 토론을 하고, 전문가 특강으로 완성함.
    2. 건강(의학) 프로그램은 매 월 1회 전문가(의사) 특강 매년 2회.
       인문학 기행 진행과 등산 등 운동 프로그램도 진행함.
회 비 : 오프라인 회원(12개월 60만원), 온라인 회원(12개월 36만원)
일 시 : 매월 2, 4주 수요일(18:00~22:00)
장 소 : 서울시 강남구 테헤란로514 삼흥2빌딩 8층

문 의 : 기업체 단체 회원(온라인) 독서 프로그램은 별도로 운영합니다(문의 요망)

02-3452-7761 / www.120hnh.co.kr

"책읽기는 충실한 인간을 만들고, 글쓰기는 정확한 인간을 만든다."

프랜시스 베이컨(영국의 경험론 철학자, 1561~1626)